刘魁 著

湖北保甲制度与乡村社会（1932—1949）

HUBEI BAOJIA ZHIDU YU
XIANGCUN SHEHUI

天津出版传媒集团
天津人民出版社

图书在版编目（ＣＩＰ）数据

湖北保甲制度与乡村社会：1932—1949 / 刘魁著
. -- 天津：天津人民出版社，2022.12
ISBN 978-7-201-19084-6

Ⅰ.①湖… Ⅱ.①刘… Ⅲ.①地方政府—政治制度—研究—湖北—1932-1949 Ⅳ.①D693.62

中国版本图书馆 CIP 数据核字(2022)第 235286 号

湖北保甲制度与乡村社会：1932—1949
HUBEI BAOJIA ZHIDU YU XIANGCUN SHEHUI：1932—1949

出　　版	天津人民出版社	
出 版 人	刘　庆	
地　　址	天津市和平区西康路35号康岳大厦	
邮政编码	300051	
邮购电话	（022）23332469	
电子信箱	reader@tjrmcbs.com	
责任编辑	郭雨莹	
装帧设计	汤　磊	
印　　刷	天津新华印务有限公司	
经　　销	新华书店	
开　　本	710毫米×1000毫米　1/16	
印　　张	24.25	
插　　页	2	
字　　数	230千字	
版次印次	2022年12月第1版　2022年12月第1次印刷	
定　　价	98.00元	

目　录

第一章
保甲制度在湖北的重建

目前,有关保甲制度在民国时期重建的原因,学界的认识大同小异,基本归结于统治者控制基层社会的需要。[1]冉绵惠认为,保甲制度在 20 世纪三四十年代的复兴,主要原因是中国自给自足的自然经济并未得到根本改变,人民生活贫困,社会动荡,民主对于当时的中国人只是可望而不可即的奢侈品,国民党为巩固统治和反共防共,遂推行了保甲制度。[2]朱德新认为,日伪为加强对占领区的统治,根据东北推行保甲的经验,在河南、河北、山东、北京、天津等省市推行保甲制度。[3]本章重点即在简略探讨晚清以来保甲制度的起源与流变,综述民国时期湖北保甲制度的建立及其发展。

---

① 崔玉敏:《二十世纪三四十年代山东保甲制度研究》,河北大学博士论文,2013 年,第 12 页。
② 冉绵惠、李慧宇:《民国时期保甲制度研究》,四川大学出版社,2005 年,第 59~64 页;冉绵惠:《民国时期四川保甲制度与基层社会》,社会科学文献出版社,2010 年,第 208 页。
③ 朱德新:《二十世纪三四十年代河南冀东保甲制度研究》,中国社会科学出版社,2008 年,第 28 页。

第一节　国民党重拾保甲制度的动因

作为国家控制乡村的重要手段之一,保甲制度被历代政府沿袭采用,成为中国传统社会固有的地方政制。其名称、组织与运用虽经历代演变,各有不同,但保甲的本质却无太大差别——维护社会安宁,协助地方事业,补助专制时代官治在地方社会的不足。保甲制度本身是一种手段,而非"目的"。[①]

有清一代,国家权力只抵达州县一级,县以下的广大乡村则为地方士绅与宗族大户控制,构成费孝通所谓的传统乡土社会的"无为政治"。[②]清承明制,基层社会设都、图、保、甲,作为征收赋税的组织机构,清代前期,里甲、保甲分立,摊丁入亩后合一,保长由县官编册与委任,系临时性质,以"供警备之用,军事结束,即任令废弛,不复闻问"[③]。

鸦片战争以后,清政府迫于外力,国门洞开,一些地主阶级的经世派与早期维新派开始关注地方自治问题。到了 19 世纪末 20 世纪初,中国兴起了一股地方自治思潮。清政府为自救,亦"打出地方自治旗号"。[④] 1906 年,清政府颁布《钦定宪法大纲》,宣布预备立宪。1908 年,又颁布《城镇乡地方自治章程》和《城镇乡地方自治选举章程》,凡府、厅、州、县官府所在地为城,其余市、镇、村屯集地方,人口满 5 万以上者为镇,不满 5 万者为乡,城、镇、乡为地方自治团体与地方政治的基本单位。乡设立议事会和乡董,实行行政与议事分立,乡议事会由本乡选民选举产生,为议事机构,自治范围以学务、卫

---

① 程方:《中国县政概论》,商务印书馆,1939 年,第 287 页。
② 费孝通:《乡土中国》,凤凰出版传媒集团,2007 年,第 64~69 页。
③ 翼儒:《保长谈往》,《武汉日报》,1947 年 3 月 9 日。
④ 吴雁南等主编:《中国近代社会思潮 1840—1949》(第一卷),湖南教育出版社,1998 年,第 427 页。

生、道路、农工商务、慈善事业、公共营业等为主。①

从制度层面看，地方权力结构变动，将使政府失去对地方的统驭。因此，清政府对各级地方自治机关百般防范，且具有解散的权力。此外，由于经费缺乏、人民知识程度低下，以及传统士绅把持地方等诸多原因，清末的地方自治迭遭顿挫，难以顺利发展。②

1911 年，辛亥革命爆发，民国肇始，经袁世凯专制时期，城镇乡自治机关大多陷于停顿。1916 年之后，地方自治呼声再起，北洋军阀政府在各方压力下几经延宕，于 1921 年公布《市自治制》与《乡自治制》，规定人口满 1 万以上的市镇按《市自治制》办理，不满 1 万者按《乡自治制》办理。③

实际上，各省对于自治制度，大多自订法规。譬如，山西、江苏的村制，广东的县自治制，云南的县市村自治制，湖南的市县自治制等，诸如此类，情形非常紊乱，无非是地方军阀在原有的乡村自然区域或组织的基础上，"赋予近代式自治团体的形体"④。由于政局混乱，各省地方自治大抵有名无实，政府不仅未能加强对地方社会的控制，反而日趋削弱。

直至国民党北伐成功定都南京后，遵照孙中山遗训，在训政时期着手重建立地方政治制度。1928 年 9 月，国民政府制定《县组织法》，规定县以下为区、村、里、闾、邻，凡县内，每区至少应以 20 个村、里组成。百户以上之乡村地方为村，不满百户者，得联合数个乡村，编为一村。百户以上之市镇地方为里，不满百户者编入村区域。村、里居民，满 25 户为闾，5 户为邻。⑤

国民政府推行的地方自治参照了山西的村制，只是略加修订而已，区、村、里为乡镇区域的变相。1929 年 6 月，国民政府修正了《县组织法》，凡县内

---

① 徐秀丽：《中国近代乡村自治法规选编》，中华书局，2004 年，第 3~28 页。
② 马小泉：《国家与社会：清末地方自治与宪政改革》，河南大学出版社，2001 年，第 203~208 页。
③ 《中华民国现行地方自治法令》，商务印书馆，1922 年，第 35~36 页。
④ 朱博能：《论乡镇政治制度》，《诚报》，1942 年 12 月 17 日。
⑤ 《县组织法》，《河北省政府公报》第 68 号，1928 年 10 月 7 日。

百户以上之村庄地方为乡,不满百户者,联合各村庄,编为一乡。百户以上的地方为镇,不满百户者编入乡。乡镇居民以 25 户为闾,5 户为邻。乡镇的区域划分由县府派员会同区长办理,转报省府备案。乡镇设乡镇公所、乡镇民大会及监察委员会,乡镇长由乡镇公民推选,同时,闾设闾长,邻设邻长,分别由闾邻居民选举产生。[①]9 月,国民政府颁布了《乡镇自治施行法》,凡区、乡、镇之国民,无论男女,年满 20 岁,在本乡镇区域居住 1 年或有住所 2 年以上,经宣誓登记后,即为乡镇公民,有出席乡(镇)民大会及行使选举、罢免、创制、复决的权利。[②]该法律施行以后,国民政府并未收到组织民众、推行政令的理想效果,乡镇闾邻等基层组织"均空洞,不切实际"。[③]

民国以降,国体变更,由君主而移民主,很少有人提及保甲制度。1927 年 8 月 1 日,贺龙、叶挺发动南昌起义,奠定了中共武装力量的基础。迨至 1928 年,朱德、毛泽东领导的部队在井冈山胜利会师,实力更为壮大,并建立苏维埃政府。[④]有鉴于此,国民党人认为,中共擅长游击战术,用军队进行"围剿"只治标不治本,必须实行保甲制度,方能"肃清匪患"。1929 年,国民党中央常务会议决定实施保甲运动,"沉寂已久"的保甲制度再次被人们所注意。[⑤]

9 月,国民政府颁布《清乡条例》,限令各省在三至六个月内,省政府所在地设置清乡总局,省政府主席兼局长,民政厅厅长兼副局长,省警务处长兼事务主任。县政府所在地设清乡局,县长兼局长,县公安局长兼副局长,县长选派若干地方公正士绅充任助理员。一县之内,因辖境辽阔或事务繁多,得设清乡分局,区长或助理员兼分局长。各县清乡分局、县清乡局、各省清乡总局分别按每五日、半个月、一个月逐级汇报清乡情形,各省清乡总局于清乡

① 《县组织法》,《东方杂志》第 26 卷第 18 号,1929 年 9 月 25 日。
② 《乡镇自治施行法》,《东方杂志》第 26 卷第 18 号,1929 年 9 月 25 日。
③ 张立瀛:《江苏保甲》,江南印书馆,1948 年,第 9 页。
④ 江西省政府统计室:《江西年鉴》,应天寺十四号:江西全省印刷所,1936 年,第 1253~1254 页。
⑤ 广东民政厅编辑处:《保甲运动之理论与实际》,(无具体出版地址),1929 年,第 8~9、93~96 页。

期间,委派专员巡视并随时指导与督促。凡省界或县界毗连或交错地方,各机关协同办理,水陆交通要道由各清乡局设置警卡,切实检查来往行人,遇有重大事件,呈报清乡总局或当地军队,以便迅速"围剿",其余涉及民事与刑事者,移送法院办理。各县清乡局应督同区乡镇间邻长逐户清查户口,填造户口清册,尤其注意外来人口及无业游民,将其另造副册,清查后,将各户编列门牌号数,取具邻右互保切结,实行联保连坐,同时检查枪械,发给执照,注销废枪与坏枪,一旦发现住户私藏枪械,除没收外并给予惩处。一律解散县境内不合法组织,按照《县保卫团法》组织保卫团。[1]

国民政府"虽雷厉风行,但未见效"[2]。1930年,红军日益壮大,6月,湖北陆续形成了鄂豫皖、湘鄂西、鄂东南等苏维埃区域[3],7月,朱德、毛泽东率部占领清江、樟树,进逼南昌,江西"全省为之震恐",由于张辉瓒之十八师事先戒备,中共军队转而向西攻陷长沙,"有北出长江之势"[4]。湖北、安徽、浙江等长江流域省份属于南京国民政府的核心势力范围,中共武装力量日趋发展。国民政府在制定"围剿"计划的同时亦开始反思,认为最大原因在于自治组织"层级过多,运用不灵"[5],用军队"兜剿"与清乡不过是一时的权宜之计,中共人员"时聚时散,出没无常",军队又不熟悉地方情形,"良莠难分",不如举办保甲,无论何地居民均须入册,实行连坐,"良民即可互保,莠民即难活动","或转徙流亡,另寻出路,或改过自新,化作良民"[6],地方自然安宁。

1931年夏,国民政府在赣成立陆海空军总司令行营特设行营党政委员会,颁发保甲条例及区办公处组织条例,明令各省政府限期举办保甲,指定江西修水等43县为"剿匪"区域,分为9区,每区各设行营党政委员分会,直

① 《清乡条例》,《交通公报》第76号,1929年9月25日,第54~59页。
② 李宗黄:《现行保甲制度》,中华书局,1943年,第25页。
③ 田子渝:《湖北通史 民国卷》,华中师范大学出版社,1999年,第333页。
④ 江西省政府统计室:《江西年鉴》,应天寺十四号:江西全省印刷所,1936年,第1253~1254页。
⑤ 内政部年鉴编纂委员会:《内政年鉴》(警政篇 第五章 保甲),商务印书馆,1936年,第361页。
⑥ 黄永伟:《保甲运动之理论与实际》,拔提书店,1931年,第12~13页。

接处理所辖县份一切党务与政务,停办各种地方自治组织,试办保甲,是为民国时期正式推行保甲制度的嚆矢。[①]为扩大推行范围,12月,国民政府撤销行营党政委员分会,各县政务仍归省府管辖,江西省政府先后颁布《江西省政府修正保甲条例》《江西省各县区办公处组织暂行条例》《修正江西省清查户口规则暨修正江西省各县颁发区办公处钤记及保甲图记简章》等,并分别呈报行政院及内政部备案,此为民国时期推行保甲制度的最初经过。[②]

各省政府奉令以后,皆研究保甲方案。国民政府第二次"围剿"时,虽采用三分军事、七分政治策略,但保甲制度毕竟中断多年,地保制亦无成文法可以参考。以湖北汉口为例,1926年以前,地保(亦称保正)所任职务颇为重要,"凡一切布告晓谕之事",皆由地保承办,为官民之间的中介,管理民间事务、排解纠纷,负责"调查督催等事"。[③]1926年以后,国民革命军达到武汉,由于党政军警各机关组织完备,地保职务遂失去功用,官方亦很少关注。

总体而言,各省保甲形式囿于民团(广西)、保卫团(浙江、江苏等省)、村政等范围之内。南京国民政府建立后,保甲运动逐渐兴起,民众组织依旧"涣散如故",国家权力不能深入社会基层。地方自治以县为单位,县以下为区,区以下为乡镇,乡镇以下为闾邻,闾邻以下为户口。按照《乡镇自治施行法》,区长虽采用委任制,但乡镇坊闾邻长须选举产生,选举制对推行国家政令,不如委任制有效。[④]乡镇坊闾邻长一日未能依法选出,《清乡条例》及《县保卫团法》等章则一日难以实施。《县保卫团法》以"增进人民自卫能力、补助军警、维持治安为宗旨"[⑤],《清乡条例》以"肃清全国匪源、厉行训政"为主旨[⑥],欲使

① 内政部统计处编印:《保甲统计》,(无具体出版地址),1938年,第1~2页。
② 王次甫:《保甲述要》,江西省县政人员训练所,1936年,第29~31页。
③ 黄永伟:《保甲运动之理论与实际》,拔提书店,1931年,第86~88页。
④ 王次甫:《保甲述要》,江西省县政人员训练所,1936年,第22~24页。
⑤ 《县保卫团法》(1931年4月11日),蔡鸿源:《民国法规集成》(第40册),黄山书社,1999年,第92页。
⑥ 《清乡条例》(1931年1月17日),蔡鸿源:《民国法规集成》(第40册),黄山书社,1999年,第107页。

自治之领导者区乡镇坊闾邻长兼自卫之负责者区团长与甲牌长,无异"南辕北辙"。每遇清查户口时,县府不是临时派员分赴各乡办理,就是委托各乡绅照表册式样填报,"迄无成就"。若自卫组织改为委任,因命令与服从的关系,政府可以有统驭的便利。①况且闾邻两级人数又众多,不如保甲组织严密,国民政府规定,区以上办自治,乡镇以下办保甲。②

第二节　"剿共"时期湖北保甲制度的建立

民国初期,湖北省在县以下基层政权沿袭清末旧制,南京国民政府成立后不久,依据《县市组织法》,县以下行政系统为:

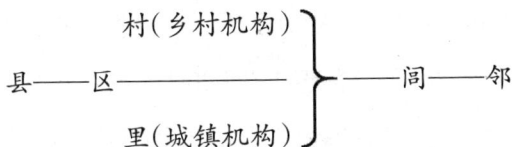

$$
县——区\begin{array}{l}村(乡村机构)\\ \\里(城镇机构)\end{array}\Bigg\}——闾——邻
$$

1929 年,又根据《市组织法》及《县组织法》,将村、里改为乡镇,县以下行政系统变为③:

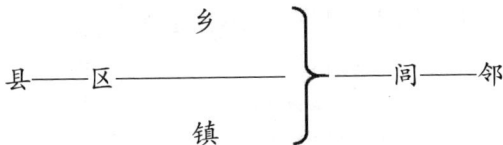

$$
县——区\begin{array}{l}乡\\ \\镇\end{array}\Bigg\}——闾——邻
$$

---

① 《奉豫鄂皖三省剿匪总司令部令为公布区公所组织条例暨编查保甲户口条例遵办等因令仰切实照办理由》(国字第 9844 号,1932 年 9 月 10 日),湖北省档案馆藏,档案号:LS3-2-2047。

② 叶木青:《中国保甲制度之发展与运用》,世界书局,1936 年,第 17~20 页。

③ 湖北省地方志编纂委员会:《湖北省志·民政》,湖北人民出版社,1994 年,第 51 页。

1932 年春,淞沪抗战结束,国民政府制定第三次"围剿"计划。为配合军队"围剿"中共领导的革命根据地,8 月,豫鄂皖三省"剿匪"总部颁布《剿匪区内各县编查保甲户口条例》,以保甲代替闾邻,联保代替乡镇,区长处于县长与保甲长之间。一方面,区长就近监督、指挥保甲长,充当县长的耳目与手足;另一方面,区公所补助县长执行政令,有如县府之支部。①保甲的编组以户为单位,户设户长,十户为甲,十甲为保,甲设甲长,由本甲内各户长公推,保设保长,由本保内各甲长公推,执行清查户口、编制门牌、取具联保连坐切结、守护交通设备、辅助军警搜捕人犯,以及筹办碉楼堡寨等各项政令。②此后,湖北、河南、江西、福建、安徽等省相继废除乡镇,实行联保制度,乡镇自治组织变为联保官治机构。③

从湖北、河南、安徽等省来看,因受国共战争影响各异,以及举办时期不同等原因,各省市办理保甲状况颇不一致。1932 年 9 月,湖北省政府奉"豫鄂皖三省剿匪总司令部"命令,正式办理保甲,各项自治工作均告停止,各县编组保甲程序,规定分为三期,限于 80 日完成,第一期 20 日,组织区公所,委任区长及编查委员,划分区界,绘制区图,开会讲演编查保甲意义与方法,并布告民众。第二期 30 日,推举联保主任及保甲长,设立各级办公处,刊发图记,对保甲长讲演编查保甲意义及方法,清查户口,编甲编保。第三期 30 日,统计壮丁人数,登记枪枝,绘制各保略图,制定保甲规约等。截至 1934 年 6 月,计有 65 县完成编组保甲任务,其余因"匪患"等特殊原因未完成者有 5 县④,具体情形为:阳新、通山两县仅完成第三期一部分工作,黄安仅完成第

---

① 闻钧天:《中国保甲制度》,汉口白鹤印刷公司,1933 年,第 647~651 页。
② 《剿匪区内各县编查保甲户口条例》(1932 年 8 月),蔡鸿源:《民国法规集成》(第 40 册),黄山书社,1999 年,第 110 页。
③ 内政部统计处编印:《保甲统计》,(无具体出版地址),1938 年,第 1~2 页。
④ 内政部统计处编印:《保甲统计》,(无具体出版地址),1938 年,第 7~8 页。

二期工作,宣恩仅完成第一期工作,鹤峰第一期工作尚未完成。①根据湖北省民政厅统计,全省共有联保 6 736 个,保 44 786 个,甲 419 990 个(其中郧县、房县、黄陂、建始四县甲数缺)。②

湖北省政府认为,编查保甲"事属创举,初办之时,多不核实"。故而,省民政厅于 1933 年制定《整理各县保甲方案》,1934 年 4 月,开始派员分赴各县整理保甲,经年余,门牌、规约、壮丁训练、异动登记、连坐切结等方面得到一定程度的改善。③迨至 1935 年,湖北全省保甲组织一律编查完竣。

实行保甲制度以后, 湖北县以下行政系统变为:县→区→联保→保→甲→户(如江西、河南、湖北、安徽、福建等省,以江西为代表,可简称赣制)。值得一提的是,同期,另一种基层政权系统为:县→区→乡镇→保→甲→户(如江苏、浙江、湖南等省,以江苏为代表,可简称苏制)。两种保甲组织系统的区别是中间联系机构的不同,江西、河南、湖北、安徽、福建等省皆为"剿匪"区域,偏重自卫工作,并将自卫从自治中分化出来。④江苏、浙江、湖南等省的保甲组织与原有的自治组织相衔接,只不过以保甲两级代替闾邻,自治与自卫兼顾,纳保甲于自治组织之中。⑤

毋庸置疑,保甲与自治在本质上根本不同。国民党认为,二者最大的差别在于保甲"含有军事部勒性质"⑥,十六岁以上四十六岁以下民众被编成壮丁队或"铲共义勇队",由保甲长督率与训导⑦,轮流守卫碉堡和要隘,受军警官长指挥,随时配合军队"协剿",保甲制度以十进制计算,比自治制度简单,

---

① 内政部年鉴编纂委员会:《内政年鉴》(警政篇 第五章 保甲),商务印书馆,1936 年,第 378~380 页。

② 湖北省政府民政厅:《湖北县政概况》(第 1 册),汉口国华印务公司,1934 年((〈二〉湖北各县保甲数目比较图表)。

③ 湖北省政府秘书处统计室编印:《湖北省年鉴 第一回》,1937 年,第 743 页。

④ 李宗黄:《现行保甲制度》,中华书局,1943 年,第 26 页。

⑤ 钱端升、萨师炯:《民国政制史 下册》,商务印书馆,1946 年,第 290~291 页。

⑥ 张毅忱:《一年来从事保甲工作的感想》,《江苏保甲》第 2 卷第 1 期,1936 年 2 月 1 日,第 7 页。

⑦ 廖文奎:《江西省非常时期之政治训练》,各省实干政治研究会编:《游客话江西》,汗血书店,1937 年,第 73 页。

保甲长虽由各户公推,但由政府委任,政府亦可随时撤换。[1]显然,国民政府推行保甲组织旨在"协剿"清乡,加强对基层社会的控制。[2]

随着国民政府对鄂豫皖、湘鄂西和鄂东南各苏区发动大规模军事"围剿",各支红军主力被迫战略转移,苏区大部丧失,苏维埃革命严重受挫。[3]1934年,红军退出各苏区,开始长征。国民政府认为,保甲工作关系到地方警卫,为地方自治基础,保甲制度虽已显现成效,但内忧外患的时局并未改变。因此,是年11月,国民党第432次中央政治会议决议,各省市一律提前先办保甲。多数省份或因"环境需要",或奉令遵办,相继推行保甲。[4]依照编查保甲条例,办理户籍及人事登记,容纳保甲于自治之中,以保甲代替闾邻,联保代替乡镇,取消保卫团,以壮丁队代替,保甲组织属于民政厅办理,壮丁队及保安团队归省保安处办理,省保安处直属于省政府。[5]

鉴于地方行政机构的"脆弱无力",1935年1月,国民政府对基层组织建置作出调整,县以下分区。各县政府根据该县辖境面积、地形、户口、交通、经济状况以及人民习惯,酌划若干区,一般在三区至六区之间。区设区署,区署设区长一人,由县长遴荐,省政府委任,任期定为三年,承县长之命,办理各项政令。此外,区署设书记一人、助理书记一人、录事二人、区员二人至四人,由区长遴荐,县长核委,省政府备案,协助区长处理一切区务。[6]就性质而言,区署与以前的区公所完全不同,区署是行政机关,相当于县府的派出机构,协助县长,增进县政效率,在制度上并非另成一级。

---

① 彭学沛:《江西农村匪区视察记》,各省实干政治研究会编:《游客话江西》,汗血书店,1937年,第23~25页。

② 王次甫:《保甲述要》,江西省县政人员训练所,1936年,第71~73页。

③ 田子渝:《湖北通史 民国卷》,华中师范大学出版社,1999年,第268页。

④ 《行政院密令》(秘一第2534号,1934年11月27日),湖北省档案馆藏,档案号:LS1-4-24。

⑤ 李宗黄:《现行保甲制度》,中华书局,1943年,第30页。

⑥ 《剿匪省份各县分区设署办法大纲》(1935年1月),蔡鸿源:《民国法规集成》(第39册),黄山书社,1999年,第74~76页。

分区设署制度的实施,极大地加强了湖北基层政权的职能。1936年,湖北省政府制定《鄂省府二十五年度行政计划中心工作》,对全省基层政权建设提出"四位二人一体制",并饬令各县执行。所谓"四位二人一体制",即联保主任与联保书记两人在贯彻保甲制度时,对民众统筹办理"管教养卫"。"管教养卫"分别为政治问题、文化问题、经济问题与保卫问题。其组织形式为:

　　　　　　　　主任
管——联保办公处——(保甲长——民众)
　　　　　　　　书记

　　　　　　　　校长
教——联保小学 ——(学生)
　　　　　　　　教员

　　　　　　　　理事
养——合作社——(社员)
　　　　　　　　监事

　　　　　联队长(联保主任兼)
卫——联队部————————————(壮丁队)
　　　　　联队副

为使四位一体,湖北省政府于1936年设立乡政人员训练所,以6个月为一期,每期招考中学毕业生及现任(曾任)联保主任(联保书记)或保长等人员,授以各种"管教养卫"方面的现行法令及实施办法,并加以军事管理及军事训练。期满,考试合格者被分派到各县,充任联保主任、联保书记、壮丁联队长、联保小学校长及合作社理事长等职。[1]合作、筑路、造林以及普及教育等诸要政,政府均"利用保甲,以为实施之基干"[2]。

至于基层干部训练,1935 年以前,湖北各县区以下各级干部人员均未接受训练。1935 年,湖北省政府制定保甲长训练办法,多数县区依照规定办法,分期训练联保主任、联保书记及保甲长。截至 1937 年 3 月,全省共有 2 805 联保,41 532 保,410 312 甲,已受训之联保主任 2 259 位,联保书记 1 910 位,保长 28 519 位,甲长 192 096 位。[3]

1936 年 1 月以后,湖北省遵照《剿匪省份各县分区设署办法大纲》,将各县区公所分期改为区署,每县至少三区、至多六区,区署管辖范围比旧区公所管辖范围,多有所变更。故而保甲户口须重新编组,改正番号。截至 1937 年 1 月,已重编保甲县达 35 县。至于联保,湖北省政府规定各县联保组织一律扩大,以联合 15 保或 20 保以上为标准。[4]

在省会方面,曾于 1933 年呈准免编保甲,国民政府认为,武汉为首义之区,"中外观瞻所系,非严密保甲组织,不足以便指挥"。1935 年,湖北省政府制定了《湖北省会编组保甲暂行办法》,由省会公安局负责办理,城市保甲编制,10 户至 30 户为一甲,10 甲至 30 甲为一保。1936 年 7 月,省会保甲全部编组完成。关于水上保甲,1936 年 4 月,湖北省政府制定《湖北省编查水上保甲办法》,由各县水上公安局及各县县政府遵照举办,到 1936 年底,除礼山

---

[1] 《鄂省府二十五年度行政计划中心工作》,《建设评论》第 2 卷第 4 期,1936 年 7 月 1 日,第 7~8 页。

[2] 湖北省政府秘书处统计室编印:《湖北省年鉴 第一回》,(无具体出版地址),1937 年,第 743 页。

[3] 湖北省政府秘书处统计室编印:《湖北省年鉴 第一回》,(无具体出版地址),1937 年,第 743 页。

[4] 湖北省政府秘书处统计室编印:《湖北省年鉴 第一回》,(无具体出版地址),1937 年,第 743 页。

等 19 县因无船户准予免编外,其余 51 县,已有宜城等 45 县编组完竣。[1]

上述各节,均系湖北各县保甲自开办以来之梗概。保甲制度以户为单位,十户为甲,甲设甲长,十甲为保,保设保长,此为通例。然而,各省实施的保甲组织系统不尽相同,江苏、湖南的情形是,保隶属于乡镇,乡镇之上设区公所。江西、河南、湖北、安徽等省,保之上无乡镇一级,直接隶属于联保,联保之上设区署。广西则是县区之下设乡镇,乡镇之下设村街,村街之下设甲,以村街一级代替保。浙江更复杂,保隶属于乡镇,乡镇之上或设区署,或不设区署,而设乡镇联合办事处,以替代区署,有时以乡镇代替联保,有时又以联保代替乡镇。[2]显然,各省办理情形极不一致,办法亦有出入。

第三节 新县制时期湖北保甲制度的发展

1939 年,国民政府颁布《县各级组织纲要》,正式在全国推行基层政权改革,新县制是在倡导地方自治的名义下提出的。纲要规定:县为地方自治单位,由省政府按各县面积、人口、经济、文化及交通等状况,分为三等至六等。县以下为乡(镇),保甲为乡(镇)内编制,县面积过大或有特殊情形,得分区设署。凡中华民国人民,无论男女,在县区域内居住 6 个月以上或有住所达 1 年以上,年满 20 岁者,为县公民,有依法行使选举、罢免、创制、复决之权,县设县参议会,乡(镇)设乡(镇)民代表会,保设保民大会,甲设户长会议。划分乡镇,以 10 保为原则,不得少于 6 保、多于 15 保,乡(镇)设乡(镇)公所,置乡(镇)长 1 人,副乡镇长 1 至 2 人,由乡镇民代表会选举产生,乡(镇)公所设民政、警卫、经济、文化 4 股,各股设主任 1 人,干事若干人(其中 1 人专办

---

① 湖北省政府秘书处统计室编印:《湖北省年鉴 第一回》,(无具体出版地址),1937 年,第 743 页。
② 叶木青:《中国保甲制度之发展与运用》,世界书局,1936 年,第 20~21 页。

户籍)。保之编制,以 10 甲为原则,不得少于 6 甲、多于 15 甲,保设办公处置保长 1 人,副保长 1 人,由保民大会选举产生,干事 2 人至 4 人,分掌民政、警卫、经济、文化各事务,由副保长及国民学校教员分别担任,保长兼保国民学校校长及保壮丁队长(三位一体制)。甲设甲长,由户长会议选举产生。[1]

与"剿匪"时期相比,新县制时期的保甲制度发生了很大的变化,主要有四点不同:其一,保甲编制具有更大的伸缩性,改变了以前完全以十进制为原则的标准。其二,基层组织建构也有所变化,采用县与乡(镇)两级制,而非县、区、联保、保、甲五级制,乡(镇)公所与县政府联系更紧密,保甲组织膨胀,保办公处的设立使得国家权力直达基层。其三,就目的而言,两个时期的保甲制度亦有不同。"剿匪"时期,国民党举办保甲侧重"剿匪清乡",增强地方自卫能力。新县制时期,政府冀图将保甲制度融入自治机关,使保甲制度由自卫向自治转变。其四,"剿匪"时期,区公所为县政府辅佐机关,后改称区署,关于区署的设置,分为甲乙两种,新县制时期,以逐步裁撤为原则。1940年 12 月,湖北省政府颁布《湖北省各县指导员服务暂行规则》,规定区署撤销后,县政府派员指导各乡(镇)工作,但此后数年,区一级机构一直迟迟未能变更,直至 1947 年,区署才完全撤销。[2]

抗日战争爆发以后,1938 年 8 月,日军侵入湖北境内,先后侵占了鄂东、鄂东北和鄂东南地区。1939 年,又侵犯鄂中、鄂西,湖北省政府一再西迁[3],统治区域不断缩减, 鄂西地区逐渐成为国民政府在湖北的统治中心。到 1940年初,鄂西后方辖区包括恩施、建始、巴东等 36 县的全部或大部分,总面积占湖北全省面积的 57%。由于战局的变化,沦陷区区域始终处于动态变化之

---

① 《县各级组织纲要》,《中央党务公报》第 1 卷第 12 期,1939 年,第 17~20 页。

② 《为电复本省实施保甲制度日期及变动情形请查照由》(省信字第 26168 号,1947 年 11 月 4日),湖北省档案馆藏,档案号:LS3-2-2550。

③ 湖北省地方志编纂委员会:《湖北省志·大事记》,湖北人民出版社,1990 年,第 461 页。

中。1944年,汉口、应城等9市县全部沦陷,当阳、荆州等10县大部分沦陷,宜昌、江陵等23县小部分沦陷。整个抗战时期,湖北先后有汉口、武昌等15个市县基本被日军占领,嘉鱼、通城等33个市县的部分地区为日军占领。抗战胜利后,国统区面积迅速扩大。[①]

受战争影响,在具体实施中,基层政权的编制与内部机构常有变更。1940年,湖北省政府按照纲要规定,取消联保,恢复乡镇,重新编查户口,划分乡镇,成立乡镇公所及保办公处。1941年底,全省共有一等乡公所380所,二等乡公所471所,三等乡公所147所,等级未定的760所,合计1758所,共编组31479保,平均每乡大约18保。其中,一等乡公所内部机构设置规定为4股,二等乡设2股,三等乡仅设干事不设股。1944年,将三等乡全部提升为二等。[②]

1942年,湖北第七、八两个行政督察专员公署所辖14县暨公安等共30县完成编整保甲户口,其余战区40县均就政府政权所及地区先行编查。在整理户籍人事登记方面,1943年,湖北省政府规定第七、八两个行政督察专员公署所辖14县及公安等共28县办理,其余战区42县均于保甲户口编查完竣后,续办户口异动登记,是年,已初步普遍设籍登记者,有五峰等17县,已完成初步普遍设籍登记者,有竹谿1县。[③]

鄂西战役(1943年)后,湖北省政府将枝江、长阳、五峰3县保甲户口重编,公安、松滋两县因情形特殊暂缓办理,除武昌等14县因情形特殊无法进行外,其余各县均编整完竣。1944年,除规定恩施等28县继续办理户籍人事登记外,又增加通城等7县,其他能按季呈报户籍人事登记者尚有11县。[④]

抗战胜利以后,鉴于各县乡镇财政异常困难,湖北省政府通令各县,按

① 田子渝、黄华文:《湖北通史 民国卷》,华中师范大学出版社,1999年,第487、565~567页。
② 湖北省地方志编纂委员会:《湖北省志·民政》,湖北人民出版社,1994年,第59页。
③ 行政院编纂:《国民政府年鉴》(第二回 第六章 湖北省),中华书局,1944年,第2页。
④ 行政院编纂:《国民政府年鉴》(第三回 第六章 湖北省),文艺南纸铺印刷厂,1946年,第1页。

照 1941 年颁布的《乡镇组织暂行条例》第一条规定,一律以最高数额"15 进制"编组。同时,依照《湖北省改进基层政治方案暨实施注意事项》,将乡镇保组织进行缩编①,乡镇不分等级一律设 2 股,即民政股与经济股,乡队附兼办警卫业务,中心学校教员兼办文化事务。各县保办公处一律设保长 1 人,副保长 1 人,干事 1 人,司事 1 人,保丁 1 人。1945 年 12 月,全省共有 1 583 乡镇,比 1932 年减少 4 150 个。29 031 保,291 650 甲。②

由于各县情形不同,乡镇保甲编组辖数及编制多不一致。为求保甲制度普遍适用,1947 年,湖北省政府制定《改进乡(镇)保甲编组及编制方案》,规定各县市确系按照最高额"15 进制"编组乡镇保甲,准予暂不变更,如有局部办理未臻翔实,或各级辖数与新方案规定相差过远,或因裁乡并保发生纠纷者,各县市须按新方案于是年年底以前调整。都市保甲编组将原定各级辖数10 至 30 户增改为 15 至 30 户,乡镇保甲编组将原定各级辖数 6 至 15 户增改为 15 至 20 户。乡(镇)公所编制人数,计有乡(镇)长 1 人,队附 1 人,总干事 1 人,干事 3 人(内有 1 人专办户籍)、事务员 1 人,雇员 1 人,城镇地方设乡丁 5 名,乡村地方设乡丁 7 名,山岳地方设乡丁 8 名。保办公处设保长 1人(保长兼办保队部事务,不另设保队附),保干事 1 人(各保均设专任干事,办理户籍事务,后由国民学校教员兼任,不另支薪),保丁 1 人(山岳地带增设保丁 1 名),保长、干事与保丁一律改为有给职,经费由县政府统筹支给。除经济、教育发达及情形特殊地方的乡保校长专设外,其余乡镇保一律实施"管教养卫"四位一体制,乡(镇)长兼任中心国民学校校长、乡队长、乡合作指导员,保长兼任保国民学校校长、保队长、保合作指导员。③截至 1947 年 12

---

① 《令仰切实执行本省各县乡镇公所暨保办公处新编制由》(省民二特字第 1091 号,1946 年 8 月 26 日),湖北省档案馆藏,档案号:LS3-2-2525。

② 湖北省地方志编纂委员会:《湖北省志·民政》,湖北人民出版社,1994 年,第 60 页。

③ 《改进乡镇保甲编制及编制方案》(湖北省政府第 4 类第 1 项第 1 目第 993 号,1947 年 11 月),湖北省档案馆藏,档案号:LS3-2-2526。

月,全省共有 1 287 乡镇,16 945 保。[①]

随着国民党在军事上的不断失利,为使政治配合军事需要,国民政府在"绥靖"区更加注重健全保甲组织,严密户口查报。1948 年,湖北省政府奉内政部命令,为充分发挥保甲效能,使人必归户,户必归甲,甲必归保。根据省情,制定《湖北省剿匪期间户口保甲查编办法》,规定被中共"窜扰"以及沦陷的县份,保甲编制分城镇保甲、乡村保甲及山岳保甲三种,并将弹性放大,城镇保甲编组标准以 15 至 20 户为甲,15 甲至 20 甲为保;乡村保甲编组标准以 10 户至 20 户为甲,10 甲至 20 甲为保。山岳保甲以户数面积为编组标准,如住户星散,每甲纵横距离以不超过 5 市里,每保以不超过 10 市里,每乡以不超过 40 市里为原则。城市保甲编制以 10 户至 30 户为甲,10 甲至 30 甲为保。保甲长除办理本保自治事项外,还负责办理征兵征粮、搜捕匪犯、查记户口、组织自卫武力,以及检查出入境内人民国民身份证等事项。[②]

综上所述,民国时期湖北的基层政权建设大体可分为三个阶段:1911 年至 1932 年沿袭晚清时期的村里制度;1932 年至 1939 年推行保甲;1939 年至 1949 年实行"新县制",取消联保,恢复乡镇,纳保甲于自治之中。其基层政权统计如下表:

表 1-1　湖北省基层政权统计表(1932—1948)

年度	县数	市数	区数	乡镇或联保数	保数	甲数
1932	69	1	324	5 773 乡 786 镇	15 744(闾)	86 794(邻)
1933	70	1		3 209	26 680	279 582
1934	70	1			44 786	419 990
1935	70	1	268	4 402	43 344	424 083
1936	70	1	268	4 402	43 344	424 083

---

①《湖北省各县(市)乡镇公所及保办公处统计表》(1948 年 2 月),湖北省档案馆藏,档案号:LS3-2-2518。

②《为抄发绥靖区各省市编查保甲户口办法及湖北省剿匪期间编查保甲户口办法实施细则电仰遵照由》(省敏字第 31188 号,1948 年 8 月 7 日),湖北省档案馆藏,档案号:LS3-2-2078。

年度	县数	市数	区数	乡镇或联保数	保数	甲数
1937	70	1	268	2 795	41 532	410 312
1938	70	1	268	2 400	41 532	410 312
1939	70	1	268	2 351	39 412	385 451
1940	70	1	250	2 331	38 386	369 604
1941	70	1	168	1 758	36 543	355 621
1942	70	1	269	1 766	31 891(上半年数)	
1943	70(全部沦陷者9县)	1	71	1 783	31 644	388 692
1944	70	1	71	1 696	27 811	265 131
1945	70	1	46(不全)	1 596	29 031	291 650
1946	70	2		1 574	17 771	237 699
1947	70	2		1 348	17 487	232 569
1948	70	2		1 276	16 701	

资料来源:湖北省地方志编纂委员会:《湖北省志·民政》,湖北人民出版社,1994年,第62~63页。

国民党的保甲制度在民国时期虽有若干变动,但保甲作为基层政权,一直是政府控制基层社会的一个工具。国家通过一系列法令,加强保甲人员的"管教养卫"职能,基层行政权力也越来越集中于乡(镇)保甲长手里。地方民意机关或者并未建立,或者昙花一现,地方自治有名无实,发挥的作用十分有限。

第二章
保甲组织及其嬗变

一般而言,组织即人们按照一定的目的、任务和形式编制起来的社会集团,不仅是社会的细胞与基本单元,也是社会的基础。保甲作为传统社会的一种基层行政管理组织,具有征收赋税、教化民众以及维持社会治安等多重功能,一直被历代统治者所采用。与古代社会相比,民国时期湖北的保甲制度或承传,或变异。所以研究时既要横向比较,又要纵向比较,方能有助于我们更深入地了解民国时期的乡村社会实况。

第一节 编组保甲

关于编组保甲研究,已有学者进行了深入的阐述。朱德新将民国时期河北东部、河南保甲制度分为三个时期,分别是国民政府时期(抗战前)、日伪时期(抗战时期)和国民政府时期(解放战争时期),以列表的方式对比三个时期保甲编组的目的和标准。[1]冉绵惠从新县制入手,探讨了新县制实施前后,无论是编制、建构,还是目的,四川省在编组保甲方面,两个时期均有所不同。[2]

湖北作为中部省份,既有交战区、沦陷区,又有后方,考虑战争环境对编组保甲的巨大影响,笔者将国民政府时期湖北编组保甲概况分为抗战之前、抗战时期与抗战以后三个时期,并梳理三个不同阶段的演化脉络。

一、挨户编组与十进制

所谓编组保甲,即国民政府将社会上各住户纳入保甲编制。换言之,就是居民以户为单位[3],以区(鄂豫皖等省)或乡镇(江苏等省)为范围,挨次编定户号,使之井然有序各有所属而已。[4]

20世纪30年代初,国民政府认为用军队"围剿"中共之所以不易成功,是因为"兵至则匪去,兵去而匪又来"[5],毗连苏区民众,为图生存大多持"灰色"态度,"匪至从匪,兵来则化为良民",国民党军队占领一些苏区以后,仍有不少民众与中共"暗通款曲"。有鉴于此,国民政府意图从编组保甲、清查户口入手,充实民众自卫能力[6],"划清敌我界限",迫使中共人员不能"混迹"于乡村与城市之中。[7]

1932年8月,豫鄂皖"剿匪"总司令部公布《剿匪区内各县编查保甲户口

---

① 朱德新:《二十世纪三四十年代河南冀东保甲制度研究》,中国社会科学出版社,2008年,第72~73页。

② 冉绵惠:《民国时期四川保甲制度与基层政治》,社会科学文献出版社,2010年,第16~67页。

③ 保甲构造以户为单位,原因是口的增减与流动性比户大得多。户既然是保甲结构的单位,因此构成户的口,其数目的多寡就不加限制,但为便于管理,每户设一户长,专负统率户内各口的责任。

④ 郎心如:《推行保甲制度之研究》,《文化建设月刊》第2卷第12期,1936年9月10日,第64页。

⑤ 黄永伟:《保甲运动之理论与实际》,拔提书店,1931年,第149~150页。

⑥ 《奉豫鄂皖三省剿匪总司令部令为公布区公所组织条例暨编查保甲户口条例遵办等因令仰切实照办理由》(国字第9844号,1932年9月10日),湖北省档案馆藏,档案号:LS3-2-2047。

⑦ 《鄂省之善后,编查保甲与调查积谷》,《大公报》,1933年1月30日,第1张第3版。

条例》。"剿匪"区内,各省县长根据县情将该县划分若干区,县长遴派地方公正人士充任保甲户口编查委员,分赴各区,协同办理,所需经费由县政府酌量支给。保甲编组以户为单位,不得分割乡镇,按照户口、地方习惯及地势限制等情形,挨户编组,户设户长,10户为甲,甲设甲长,10甲为保,保设保长,不满一甲者,6户及以上得另立一甲,5户及以下并入邻近甲。同理,编保亦然。保甲内住户如有全家逃亡者,应暂时保留其户号顺序,俟其归来时编组。寺庙、船户及公共处所以保为单位,另立字号编查,分别为庙字号、船字号与公字号。保甲编组以后挨户发给门牌,令住户张挂户外易见之处,不得遗失与损毁,并据实填写户口调查表,不识字者请人代书,且亲自捺印,为区别保甲名称,应载明某县某区第几保第几甲。户长由该户内家长或行辈较长者充任,甲长由甲内各户长公推,保长由保内各甲长公推。户口编查完竣后,县长监督,区长抽查,保长覆查,甲长清查。①

上述条例具体实施时,发生一些疑义。譬如,条例规定寺庙、船户及公共处所以保为单位,不以户为单位,而船户户口调查表说明栏内又有,凡船户以户计。对此,国民政府做出解释,保甲以户为单位系指普通住户而言,至于寺庙、船户以及公共处所,或因户数寥寥,或因随时变动,很难编成一甲,故而以保为单位,另列字号分别编查,由区长核造、统计。②又如,一些住户在甲区有家庭,又在乙区兼营商业,家长一人能否同时为甲乙两户户长。国民政府认为,家长住在甲区,其在乙区之户,以经理为户长,如家长离开甲区,而住在乙区,甲区即指定行辈较次者为户长。③

编组保甲事务至为繁杂,仅凭县府委派编查员负责办理,不仅"耳目难

---

① 《剿匪区内各县编查保甲户口条例》(1932年8月),蔡鸿源:《民国法规集成》(第40册),黄山书社,1999年,第110页。

② 《奉总司令部令解释编查保甲户口条例第七条疑义分令知照由》(国字第13631号,1932年2月18日),湖北省档案馆藏,档案号:LS3-2-2047。

③ 《为呈请解释一家分住二户,其家长一人可否兼任二户户长仰祈鉴核示遵由》(字第1017号,1933年1月10日),湖北省档案馆藏,档案号:LS3-2-2047。

周"，而且"精力不逮"，若多派人手，经费与人选皆有困难。①为求迅速编组保甲，杜绝欺瞒弊端，1933 年 2 月，国民政府公布《编查保甲户口总动员办法》，以本地人从事编查，征集各机关职员、公安警察、团队官兵（识文义者）、学校教职员、高年级学生、居民（粗识文义者）等，切实讲解编查保甲户口要义、一般编查方法及应注意事项，然后分组、分段，全体出动，各赴指定地区担任编查，按日酌支膳费以资补助，但不支薪津，编查完竣时，向保甲长及居民详细解释保甲规约与保甲长职务等内容。②

按照编组保甲程序，先编保甲，后选定保甲长，然后清查户口，制定规约，编定壮丁等，循序渐进。然而，编组保甲并未取得国民政府满意的成效。一些收复区民众逃亡未归，保甲人选难"骤定"，区公所经费有限，一一指派保甲长"实无法以求周密"③。各地政府"仅求形式之具备，不重精神之设施"，户口、册籍造成即认为编查就绪，鸣锣能集合民众即认为成绩优良。④对于门牌，虽不拘泥悬挂处所，但不少住户将门牌收藏室内，未经悬挂，"土墙茅屋，风雨浸湿"，纸质门牌更易毁坏⑤，亦有民众"置诸抽屉""插诸墙隙""藏诸身中，俨如单据者"。⑥甚或有户口以多报少、贫苦孤独未编入甲内，以及此甲住户"飞入"彼甲者。⑦一保户数极不均衡，多至 200 户，少则 50 户。⑧

各县编查保甲户口事宜"未见若何成绩"。国民政府将原因归结为县地

① 《剿匪总部令豫鄂皖三省总动员编查编甲》，《大公报》，1933 年 2 月 21 日，第 2 张第 6 版。

② 《编查保甲户口总动员办法》（1933 年 2 月），蔡鸿源：《民国法规集成》（第 40 册），黄山书社，1999 年，第 117 页。

③ 《湖北省第一区各县办理保甲户口概况》（1933 年 10 月至 1934 年 7 月），湖北省档案馆藏，档案号：LS1-4-33。

④ 《蒋委员长严令各省整理保甲肃清赤匪，仿曾胡前例起用士绅办理乡团》，《中央日报》，1933 年 8 月 30 日，第 2 张第 2 版。

⑤ 湖北省政府民政厅：《湖北县政概况》（第 4 册），汉口国华印务公司，1934 年，第 1210 页。

⑥ 《呈赍区属各县编查保甲办理错误暨漏未举办事项与整理情形报告表祈鉴核由》（铨字第 5134 号，1934 年 4 月 18 日），湖北省档案馆藏，档案号：LS1-4-37。

⑦ 《为呈报兼县过去办理保甲情形及现在整理步骤仰祈鉴核示遵由》（铨字第 6382 号，1934 年 6 月 12 日），湖北省档案馆藏，档案号：LS1-4-33。

⑧ 湖北省政府民政厅：《湖北县政概况》（第 2 册），汉口国华印务公司，1934 年，第 527 页。

方财政收入异常支绌,各项表册、门牌、切结等未能一一印发;县长事务较繁,精力不能专注,又"多数更调,新旧交替,不无影响"①;承办人员"类多生手",对于编查法令及手续,又无深切认识与经验,以致临时敷衍②;加以国民政府命令赶办,各县因为期限太紧,为急于求成,只好闭门造车③,编组时未能依照挨户原则,次序凌乱,错误层见叠出④;甚至一些居民为图规避兵役与征工,"花钱求脱",与保长共同舞弊,藉词迁徙,实际并未迁居,不良保长遂乘机少报户口,以便派款时可以多收少缴,从中渔利,户口编查"更为不确"。⑤

　　为切实完成编组保甲,湖北省民政厅任用一批对保甲有一定研究的地方政务研究会学员分赴各区,协助各县长限期重新整理,学员所需经费在民政厅临时费节余款项下动支。1934 年 5 月,民政厅遴选叶润暄等 11 人,充任整理保甲委员分赴交通便利县份,每员各负责两县,将办理保甲情形详细调查,限 40 日内完竣,非因特别原因不得任意展延日期,整理完毕后,将整理经过情形暨整理办法分项列报民政厅。⑥具体程序是:委员会同县长,必要时请该区行政督察专员公署派员协助,亲赴各区保,随时召集县府主管保甲事务各职员、各区区长与区员、各保甲长,责令各区长督率保甲长分途举行,携带原有各项表册挨户将现有人数与表册门牌比对,并注意门牌填写有无错误,如有错误当场改正,并督饬该户将门牌悬挂于门楼左上方或神龛左上方,遇有不识字户长及其家属,最低限度,保甲长应将所编定保甲户号用口头说

　　① 《呈赍区属各县编查保甲办理错误暨漏未举办事项与整理情形报告表祈鉴核由》(铨字第 5134号,1934 年 4 月 18 日),湖北省档案馆藏,档案号:LS1-4-37。
　　② 《谷城南漳两县新近更换办理保甲人员类多生手,已派员前往指导请俯准展限旬日列表呈报由》(铨字第 4473 号,1934 年 3 月 1 日),湖北省档案馆藏,档案号:LS1-4-37。
　　③ 《湖北第三区刘专员复莅会讲演"政治的虚伪与个人施政的感想"》,《湖北地方政务研究半月刊》第 14 期,1934 年,第 2~3 页。
　　④ 赵福基:《江苏省之保甲与公安行政禁烟行政社会行政》(1936 年 4 月),南京图书馆编:《二十世纪三十年代国情调查报告》(第 21 册),凤凰出版社,2012 年,第 576-581 页。
　　⑤ 黄强:《中国保甲实验新编》,正中书局,1935 年,第 257 页。
　　⑥ 《呈报派叶润暄等十一人先赴武昌等二十二县整理保甲检同规则要点呈请鉴核备案由》(民字第 5512 号,1934 年 5 月 11 日),湖北省档案馆藏,档案号:LS1-4-28。

明,使住户记熟,整理委员会同县长实施抽查时,如发现某户不能知其住所为几保几甲几户,保甲长将受惩戒。[①]

整理保甲不仅手续繁难,而且耗时,何况各县编组保甲缺点极多,11名委员负责整个湖北省,无疑任务繁重。1934年6月,民政厅又加派成开勋等5人分赴公安等10县。[②]8月,再派10人分赴其他各县实地整理,发现问题随时纠正。对于住户零散的偏远乡村,整理委员亦应亲自考察,务使保甲编组普遍推行,避免敷衍、捏报积弊。[③]其第二次派员整理保甲情形见下表:

表2-1　湖北省政府民政厅第二次派员整理公安等10县保甲成绩比较表

县别	整理概况	成绩	备注
公安	门牌表册规约等项过去办理诸多错误,经委员驰赴各区实地整理后,成绩尚佳	尚佳	
松滋	过去编查不实,经委员会同县长驰赴各乡村指导督促成绩较有可观	尚佳	
英山	门牌表册规约保图切结等项经整理后均尚完善,惟第三第四两区昆连霍山边境因匪患影响成绩稍逊	优	
黄梅	县城附近及各区公所驻在地整理成绩尚属可观,偏僻乡村不无遗漏	尚佳	
大冶	该县保甲早报完成,嗣因各联保未能遵照条例组织办理不无废弛,此次委员到县切实整理并责令恢复联保组织成绩尚佳	尚佳	
咸宁	门牌悬挂不齐规约粉刷墙壁不多,户口异动登记联保连坐切结均不能遵照规定办理联保主任多恃势压迫民众	最次	
谷城	门牌表册规约切结等项多未整理完善,保甲经费虽经决议仿照安陆办法办理尚未实行	最次	
枣阳	该县保甲多系表面敷衍,此次委员到县整理亦欠实在	稍次	
南漳	县境辽阔四五六七八等区保甲因距县穷远,编查既未切实整理亦未普遍,一二三各区经此次整理后颇有成效	稍次	
保康	门牌表册切结规约等项多未完善联保组织亦多缺略	稍次	

资料来源:《呈报第二次派员整理公安等十县保甲经过情形汇造工作报告表成绩比较表赍请鉴核令遵并转呈总部察核备案由》(秘一字第2740号,1934年11月19日),湖北省档案馆藏,档案号:LS1-4-28。

[①] 《湖北省政府民政厅派员分赴各县整理保甲规则》(1934年),湖北省档案馆藏,档案号:LS1-4-28。
[②] 《加派成开勋等五人分赴公安等十县整理保甲缮呈姓名表祈鉴核备案由》(铨字第5934号,1934年6月1日),湖北省档案馆藏,档案号:LS1-4-28。
[③] 《奉令派员赴各区复查保甲请筹拨委员旅费案》(保4482号,1934年8月22日),湖北省档案馆藏,档案号:LS1-4-27。

从上表可知,各县编组保甲成绩高低有别,对于整理保甲"确著相当成绩"者,国民政府给予记功,从优奖励,逾期无成绩者,予以严厉处分。[①] 1936年,国民政府颁布《剿匪省份各县分区设署办法大纲》,各县应察酌地方情形,减少联保单位,扩大其组织,将各县区公所分期改为区署,原有管辖范围一经变更,则原先编定的保甲户口册以及门牌番号均须改正。[②]为此,各县先后订定重编保甲实施办法。以蕲春为例,各区区长负责办理重编保甲事宜,县府于每区派委员一人协助, 各区区界由毗连两区区长会同勘定, 立碑为界,履勘完毕,绘具详细区图,呈县府备查。重编保甲时,先召集联保主任及保甲长开会,宣讲保甲意义及相关法令,区长或区员分途指导联保主任,督饬保甲长按户切实整理,每户重编完毕,填写户口调查表,填具连坐切结,议定保甲规约,户长签字画押,发给门牌,并将该户壮丁填入壮丁册,以便编制壮丁队。寺庙及公共处所户口另行填载。各保编组就绪后,区署按照地方情形,划分联保,推选联保主任,健全联保办公处,各种表册经联保主任汇送区公所,由区署统计,汇呈县府备查。县长亲赴各区视察,并另派员分赴各区抽查。[③]又如郧县,重编保甲时,决定由下而上,逐层改编,保甲区域不得率意支配。原则上,甲不得超过 13 户,保不得超过 13 甲,门牌一律用木板张挂于显明易见之处。[④]

从官方的法令来看,编组保甲条例可称完备,可在实际执行时却存在诸多问题。1935 年 7 月,国民政府对一些疑义进行了阐释。譬如,户长由家长充任,一户有两家以上,或家长因特殊原因不能充任户长时,得由各家协定一

　　① 《刘镇华电皖南各县限期肃清边境残匪,县长须亲往乡间编组保甲,逾期不肃清应受严厉处分》,《中央日报》,1935 年 6 月 6 日,第 2 张第 2 版。
　　② 《准咨嘱查报办理保甲情形并列举推进保甲应注意各点一案兹将办理情形并查填保甲调查表咨请鉴核由》(省民二字第 33968 号,1937 年 1 月 30 日),湖北省档案馆藏,档案号:LS3-2-2450。
　　③ 《蕲春分区设署重编保甲实施办法》(湖北省政府第 3 类第 4 项第 1 目第 3423 号,1936 年 2 月 4 日),湖北省档案馆藏,档案号:LS3-2-2383。
　　④ 《郧县呈重编保甲情形及采用方法》(湖北省政府第 3 类第 4 项第 1 目第 5186 号,1936 年 4 月 30 日),湖北省档案馆藏,档案号:LS3-2-2448。

人为户长,或各家各编一户,各立户长。①除此之外,仍有一些疑义。例如,公共处所户口调查表说明栏内第二项教堂、教会四字,既表示教堂、教会内有住户,不必另填住户户口调查表,还表示教堂、教会应填寺庙户口调查表,不必再填公共处所户口调查表。如系前者,则教堂、教会内多有住户,对于此种住户,若不填住户户口调查表,则户口数目不翔实,也会发生许多流弊。如系后者,则公共处所户口调查表说明栏内第一项之教堂教会四字应删除。另外,所谓公共处所,包括公署、兵营、监狱、习艺所、学校、工厂、医院、祠堂、教堂、会馆等,条例中却省略了公署、习艺所、学校、工厂等处,而寄居于各机关、团体之职员或眷属所在多有,如对于此种寄居住户不加调查,户口数目定然失实。国民政府分别解释,教堂教会属于宗教团体,与寺庙性质相同,除教堂、教会内住户外,均应填入寺庙户口调查表,无必要同时又填入公共处所户口调查表。至于公共处所户口调查表说明第二项,准将"祠堂、会馆、医院、教堂、教会"十个字删除。②

为增进地方自卫力量,维护地方治安,国民政府一再电饬各省,转饬各县,一律实施保甲制度。③大体而言,保甲法制可分为"剿匪"区域与非"剿匪"区域两种情形,属于"匪区"者,遵照豫鄂皖三省剿匪总司令部颁布条例办理,属于非"剿匪区域",大多参照江苏省编组保甲规程办理。④

这一时期湖北各县编组保甲的方法是:先划分区段,遴派编查员,再分赴各区,以十进制为原则挨户编组,确定保甲,实行联保。与湖北相比,江苏作为非"剿匪"省份,编组方法略有不同,乡镇依旧保留,只是在原有自治区

---

① 《修正剿匪区内各县编查保甲户口条例》(省秘字第 0797 号,1935 年 7 月 22 日),湖北省档案馆藏,档案号:LS1-4-24。
② 《国民政府军事委员会委员长行营训令》(行政大字第 715 号,1935 年 12 月 31 日),湖北省档案馆藏,档案号:LS1-4-24。
③ 《保甲制度,蒋再令一律实施》,《益世报》,1935 年 6 月 14 日,第 1 张第 2 版。
④ 闻钧天:《保甲与警察之关系(中央保甲函授训练班讲义)》,(无具体出版地址),1935 年,第 20 页。

划的基础上,将闾邻改为保甲。①除湖北、江苏外,河北不属于"剿匪"区域,编组保甲时,参照了"剿匪"区域与非"剿匪"区域两种情形,既有十进制,又保留村镇,且在保与联保之间设置了总保这一新的层级。②

各省先后制定了具体的编查保甲规程,实施时,由于民情风俗、地方情形不同,难易自然有别。首先,编组保甲宜于乡村,不宜于城市,城市比乡村人口稠密,行旅流动频繁,不像乡村作息时间比较有规律,有许多空闲时间,而且城市军警集中,防卫措施比较完备,不像乡村"村落散漫,守望疏虞","匪盗"容易潜迹乡野,不易蛰伏城市。③其次,"民风强悍之处易而柔弱之处难,聚族而居之处易而五方杂处之处难,多匪之处易而平安之处难,居民密集之处易而散漫之处难"④。最后,与普通住户相比,船户以船为住宅,无固定地点,系特殊群体,若不编入保甲,"自属不妥"⑤,若编入保甲,又居无定所。

无论是内陆省份,还是沿海省份,船户居住水面,流动不定,可以随意往来,久而久之,水陆住户交相迁徙,势必牵动全部保甲组织。国民政府认为,"作奸犯科之辈,不能逞意于路上,即潜肆于水次"⑥,为维护水上交通肃清"匪患",保护航民安全,外海、内河所有船只必须厉行登记,一律编组水上保甲。⑦

对于船户保甲的编组,湖北省分设水警地段与未设水警地段两种。凡江、河、湖、港水面常泊民船,不论船主在陆地有无住所,在设有水警地段,由水上公安局督饬驻地分局负责办理,未设水警地段,由该管县政府督饬当地区署(或区公所)负责办理。自上游起,每经过一县或水上公安分局管辖区域

---

①　江苏省民政厅:《江苏省保甲总报告》,江南印书馆,1936年,第48~53页。

②　《冀实行保甲制度,编查保甲规程》,《益世报》,1935年10月12日,第6版。

③　《胡棘园:新保甲之新三论》,《江苏保甲》第2卷第2期,1936年2月16日,第6页。

④　刘达山:《新县政研究》,汗血书店,1935年,第124~125页。

⑤　刘达山:《新县政研究》,汗血书店,1935年,第126页。

⑥　江苏省民政厅:《江苏省保甲总报告》,江南印书馆,1936年,第142页。

⑦　《水上公安局呈编水上保甲》(湖北省政府第3类第4项第1目第7082号,1936年8月7日),湖北省档案馆藏,档案号:LS3-2-2445。

为一段,挨次编组。编组以每船为一户,户设户长,船主充任,发给门牌,令其悬挂船内明显之处,并填写民船调查表与船户户口调查表。遇有船户不识字或不明填写方法时,编查人员应详为指导或代书,户长亲自画押。依此类推,10户至30户为一甲,甲设甲长,10甲至30甲为一保,保设保长,不满一甲者,6户以上另立一甲,5户以下并入邻近甲,同理,编保亦然。①保甲名称以数字区别,冠以某县(局)某江(河)(湖)(港)第几段字样。在同一码头船户,超过5保以上时,得联合组设保长联合办公处,公推一人为联保主任,不足5保时,得联合其他码头组设,但以距离码头20里以内为限,并得设书记一人。编组完竣后,甲长覆查,保长抽查,区署或水上公安分局造具各保民船编组清册、民船调查表以及船户户口统计表,绘制该管地段略图,载明船籍、船只及集中停泊处等,呈报县政府或水上公安局,转呈省政府或民政厅。②其民船调查表,以郧西为例,如表2-2所示。

表2-2 湖北省郧西县第二区汉江第一段夹河关第一保第一甲民船调查表

船名		划子	划子	划子	划子	划子	划子	划子	划子	划子	划子
编号		第1号	第2号	第3号	第4号	第5号	第6号	第7号	第8号	第9号	第10号
所有人姓名		周家让	胡正魁	吴世勇	李发万	邓美元	金正旺	金士洪	乔明第	陈保义	龙达海
船舶使用目的		渡人	渡人	渡人	运货	渡人	渡人	渡人	渡人	渡人	渡人
容量	总担数	6担	6担	6担	18担	6担	6担	6担	6担	6担	6担
	登记担数										

---

① 照此计算,每保最多有900户,每联保按5保以上10保以下计算,有七八千之多,船户本系流动性质,事务比陆地保甲更繁,为促进工作效率,不少份增设户籍警及保丁。《为遵令呈复本省办理保甲经过及改善意见请鉴核由》(省民二字第45941号,1937年8月20日),湖北省档案馆藏,档案号:LS3-2-2449。

② 《湖北省编查水上保甲办法》,《湖北省政府公报》第211期,1936年6月22日,第30~35页。

续表

船名		划子	划子	划子	划子	划子	划子	划子	划子	划子	划子
编号		第1号	第2号	第3号	第4号	第5号	第6号	第7号	第8号	第9号	第10号
尺度	长	4公尺50公分	4公尺50公分	4公尺50公分	4公尺50公分	6公尺	4公尺50公分	4公尺50公分	4公尺50公分	4公尺50公分	4公尺50公分
	广	1公尺30公分	1公尺30公分	1公尺30公分	1公尺60公分	1公尺40公分	1公尺30公分	1公尺40公分	1公尺20公分	1公尺10公分	1公尺30公分
	深	50公分	50公分	52公分	62公分	50公分	50公分	50公分	50公分	50公分	50公分
	吃水 空船	18公分	18公分	18公分	23公分	17公分	18公分	18公分	18公分	18公分	18公分
	满载	30公分	30公分	30公分	40公分	30公分	30公分	30公分	30公分	30公分	30公分
船质		楸木	楸木	楸木	楸木	楸木	楸木	楸木	楸木	楸木	楸木
甲板层数		1层	1层	1层	1层	1层	1层	1层	1层	1层	1层
帆樯	数目	无	无	无	1	无	无	无	无	无	无
	高度				四公尺						
航线	规定起讫地点										
	常行地点	夹河关至麻虎沟	夹河关至麻虎沟	夹河关至麻虎沟	夹河关至白河	夹河关至麻虎沟	夹河关至麻虎沟	夹河关至麻虎沟	夹河关至麻虎沟	夹河关至麻虎沟	夹河关至麻虎沟
停泊场所		夹河关	夹河关	夹河关	夹河关	夹河关	夹河关	夹河关	夹河关	夹河关	夹河关
船员人数及其姓名					熊永才1名						
制造年月		1933年2月	1933年6月	1932年8月	1935年1月	1934年1月	1935年1月	1936年2月	1933年1月	1934年2月	1933年2月
船籍港											
登记	机关										
	年月										
	证照号数										
附记		向未登记	向未登记	向未登记	向未登记	向未登记	向未登记	向未登记	向未登记	向未登记	向未登记

资料来源:《郧西呈编查水上保甲》(湖北省政府第3类第4项第1目第7470号,1936年9月28日),湖北省档案馆藏,档案号:LS3-2-2446。

与湖北省有所不同的是,江苏省船户编组有两种:不以船为家,在陆地有住所者,编普字号;以船为家者,在常泊码头编船字号。无论哪种船户,船主姓名、年龄、籍贯、船的种类(载人船、载货船、渔船等)、在船家属人口数、航线路线(如系轮船以行驶证规定为限)、联保人姓名等一律详细登记。并发给洋铁船牌、编查执照,船牌与陆上住所门牌填注相同,船牌须钉在船艄左舷,执照须随身携带,以便呈验。凡停泊码头,由县政府令饬各区区公所划分地段,指定本地船只停泊处与外来船停泊处。如私自停泊或形迹可疑,停泊地之乡镇保甲长或驻防军警,有令其离开或搜索、逮捕之紧急处置权。[1]此外,贵州省各县水上保甲编组办法既有湖北省的编组方法,也有江苏省的编组方法,可谓是两者的结合。[2]

因水上船户移动无常,既有朝来夕往,也有朝往夕来,辖境又辽阔,编查人员不敷使用,编组水上保甲更加困难,经常发生一些漏编情形。[3]当然,也并非每一县份都如此。譬如湖北省礼山、黄安、通城、枣阳、建始、恩施、通山、来凤、鹤峰、咸丰、房县、保康、竹谿、崇阳、英山、罗田、宣恩、利川、兴山 19 县,四境皆山,并无船户可编。[4]

二、特编保与特编甲[5]

抗战时期,民众为躲避战乱,除了向海外移民外,主要是向内陆和邻近

　　[1]　江苏省民政厅:《江苏省保甲总报告》,江南印书馆,1936年,第142~147页。
　　[2]　贵州省政府民政厅:《贵州省保甲概况》,(无具体出版地址),1937年,第56~58页。
　　[3]　《水上公安局呈编水上保甲》(湖北省政府第3类第4项第1目第7082号,1936年8月7日),湖北省档案馆藏,档案号:LS3-2-2445。
　　[4]　《本省编查水上保甲办法》(湖北省政府第3类第4项第1目第6049号,1936年9月5日),湖北省档案馆藏,档案号:LS3-2-2391。
　　[5]　抗战时期,人口流动剧烈,战后各省出现了许多临时户,为加强基层控制,并避免与普通保混淆,国民政府设置了特编保(甲)。《省府规定特编保图记格式》,《政教旬刊》第24期,1940年5月21日,第8页。

省份迁移,随着各省人口大量涌入和迁出湖北,人户分离现象日益突出,政府着实不易控制。为确保地方治安安全,1937年7月,立法院修正通过《保甲条例》,就编组保甲而言,又有一些变动,放宽了编组规定和手续。甲应挨户编组,编余之户,有绝户不逾5户者,仍自成一甲,有新户不逾6户者,收为同甲。保应挨甲编组,编余之甲,不满一保,6甲及以上,另立一保,5甲及以下,并入邻保,"保内并入邻近之甲未逾五甲者仍成一保,保内并入或另立之甲逾六甲者自立一保"。船户、寺庙及公共处所,由各县县政府根据地方情形自定编组方法,船户在陆上有住所或居所,不另编户,寺庙或公共处所内有住户者,仍就各户编组。保甲编组完竣后,区(乡)(镇)公所分别编造本籍及客籍户数、人口、性别、年龄、职业、统计表呈报县政府,汇报省政府,船户寺庙户数及侨居外国人亦然。①

　　承前所言,编组保甲虽不宜于城市,但为了严密省会民众组织,实施公民训练,各省政府制定了省会编组保甲办法。以湖北省为例,省会保甲以省会警察局所属武昌、汉阳两县城厢为范围,该警区内保甲在1933年奉令免编,1935年7月,遵照军事委员会委员长武昌行营命令,参照《修正剿匪区内各县编查保甲户口条例》,拟具《湖北省会编组保甲暂行办法》②。省会编组保甲由省会公安局办理,各公安分局长指派所属巡官、户籍员警或遴派地方公正人士办理,编制以户为单位,凡一宅居住2户以上,应指定房主或居住较久者一户为正户,其余为附户,正户、附户各设户长,由家长或行辈较次者充任,10户至30户为一甲,设甲长,10甲至30甲为一保,设保长,各保以原有街段为范围,可合并数街段为保,但不得分割街段,保甲番号依警察门牌编列,并注明正附户,附户在2户以上时,以数字区别,保甲门牌、壮丁清册及

① 《保甲条例全文,立法院修正通过》,《益世报》,1937年7月5日,第2版。
② 《为遵令呈复本省办理保甲经过及改善意见请鉴核由》(省民二字第45941号,1937年8月20日),湖北省档案馆藏,档案号:LS3-2-2449。

各种户口调查表由省会公安局制发，各公安分局督饬各保长会同户籍员警查填。编组完竣后，甲长清查，保长复查，公安分局长抽查。[①]

对比各县，在编组保甲方法方面，省会有许多变通之处。这是因为，街市住户一宅之内往往居住十余户，甚至 20、30 户，如一律按 10 户为甲编组，一宅将会编成 2 甲或 3 甲，推行政令时，容易互相争执或推诿。因此，仿照江苏省编组城区保甲规定，以 25 甲为保，以及江西省会保甲编组方法，规定 10 户至 30 户为甲，扩大甲的组织。同时，考虑住户时常迁徙，一宅之内，户数多寡不等，常因租房居民经济能力大小而有差异[②]，如各户番号按户编列，一旦某户发生变迁，势必全甲或全保重编，手续极为繁杂。为避免此种困难，依照警区门牌，编定甲户番号，一宅内居住 2 户以上，指定房主或居住较久者一户为正户，其余编为附户，如此一来，附户虽有变迁，不致牵动甲户番号，警察门牌与保甲门牌也"不致两歧"。警区地段"密布"，不像乡镇村落辽阔、散漫，所有境内街道名称、部位等，有省会警察局制图可供参考，警察分局直接指挥保长较为便捷，事半而功倍，况且住户异动频繁，同甲各户常互不认识。故而，省会编组保甲时，不设联保、不绘保图、不另办联保切结及户口异动登记。[③]全面抗战以后，为适应前方军事需要，实施全民总动员[④]，与各县一样，国民政府训令，省会城市保甲编组不得"草率遗漏"联保连坐、户口异动登记等各项内容。[⑤]

编组保甲至为重要，又至为繁难，分类编户更是如此：分类过多，不仅繁

---

① 《准陈委员立夫寒电请迅令汉市限期完成编组保甲一案等由复请查照由》(省民二字第 62960 号，1937 年 11 月 28 日)，湖北省档案馆藏，档案号：LS3-2-2380。

② 《呈赍汉口市编组保甲暂行办法请鉴核备案由》(省民字第 47774 号，1937 年 6 月 8 日)，湖北省档案馆藏，档案号：LS3-2-2381。

③ 《为遵令呈复本省办理保甲经过及改善意见请鉴核由》(省民二字第 45941 号，1937 年 8 月 20 日)，湖北省档案馆藏，档案号：LS3-2-2449。

④ 《密饬鄂东(北)县长兼县长仰照非常时期整理保甲应注意事项切实遵办报核由》(省民二字第 62234 号，1937 年 11 月 17 日)，湖北省档案馆藏，档案号：LS3-2-2452。

⑤ 《为拟定整理保甲办法呈请鉴核备查由》(省民字第 62583 号，1937 年 11 月 22 日)，湖北省档案馆藏，档案号：LS3-2-2100。

杂,而且容易混乱;如若过少,"则简略而难周密"①。撇开船户不论,就临时户而言②,灾民、棚户等居处期间不定,"或三五日离开,亦或有数年不动",编组则变更太多,更正表册,整理保甲,不胜其烦,"不编则窝藏匪盗,易致变乱"。国民政府解决办法是:将临时户另外单独编组,自成一甲,编入邻保,不足一甲时,附于邻甲,如临时户变动,不须变更全部保甲组织。③又如,不同民族同处于一个乡镇时,风俗、言语不同,如少数民族人数不少时,不能强制与汉族混合编组,受十进制限制,应另编特编保或特编甲。再如,各省边远县份,人烟寥落乡村,往往方圆数十里才有一村落④,僻处山顶、山腰或深山夹谷间的畸零住户,亦可联合两山夹谷或依照交通习惯,编成特编保或特编甲。⑤

与普通住户相比,临时户大多是前方或沦陷区逃亡之难民,"均属流动靡常之户",未能与普通户混居,不仅口音与本地人不同⑥,还时常受当地人欺侮,本地人秉持地方观念,动辄利用职权,向临时户滥派各种捐款和非法征补兵员。1942年2月,内政部训令各省,临时户一律改编为普通户。⑦是年,湖北省遵照内政部规定,保甲编组以10户为原则,不得少于6户,多于15户,超过标准之畸零居户,尽量按地方习惯,列为普通户,不另列为特编户,以免零散。⑧

实施新县制后,联保一律更名为乡镇,县面积过大或有特殊情形,得分

---

① 张纯明:《现行保甲制度之检讨》,《行政研究》第2卷第3期,1937年3月5日,第217~218页。
② 所谓临时户,即各地暂时或临时居住之户。此外,还有空户,又分两种:一种是因避乱或事故,以致全户逃亡,有住宅而无居住者,如无人看管的荒废寺庙、空置的公共处所等;另一种是有口无户,如游民、乞丐等。黄右昌:《战时户口保甲兵役之法的连环性》,《中华法学杂志》第1卷第12期,1938年10月1日,第14页。
③ 《推行保甲之困难与解决方法》,《明耻月刊》第3卷第1期,1937年3月15日,第150~151页。
④ 崔昌政:《现阶段之保甲问题》,《国是公论》第34期,1940年,第10页。
⑤ 程方:《中国县政概论》,商务印书馆,1939年,第305~306页。
⑥ 《据呈以据义民朱宝怀等请准编特别保转请核示等情指令遵照由》(民字第02871号,1943年3月6日),江西省档案馆藏,档案号:J044-1-1536。
⑦ 《据该县西昌镇保民勒润祥等呈以西昌镇长利用职权歧视难民,非法征兵派捐请派员查察,饬县制止等情批示知照由》(民字第19610号,1944年11月6日),江西省档案馆藏,档案号:J044-1-1536。
⑧ 《民政法令,户口编查案》(湖北省卫生处第1类第1项第2目第1007号,1942年5月16日至1946年12月7日),湖北省档案馆藏,档案号:LS18-3-30。

区设署,区仅为县府辅助机关,地方社会只有县与乡(镇)两级,保甲为乡(镇)内编制。[①]编组保甲以减少单位、指挥便利为原则。编组程序是,县政府遴选督导员(每乡镇至少一人),各乡镇遴选调查员(每保至少一人),成立调查组。届时,调查组携带原有表册至各甲,按户逐口编查核对。全县以县城为核心,逐渐向外扩张,城区保甲先编组就绪,作为各区署的"楷模",然后以区公所所在地为核心,将区长驻地保甲编组就绪,作为各乡(镇)的"楷模"。凡大乡镇(系指场市、村落或居户聚集地域),能编成一保或一甲以上者,自乡镇一端,按照顺序编组。如住户稀少,应联合其他乡镇或多数零户,以交通要道为核心,逐渐向两旁扩张。新收复区或"匪扰"地区,应以军队或团队驻扎地为核心,逐渐向外扩张,从而与其他地域连成一片。编组保甲的同时,举办清查户口,填发户牌,实施联保连坐。[②]

各保编查竣事后,调查员会同保长,将户口调查表按照顺序汇订成册,绘制保甲区域略图,载明各甲番号、村(街)之名称以及山脉、河流、道路等,一并呈送乡(镇)公所转呈县政府。以上各种印制费以及督导员与调查员所需旅费等,由县造具预算,呈由省政府,民政厅会同财政厅核准后支给。[③]

总体而言,非战区县份编查保甲户口比较确实,而接近前线县份或沦陷县份,因环境特殊,日伪不时侵扰,社会动荡不安,原有保甲住户"率多变迁"[④],工作开展迟滞,编查保甲困难,成绩欠佳,若欲随时编查,不仅事务繁琐,迨至完成,便成废纸,只能向省政府请求延期编查保甲。[⑤]

① 《解释保甲番号编列疑义》(湖北省民政厅第16768号,1940年11月),湖北省档案馆藏,档案号:LS3-2-2536。
② 蔡天石:《办理保甲须知》,霞光印刷社1939年,第7页。
③ 《民政法令,户口编查案》(湖北省卫生处第1类第1项第2目第1007号,1942年5月16日至1946年12月7日),湖北省档案馆藏,档案号:LS18-3-30。
④ 《据随县政府呈赉三十一年度整理保甲庚办户口异动印刷临时费预算及估单转呈核示由》(省财字第0259号,1942年3月29日),湖北省档案馆藏,档案号:LS3-2-2454。
⑤ 《据广济县县长龚绍坡呈为编查保甲户口拟恳准予延期两月转报鉴核由》(省民字第2406号,1942年5月18日,湖北省档案馆藏,档案号:LS3-2-2454。

三、保甲的缩编与回归

　　日本投降以后，国民政府亟待展开各项复员工作，着手重编收复县份保甲户口。1945年8月，湖北省政府拟具《湖北省三十四年度收复区各县重编保甲户口实施要点》，凡战区及收复区县份，编查前，估计全县户口，尽量设法印制户口调查表、户牌、户口统计表、人口年龄分组统计表、人口职业分类统计表、人口教育程度统计表、联保连坐切结及保证书。编查时，除省府随时派员分赴各县进行督导外，各县派民政科人员与县指导员等分区负责，发动乡镇人员与地方公正士绅，赴各保开始编组保甲，清查户口，登记回籍难民，切实办理联保连坐切结或保证书，制发门牌，并专案具报。[①]

　　10月，国民政府制定收复区实施户口清查办法，收复区县（市）政府成立或迁回时，举办户口清查的同时，整编保甲。办理程序是：县（市）政府为主办机关，必要时，可商请当地驻军宪兵队或其他团体机关派员协助，编查前，县（市）政府会同有关机关，召集编查人员，讲习有关法令与技术，设法尽量搜集战前户口册籍以及日伪举办的一切户口表册、案卷，利用原有保甲组织，保留逃亡空户番号，待民众迁回时随时编入，对荣誉军人、阵亡将士家属及外侨游民，另册登记，以便保安与救济机关参考，编查完竣后，县（市）政府派员至各乡（镇）抽查，乡（镇）公所派员至各保甲抽查。[②]

　　编组保甲是使口必归户、户必归甲、甲必归保，以便于管理为原则，然而在具体实施时困难重重。收复区各县由于沦陷已久，"各乡户口概无册籍可

---

　　① 《规定收复各县重编保甲户口程序，附实施要点》（湖北省政府第7类第4项第1目第69号，1945年8月），湖北省档案馆藏，档案号：LS3-2-2058。

　　② 《清查收复区户口，内政部公布办法》，《大公报》，1945年10月18日，第3版。

035

稽",所需各种表册、切结及门牌等式样"均付阙如"①,战时,部分民众转徙,收复之初,在外难民多数未能还乡,"局面渐安",难民纷纷回籍,异动又太大,以致编组无从着手②,一些县份更因中共武装势力"发动攻势",时局动荡,保甲组织"破坏不堪"③,编组工作困难重重,甚至因袭日伪保甲"旧貌而改装颜面,或徒作乡(镇)名称之合并而保甲仍未整编"④,民众为减轻负担,规避兵伕、粮款,产生许多附户,附户之内又有附户,或"避不立户","以多报少,或以男报女,或以大报小,或以壮报老"。⑤

为革除上述弊端,奠定各县户籍行政基础,严密保甲组织,重建地方秩序,清查漏报户口⑥,湖北省订定1946年冬季户口总覆查暨整编保甲实施办法。一方面,向民众宣传整编保甲的益处与责任⑦,另一方面,要求各县(市)政府迅速筹印户籍登记声请书、户牌、人口统计报告表、民枪登记清册、县乡保区域略图式样等。人员配备自上而下,省府派员至各区(市),区派员至各县,县派员至区(乡)(镇),区(乡)(镇)派员至各保,各保再派员至各甲、各户。以同居共炊为编组标准,绝对不容许附户存在,编制以十进制为原则,乡村不得少于6、多于15,城市为15至30,凡整编不符合标准,予以重新划分或调整。整编后,取消了一大批附户,保甲编制也大致符合标准。当然也存在不少问题,民众对待调查户口的态度比较冷漠,一闻调查,偶有男子"外出避不露面",仅留妇女、老人或小孩在家应付,一些有身份人士及其家属,更是

① 《据呈为实施编组保甲清查户口请颁发户籍表册一案令仰知照由》(省民字第0003号,1945年10月2日),湖北省档案馆藏,档案号:LS3-2-2119。
② 《电复本县收复区重编保甲情形祈鉴核由》(昌民字第3022号,1946年5月24日),湖北省档案馆藏,档案号:LS3-2-2119。
③ 《为电报开始清查户口整编保甲情形祈备查由》(1946年8月22日),湖北省档案馆藏,档案号:LS3-2-2119。
④ 《为检发湖北省各县卅五年冬季户口总覆查暨整编保甲实施办法令仰遵照》(省民三特字1372号,1946年11月9日),湖北省档案馆藏,档案号:LS18-3-30。
⑤ 湖北省政府:《湖北人口 三十五年冬季户口总覆查实施纪要》,湖北民生印刷公司,1947年,第7页。
⑥ 《户口覆查中对人民的期待》,《武汉日报》,1946年12月25日,第11版。
⑦ 《为三十五年冬季户口总覆查暨整编保甲告民众书》,《武汉日报》,1946年12月25日,第11版。

"忽视"调查或敷衍具报了事。在乡村社会,血缘观念重于地缘观念,局部利益重于整体利益,乡保甲长为顾虑将来负担过重,或出于士绅意见,或为家族势力操纵,出现"集团舞弊"现象,匿报本乡、本保、本甲壮丁人口。①

绥靖时期,各省地方财政拮据,人才不敷分配,为提高基层行政人员待遇,充实地方自卫力量,1947 年,行政院拟订《扩大乡镇保甲编制》,因历史关系及自然条件原因,在人口密集、交通便利、文化水准较高处所,或地瘠民贫、地方财力不足负担地方,扩大乡镇辖区,乡镇保甲编制为三十进制②,不再以十进制为原则。③是年,鉴于各县情形不同,辖数多不一致,为求普遍适用,湖北省政府颁布《改进乡(镇)保甲编组及编制方案》,都市保甲,将原定各级辖数标准 10 至 30,改为 15 至 30;城镇保甲,由原定各级辖数标准 6 至 15,增加为 15 至 20,如人口密集,4 万以上时,须比照都市,一甲辖 15 至 30 户;乡村保甲,将原定各级辖数标准 6 至 15,改为 10 至 20;山岳保甲,以面积为编组标准,每甲、每保、每乡纵横距离分别以 5 市里、10 市里、40 市里为原则。④

当局认为,编组保甲、清查户口对于确保地方治安、奠定户籍基础具有重要作用,"戡乱"期间尤其须要健全保甲组织,严密户口查报。⑤ 1948 年,国民政府颁布《绥靖区各省市编查保甲户口办法》,绥靖区内各县(市)政府成立或迁回时,首先责令所属户政人员及原有乡镇保甲人员,发动当地知识分子,以及商请辖境内军队或团体机关派员协助,保甲编组按户口习惯、地势

① 湖北省政府:《湖北人口 三十五年冬季户口总覆查实施纪要》,湖北民生印刷公司,1947 年,第 10、17~18、91~92 页。

② 《行政院令颁扩大乡镇保甲编制标准》(从洪 19977 号,1947 年 5 月 27 日),江西省档案馆藏,档案号:J044-1-00071。

③ 《内政部电绥靖区保甲编组及乡保甲长人选建议一件》(湖北省政府第 4 类第 1 项第 1 目第 1071 号,1947 年 10 月),湖北省档案馆藏,档案号:LS3-2-2501。

④ 《改进乡镇保甲编制及编制方案》(湖北省政府第 4 类第 1 项第 1 目第 993 号,1947 年 11 月),湖北省档案馆藏,档案号:LS3-2-2526。

⑤ 《为抄发绥靖区各省市编查保甲户口办法及湖北省剿匪期间编查保甲户口办法实施细则电仰遵照由》(省敏字第 31188 号,1948 年 8 月 7 日),湖北省档案馆藏,档案号:LS3-2-2078。

及其他特殊情形,以乡(镇)公所驻地为中心,向两端或四周延伸,依次编组。凡较大村落能自行编成一保或一甲者,从村落一端起,按户编组,如住户稀少之处,应以交通干线为起点,逐渐向两旁扩编,船户附隶于常泊处之陆地保甲。保甲编制以户为单位,10户为甲,10甲为保,必要时,以6户至15户为甲,6甲至15甲为保,都市以10户至30户为甲,10甲至30甲为保,于一个月内将保甲整编完竣,并清查户口。未能全部收复,为中共"窜扰或盘踞"县份,应以乡镇为单位,次第实施编查,时间不得超过10日,俟全境安定后,再行定期举行总清查。①

保甲编组沿袭十进制,新时期又产生了老问题。无论是街道还是村落,依照十进制编成若干甲以后,往往仍有编余户,6户及以上另成一甲,5户及以下并入邻近甲,一般地区,每保的最末一甲有超过10户,亦有不足10户。在商业繁盛、人口密集地方,一个大宅门内往往居住二三十户,如仍采用十进制,势必一宅之内有数甲,集合几个大宅门即成一保,以致保甲的单位众多,保甲的区域都异常窄小。有时又有例外,城区未必都商业繁盛、人口密集,而有时非城区却正好相反。因此时人提出,编组保甲既不宜单纯采用十进制,也不宜单纯采用三十进制,人口密集地区,可采用二十进制,减少保甲的单位,人口稀少地区如采用三十进制,保甲范围过大,保甲长难以推行各种国家政令,故仍采用十进制。②

与此同时,船户隶属于常泊地陆上保甲,也存在问题。陆上住户地点固定,迁移不易,船为水上交通工具,船户沿河捕鱼或运输谋生,"随遇而止",无一定处所,船户与陆上保甲合并,人情、习惯等"委实不相隶属"③。

国民政府编组保甲的目的与方法因时因地而异。"剿匪"时期注重地方

---

① 《绥靖区各省市编查保甲户口办法》(1948年5月),湖北省档案馆藏,档案号:LS3-2-2078。

② 张立瀛:《江苏保甲》,江南印书馆,1948年,第35~36页。

③ 《请准恢复水上保甲》,(〈卅七〉总字第019号,1948年9月20日),江西省档案馆藏,档案号:J044-1-864。

治安,以十进制为原则,挨户编组。抗战时期,政府统辖区域"萎缩",人口流动频繁,出现了许多临时户,由此产生特编保或特编甲,编组程序变为从地方政府所在地向四周扩散。抗战胜利以后,政府统治区域扩大,随着国家权力日益渗透基层,民众的负担更加沉重,为减轻民众负担,相应调高保甲编制,且编组标准富有一定弹性。"戡乱"时期,为与中共争夺政权,保甲编组又回归以十进制为原则。此外,城市与乡村因人口密度、交通状况等不同,编组保甲情形有所差异,城市保甲比较集中,范围小;乡村保甲相对分散,范围大。面对居住地址不定、机动性极强的船户,政府试图以保甲的编排方式将其固定,并划分地段,避免其与外来船只混淆。综上可知,无论哪种编组方法,社会各类人口都被强制纳入保甲组织之中,基层统治网可谓遍及乡村社会的各个角落,政府强化控制基层的意图十分明显。

第二节　保甲规约

保甲规约"脱胎"于古代的乡约,乡约与保甲都是古时中国地方组织的一种制度。乡约注重教化作用,保甲偏重管理功用。[1]二者的功效虽然有别,但都以乡民为对象。两者关系可谓互为表里。到了明代,乡约与保甲合为"乡甲约"。[2]目前,学界对乡约的研究成果颇丰,但对于南京国民政府时期的保甲规约研究却相对薄弱,因而有加强研究的必要。

---

① 李宗黄:《现行保甲制度》,中华书局,1943年,第69页。
② 闻钧天:《中国保甲制度》,商务印书馆,1935年,第183页。

一、保甲规约的出台

国民政府认为,缉拿盗匪,安定闾阎,莫如联保连坐。劝人为善,彰善瘅恶,莫如保甲规约。二者相辅相成,分之为两事,合则为一体。联保连坐取向于消极方面的制裁,保甲规约着重于积极方面的劝导,竭力提倡善良风俗,以达到潜移默化的效果,具有预防的作用。[1]

1932 年 8 月,国民政府颁布《剿匪区内各县编查保甲户口条例》,其中规定:保甲编定后,保长应即召集甲长,开保甲会议,协商保甲规约,共同遵守。保甲规约制定后,保长、甲长及各户户长(包括外来迁入或避乱新归)一律签名,并绘制保甲所管区域略图,载明本区域内乡镇村名及各户人数,连同签名之规约,呈报乡镇长,转呈县政府备案。规约包括的事项有保甲名称、编制门牌、调查户口、出入境人员检查、水火风灾(匪患)警戒及救护、经费筹集(征收、保管、支用)、筹设碉楼堡寨或其他工程、守护电杆桥梁和一切交通设备、保甲职员及住民处罚事项等。[2]

由此可知,"剿匪"时期,保甲规约主要由官方倡导与推行,与古代乡约的不同之处在于,国民政府添加了许多具体的举措,其意图是为了增进民众的自卫能力,达到维持地方治安的目的,而不仅仅是教化民众。[3]保甲规约是以保为范围,一保之内,人人都有遵守的义务。规约的制定、执行是保甲长与户长协商的结果,规约的内容具有约束力,成为保甲内每个成员的行动准绳,违反者将会受到处罚。[4]

---

[1] 贵州省政府民政厅:《贵州省保甲概况》,(无具体出版地址),1937 年,第 65 页。
[2] 高军等编:《中国现代政治思想史资料选辑 上册》,四川人民出版社,1983 年,第 578~580 页。
[3] 高亨庸:《保甲长之任务》,正中书局,1942 年,第 6~7 页。
[4] 闻钧天:《保甲与警察之关系(中央保甲函授训练班讲义)》,(无具体出版地址),1935 年,第66~68 页。

起先,各县接奉国民政府训令,制定保甲规约,但大多照搬制发式样,文字非常繁冗。如以鄂城县第三区保甲规约为例。

鄂城县第三区第　保保甲规约

一、本保定名为鄂城县第三区第　保

二、本保办公处设于某处

三、凡因户口迁入迁出出生死亡嫁娶各种户口异动时户长应即速报告甲长

四、保甲会议由保长召集甲长行之,以保长为主席,如保长或多数甲长认为必要时得召集各户长列席开保甲扩大会议,所有议决事项应呈报区署备案

五、凡遇匪患经区长通令警戒或保长认为必要时应在本保出入要道设卡盘查,如有行踪可疑者均应诘问搜检并得带交保长查明发落

六、凡遇匪警由保长随时酌定通告之本,保壮丁应依通告所指定之地点,立刻集合服从保甲长及军警长官之指挥,协助警戒搜查(巡逻放哨侦查搜捕及一切警戒事宜)

七、凡经上级机关指定本保驻守之碉楼圩寨,经保甲会议议决,驻守次序,各甲壮丁应依次轮流驻守,不得藉词推诿

八、凡本保一切建设事宜,经保甲会议决定办理或奉上级机关命令办理者,应一律协力工作,不得违误

九、凡本保所有公路森林电杆电线应由附近甲户长负责保护,如查有破坏上项建筑物者,应立即扭送保长办公处听候保长发落

十、关于奉令承派军运侠役,应由本保壮丁轮流服役,不得无故推诿

十一、凡遇有左列情形之一者,应由所在地甲户长立即报告保长转报核办

1演唱花鼓集众赌博者2查有关设烟馆供人吸食或无照吸食鸦片者3宰杀耕牛或开设牛棚受寄赃物以及售卖病死牛肉损害他人身体康健者。

十二、除编查保甲户口条例所规定者外,如遇左列情形之一者,亦得科以一元以上四元以下之罚金

1应出席保甲会议而无故缺席者2依保甲长之命令应为其辅助职务之执行而故意违抗者3对于各种学校造谣破坏者4对于新学制课程设词诬蔑者5拒绝导生传习识字者6故意纵放牲畜践踏禾苗或盗伐森林及折毁公私园艺果树苗木者7游荡不务正业,经保甲长诰戒而不复改者8酗酒滋闹寻衅斗殴者9为幼女裹足妨害其生理自然发育,经保甲长三次劝导其家长而不解放者10以渣滓瓦砾秽物等类堆积衢道及大众饮料处所妨害公共卫生,经保甲长禁止,不予移置扫除者。①

与国民政府颁发式样比较,上述规约内容可谓依样画葫芦,大多照式样翻印,或略微修改,汇存县府,敷衍了事。②对此,国民政府作出修改意见,认为保甲规约应用白话规定,不必贪多,只求扼要,责令区保甲长会同当地公正士绅,按照本地社会需要,妥定保甲规约,随时向民众讲演,务求民众易于了解。③

保甲规约针对当地社会劣点及需要分别制定,起到规范地方社会秩序的作用。但如果一经各保甲长以及户长签字即束之高阁,那么其效用将无法体现。一方面,国民政府训令各县,各区长督同保长,负责选择各村镇繁盛或

---

① 《二区各县呈送保甲规约》(湖北省政府第3类第4项第10目第5299号,1936年5月2日),湖北省档案馆藏,档案号:LS3-2-2374。

② 《呈赍区属各县编查保甲办理错误暨漏未举办事项与整理情形报告表祈鉴核由》(铨字第5134号,1934年4月18日),湖北省档案馆藏,档案号:LS1-4-37。

③ 《民政厅长兼本会主任孟广澎先生讲如何发挥保甲之效用》,《湖北地方政务研究周刊》第1卷第13期,1933年9月26日,第5~8页。

冲要地点①,以石灰粉墙,将保甲规约内容书写墙壁上。为免雨淋,涂刷桐油,从而达到一目了然、人人知晓的效果。②另一方面,为使人人能够躬行实践,国民政府还制定了宣讲办法,由区保甲长聘请地方贤明士绅等,定期向居民宣讲,相约共同遵守③,使规约内容深印民众脑中。

以湖北为例,其具体宣讲办法为:首先是编定宣讲组,县长督饬区长,每区设一组,每联保设一分组,区长、联保主任分别担任组主任和分组主任,区员、联保书记(或联保小学校长)充任巡回指导员,分别指导全组和分组宣讲事务。此外,分组还设有宣讲员10至20人,成员包括保甲长、小学校长(教员)、私塾教师及当地公正士绅。其次是宣讲组编定后,由区长先召集宣讲员,实施训练。最后是县长督饬区长、宣讲员,利用民众工作闲暇时,在公共场所或场圃,向保甲长及民众循环宣讲。壮丁队或"铲共义勇队"轮番到场听讲,并维持秩序。凡无故不到场之保甲长与户长,由宣讲员查明,登记姓名,呈报区长。④情节轻微者,由区长或联保主任严行告诫,如再不服从,予以当众谴责,或处服役一二日,但不准罚金,其确能履行保甲规约各条款者,由区长查明,报由县长择优奖励。⑤其具体情形见表2-3:

---

① 湖北省政府民政厅:《湖北县政概况》(第4册),汉口国华印务公司,1934年,第943页。

② 《呈报黄安县整理保甲方案及训练保甲长课程乞鉴核由》(铨字第3496号,1934年1月26日),湖北省档案馆藏,档案号:LS1-4-29。

③ 《据呈送编查保甲户口报告表分别指饬遵照》,《湖北省政府公报》第42期,1934年3月31日,第34~35页。

④ 《令颁湖北各县保甲规约宣讲办法,仰督饬所属切实遵办具报由》(省民二字第8320号,1935年12月16日),湖北省档案馆藏,档案号:LS3-2-2369。

⑤ 《二区各县呈送保甲规约》(湖北省政府第3类第4项第10目第5299号,1936年5月2日),湖北省档案馆藏,档案号:LS3-2-2374。

表2-3　湖北省大冶县保甲规约宣讲人员编制总表

职　别	名　额				说　明
	第一区	第二区	第三区	第四区	
组主任	1	1	1	1	以区长兼任
巡回指导员	2	2	3	3	以区员充任
分组主任	7	13	9	7	以联保主任充任
分组巡回指导员	7	13	9	7	以联保主任或联保书记充任
分组宣讲员	77	130	90	67	由区长就有宣讲能力之保甲长小学校长教员私塾教师及当地公正有学识士绅遴请具府核准派充

资料来源:《二区各县呈送保甲规约》(湖北省政府第3类第4项第10目第5299号, 1936年5月2日),湖北省档案馆藏,档案号:LS3-2-2374。

　　实施宣讲办法的目的是期待收到实效。然而大多数县份保甲长及一般民众,对于保甲规约,要么尚欠了解,宣讲不力,要么执行松懈,视同具文。[1] 国民政府认为,主要原因在于,规约条文款目繁琐,内容空泛,未能针对地方劣点,切合实际需要,与改良社会风俗习惯"殊欠符合"。为补救弊端,国民政府再次训令,各县县长出巡时,应切实考察当地社会情形,饬令各区区长会同各联保主任等,选定数种切要事项(如禁止妇女缠足、检举烟民、户口异动登记等),改订于规约内,督饬所属认真宣讲,俾使民众了解,发挥规约效用。[2] 如以湖北省大冶县为例,见表2-4:

---

① 贵州省政府民政厅:《贵州省保甲概况》,(无具体出版地址),1937年,第66~67页。
② 《令发各县实践保甲规约进度表式,仰督饬遵照办理按月填报由》(省民二字第33229号,1936年11月14日),湖北省档案馆藏,档案号:LS3-2-2370。

表2-4 湖北省大冶县宣讲保甲规约报告总表

组别	分组数	宣讲员人数	宣讲教材与方法	宣讲地点及时间	宣讲次数	听讲人数	备考
第一组	7	77	(一)爱护党国:1 奉行三民主义 2 尊重党国旗 3 牢记国难国耻 4 完全服(使)用国货 5 严密组织保甲 (二)遵守秩序:1 遵守公共纪律 2 服从合法裁判 3 不贩违禁物品 4 保护公共文告 (三)改进生产:1 实行造林垦荒 2 改良农作方法 3 积极经营副业 4 提倡合作事业 5 提倡积谷建仓 (四)改善习惯:1 绝对不准缠足 2 戒除不良嗜好 3 合力抵御强暴 4 尽力戒除奢侈 5 工作勤苦耐劳 6 厉行劳动服务 7 实行联保连坐 8 具报户口异动	由联保主任分别规定并先期公告	共计55次	共计人数 2 272 人,平均每次约 45 人	各区报告表规定由宣讲员逐日记载,按月汇报区署转呈县府查核,以凭奖惩,本表限于篇幅,仅详记其数目合并查明
第二组	13	130	依照豫鄂皖三省剿匪总部颁发式样制定各保保甲规约暨民厅颁发怎样发挥保甲效用小册内实践保甲规约各问答,以及单制禁止妇女缠足检举私吸烟民具报户口异动各规约作为教材一面采用各种油画挂图促其明晓与注意	同前	共计260次	共计人数 15 870 人,平均每次约 61 人	

续表

组别	分组数	宣讲员人数	宣讲教材与方法	宣讲地点及时间	宣讲次数	听讲人数	备考
第三组	9	90	与第一组略同	同前	共计78次	共计3 987人，平均每次约51人	
第四组	7	67	甲、材:1保甲要义2公民常识3卫生常识4新生活运动纲要5缠足鸦片之苦 乙、方法:指定各该处空场集合露天演讲	同前	共计63次	共计4 100人，每次平均约65人	

资料来源:《二区各县呈送保甲规约》(湖北省政府第3类第4项第10目第5299号，1936年5月2日)，湖北省档案馆藏，档案号:LS3-2-2374。

显然，对于受教育程度低的普通百姓来说，很难牢记规约内容。湖北省政府认为有改进的必要，指令另制一种简单规约，规约的内容须因地制宜，适合当地实际需要，酌定取舍，不必全县各保一律相同，以便民众易于了解。再以1936年鄂城县保甲规约为例，其内容如下。

鄂城县第　区保甲规约

一、要誓雪国耻　一、要自卫地方　一、要维持公益　一、要遵守法律 一、要改良教育

一、要挖塘培堤　一、要广植油桐　一、要孝顺父母　一、要兄友弟恭 一、要尊敬师长

一、不准窝藏匪盗　一、不准造谣惑众　一、不准吸食鸦片　一、不准逞凶械斗

一、不准聚赌囤娼　一、不准妇女缠足　一、不准强买强卖　一、不准迁徙无常

一、不准宰杀耕牛 一、不准演唱花鼓①

鄂城县的保甲规约内容尽管已经简化，但词意大多涉及宽泛，类似格言标语，不具体，未必切合当地需要。各县虽然制定规约以后，依照规定程序签字画押，并在墙壁上书写条文，可能否实行，大概很少有人过问。国民政府认为，保甲规约为推进教养卫各项要政的总枢纽，不能仅仅视为保甲法令的简单文件。因此，欲求发挥保甲效用，有必要对规约重新改进。改订规约内容包括三个方面：一是消极的方面，可针对地方情形，订定禁止专条，如禁止抢寡妇、溺女、赌博、吸食鸦片等；二是积极方面，提倡民众相敬相爱、相救相赒及公民应有的道德等；三是现行法令方面，应与当地情形密切相关，如检举匪类、守岗放哨、修筑道路、开挖塘堰、普及识字等。②

随后，各县奉令改订保甲规约，除个别县府的保甲规约没有"过关"，被发还重新改订，如宣恩县，原因在于"检举匪类、守岗放哨、修筑道路、开挖塘堰"等事均遗漏，未予订入。③大多县份符合国民政府的要求。以恩施县为例：

恩施县第一区熊家乡联保各保保甲规约

本保居民，应遵守下列各项，违者，按轻重处罚！

一、各户门牌，应悬挂整齐，户口异动，应随时报请登记。

二、凡年在十八岁以上，四十五岁以下之壮丁，一律加入壮丁队组织，担任守岗放哨，输送等责任。

三、如遇匪警，或水火风灾，各壮丁须听施放信炮齐集，受保甲长号

---

① 《二区各县呈送保甲规约》（湖北省政府第 3 类第 4 项第 10 目第 5299 号，1936 年 5 月 2 日），湖北省档案馆藏，档案号：LS3-2-2374。

② 《为各县保甲规约，制订既不完善，又未认真执行，除将改进方法通令各县局遵办具报外，仰遵照督饬办理由》（民二字第 9789 号，1935 年 6 月），湖北省档案馆藏，档案号：LS3-2-2369。

③ 《据呈责改订保甲规约等情指令遵照由》（省民二字第 19074 号，1936 年 5 月 23 日），湖北省档案馆藏，档案号：LS3-2-2378。

令,尽力施救。

四、建筑碉堡,修补道路,须尽力输将,勿得推诿。

五、保甲经费,须遵章缴纳,账目由保甲公布。

六、男女学龄儿童,应责令入学,否则处罚家长。

七、实行新生活,力戒浮华,崇尚俭朴。

八、组织农村合作社,调剂农村金融。

九、资助有志青年升学,培植有用人材。

十、服用本地土货及国货,以防利权外溢。

十一、市街场所,住屋内外,须打扫清洁。

十二、电杆电线,须负责保护。

十三、严禁聚众赌博,窝娼窝盗,及重利盘剥。

十四、严禁开设烟馆和私运烟土及吸食鸦片。

十五、极力提倡早起早睡。

> 制定人保长○○…甲长○○…加盟人户长○○等①

其实一县之内,各保风俗习惯大体相同,只是城镇(市)与乡村稍有差异。若是令各保自定,难免千篇一律。于是,一些县份召集联保主任及各保保长,开全区保甲联席会议,将保甲规约分为乡、镇两种,力求简单,避免抽象,务使每条规约含有"具体动作",以便民众能够了解与实践。如城镇绅权较大,容易操纵政令,包揽词讼;乡间春夏溪水泛滥,时常有淹没隐患,豪强住户抗粮成风等。②

保甲规约不是一成不变的,凡规约所订事项,如有不切合事实需要时,

---

① 《据呈送改订各区联保保甲规约,令准备查由》(省民二字第 12016 号,1936 年 3 月 4 日),湖北省档案馆藏,档案号:LS3-2-2378。

② 《二区各县呈送保甲规约》(湖北省政府第 3 类第 4 项第 10 目第 5299 号,1936 年 5 月 2 日),湖北省档案馆藏,档案号:LS3-2-2374。

保甲规约可以随时修改。①国民党认为,战时社会,为防止"宵小"乘机而起,可以把民族的意识融化在保甲规约之内,以便在敌对势力占据的地方,充当破坏敌人的力量。对将来反攻收复,也有一定的帮助。② 1937 年 7 月,立法院修正通过《保甲条例》,规定保甲规约事项包括:查禁非法行为及纠正不良习惯、水利交通工程及守护、保护农林及合作互助、增进住民知识能力、保护名胜古迹以及其他维持地方安宁秩序及公益等。同时,对于因侦悉敌情、破获敌对势力机关、搜获敌人秘运或埋藏枪枝弹药(大批粮秣)而伤亡民众,除依照保甲规约赏恤外,县政府或省政府将斟酌情形分别核奖或给恤。③ 11 月,湖北汉阳县制定保甲规约时,已将检举汉奸、管制灯火、应征服役等事宜列入。④

　　1939 年 6 月 3 日,虎门硝烟 100 周年纪念日,蒋介石发表《以抗战杀敌精神来根绝烟毒》言论,训令将禁烟事务定为保甲规约中最重要的一种工作,从 1940 年起,无论任何地方,绝对"不容有一苗一叶一花一苞发现",吸食者如果不加紧戒烟,必须受到法律严厉制裁。⑤为贯彻禁政,各省遵行蒋介石训词,并参照中国国民党中央执行委员会社会部所订肃清烟毒办法六项,将禁烟一项列入保甲规约,定为最重要内容。同时增订保甲内五家联保连坐,使民众互相监视。如发现某户违反规定,户长应向甲长检举,倘若隐匿不报,一经甲长查出,即予连坐处分。如保甲长、联保主任不举报,即予包庇故纵论处。⑥各县奉省政府训令后,都将各区保甲规约重新审定,加入"不私吸鸦片,不私开烟馆,不私贩烟土,不偷种烟苗,不私藏烟籽"一条。有些县份,为节省

①　程方:《中国县政概论》,商务印书馆,1939 年,第 312 页。
②　毛独时:《战时保甲的实施》,珊瑚印刷所,1938 年,第 4 页。
③　《保甲条例全文,立法院修正通过》,《益世报》,1937 年 7 月 6 日,第 2 版。
④　《为拟定整理保甲办法呈请鉴核备查由》(省民字第 62583 号,1937 年 11 月 22 日),湖北省档案馆藏,档案号:LS3-2-2100。
⑤　内政部禁烟委员会:《蒋主席禁烟言论集》,(无具体出版地址),1948 年,第 15~22 页。
⑥　《拟请将禁烟一项列入保甲规约实行连坐通饬各县遵照实行,以期如限完成禁政案提请公决由》(民禁施字第 6813 号,1939 年 11 月 2 日),湖北省档案馆藏,档案号:LS3-4-4798。

经费,在原有联保连坐切结内加盖"私种私贩私售私吸鸦片情事,一体连坐"红戳,由甲长责成各户长,挨次捺指印,并讲解晓谕,互相劝勉。①

除禁政外,演戏赌博也一再被严令禁止。演戏、赌博不仅耗费时间,浪费金钱,而且人员品类颇为复杂,更容易招引游民,"窝藏奸宄",足以直接或间接扰乱社会秩序,危害地方治安。抗战时期,国难深重,更需要人力物力备战,以博取最后胜利。当局认为,聚众赌博、演唱花鼓淫戏,伤风败俗,劳民伤财,妨碍全面抗战,亟应从严查禁,训令各县督饬区署及保甲人员,印发简明布告,张贴晓谕。倘如当地保甲人员隐匿不报或奉行不力,将予以从严惩处。②

二、保甲公约的酝酿

如前所述,"剿匪"时期的保甲规约,完全注重于地方治安,政府颁发式样,各县大同小异,内容繁多,过于刚性,与地方自治不相符合。新县制时期,依据《乡镇组织暂行条例》第 41 条规定,保甲规约由保民大会议决,两保以上合订的规约称之为保甲公约。③国民政府认为,虽一字之差,但表示内容是全保民众共同议定,而不是政府颁行,民众自然乐于遵守。公约的订立也是行使民权主义的一个实践,先由全体保民详细讨论,将决议制成条文,签名画押后,呈送乡镇公所及县政府备案,并在墙壁上逐条书写。④

公约与规约有很大的不同,保甲规约体现国家法令,带有浓厚的官方色彩,保甲公约侧重乡村社会治理。由于此时国民政府在保甲公约方面下放权力,地方基层拥有更多的自主权。因而各县呈报的保甲公约内容与格式,差

---

① 《据呈复奉令将禁烟一项列入保甲规约实行联保连坐一案暨遵办情形请鉴核等情电仰知照由》(民禁施特字第 171 号,1939 年 12 月 8 日),湖北省档案馆藏,档案号:LS3-4-4798。
② 《通令督饬各区保甲人员严禁戏赌》(湖北省政府第 6 类第 7 项第 13347 号,1938 年 1 月 25 日),湖北省档案馆藏,档案号:LS3-1-927。
③ 《乡镇组织暂行条例》,《甘肃省政府公报》第 513 期,1941 年 10 月 15 日,第 19~20 页。
④ 周中一:《保甲研究》,独立出版社,1947 年,第 186~188 页。

别都比较明显，以巴东县金果乡、竹山县为例。

巴东县金果乡第十二保保甲公约

本保公约为促进地方自治发展公共事业起见特制定本公约

第一条　应遵守事项如左：1 按时参加保民大会，服从多数人意见。2 开垦荒地改善畜牧努力公共造产。3 强迫学龄儿童入校读书。4 扶助弱小民族救济贫穷残废。5 节省婚丧各项费用。6 门牌悬挂整齐。7 遇有形迹可疑之人随时报告乡公所。8 记清本保本甲本户番号。9 热心公益乐输捐款。

第二条　应禁止事项如左：1 不得互相隐匿兵役。2 不得无事整酒藉故敛财演唱花鼓淫戏。3 帮助办理法定税收。4 不得聚众赌博。5 不许早婚及打后家。6 不得囤积居奇高抬物价。①

竹山县政府议定保甲公约事项

一、清查户口是保管地方安宁应乐于接受

二、户籍人事异动应随时报请户籍管辖机关登记

三、门牌户牌应悬挂整齐

四、注意公共卫生和家庭个人清洁

五、孝顺尊亲友爱弟兄

六、息讼宁人和睦乡邻

七、婚丧费用一切从简

八、敬老尊贤尊重教师

九、有学龄儿童务要送入学校读书

十、救济贫困扶助老小残废爱护征属

---

① 《巴东县金果乡第十二保保甲公约》(1947 年)，湖北省档案馆藏，档案号：LS3-2-2427(3)。

十一、随时修路修桥并保护电杆电丝

十二、冬防时期互相连络轮流巡防防匪防盗

十三、遇有形迹可疑之人随时报告保甲长

十四、帮助保甲长执行职务①

从上面可以看出,保甲公约更多的是注重地方自治。但随着时局的变化,尤其在"戡乱剿匪"期间,为配合军事需要,国民政府再次对保甲公约进行干预,将格式修改为提要,并训令各县,督饬各保民大会,根据当地实际情形,将保甲公约予以修正或议定,内容偏重于地方自卫。②经该管乡镇(区)公所转报县(市)政府审核后,发还各保,一面书写于通衢大道,一面广为宣传,确保一般民众彻底了解,以发挥保甲效用。其提要如下。

湖北省××县××乡第×保保甲公约提要

本保为巩固地方治安,促进地方自治发展公共事业起见,特制订本公约

甲、应遵守事项:1 实行户口查记。2 检查国民身份证。3 境内盗匪应切实警戒通报及搜查。4 建筑防匪碉堡或工事。5 严厉执行联保连坐切结。6 办理保内水灾风灾之警戒救护。7 过境公路干线或本地应备支线之修筑及电杆桥梁与一切交通设备之守护。8 切实维持地方秩序。……

乙、应禁止保甲长执行职务:1 不得留住来历不明形迹可疑之人。2 不许通匪及隐匿匪犯不报。3 不许私藏枪枝。4 不得逃避兵役。……③

---

① 《竹山县政府议定保甲公约事项》(1947 年),湖北省档案馆藏,档案号:LS3-2-2421。

② 《为抄发绥靖区各省市编查保甲户口办法及湖北省剿匪期间编查保甲户口办法实施细则电仰遵照由》(省敏字第 31188 号,1948 年 8 月 7 日),湖北省档案馆藏,档案号:LS3-2-2078。

③ 《为修正保甲公约格式一案令仰督饬切实遵办具报由》(省信特字第 2679 号,1948 年 3 月 31 日),湖北省档案馆藏,档案号:LS3-2-2424。

因此，许多县的保甲公约再度修改，尤其是一些僻处边陲、治安状况吃紧的县份更是如此。如鹤峰县，几乎各乡镇保甲公约通篇都与"防匪""剿匪"有关。①而远离战火的地域，防共的色彩会淡得多。②

从上述的保甲规约（公约）可以看出，样式有采用法律的形式，也有采用信条的形式，前者比较具体，但繁复；后者比较简单，却抽象。民众知识水准较高的地方，一般采用法律形式较为适宜；反之，则采取信条形式。在基层社会，国家法律及政府禁令不可能涉及保甲居民的方方面面。为了弥补官方在地方社会控制方面的不足，保甲规约被赋予类似于法律所具有的效能，维护民间社会治安，规范世风民俗，促进地方建设，激发民众的公共心、责任心、爱国心等。③

保甲规约协定后，按照规定，保甲内各户户长必须一律签名加盟。拒绝加盟或执行不力者，得处以罚金。事实上，仍然不免有拒绝加盟者，特别是豪绅巨室。④加盟的意义在于使加盟者明了保甲规约，但许多规约的签订，不是区公所一手包办⑤，就是各户长莫名其妙的签名。⑥尤其是乡间，识字者不多，"通文理者更少，一纸公文，往往瞠目结舌，莫知所措，遑问其办理保甲规约"，加以地处偏僻，"惰性极深"，即使口头命令亦往往充耳不闻。⑦不但民众未了解保甲意义，即使办理人员亦不清楚。许多县的保甲规约，完全照抄式样，随便丢弃在保长的抽屉里。政府人员巡视，虽严予纠正，但自县长以下，以至保甲长，对于改订规约，大都马马虎虎，敷衍了事，民众是否了解，一概

①　《复省民工特字第 1945 号训令》（清鹤民字第 11562 号，1947 年 12 月 16 日），湖北省档案馆藏，档案号：LS3-2-2421。
②　《上海市保甲规约示范》，《上海市政府公报》第 6 卷第 1 期，1947 年 1 月 7 日，第 15~16 页。
③　毛独时：《战时保甲的实施》，珊瑚印刷所，1938 年，第 65~67 页。
④　贵州省政府民政厅：《贵州省保甲概况》，（无具体出版地址），1937 年，第 66~67 页。
⑤　黄强：《中国保甲实验新编》，正中书局，1935 年，第 206 页。
⑥　毛独时：《战时保甲的实施》，珊瑚印刷所，1938 年，第 72 页。
⑦　湖北省政府民政厅：《湖北县政概况》（第 2 册），汉口国华印务公司，1934 年，第 439 页。

不闻不问。甚至有多年未将墙上的保甲规约内容进行更换。[①]

各保保甲规约，经行政命令，大都订定，但仅有空文而未能实践，也不在少数。政府规定，对执行不力者给予相当处罚，但保长乃当地土著，周围不是戚友，就是左邻右舍，所谓低头不见抬头见，难免囿于情感，瞻徇情面，于是保甲规约形同具文。同时，有些保甲规约的内容过于繁琐，无关紧要，完全可以删除。譬如"保甲名称、区域及办公地点""极力提倡早起早睡""不贩卖生冷瓜果食物"等。[②]

正因为上述诸多流弊，以至有时人提出，抗战时期，与其让保长浪费宝贵的精力和时间，专注于签订一些毫无裨益的纸面上与形式上的条款，还不如干脆废除保甲规约，多做些对抗战有益的事情。[③]还有人认为，可以利用"每月的第一个总理纪念周"，召集保民到保校或公共场所，宣讲保甲规约，表彰善举，检举恶行，规范民众的行动。这样，不仅可以避免保甲规约流于具文，也可净化风俗。[④]

国民政府认为上述对策并不是最佳方案，保甲规约虽因种种弊端，为世人诟病，但保甲运用"全赖保甲规约为之维系"[⑤]，其效用等同于政府法规。乡村民众大多质朴，宗族观念很深，社会人心仍依赖宗法维系，宗族规约对族人的拘束力很大，制裁的严厉程度有时超过政府的法令。为谋保甲规约顺利推行，可以将乡间原有的良好族规、乡约参入其中，增加民众的信仰，激发农民恪守规约的精神，达到事半功倍的效果。[⑥]二者结合，宗族乡约既有政府保

---

① 《孟厅长对民政厅全体职员训话辞》，《湖北地方政务研究半月刊》第 10 期，1934 年 10 月 31 日，第 61 页。

② 张学铭：《保甲规约应该废除了！》，《政治前线》第 4 卷第 2·3 期，1941 年，第 30 页。

③ 毛独时：《战时保甲的实施》，珊瑚印刷所，1938 年，第 72 页。

④ 金宗华：《本省推行保甲制度的过去现在与未来》，《江苏保甲》第 2 卷第 1 期，1936 年 2 月 1 日，第 5 页。

⑤ 华：《保甲规约刍议》，《县训周刊》第 8 期，1935 年，第 16 页。

⑥ 蒋一鸣：《江苏民政之检讨及保甲社会救济事业公安行政禁烟行政概况》（1936 年 5 月），南京图书馆编：《二十世纪三十年代国情调查报告》（第 20 册），凤凰出版社，2012 年，第 133~141 页。

障,保甲规约也能增进效能。这表明,宗族规约被纳入法律体系,起到一个补充国法的作用。同时,国家在控制基层方面也需要利用宗族强大的凝聚力,借助"传统统治类型"[①]的领导人物——族长或族正约束族人,间接管理乡村社会。现以应城蒲东李氏宗族规约为例。

《蒲东李氏赘陈支系宗族规约》

第一章　组织

第一条　本族就聚居长江埠一带,景任公后裔约五百户编为三十二房,分房设房长一人,由各房族众选举忠实干练之人充任之

第二条　阖族设族长一人族正四人,由阖族代表大会选举材德俱高、声望隆重之人充任之

第三条　阖族最高权力机关为阖族代表大会,由阖族各房代表及房长组织之,由族长族正或公正人士三人以上提议召集,主席由大会推选之

第四条　阖族代表大会闭会期间授权与族务会议,族务会议由族长族正及族中公正人士组织之,以族长为当然主席,如族长因故缺席时,由族正互推一人为主席

第二章　任务

第五条　族长对内对外为阖族之总代表,执行会议议决案由,掌理全族一切公共事务

第六条　族正辅佐族长执行阖族会议之一切议决案,房长为一房之代表,秉承族长之命执行分内应有之任务

第七条　族长族正及公正人士组织之族务会议依照阖族代表大会之决议案处理族中财务经济及建设公益祠祀谱牒等事宜

---

① ［德］韦伯:《经济与社会》,杭聪译,北京出版社,2008年,第49页。

第八条　族务会议负责维持族中纲常秩序,辅导族众从事正业,服从国家法令,协助政府办理自治工作,纠正族众一切不正当行为,以期肃正风化

第三章　纪律

第九条　族中如有忠孝节义德行卓著或热心公益而有特殊之供(笔者注:贡)献者,由族务会议奖励之,以资提倡

第十条　族中如有品性卑劣桀傲(笔者注:骜)不纯顽梗不化之徒而有左列情事之一者,由族务会议惩罚,以资儆惕。

1忤逆不孝或凶横不悌者2恃强凌弱恃众暴寡者3霸占公产侵吞公款或强占他人财产者4有盗窃诈财或掠夺等罪嫌者5有杀人伤害妨害自由等罪嫌者6有鸦片赌博娼窠等罪嫌者7意图营利占产逼迫孀妇再嫁或出卖孤儿为异姓义子者8乱伦就婚或同宗血亲结婚者9无嗣立嗣不立亲房或族中昭穆相当之子而滥收异姓之子为嗣者10亵渎宗祠谱牒或毁伤公物者。

第十一条　族中如有触犯上条三四五六各款之一而情节重大,证据确凿者,由族务会议公同检举呈请政府依法究办

第十二条　如族中发生前项事件而族长族正房长有徇情隐匿或不平情据理秉公处断者,即由阖族代表大会弹劾或罢免之

第十三条　族长族正房长之任期均为二年,但众望素孚者得连选连任

第十四条　本规约如遇不合时宜处得由阖族代表大会随时修正

第十五条　本规约自呈请应城县政府核准之日起施行①

---

① 《应城县蒲东李氏宗族规约》(湖北省政府第8类第3项第1目第444号,1948年),湖北省档案馆藏,档案号:LS3-1-1103。

明清时期的两湖地区,宗族与政府是一种相互利用的关系,国家需要借助宗族组织控制基层社会,宗族也需假借政府之名,以使宗族规约"合法化"。①古代保甲规约只着眼于纠正地方恶习,提倡公益公德,乃至私德,并没有按照三民主义的精神,启发民众的政治觉悟,这种保甲规约仅要求民众安分守己。值得注意的是,新县制时期,宗族规约已发生较大的变化。如应城《蒲东李氏赘陈支系宗族规约》表明,族长、族正皆由阖族代表大会选举与罢免,已经体现了现代民主的理念,带有明显的国家意识的烙印。宗族规约与保甲规约互相结合,在某种程度上,一方面,意味着族权的提高;另一方面,国家在治理乡村社会方面也需要族权的合作。当然,宗族规约与国家法律这种相辅相成关系的前提条件是,政府对族权的绝对控制,宗族规约的内容不能与国家法律相抵触。譬如,上列规约第十条第九项,关于立嗣事项,当局认为与现行民法规定不合,应予删除,其余条款,准予备查。

第三节　保办公处

办公处,顾名思义,是指经办、处理公共事务的处所,由一定的办公人员与办公设备组成。中国古代,保甲层级没有建立官方部门或机构。南京国民政府时期,基层组织发生了较大的变化,其中,联保办公处与保办公处的相继设置,便是国家试图将权力深入社会基层的具体表现,办公处的演变也能体现保甲制度的变革给地方社会造成的影响,因此有深入研究的必要。

---

① 杨国安:《明清两湖地区基层组织与乡村社会研究》,武汉大学出版社,2004 年,第 286 页。

一、"剿匪"时期的联保办公处

1932 年 8 月,豫鄂皖"剿匪"司令部公布《剿匪区内各县编查保甲户口条例》,其中规定,甲长办公处设于甲长住宅,保长办公处设置于当地寺院或公共处所。如果一乡(镇)住户过多,得由 2 保以上共设保长联合办公处(以下简称联保办公处),推举其中一位保长为联保主任,但各保事务仍归各保长负责,保长办公处与联保办公处都设有书记 1 人或 2 人,帮助处理公务。保(甲)图记材料均为木质,印章大小分别是边长 4 厘米与 3 厘米的正方形,字体为汉篆,文字为朱文,印有"某县第几区第几保图记"与"某县第几区第几保第几甲图记"。[①]

根据条例规定,"剿匪"区内各县,不设置乡镇一级,区长直接指挥与监督保长。江苏省是个特例,因该省以前办理地方自治时,区以下原有乡(镇)一级,不便遽行取消,故仍保留,乡(镇)设乡镇长,奉区长之命,指挥、监督保甲长[②],其用意是维持自治组织与保甲组织相联接。[③]保长联合办公处设立的原意是便于一乡(镇)之内各保长接洽及处理公务,如有公共事务,尽可由各保长联合盖图记,发布公文,所以对于委任联保主任事宜及联保办公处图记未作规定。换言之,一乡(镇)只准有一个保长联合办公处。[④]但许多县办理时,出现种种错误,譬如,一乡(镇)之内设许多联合办公处,或者不同乡镇之保设立联保办公处等。对此,国民政府予以纠正,并规定,准许联保办公处刊发图记,其式样大小与保图记相同,印章内容为"某县第几区某乡(或镇)

① 《剿匪区内各县编查保甲户口条例》(1932 年 8 月),蔡鸿源:《民国法规集成》(第 40 册),黄山书社,1999 年,第 112 页。
② 江苏省民政厅:《江苏省保甲总报告》,江南印书馆,1936 年,第 27 页。
③ 程方:《中国县政概论》,商务印书馆,1939 年,第 301~302 页。
④ 《奉总部训令各乡镇联保办公处仍准刊发图记等因转令遵照办理由》(字第 6189 号,1933 年 2 月 22 日),湖北省档案馆藏,档案号:LS3-2-2047。

保长联合办公处图记"。①

既然联保办公处设置的意义在于为邻近各保办事便利起见，联合的保数自然不能过多，更不能拘泥于联合保数必须一律相同。事实上，一些县未能按照规定设立联保办公处，联保办公处仅有纸条（或木板）招牌，毫无组织规模。如宜城县各区，所联保数多至三四十个；谷城县每遇 5 保便设立 1 个联保办公处，没有考虑各保地势差异与交通是否便利。②至于保（甲）办公处则更糟糕，许多县甲长办公处全无，保长办公处大都未设立。

联保办公处机构不够健全，一县之内，数量又不少，单个保则更多，办公费支出庞大，地方筹措困难。倘若联保主任、保甲长由"无知分子"充当，在地方滥施权威，鱼肉乡民，必定影响国家施政和地方治安。③1935 年 7 月，国民政府颁布《修正剿匪区内各县编查保甲户口条例》，训令各县，将联保办公处进行酌减与归并。凡设立联保办公处，将原标准一乡（镇）之内 2 保以上提高到 5 保以上。同时放宽限制，住户稀少的乡镇可以联合其他乡镇共设联保办公处，但距离必须在 20 里以内，如 20 里内住户不足 4 保时，得暂缓设立。保图记仍采用木质，文字为朱文，字体改为楷书。甲图记暂不刊发，如必须行文时，以甲长私章代替。④

联保（江西省称保联）地位本来是虚级，保甲制度以保甲长为基干，联保主任不过是保长中的代表，原本不是区与保之间的另一级。换言之，联保并不是保上面的一级，联保主任的地位并非高于保长，亦无指挥各保长之权，联保的设置只是一种权宜的办法，原本是为处理各保共同的事务，如若各保

---

① 《奉总司令部训令解释保甲户口条例规定设立保长联合办公处系一乡一镇为范围等因通令遵照由》（奉字第 7054 号，1933 年 4 月 27 日），湖北省档案馆藏，档案号：LS3-2-2047。

② 《呈赍区属各县编查保甲办理错误暨漏未举办事项与整理情形报告表祈鉴核由》（铨字第 5134 号，1934 年 4 月 18 日），湖北省档案馆藏，档案号：LS1-4-37。

③ 陈赓雅：《赣皖湘鄂视察记》，申报月刊社，1934 年，第 29~30 页。

④ 《修正剿匪区内各县编查保甲户口条例》（1935 年 7 月），《湖北省政府公报》第 123 期，1935 年，第 12~18 页。

无共同事务时,就无设立的必要。①不过县境辽阔,一县之内,保甲长人数众多,区长指挥不便,政府欲求每位保甲长均为"相当人才,实为不可能之事"。②保甲事务"至繁且密",保甲长能力薄弱,联保主任素质相对较高,许多事务有赖于联保主任代为负责处理,联保组织便成为实际的中间机关。同时,对国民政府而言,推行政令,与其责成多数保长,不如责令一联保主任,更易操纵自如,达到执简而驭繁的效果。随着联保地位的提升,联保组织便在区与保之间,形成实级。③

1935 年,国民政府颁布《剿匪省份各县政府裁局改科办法大纲》,对联保的地位加以承认,规定扩大联保主任的职权。除工商繁盛、人口稠密之省(市)政府所在地及通商大埠外,裁撤各县城乡公安机关及警察,于各重要乡镇之联保办公处设置警长、警士,受联保主任监督指挥。同时,在各该区域内,联保主任还负责训练保甲长及壮丁队,办理保安、工役、户口、卫生、交通及一切警察职务。④从上述组织结构的角度看,联保主任有人事权。1938 年,湖北省发布布告,联保办公处为地方佐治机关,地位至为重要,无论任何机关或部队,一律不得占用联保办公处房屋。⑤

国民政府扩大联保组织,有利也有弊。1937 年,湖北省颁布《健全联保组织五项办法》,规定各县应根据地方情形,酌量减少联保单位,扩大其组织,不得任意分割原有乡镇界址。联保主任由各保长中推选 2 至 3 人,经区长呈送名单至县府,由县长考查、选任。各保办公处添设书记一人,联保书记由区长随时召集,实施训练,讲解法令。保甲经费以集中联保使用为原则,其支配

① 程方:《中国县政概论》,商务印书馆,1939 年,第 301~302 页。
② 《四区转麻城呈拟联保办公处办事通则案》(湖北省政府第 3 类第 1 项第 4137 号,1936 年 3 月 11 日),湖北省档案馆藏,档案号:LS3-2-2415。
③ 《湖北省政府民政厅整理保甲委员注意要点》(1934 年),湖北省档案馆藏,档案号:LS1-4-28。
④ 《剿匪省份各县政府裁局改科办法大纲》(1934 年 12 月 31 日),蔡鸿源:《民国法规集成》(第 39 册),黄山书社,1999 年,第 78 页。
⑤ 《湖北省政府关于联保办公处为地方佐治机关,无论任何机关或部队概不得占用的布告》(1938 年 8 月 21 日),湖北省档案馆藏,档案号:LS1-1-771。

数目,由县长呈送专员公署,核定后,转呈省政府备案。[①] 1938 年,为健全基层组织,巩固自卫,湖北省拟定《各县保甲人事经费调整暂行办法》,将联保办公处设置员役为联保主任 1 人,联队附 1 人,联保书记 1 人,联小教员 1 人,户籍警、联丁各 1 人。[②]其用意在于使人力财力集中,减少保长事务,节约行政成本。联保主任既"不至于因公赔累",又可酌给联保书记等津贴,以资策励,提高行政效率。[③]联保职能进一步扩大,从经济运行的角度看,联保主任有经费的支配权。

一旦联保主任职能增多、职权扩大,在推行国家政令过程中,很容易滋生腐败,尤其是汲取地方资源时,往往出现"搭便车"现象。1937 年 12 月,湖北嘉鱼东梧乡民卢青臣等,控诉联保主任徐玉田违法摊派公款,擅自增加人民负担。具体内容有:乡社训队队兵服装费,每名壮丁 3 元;警捐每保每月 1 元;保甲经费每保每月 5 元;积谷每保 29 石 4 斗;联保小学设备费每保 5 元(修理校舍,备制校具,购买书籍),防险费每保 1 元(防水灾时,茶水、油烛、伙食开支);联队附津贴每保每月 1 元(生活费);每户月捐 3 角。摊派款项如此之多,民众自然"惊疑",警捐虽然为数不多,但湖北省政府事先并未核准、备案,联队附津贴更是违法,毕竟《各县保甲经费人事调整暂行办法》第四条已经规定月支 10 元。湖北省政府令饬各县,各机关团体不得在地方"自由筹款",未经呈准,擅自摊筹,视情节轻重,依法惩办。[④]然而,不少县份,联保主任未经推选,皆由区长引用私人,呈报县府委任,亦有以区员兼任联保主任管理一方。

---

① 《健全联保组织五项办法》(1937 年),湖北省档案馆藏,档案号:LS3-2-2450。

② 《调整保甲人事经费》,《大公报》,1938 年 3 月 1 日,第 1 张第 4 版。

③ 《民政厅朱科长绍雍评判词》,《湖北地方政务研究半月刊》第 29-30 期合刊,1935 年 8 月 31 日,第 19~20 页。

④ 《嘉鱼县三区乡民卢青臣等诉东梧乡联保办公处违法摊征饬县查报训令》(1938 年 4 月 15 日),湖北省档案馆藏,档案号:LS19-3-4457。

二、新县制时期的保办公处

1939 年,国民政府推行"新县制",颁布《县各级组织纲要》,规定取消联保,恢复乡镇,重新编查户口,划分乡镇区域,成立乡(镇)公所及保办公处。保办公处设保长、副保长各 1 人,由保民大会选举产生,经乡(镇)公所呈报,县政府备案。保办公处下设干事 2 至 4 人,分掌民政、警卫、经济、文化事务,由副保长及国民学校教员分别担任。①

保办公处各组织的大小,有一定的伸缩余地,即经济不充裕的保可以少设干事。②但是与 30 年代相比,《县各级组织纲要》公布以后,保公所组织毕竟扩大了,如果办公处仍然设于保长住宅内,"殊感不便"。所以,保办公处的设置须调整。③

除郧县、恩施两县已于 1940 年先后完成外,按照规定,湖北省其余 68 县应于 1941 年 9 月底以前完成设立保办公处任务,但事隔许久,大多县份未能具报。为了弄清实际情形,明了各县能否按照"新县制"要求设立保办公处,湖北省政府订定了调查表一份,随即颁发各县,训令县府依式填报,以凭查核。其表式如下:

表 2-5　湖北省　县保办公处调查表

乡镇别	原辖保数	已成立保办公处数	未成立保办公处数及其原因	备考

资料来源:《湖北省政府关于请各县依式填报保办公处调查表的训令》(省吏特字第972 号,1943 年 2 月 13 日),湖北省档案馆藏,档案号:LS74-1-71。

---

① 《县各级组织纲要》,《中央党务公报》第 2 期,1939 年,第 20 页。
② 李宗黄:《新县制讲演集》,正中书局,1939 年,第 28 页。
③ 张立瀛:《江苏保甲》,江南印书馆,1948 年,第 48 页。

分析湖北省各县向省政府呈报的调查表，无非是成立与未成立两种情形。未成立的原因主要有两个：一是治安状况差，二是经费困难。治安状况又分为三种，分别是全部沦陷县份、半沦陷县份和安全县份。

就全部沦陷县份而言，不是日伪行动，便是中共游击，"烽烟遍地，混乱如麻"，原有地方保甲机构遭到摧毁，无固定办公地点，只能"东食西宿"，[①]采取流动工作的方式。[②]国民政府若恢复保甲机构，建立政治据点，推行政令，仅能暗中活动，次第成立的保办公处亦不能完全符合"新县制"规定。此类县府通常的做法是，向省政府请准，俟治安环境好转，各保办公处成立以后，再行呈报。以云梦县为例，见下表：

表 2-6　湖北省云梦县保办公处调查表

乡镇别	原辖保数	已成立保办公处数	未成立保办公处数及其原因	备考
曲阳镇	15		敌人据点，全数之保不能活动	
马林乡	15	7	敌匪交乘，其余之 8 保未能成立	
公正乡	15		奸匪据点，全数之保不能活动	
令尹乡	15	7	一部份为伪军据点，其据点及附近之保未能成立	
上南乡	15		奸匪据点难以活动	
慈航乡	15		敌匪交扰处难以活动	
德泽乡	15	5	敌伪交扰之 10 保不能成立	
汉孝乡	15		伪军据点，奸匪流窜，全数之保不能活动	
白鹤乡	15	7	敌伪匪交乘之 8 保难以活动	
洛阳乡	15	6	敌伪匪交乘之 9 保难以活动	
长兴乡	15		奸匪流窜，敌伪侵扰全数不能活动	
永安乡	15	7	敌伪交乘之保难以活动	
民生乡	15	10	其余 5 保一系敌军交通线，奸匪侵扰区，故未能活动	
桑里乡	15	6	其余 9 保系奸匪盘踞区不能活动	

---

①　《呈报本县情形特殊，奉颁区乡保设置各项图件办理困难，祈鉴核备查由》（县仁字第 68 号，1943 年 1 月 11 日），湖北省档案馆藏，档案号：LS74-1-71。

②　《为呈复本府现时无法填报乡镇一览表情形仰祈鉴核由》（鄭字第 4533 号，1943 年 3 月 28 日），湖北省档案馆藏，档案号：LS74-1-71。

续表

乡镇别	原辖保数	已成立保办公处数	未成立保办公处数及其原因	备考
独邓乡	15	4	一部奸匪据点,一部敌伪侵扰难以活动	
小龙乡	15	8	其余7保有为敌军交通线,有为奸匪侵扰难以活动	
彭家乡	15	8	其余7保为奸匪据点不能成立	
石合乡	15	5	其余10保为奸匪据点不能成立	
上子乡	15	5	其余10保为奸匪据点不能成立	
中子乡	15	5	其余10保为奸匪据点不能成立	
永保乡	15		全数之保为奸匪盘据不能活动	
马桥乡	21	6	其余15保有为伪军据点,余为奸匪盘据不能活动	

附注:其已成立之九十六保亦只能相机秘密活动

资料来源:湖北省云梦县保办公处调查表》(云民字第564号,1943年6月4日),湖北省档案馆藏,档案号:LS74-1-71。

在半沦陷县份,治安环境较好的地方,乡(保)办公处能够先后报告成立,而逼近"敌匪"区域,一时不能依照"新县制"要求组设办公处。以钟祥县为例,见下表:

表2-7 湖北省钟祥县保办公处调查表

乡镇别	原辖保数	已成立保办公处数	未成立保办公处数及其原因	备考
三圆乡	15	15		
九华乡	13	13		
长吉乡	15	9	6 该乡原为15保,能推行政令者仅9保,余均沦陷	
天长乡	22	4	18 该乡原为22保,因沦陷殆尽,仅存4保尚能推行政令,其余尚未整编	
长平乡	33	7	26 该乡原为33保,沦陷后仅余7保尚能推行政令,其余尚未整编	
康乐乡	9	9		
长城乡	30	4	26 该乡原为30保,能推行政令者仅4保,余均沦陷尚未整编	
丰乐乡	15	15		
履丰乡	13	13		

续表

乡镇别	原辖保数	已成立保办公处数	未成立保办公处数及其原因	备考
丰云乡	11	11		
天丽乡	15	15		
和平乡	12	12		
济阳乡	19	12	7 该乡原定为19保,沦陷7保,尚能推行政令者仅12保	
丽山乡	24	9	15 该乡原定为24保,能推行政令者仅9保,余均沦陷	
丽元乡	15	15		
公安乡	14	14		
共计16乡	275	177	98	

说明:一、本县合计31乡镇,776保,其全部沦陷不能推行政令者计15乡镇501保未列入。二、上列各乡系半沦陷区域及缓冲地带,已成立未成立者共如上数

资料来源:《湖北钟祥县保办公处调查表》(钟民字第0106号,1943年7月8日),湖北省档案馆藏,档案号:LS74-1-71。

与沦陷、半沦陷县份比较,安全县份设立保办公处相对容易一些。如宜城、枝江、通城、秭归、公安、宣恩、巴东、咸丰、罗田、利川、枣阳、保康、鹤峰、房县、均县、郧县、远安等县,每乡(镇)均能成立保办公处。[1]当然,并不是所有的安全县份设立办公处都没有任何困难。其中,由于地处前线,财力及房舍缺乏等原因,也有不少乡(镇)保办公处虽然成立,但仍旧附设于保长家内。[2]

上述所讲,只是粗略的划分。事实上,保办公处设立的地点五花八门,譬如城内警报楼、祠堂(较多)、私人住宅(较多)、商会宅内、寺庙(较多)、铺、书院[3]、保国民学校等。还有一些保办公处,因战乱被焚烧,或被日伪占据,地方

① 《长阳县政府等关于填报保办公处调查表的代电、呈文》(1943年3月至1943年9月),湖北省档案馆藏,档案号:LS4-1-328。

② 《湖北省光化县保办公处调查表》(光民字第1917号,1943年3月23日),湖北省档案馆藏,档案号:LS74-1-71。

③ 《湖北省政府鄂北行署关于填送谷城县保办公处调查表的呈文》(政新字第10639号,1943年9月9日),湖北省档案馆藏,档案号:LS4-1-328。

政府只能将数保合并办公,或根据地形关系,划归附近城乡管辖。①

　　裁保并乡有利于国民政府紧缩财政开支,节约行政成本,集中人力、财力抗战。对于地方而言,扩大乡(镇)组织,设置乡(保)公所,却引起了许多的争议。1943 年 4 月 16 日,湖北随县小林乡第一保保长熊景唐等 10 位、士绅薛来五等 10 位联名向省政府呈诉,小林与祝林同为随县北部边境重地,小林因地处信南公路东端,又属信阳、随县南北通衢要道,自古以来,相比祝林,地理位置更为重要。无论是区域范围还是户口人数,小林都占据绝对优势,因此在担负军粮款项方面,数倍于祝林。但由于小林距离日伪近,治安环境差,不如祝林偏处山林,交通梗塞,县政府预备将乡(镇)公所移设祝林。为此,熊景唐等人认为,若将小林乡(保)公所取消,无人负责民运、军差,防止敌对势力潜伏活动,地方难免"不受糜烂"。②

　　其实,地方人士要求县府重划乡(镇)保,并不是一个简单的办公地点选择问题,地方民众往往首先考虑的是地方利益和自身利益。根据《县各级组织纲要》规定,划分乡镇,不得多于 15 保,少于 6 保,但有时一县之内,乡镇之间大小悬殊。如宜城县城厢、南营两乡,均有 39 保,田家集、板桥店乡仅分别管辖 11、12 保,两者之间,相差三四倍。乡镇的大小直接决定民众负担的差异,尤其是抗战时期,征兵、征粮、临时马料供给、各种工役等,大多是以乡分配,按保计算,虽然各乡保摊派任务多寡有所不同,但大乡(镇)财力、物力、人力毕竟比小乡(镇)要充裕,负担自然要轻一些,选举时,乡(镇)人员的名额分配反而会更多。为此,1942 年 11 月,湖北省五、八两区干训班李丕烈等 17 位宜城县学员,以平均人民负担为由,一再请求省政府暨宜城县府增划乡

　　① 《崇阳县政府关于填报保办公处调查表一份的呈文》(崇民字第 955 号,1943 年 3 月 31 日),湖北省档案馆藏,档案号:LS4-1-328。
　　② 《为因地制宜声请采纳公恳鉴核饬遵由》(鄞字第 7251 号,1943 年 5 月 22 日),湖北省档案馆藏,档案号:LS74-1-71。

镇。起先,宜城县行政会议不赞成增划乡镇,认为只是少数人的主张。[①]

虽然李丕烈等人不免有为自己谋取职位之嫌,但也并非全无道理。边境地带,崇山峻岭,零星敌对势力时常出没,"治安堪虞",且距离县城较远,管辖不便,地方如无办公处所,国家推行政令将会鞭长莫及。[②]同理,水路交通便利之地接近前线,"民众常因虚惊逃避",需要乡(保)公所"坐镇",关于收集情报,进行防务等事务,也需乡(保)公所"震慑"。对于宜城县划设乡镇不符合法令一事,湖北省严令县长张文选迅速拟定办法。该县随后召开行政会议,决定全县增加四个乡镇,即河西之砖庙、岛口,河东之李家街、雅口。其办法是,按照山脉沟渠路线,以不分割为原则,县府或区署划分乡界,乡(镇)公所划分保界。[③]

按照《县各级组织纲要》第 30 条规定,各县乡镇划分及保甲编制,由县政府拟定,呈请省政府核准后施行,如因历史或其他自然条件,必须改编时,应由省政府转请内政部核准,但事实是,各县乡镇名称、数目及保办公处番号,"每多任意变更",事前亦不呈报,如湖北省政府发现,大冶县大茗等 7 乡,宜城县增设龙山乡,襄阳县 37 乡镇减少为 35 乡镇等,省政府没有备案。为纠正缺点,湖北省政府训令各县不准任意改编乡镇及保番号,并颁发乡镇公所及保办公处概况表一份,令饬各县限期填报一次,以便绘制统计,推行政令。[④]其表式如表 2-8:

---

① 《呈为公恳增划乡镇,以符功令,而均人民负担由》(1942 年 11 月),湖北省档案馆藏,档案号:LS74-1-71。

② 《据呈增设龙山乡公所情形饬遵照由》(鄢字第 4188 号,1943 年 4 月 5 日),湖北省档案馆藏,档案号:LS74-1-71。

③ 《湖北省政府鄂北行署关于宜城县重新划分乡镇的训令及宜城县政府的呈等相关材料》(鄢字第 5684 号,1943 年 4 月 28 日),湖北省档案馆藏,档案号:LS74-1-71。

④ 《为令仰督促各该辖县对乡镇保甲之变更须呈准施行,并制发乡镇公所、保办公处概况表,仰督促填报凭核由》(省吏特字第 1641 号,1943 年 11 月 21 日),湖北省档案馆藏,档案号:LS3-2-2513(1)。

表 2-8　湖北省 县乡镇公所及保办公处概况表

县名	原有乡镇名称	现有乡镇名称	已未成立乡镇公所	原有保 数	现有保数	已未成立保办公处	备考
附记:本县自三十年依照新县制编定各乡镇后迄无变更,谨此注明							

資料来源:《遵令填具乡镇公所及保办公处概况表乞鉴核备查由》(泉民字第 2208 号,1943 年 12 月 3 日),湖北省档案馆藏,档案号:LS3-2-2513(1)。

　　各县奉省政府训令后,遇有乡镇变动时,都能呈报。如 1943 年,房县乌龙乡所辖第 12、13 保因地理位置毗连青玉镇,该县将该两保划归青玉镇管辖。此外,大小九湖原为双九乡第 9 保,由于地域辽阔,不易管理,该保被一分为二,列为 2 保。[①]相比房县,阳新县的变动更大,该县为半沦陷区域,新设东芰、瑞兴、慈口、福菱、安乐 5 乡,另外,洋港、吉口、永福、长庆 4 乡分别更名为洋东乡、吉慈乡、永庆乡、长安乡。[②]正因为湖北各县乡(镇)保数常有变更,到 1944 年,湖北全省共有乡镇 1740 所,28889 保,调整后实际有乡镇1707 所,28606 保。[③]

　　迨各县保办公处陆续具报以后,1943 年 5 月 4 日,为了明了保办公处职员的素质,湖北省政府颁行了《保办公处职员简历册》,除恩施、郧县已先行具报外,令饬宜城、枣阳、襄阳、光化、谷城、保康、南漳、均县、房县、竹山、郧西等 12 县,于是年 6 月底以前造册呈报。其表式如表 2-9:

---

　　① 《为呈赍本县乡(镇)公所及保办公处概况表一份祈监核由》(县民字第 5274 号,1943 年 12 月 22 日),湖北省档案馆藏,档案号:LS3-2-2513(1)。
　　② 《湖北省阳新县乡(镇)公所及保办公处概况表》(1944 年 3 月 1 日),湖北省档案馆藏,档案号:LS3-2-2513(2)。
　　③ 《本省各县乡镇公所及保办公处统计表》(民木施字第 4059 号,1945 年 4 月 13 日),湖北省档案馆藏,档案号:LS3-2-2485。

表 2-9　湖北省 县各乡（镇）保办公处职员简历册（式）

乡（镇）别	保别	职别	姓名	年龄	籍贯	简历	到处月日	兼校长否	备考

填表说明：一、本册以十行纸填制，各乡顺序填列，向后延伸，装订成册。二、简历栏内须注明已否在县训所受训，并应将以前之学历、经历据实填注。三、职别栏须将各该保保长、副保长、干事依序列入。四、保长是否兼国民学校校长，干事是否由国民学校教员兼任，须在备注栏内注明。

资料来源：《为检发保办公处职员简历册式仰遵照办理由》（字第 774 号，1943 年 5 月 4 日），湖北省档案馆藏，档案号：LS74-1-71。

在设立保办公处方面，各县乡（镇）保文化、经济、治安情形各有不同，不仅存在诸多困难，也没有统一的设置标准。即使呈报，亦有不少保办公处徒具形式，实际情形与政府规定并不一致。国民政府认为，保办公处应有固定地点①，湖北省政府设计了"各县保办公处房屋图样"，训令各县积极筹建乡（镇）保办公房屋，实行三位一体制，即保办公处、保国民学校、保壮丁队合并在一处办公，保长兼任壮丁队队长、保国民学校校长，保国民学校教员兼任保办公处文化干事。依据图样，基脚用条石或乱石、青砖砌成，出土的高度为 1 尺半；墙垣用砖砌，或土筑，或编竹、粉灰等；除砖墙外，均须做木柱架，以承载屋面重量，屋面挑出墙面 2 尺至 2 尺半；屋架用木做成西式或举架式；屋面盖瓦，如改用树皮或茅草屋顶，屋面坡度至少须 45 度；檐口做封檐板；讲台面高出地面 2 尺半至 3 尺；房间宽度在 6 尺以上时，须砌地垄墙一道；室内四周做 6 寸高踢脚板一道；平顶用杉树条做筋，1 尺半中距，再用板钉平；门窗用柏木或杉木，窗台外部做 3 寸厚窗台线一道，门窗露面部分均须油漆；屋外四周砌三合土排水沟一道等。②

---

① 《湖北省政府关于制定本省保办公处及保民大会各项章则的训令及湖北省保办公处组织暂行章程、湖北省保民大会议事规则》（省民二施特字第 2064 号，1941 年 6 月 1 日），湖北省档案馆藏，档案号：LS1-4-318。

② 《拟建各县保办公处房屋图样》（1943 年 10 月），湖北省档案馆藏，档案号：LS31-15-75。

显然，这种高规格的设计方案，在地方很难有用武之地。沦陷县份，"敌匪交乘"，公共宽大房屋及祠堂庙宇大多毁坏无存，乡保组织虽有建制，亦只能潜伏，不敢暴露，三位一体制无法施行。[①]半沦陷县份，逼近战线，治安尚且毫无保障，更不用说建筑房屋。[②]即便是安全县份，乡（保）长"军差过繁"，兼任校务，实难两全，且乡镇中心小学及保国民学校又因人力、物力关系，未能按照乡保数量普遍设立，以致未能遵照规定，实行保办公处与保国民学校合署办公。[③]不仅湖北省如此，其他省份也不例外，在经济文化相对发达的省份，亦有许多困难，以江苏省为例，该省规定，甲长办公处仍设于甲长住宅，乡镇公所及保办公处设置于当地寺庙或公共场所。1947年9月再调整各县乡镇组织，为节省用费，且使管、教、养、卫相互联系，规定保办公处应与保国民学校、保队部及保合作社均设置一处，以促进自治事业的发展。[④]

《县各级组织纲要》明文规定，保办公处设保长、副保长各1人，由保民大会选举产生，受乡（镇）长指挥、监督，办理本保各项事宜，被选者须具备一定的学历、经历资格，经乡（镇）公所转呈县政府，加以委任，任期均为2年，连选得连任。对于这项规定，许多省份大体相同，惟保干事设置办法具有一定的弹性，各省差异明显。广东省是每保设干事2人，由乡（镇）公所委任，呈报县府备案，副保长、保国民学校教员均兼任干事，分别掌理民政、警卫事务（有时以警士或受军事训练合格者充任）和文化、经济事务。[⑤]上海市是每保设干事5人，分别办理民政、户政、警卫、经济、文化各项事务，其中一人专任，为有给职，其余4人为聘任或兼任，均为义务职。保办公处的编制是保长

① 《乡镇公所及保办公处实行三位一体制情形》（云民字第104号，1943年12月14日），湖北省档案馆藏，档案号：LS3-2-2543。
② 《乡镇公所及保办公处实行三位一体制情形》（建一民字第0238号，1944年2月18日），湖北省档案馆藏，档案号：LS3-2-2543。
③ 《乡镇公所及保办公处实行三位一体制情形》（民字第7735号，1943年11月13日），湖北省档案馆藏，档案号：LS3-2-2543。
④ 张立瀛：《江苏保甲》，江南印书馆，1948年，第48页。
⑤ 《广东省各县保办公处组织暂行规程》，《广东省政府公报》第753期，1941年，第5页。

1人,副保长1人,保干事5人(其中1人专任),保丁1人。①江西省是每保设干事4人,分掌民政(保长兼)、警卫(副保长兼)、经济(合作社理事会主席兼)、文化(保国民学校校长或教员兼)各事务,另外,保长还兼民国兵分队队长,副保长兼国民兵分队队附。保办公处具体编制如下:

表2-10　保办公处编制及经费概算表

保长	员额	月支数	备考
副保长	1		兼民政干事并兼保国民兵分队队长为无给职
干事	1		兼警卫干事并兼保国民兵分队队附为无给职
办公费	4	700	设民政警卫经济文化等干事各一员均为无给职
合计	4	700	保长办公费五元副保长办公费二元合支如上数
附记			一、兼保国民兵分队队长及队附均不支津贴。二、保国民兵分队队部办公费包括在保长办公费五元之内,不另支给

资料来源:《江西省保办公处组织规程》,《江西省政府公报》第1219号,1941年4月21日,第19~20页。

　　保办公处编制人员越多,各项经费支出越大,民众的负担也越重。为减轻人民负担,改进基层政治,1946年,湖北省重新公布各县乡(镇)公所暨保办公处编制。②减少乡保甲单位,乡保甲过多的县份,每一乡(镇)辖15保,每保辖15甲,每甲辖15户。乡镇公所一律设两股,第一股民政、警卫,第二股经济、文化,编制紧缩为乡长1名,乡队附1名,股主任2名,干事2至4名,事务员1名,乡丁4名。保办公处设保长及干事各1人,保级人员一律为义务职,其必需的事业费及办公费,由保造具预算,呈报乡(镇)公所,统筹分拨。③现以湖北五峰县为例,各保办公处编制及经费支出见表2-11。

---

①　《上海市各区保办公处组织规则》,《上海市政府公报》第2卷第8期,1946年1月24日,第206~207页。
②　《令仰切实执行本省各县乡镇公所暨保办公处新编制由》(省民二特字第1091号,1946年8月26日),湖北省档案馆藏,档案号:LS3-2-2525。
③　《鄂省改进基层政治》,《大公报》,1946年4月12日,第3版。

表2-11　湖北省五峰县1946年度自9月份起各保办公处编制及月支经费标准表

项别	名额	薪饷		备考
		单计	合计	
保长	1			
干事				由保民学校教员兼,不另支薪
办公费			20,000	
合计				

附注:1.保办公处职员均无给制,每月支办公费20,000元至30,000元,由保造具预算呈乡统筹分拨。

资料来源:《为遵电呈复切实执行奉颁本省各县乡公所暨保办公处新编制情形乞鉴核由》(射财字第996号,1946年12月),湖北省档案馆藏,档案号:LS3-2-2525。

从上表可以看出,保办公处缩编,支出经费减少,民众负担减轻,但是实施国家政令的基层人员一紧缩,保长的任务随之更重了,尤其是"戡乱时期",国民政府更需要乡保人员推行各项政令。

为健全乡保人事,同时兼顾紧凑乡保组织,1947年,湖北省对乡镇保甲编制进行了改进。乡镇保皆实行管、教、养、卫四位一体制,乡(镇)长兼中心国民学校校长、乡队长、乡合作社指导员,保长兼保国民学校校长[1]、保队长、保合作社指导员。乡(镇)公所设乡(镇)长1人,主任干事1人,队附1人,户籍事务员1人,干事2人,事务员、雇员各1人,乡丁4至6人。保办公处设保长、队附各1人、干事1人(国民学校教员兼任,不另支薪)、保丁1人。同时,乡保人员待遇及办公费一律提高,乡(镇)长待遇不得低于区署最高职员,保长、保队附待遇不得低于乡(镇)公所干事及事务员。乡(镇)长成绩优良者得升任区长或"县府科秘",保长成绩优良者可升任乡长。[2]截至1947年12月底,湖北共有1287乡(镇)(区)公所,16945保办公处。[3]

---

[1]　经济发达地方,中心国民学校校长及保国民学校校长专任。
[2]　《改进乡镇保甲编制及编制方案》(湖北省政府第4类第1项第1目第993号,1947年11月),湖北省档案馆藏,档案号:LS3-2-2526。
[3]　《湖北省各县(市)乡镇公所及保办公处统计表》(1948年2月),湖北省档案馆藏,档案号:LS3-2-2518。

从乡镇保甲的编制来看,人员有限,但乡镇公所及保办公处处理的公文却极其庞杂。大致分为民政、财政(包括粮政)、建设、教育、警卫(包括兵役)五大类卷宗,每类依据性质、范围又分为若干卷,例如民政可分为编查保甲卷、户籍卷、新县制卷、地政卷、地方自治卷、县参议会卷、乡(镇)代表大会及保民大会卷、乡(镇)保甲长会议卷、乡(镇)保甲长任免卷、乡(镇)保甲长奖惩卷、精神总动员及国民月会卷、减租卷、禁烟卷、禁赌卷、卫生医药卷、种痘防疫卷、工作月报卷等。如此多的文件,收发、编号、登记、装订、归档、放置、保管等都需要人力。故而,湖北省政府规定,乡保办公处对外行文,应力求简易,只用报告及通报两种。①下级机关对上级机关行文时均用报告,反之,用通报。其样式分别如下:

表 2-12　报告式样

存根	字第	报告	字第	批回
报告 中国民国 　　年　月　日 (盖印)　字第　号 右项谨呈(具报告人衔名)	号	报告 中华民国 　　年　月　日 (盖印)　字第　号 右项谨呈(受文长官衔名或受文机关)发文机关长官姓名 盖章	号	批回中华民国 　　年　月　日 (盖印)　字第　号 一、据　年　月　日 　字第　号报告一件为 二、指示如次:右令(受令人衔名或受令机关)(发令人衔名)

　　此联存发文机关　　　此联连同批回呈送收发机关　此联由收文机关批示发还原机关

资料来源:《湖北省乡(镇)及保办公处处理公文须知》(1944 年),湖北省档案馆藏,档案号:LS1-1-1113。

---

① 《湖北省各县乡(镇)公所及保办公处处理公文须知》,《湖北省政府公报》第 503 期,1944 年5 月 31 日,第 9~10 页。

附通告式样

中华民国　　年　月　日　字第　　号

通告于乡(镇)第　保办公处,本保第　次保民大会于　月　日　午　时在本保办公处开会,每户须派一人随同甲长出席,勿误为要。右通知第　甲第　户户长。

保戳谨启
保长

资料来源:《湖北省政府关于制定本省保办公处及保民大会各项章则的训令及湖北省保办公处组织暂行章程,湖北省保民大会议事规则》(省民二施特字第 2064 号,1941 年 6 月 1 日),湖北省档案馆藏,档案号:LS1-4-318。

　　在中国古代,县向来为基层的政治单位,县以下的基层组织,历代演变,至为繁多,没有统一的规定,设施的目的,大都为补助官治的不足,主要靠乡老、绅耆维系民众与政府间的联系。[①]近代以降,由于社会经济的发展,西方民主潮流的影响,中国的地方行政观念逐渐改变,县的功能也日渐扩张,特别是国民政府时期,"剿匪"、抗战、地方自治,保甲的事务骤增,国家权力下沉,联保本为各保的一个联合组织,但事实上成为与乡镇地位相等的固定的一级,换言之,联保为变相的乡镇。新县制时期,基层组织先后实行"三位一体制"和"四位一体制",保甲机构日趋膨胀,保甲内部分工日趋精密,乡保长职权更加集中,由于这种一元化组织原则本身缺点,县以下行政机构系统几经修改,基层组织的行政化趋势也愈益明显。

---

① 费孝通:《乡土中国》,江苏文艺出版社,2007 年,第 64~74 页。

第三章
保甲人员的群体构成与人事嬗递

迄今为止,学界对保甲长的群体构成研究存在多个"版本",民国时期出版的《保甲制度研究》一书即指出,湖南、陕西、四川三省保甲人员的成份基本是地主、土豪、富农、商人、流氓、地痞、特务之类[1],显然,这样的研究带有明显的阶级分析痕迹。

20世纪90年代以后,由于研究视角的变化,许多学者先后提出了自己独到的见解。朱德新认为,河南、冀东保甲人员总体文化水平比较低落,许多人看不懂法令,年龄集中在30至50岁之间,甲长的年龄普遍高于保长,经济状况相当复杂,很难用固定的模式去归纳。[2]王奇生认为,安徽、河南、湖北等省保长的受教育程度偏低且参差不齐。大体而言,政治地位低微,经济地位在乡村中处于中等,中小地主和富农担任保甲长居多,间或穷人亦有担任者。[3]冉绵惠认为,新县制推行前,四川的保甲人员基本能符合国民政府有关

---

[1] 西北研究社编:《保甲制度研究》,西北研究社,1941年,第170~172页。
[2] 朱德新:《二十世纪三四十年代河南冀东保甲制度研究》,中国社会科学出版社,2008年,第105~114页。
[3] 王奇生:《革命与反革命 社会文化视野下的民国政治》,社会科学文献出版社,2010年,第428~431页。

法规的要求,大多具有一定的社会阅历,许多人员还在军、政、警行业任过职。总体而言,联保主任的文化程度和阅历高于保甲长,城市保甲人员的素质高于乡村。新县制推行后,保甲长的最高年龄与平均年龄均有增加的趋势,甚至有少量高层次人才充当保甲长,但并未从根本上解决乡村基层人才缺乏的现象。[①]曾绍东认为,20世纪40年代,江西赣南各县保长的年龄结构具有明显的年轻化特点,大多数保长具有较高的文化素质,思想也多少受到了西方文化的影响,是一种新式士绅。[②]杨红运认为,抗战之前,江苏省的乡镇保甲长大多由年富力强、教育程度较高和家境富裕的人员担任,甚至有一批在当地富有社会声望的乡村领袖担任保甲长。[③]

上述研究成果差异较大,且互有"抵触"。保甲长身为基层行政人员,与民众直接接触,各项国家政令能否得到贯彻、落实,在很大程度上取决于保甲人员的素质。因此有必要对保甲人员群体构成进行全面深入研究,本章主要依据湖北、湖南、江西等省档案馆资料,再次对这一问题加以初步的探讨。

第一节　保甲长的产生

依照1932年豫鄂皖"剿匪"司令部公布的《剿匪区内各县编查保甲户口条例》,各户长推举甲长,各甲长推举保长,甲长是否兼任户长,保长是否兼任甲长,由各保自定,换言之,保甲长人选的产生,是由下而上。但同条例又规定,保甲长民选后,甲长由区长加给委任,呈报县长备案,保长由县长加给

---

① 冉绵惠:《民国时期四川保甲制度与基层政治》,社会科学文献出版社,2010年,第86~110页。
② 曾绍东:《南京国民政府地方自治研究》,西南政法大学博士论文,2011年,第138~140页。
③ 杨红运:《复而不兴:战前江苏省保甲制度研究(1927—1937)》,山西人民出版社,2013年,第223~249页。

委任,呈报该省民政厅、全省保安处及该管行政督察专员公署备案,另外,县长、区长查明保甲长不能胜任,或认为有更换必要时,有权令原公推人改选。①

事实上,各县编查保甲时并没有依照上述法定程序,而是先委任保长,再委任甲长,保甲长人选的产生变成由上而下,土劣得以乘机活动,身充保甲职务,公正人士裹足不前。②这是因为,乡村社会识字者不多,"通文理者更少,一纸公文,往往瞠目结舌"③,不知所措,老成持重与乡望素孚者对保甲职务多抱消极态度,年富力强、勇于任事者,又未必个个具有操守。④

1935 年,国民政府颁布《修正剿匪区内各县编查保甲户口条例》,就保甲长人选而言并无太大变动,只是略有修改,保长的推定与变更,由保内甲长联名报告于区长,县政府加以委任,呈报省政府及该管行政督察专员公署备案,县政府、区长查明保甲长不能胜任,或认为有更换必要时,有权令原公推人改选。⑤

1937 年 7 月 2 日,立法院依据《县自治法》第 74 条,修正通过《保甲条例》,甲长之推选与改选由甲内户长联名报告于保长,转报乡(镇)(区)长,并报县政府备案。保长之推选与改选,由保内甲长联名报告于乡(镇)(区)长,转报县政府,并报省政府备案。保甲长任期均为 1 年,连选得连任。保长受乡(镇)(区)长监督指挥,甲长受保长监督指挥。乡(镇)(区)长认为保甲长不能胜任时,呈报县政府,令推选人改选,保内 50%以上住户认为保甲长有违法或失职时,可以请乡(镇)(区)长召集各甲甲长进行改选。⑥该条例说明,民众

---

① 《剿匪区内各县编查保甲户口条例》(1932 年 8 月),蔡鸿源:《民国法规集成》(第 40 册),黄山书社,1999 年,第 110~111 页。

② 《各县保甲长职责至为重要,地方优秀份子或老成笃实之人往往不愿充当,而愿意承乏者每多无业土著或出身臧获之流,以致保甲要政无法推进。所有保甲长人选,究应如何办理方能激浊扬清?试分别研究之》,《湖北地方政务研究周刊》第 1 卷第 1 期,1933 年 7 月 1 日,第 33~37 页。

③ 湖北省政府民政厅:《湖北县政概况》(第 2 册),汉口国华印务公司,1934 年,第 439 页。

④ 湖北省政府民政厅:《湖北县政概况》(第 2 册),汉口国华印务公司,1934 年,第 507~508 页。

⑤ 《修正剿匪区内各县编查保甲户口条例》,《福建省政府公报》第 520 号,1935 年 8 月 17 日,第 13 页。

⑥ 《保甲条例全文,立法院修正通过》,《益世报》,1937 年 7 月 5 日,第 2 版。

具有罢免权,保甲长的上级机关具有监督权,是一种官治向民治的过渡。

抗战之前,保甲长的产生是民选与委任相结合的方式,可以简称为选委制度,同理,联保主任的产生亦然。国民政府通过这种方式,一方面可以掌控保甲长,另一方面又符合民主的精神。用意虽善,可施行的效果不佳。选委制度在平时还可以应付,在战时,手续便显得麻烦而迂缓,乡村社会认真推选保甲长的也很少,并且被推选者未必就是合适人选[1],甚至有不肖之徒以为保甲职务有利可图,百般钻营。1938 年,军事委员会委员长行营颁布的《整理川黔两省各县保甲方案》干脆改民选为委任。[2]

抗战时期,国民政府已经开始采取权宜之计,兼用遴委制度。根据 1938 年国民政府颁布的《非常时期保甲长选用办法》,保长由乡镇长或联保主任在该保内居民中遴选一人,由区长报请县政府委任,并由县政府呈报省政府及该管行政督察专员公署备案,甲长由保长就该甲内居民中遴选一人,由区长报请县政府备案。保长不得兼任甲长,乡镇长或联保主任不得兼任保长或甲长,保长任期 1 年,经考核,成绩优良者,加委连任。乡镇长或联保主任查明保甲长不能胜任或违法时,可以呈准县政府,将保甲长撤换。[3]

保甲长政治地位低下,"为社会上所藐视","乡党自好者"往往不愿为,《修正剿匪区内各县编查保甲户口条例》也并未规定保甲长人选的"积极资格",民选方法亦难运用得宜,以致保甲长多以下流社会人士充数,此类民众平日忙于生计,并无空闲为公务奔走,加之文化素质低下,任何政令,一到保甲,效用无形降低。[4]为此,国民政府规定了保甲长人选的"积极资

---

① 毛独时:《战时保甲的实施》,珊瑚印刷所,1938 年,第 12 页。
② 军事委员会委员长行营:《整理川黔两省各县保甲方案》,(无具体出版地址),1938 年,第 15 页。
③ 《准内政部颁发非常时期保甲长选用办法电仰遵照由》(省民二施字第 066 号,1938 年 12 月 26 日),湖北省档案馆藏,档案号:LS3-2-2410。
④ 倪渭卿:《保甲制度之推进及其问题》,《黄埔》第 2 卷第 6 期,1939 年 4 月 23 日,第 7~8 页。

格"①。通城县也调整了甲长人选标准,须略通文字、品行端方、热心公益以及薄有资产者。各甲甲长概由政府指定,不由各户推举,一旦甲长任命,不准规避。但保长仍由甲长推选。②

县长为百姓父母官,职责至为重要,区保甲长为县长佐使,亲近民众,更应注意人才。1939 年,行政院训令各县,广泛甄别"庸懦贪鄙之夫",慎重选举"忠节廉明之士",以使"败类不致混迹",解决保甲长推选政令过程中的强征勒索与纳贿揽权等弊端。③1940 年,湖北省政府制颁《联保主任或乡镇长及保甲长推选考询暂行办法》,联保主任或乡镇长的产生,由该乡内各保长公推学识、品行、声望俱佳或曾受相当训练者 3 人,区长或指导员逐一查询,签注意见,转呈县长,县长加以考询后,择定 1 人委任。保长由保内各甲长公推品学兼优或曾受相当训练者 3 人,联保主任或乡镇长逐一考询,签注意见,报请区长或指导员圈定 1 人,转呈县政府委任。甲长由甲内各户长公推品行端正或曾受相当训练者 1 人,报请联保主任或乡镇长委任,并呈报区长或指导员,转呈县政府备案。④此种办法是民选与委任的混合体。

其实,从《联保主任或乡镇长及保甲长推选考询暂行办法》内容看,存在逻辑问题,如果是从上到下,先以保长推选联保主任,则有推选权之各保长根本尚未经过甲长推选,至于甲长亦未经过户长公推。换言之,公推人本身尚未取得合法地位,而行使推选权,于法不合。反之,从下到上,先由户长推选甲长,保长考询,联保主任委任,联保主任、保长本人尚未取得合法地位,

　　①　《准内政部颁发非常时期保甲长选用办法电仰遵照由》(省民二施字第 066 号,1938 年 12 月 26 日),湖北省档案馆藏,档案号:LS3-2-2410。
　　②　《通城呈拟具取缔逃兵健全保甲办法》(湖北省政府第 3 类第 1 项第 12934 号,1937 年 12 月 8 日),湖北省档案馆藏,档案号:LS3-2-2409。
　　③　《行政院令考察县长及区保甲长分别奖惩》(湖北省政府民政厅第 2 类第 4 项第 15290 号,1939 年 2 月 10 日),湖北省档案馆藏,档案号:LS3-2-2569。
　　④　《令定联保主任或乡镇长及保甲长推选考询暂行办法仰督饬所属各县遵照切实办理由》(省民二施特字 781 号,1940 年 2 月 5 日),湖北省档案馆藏,档案号:LS3-2-2414。

而行使考询权与委任权,于法也不合。①

为使上述办法推进迅速与确实有效,湖北省政府要求各县长、秘书、科长、科员、区长、区员等,分途亲赴各乡镇保甲,督促、指导召开保甲户长会议,随时笔记被推选人素质,并咨询当地民意,以备参考。②但该方案在各县多未实行,以致各县保甲人员平日能奉公守法、"束身自爱者"固属多数,违法渎职、虐民乱政者仍属不少,湖北省政府将部分原因归咎于县长督导不力、"援用乖方","甚或任意瞻徇、曲为庇纵"。再次训令各县,各县长及科员等应亲自出巡,考核所属保甲人员,尽先援用已受相当训练、"具有苦干精神""效忠党国"以及学识、经验、资历、体力与所任职务相当者。③

保甲长虽由民众选举,可有能力与有声望的人不愿"出头",即使"出头亦多不负责",保甲长的产生每每被地痞、土棍操纵,不称职乡镇保甲长"颇不乏人",未经合法选举手续而产生者也为数不少。为谋求补救,防止土豪劣绅的混入,一些省份在训练保甲长的同时,也规定各县乡镇改选举为委任。④

新县制时期,国民政府通令各省,在未办理选举以前,保长、副保长由乡镇公所推定,呈请县政府委任,保长、副保长任期由1年改为2年,连选得连任,甲长由户长会议选举,保办公处报告乡（镇）公所备案。⑤事实上,许多保甲长的任期根本没有延长到2年以上。保长的能力低下,义务多于权利,事繁责重,动辄得咎,有时是保长自己不肯长期任职,有时是上级机关不准其

① 《为据情电请核示办理推选考询联保主任保甲长一案由》(均民字第86号,1940年4月2日),湖北省档案馆藏,档案号:LS3-2-2414。
② 《电示关于联保主任或乡镇长及保甲长推选考询办法一案应督饬加紧赶办并附发上项进度表式限期查填具报由》(省民二施特字第829号,1940年2月26日),湖北省档案馆藏,档案号:LS3-2-2414。
③ 《为令仰调整联保甲人员人选由通告不录由》(省民二施特字第822号,1940年2月21日),湖北省档案馆藏,档案号:LS3-2-2414。
④ 童润之:《乡村社会学纲要》,正中书局,1941年,第333~335页。
⑤ 《县各级组织纲要》,《中央党务公报》第2期,1939年,第20页。

充任,保长职位常有更换。对于避不任职的保甲长,内政部曾通令,当选保甲长为地方自治人员,不便强制留任①,以怠职论处,但怠职的处分很轻,保甲长受些轻微处分,解除繁重责任,正是求之不得。国民政府认为,保长、副保长、甲长被推选后,不得借故辞职,更不得规避,县长、乡(镇)长遇有保甲长请辞时,应查明原因,如确实是因为"久病衰老,或移居他往或其他不得已事故",方能准予辞职,否则,不得轻率批准。②

至于女性能否充任保甲职务,国民政府并无明文规定,在法律上,男女一律平等,均有权利充当公务员,但保甲长兼任自卫队队长,须有一定的军事技能或强健的体格,多数女性不易胜任③,故女性担任保甲长的比较少。④

由此,河南省民政厅对该项规定产生疑义,乡镇保甲长虽办理地方自治事业,但其产生方式,在未实施选举以前,系由县政府核委,尚未依照聘任手续办理,可否视同委任职,内政部对此解释,乡镇保甲人员虽解释为广义之公务员,然而与铨叙法规所称委任仍有区别。⑤

1941年8月,国民政府公布《乡镇组织暂行条例》,保长、副保长的选举与罢免由保民大会决定,被选人在学历方面要求师范学校或初级中学毕业,或同等学历;如无学历,在经历方面须曾担任过公职,或曾经训练及格者,甲长的选举或罢免由户长会议决定,保办公处呈报乡(镇)公所备案。⑥

结果,乡镇保甲长的产生,既有县政府委任,也有民众选举,再由县政府加委,还有少数地方人士包办等多种形式。⑦能作为候选人,并不一定是民众

---

① 《据电请解释办理乡镇保甲长选举疑义仰即知照由》(省民二字第8639号,1946年9月14日),湖北省档案馆藏,档案号:LS4-1-227。

② 张立瀛:《江苏保甲》,江南印书馆,1948年,第47~48页。

③ 周中一:《保甲研究》,独立出版社,1947年,第209页。

④ 《张家口女副保长共选出二十九名》,《益世报》,1948年11月6日,第4版。

⑤ 《解释乡镇保甲人员可否视同委任职公务员疑义一案仰知照由》(渝民字0342号,1943年2月8日),湖北省档案馆藏,档案号:LS3-2-2488。

⑥ 《乡镇组织暂行条例》,《甘肃省政府公报》第513期,1941年,第14~24页。

⑦ 《乡选(读者园地)》,《新华日报》,1944年9月20日,第3版。

所想选的,民众所要选的,又可能会被摒弃在候选人名单之外。这与国民政府对乡保人员的学历与资历要求以及圈定、委派不无关系,经过层层限制,普通民众很难有入选的机会,民选变成了官治的另一种形式。

倘如县府过多地委任乡镇保长,可能会使官民处于对立的状态,甚至产生激烈冲突,1944年,湖北鹤峰各乡(镇)(区)长一概不用本地人充任,"皆由县长由家带来",民众都不愿受外乡人的统制,不但不接受政府的一切行政,而且与政府为敌,该县五里坪乡还发生乡长、副乡长、经济股长被民所杀事件,民众为了生存,锄头、镰刀成了其对抗政府的武器,到处打劫,积谷被民众公开搬运。①

抗战胜利以后,国民政府推行宪政,决定变更保甲制度,将保甲改为代表民意的自治单位,健全乡镇民代表会与保民大会,归并乡镇保数量,裁减乡镇保人员,增加事业费,提前实行民选乡镇保甲长。湖北省拟定1946年底以前完成全省民选工作②,各县奉令后,纷纷制定保甲长选举实施办法,如恩施县,保甲长选举日期由县政府决定,被选人须年满25岁。保长、副保长选举事务由乡(镇)公所办理,选票由乡(镇)公所按全乡(镇)户数印制,加盖乡镇公所钤记,转发各保办公处,候选人是"经乙级公职候选人试验或检覆及格者",保办公处编制选举人出席名簿,亦为投票场所,开票事务由保办公处职员负责,乡(镇)长、副乡(镇)长或其他代表莅场监视,当选者所得票数须超过出席各户长总额的50%,不及一半时,以得票较多者当选,县政府委任。甲长选举事务由户长会议举行或保办公处办理,甲长编制出席人名簿,候选人须具有保国民学校毕业文凭,或曾任甲长及保干事职务1年,选票由保办公处按全保户数制发,并加盖保图记,开票时,保长、副保长或乡民代表莅场

---

① 《湖北省人事处关于鹤峰五里坪百姓已不接受政府控制与政府作对的函》(政情字第101号,1944年10月2日),湖北省档案馆藏,档案号:LS1-4-584。
② 《王东原谈鄂省政将变更保甲制度,由人民选举乡镇保甲长,购粮舞弊事盼尽量检举》,《大公报》,1946年4月3日,第3版。

监视,得票超过出席各户长总额半数者当选,如无,得票较多者亦可当选,乡镇公所核派。①无论保长、副保长,还是甲长,当选后,皆由乡(镇)公所发给当选证书②,与湖北省略有不同的是,湖南省曾规定,保长当选人证书由县政府发给。③

县级以下的乡保进行民选,重要原因之一是各地保甲长常有凭藉地位鱼肉乡民,致使国家政令变质,"民怨沸腾",国民政府意图通过各级民意机关,切实注意保甲长人选,减除弊端。④各县由于县情复杂,民众知识有限,实施结果差异较大,有些县份,地方公正士绅及优秀青年均能够踊跃竞选,民选后,当选人"大多不苟扰人民",但"缺乏作事观念",工作效率大减⑤,也有些县份,地方士绅与优秀青年参加者较少,竞选极不踊跃,能力较强人士虽被选出,可不愿任职。⑥有时,候选人采取不正当方法,利用家族观念、戚友情感,暗中馈赠选民礼物或酒食,以求获选,这也在所难免,但均属秘密运动,很难查禁。⑦

有时乡镇民代表彼此意见分歧,多因宗族以及地域关系,互相仇视,竞争猛烈,引起互控与争执事件。⑧1946 年,咸丰县新甲乡第 11 保萧益臣、萧

---

①　《恩施县保甲长选举实施办法》(安民字第 560 号,1945 年 12 月 20 日),湖北省档案馆藏,档案号:LS4-1-500。

②　湖北省规定,甲长证书可由乡(镇)公所比照保长证书式样发给。《为甲长被推选发给当选证书电祈鉴核示遵由》(民字第 1869 号,1946 年 12 月 11 日),湖北省档案馆藏,档案号:LS4-1-227。

③　《湖南省各县市乡(区镇)保长选举及监督办法》(1945 年 12 月 7 日),湖南省档案馆藏,档案号:22-1-1309。

④　《行政院令各级地方政府应切实注意保甲长人选》(湖北省政府第 4 类第 3 项第 1 目第 774 号,1946 年 10 月),湖北省档案馆藏,档案号:LS3-2-2498。

⑤　《谷城县各乡镇保甲长选举情形报告表》(林民字第 1577 号,1947 年 12 月 13 日),湖北省档案馆藏,档案号:LS4-1-142。

⑥　《湖北省监利县三十六年度实施乡镇保甲长民选情形报告表》(民字第 1381 号,1947 年 7 月 24 日),湖北省档案馆藏,档案号:LS4-1-502。

⑦　《松滋县政府办理民选乡镇保甲长情形报告表》(琦民字第 711 号,1947 年 6 月 26 日),湖北省档案馆藏,档案号:LS4-1-502。

⑧　《蕲春县乡镇保甲长民选实施情形报告表》(民智字第 526 号,1947 年 10 月 31 日),湖北省档案馆藏,档案号:LS4-1-142。

长魁、萧发祥与邓宋品、邓银川、邓光喜等人，联名控诉乡长蒋石泉、保长蒋永璧等人，主使蒋均皆、蒋茂廷、蒋永正、蒋林宣及各甲长亲自到各花户，要求选举时，定要将票投给蒋石麟、蒋典章，若不投，派粮与征兵时进行打压，在职的撤销职务。选举当日，蒋姓住户全部到场，其佃户甚至占到全保三分之二，其中，谈宝清未向蒋石麟投票，遭到报复，萧益臣等人请求省政府转饬县政府，派员主持选举，以杜绝弊端。①

不可否认，乡村社会也有一些民众，因竞选失败，为图泄愤，私造名章，虚构事实，分别向地方法院、参议会、党团机关、县政府以及省政府控诉，甚至原呈未写原诉人姓名（无论真伪），此类选举纠纷案件也不在少数。②胡庆钧认为，云南乡保实行民选，形式具备，"精神"却成问题，地方虽号称民选，实则要么县长圈定，要么少数士绅包办，"暗地勾通政府人员，以获得县长承认"，仍不脱离"官治的力量"。③湖北同样也存在此类问题。

保长、副保长之选举权与罢免权皆操于保民大会，乡保人员的去留、县政府能否有权撤惩，法令无明文规定。乡镇保甲长系民选而来，"视政府如同陌路"，对"政令更视若无睹"，④多逃避责任，不服从县政府指挥，将不作事看作"加惠地方，与民苏息"，无须顾及行政处分或免职处分。因为政府给予警告、申诫、记过等项处分，对于其本身地位影响不大，撤职后，还得交付民意机关再选。反之，凡认真推行政令之乡保人员，其控案必多，能否再次当选也成问题，此种现象，比比皆是。以致民选后，减弱了政府控制基层社

---

① 《为乡保甲长权重家富选举舞弊压迫投票威骇打骂报恩撤惩由》（府9790号，1946年10月1日），湖北省档案馆藏，档案号：LS4-1-500。

② 《为呈复本府科长刘晏如违法滥选一案仰祈鉴核由》（林民字第1709号，1948年1月29日），湖北省档案馆藏，档案号：LS4-1-502。

③ 胡庆钧：《传统的地方权力结构》，《益世报》1947年11月13日，第6版。

④ 《为民选乡镇长对县训所调训乡保干事一案勿容忽视，应如何处置电请鉴核示遵由》（民木字第7274号，1946年9月7日），湖北省档案馆藏，档案号：LS4-1-227。

会的力量。①

对政府而言,保甲职务异常重要,尤其是军事紧急之际,抢修公路、建筑碉堡、调查壮丁、催购军粮、办理清乡等,皆依赖保甲长完成,但民选保甲人员或办事不力,或获选后规避责任,召集保民大会进行改选也很困难,即使改选,为"取悦"选民,推行政令时,仍会不负责,各项政令又不能中断②,民选流于形式,也就司空见惯。

1947年5月22日,郧县扬武乡第十保召开保民大会,改选保长,乡公所派员(魏宝光)监选,出席民众129名,已达50%,符合法定人数,投票结果,原保长赵永璧得59票,当选为正保长,黄正卿得43票,为副保长。赵永璧平日为人"素本大公",民众也一致拥护,惟乡长马得龙深表不满,担心今后该保负担义务难以完成,主使魏宝光"捏故签呈",令饬5月29日举行复选。赵永璧二次当选,监选人李树鼎受命,故意扰乱会场,致大会无圆满结果。事后,王正贵、余元凯等民众联名向县府呈诉,县府派科员会同乡公所主任王作元,前往开会地点双龙寺,重开保民大会。第三次保民大会出席人数更多,共有273名,选举结果,赵永璧131票,当选保长已无悬念。不料,乡长马得龙恼羞成怒,违反民意,另派黄道中代理保长,民众再度呈请,县府却置之不理。③类似事件在其他各县也一再上演。④

站在乡长的立场来看,基层工作责重事繁,"戡乱"时期,更是如此,保甲长民选,政令无法推动,而且易引起地方纠纷与诉讼案件。武冈县县长曾呈

---

① 《为奉令以实施民选乡(镇)保甲长一案谨拟具疑义各点呈祈鉴核示遵由》(咸民字第5686号,1946年7月19日),湖北省档案馆藏,档案号:LS4-1-227。

② 《为请解释选举保长疑义祈核示由》(恕民字710号,1946年8月29日),湖北省档案馆藏,档案号:LS4-1-227。

③ 《为保长赵永璧再四当选卒无效果呈请转饬县府崇尚民意,明令任用并对现任乡长依法议处以重法制而顺舆情由》(民字第17528号,1947年8月13日),湖北省档案馆藏,档案号:LS4-1-502。

④ 《据该县丰安乡第一保胡伯棠呈诉该县指导员晏思危等违法改造剥夺公权谨依法处办一案抄发原呈电仰遵办由》(省信特字第2547号,1947年9月3日),湖北省档案馆藏,档案号:LS4-1-502。

请湖南省政府，认为民选乡镇保甲长不合时宜，应一律停止，采用遴委制。[①]
内政部规定，非绥靖区县份，乡镇保甲长以民选为原则，情形特殊地方，得暂
行委派[②]，乡镇保长请假或请辞，事先呈报县政府或乡（镇）公所，不得向乡镇
民代表大会或保民大会请假或辞职。[③]

除上述情形外，时局也影响各县实施乡镇保甲长民选。1946 年，内政部
与国防部训令各省，地方治安良好县份，仍应民选[④]，"匪区"或邻近"匪区"，
情形特殊，暂缓实行民选。[⑤]1947 年，国民政府规定，"戡乱"时期，为适应军
事需要，凡不适宜于"剿匪"之乡镇保甲长，虽为民选，县长视该县乡镇"匪
情"轻重，有权撤换乡镇保甲长，但不得将安全区民选乡镇长一律委派[⑥]，并
督饬各县（市）政府，发动并鼓励优秀人士参选乡镇保甲长，严防土劣操纵与
影响，推进乡村自治。[⑦]

从制度层面看，保甲长应由民选产生，但对政府而言，这一制度设计存
在风险，会使政府失去对基层社会的控制，故而在实际运行中，保甲长多由
上层政权委任，民选成了地方政治制度的一种"点缀"和"陪衬"。

---

① 《据本县惟一乡长尹国华为保甲长人选拟请改作遴委一案转请核示由》（文民字第 2675 号，
1948 年 12 月），湖南省档案馆藏，档案号：22-1-1309。

② 《笔者注：事由无》（文民字第 10362 号，1948 年 11 月 30 日），湖南省档案馆藏，档案号：22-
1-1309。

③ 《为保长请假或辞职是否应由县府核准电祈示遵由》（元民治字第 14450 号，1947 年 5 月 10
日），湖北省档案馆藏，档案号：LS4-1-502。

④ 《为匪区或邻近匪区乡镇人员可暂缓实行民选一案转饬知照由》（省民二字第 11088 号，
1946 年 10 月 19 日），湖北省档案馆藏，档案号：LS4-1-255。

⑤ 《为匪区或邻近匪区乡政人员暂缓举行民选希饬属知照》（省民字第 11088 号，1946 年 9 月 27
日），湖北省档案馆藏，档案号：LS4-1-255。

⑥ 《"剿匪"时期以军事为主，凡不适于"剿匪"之民选乡镇保甲长仍可更调委派》（湖北省政府
第 4 类第 1 项第 1 目第 1070 号，1947 年 10 月），湖北省档案馆藏，档案号：LS3-1-1188。

⑦ 《推进乡村自治，民选乡镇保甲长，鄂省府通令各县继续办理》，《武汉日报》，1948 年 5 月 14
日，第 5 版。

第二节　保甲人员的年龄结构

1932 年 8 月,国民政府颁布《剿匪区内各县编查保甲户口条例》,对保甲长的资格作出了严格的限制, 保甲长必须由年满 20 岁的当地土著充当,且身家清白,未被褫夺公权,无危害民国行为,或虽为中共"胁从",但已悔过自新,无须"察看管束"。① 1935 年,国民政府又颁布《修正剿匪区内各县编查保甲户口条例》,对保甲长的资格进行补充,有不良嗜好和土豪劣绅行为者亦不准担任保甲长职务。②

国民政府认为,保甲长人选的主要条件,在于能够奉公守法、认识保甲的意义以及明了保甲的职责,达到这些条件,已属"上乘",其他条件不必苛求,亦很难苛求,因为一县之内,保长少则数百,多则数千,甲长更达"万余",如此繁多的保甲长,欲求个个粗具常识已非易事,不用说知识与能力兼备。更何况稍具声望与才干者,视保甲长如同"胥役",保甲长又系义务职,没有报酬,甚至还有所赔累,故而不肯充当。愿意担当者,不是"质钝之庸夫",即是"好事之莠民","庸夫"办理保甲事务,导致各项政令有名无实,"莠民"办理保甲事务,不仅不利民,反而害民,引起许多无谓的纷扰。凡此种种,"剿匪"时期,国民政府用意在于选拔一批能够推进自卫组织、办理清乡与维持地方治安的保甲长③,因而未对保甲长的经济实力和文化程度作出规定。

现以 1936 年《鄂城县训练保甲干部施训人员姓名册》为例,表中总人数

---

① 《剿匪区内各县编查保甲户口条例》(1932 年 8 月),蔡鸿源:《民国法规集成》(第 40 册),黄山书社,1999 年,第 110~111 页。

② 《修正剿匪区内各县编查保甲户口条例》,《福建省政府公报》第 520 号,1935 年 8 月 17 日,第 13 页。

③ 潘嘉林:《户口异动登记》,商务印书馆,1944 年,第 36~37 页。

16 位,年龄最小的 24 岁,最大的 42 岁,平均年龄 33.2 岁,24 至 29 岁的共 6 人, 占总人数 37.5%,30 至 39 岁的 5 人, 占总人数 31.25%,40 至 42 岁的 5 人,占总人数的 31.25%。[①]

如果说上述人数过少,不具有代表性的话。又如《黄金洞特别区政治局保长训练班第一期受训学员花名册》[②]与《黄金洞特别区政治局保长训练班第二期受训保长名册》[③],经笔者整理,统计如下:

表 3-1

职务	总人数	20 岁以下		20—29 岁		30—39 岁		40—49 岁		50 岁以上		平均年龄
		人数	比例	人数	比例	人数	比例	人数	比例	人数	比例	
保长	160	1	0.62%	92	57.5%	38	23.75%	26	16.25%	3	1.87%	31.3

再如 1936 年至 1937 年《均县保甲训练班学员名册》为例,列表如下:

表 3-2

职务	总人数	20 岁以下		20—29 岁		30—39 岁		40—49 岁		50 岁以上		平均年龄
		人数	比例	人数	比例	人数	比例	人数	比例	人数	比例	
联保主任	11	1	9.1%	7	63.6%	3	27.3%					24.7
联保书记	45	1	2.2%	43	95.6%	1	2.2%					24.5
联队附	27			19	70.4%	7	25.9%	1	3.7%			26.1
小队附	11			10	81.8%	2	18.2%					24.6
保长	71	2	2.8%	44	62%	18	25.3%	7	9.9%			28.4
甲长	155			16	10.3%	121	78.1%	17	11%	1	0.6%	34.6

资料来源:《第八区各县(均县)呈保甲训练班学员名册》(湖北省政府第 3 类第 6 项第 3 目第 6658 号,1936 年 7 月 8 日至 1937 年 11 月 2 日),湖北省档案馆藏,档案号:LS3-5-5766。

通过上述数据可以看出,"剿匪"时期的保甲长年龄结构呈现出"橄榄型",换言之,20 至 49 岁之间的保长占据主流,20 岁以下以及 50 岁以上者偏少,相对而言,这种庞大的中间结构是比较合理的。但随着抗战的爆发,许多民

---

① 《鄂城县训练保甲干部施训人员姓名册》(湖北省政府第 3 类第 6 项第 3 目第 3483 号,1936 年 9 月 23 日),湖北省档案馆藏,档案号:LS3-2-2489(2)。

② 《黄金洞特别区政治局保长训练班第一期受训学员花名册》(教字第 1381 号,1937 年 12 月 20 日),湖北省档案馆藏,档案号:LS63-1-19。

③ 《为呈报组办保长训练所经过情形并检同毕业保长姓名册暨学术科教育进度预定表请鉴核备案由》(文字第 1663 号,1938 年 1 月 30 日),湖北省档案馆藏,档案号:LS63-1-19。

众为躲避兵役,纷纷充当保甲长,"橄榄型"格局逐渐发生变化,保甲人员的年龄结构呈现出年轻化趋势,20 至 29 岁之间的联保主任、联保书记、联队附、保长等占据大多数。

1936 年 8 月,内政部与军政部公布《兵役法施行暂行条例》,其中规定,凡有中华民国国籍,除身体残废或有精神病(免役),以及判处无期徒刑或褫夺全部公权者(禁役)外,年满 18 岁至 45 岁男子均服国民兵役,但"因担任官公事务"者可以缓役,"至原因消灭时,仍按期入营"。①按此规定,保甲长依法亦在缓役之列,地方社会往往因征兵关系,出现了许多父兄保甲长将职务让与子侄兄弟的现象,意图以"担任官公事务"为由,声请缓役,规避兵役,由于全国保甲长人数众多,但"合格壮丁为数寥寥",对国家征兵有莫大影响。②

国民政府认为,保甲长职务固然重要,但抗战时期,强敌压境,如能使适龄壮健青年及时入营服兵役,保卫国防,其重要性"或且过之",同时,迨现役期满,此辈青年还乡再充任保甲长职务时,将军队中严密组织与管理经历施用于保甲,可谓一举两得。为杜绝流弊,以利征兵进行,1937 年 9 月,行政院开始修改保甲长年龄限制,将《修正剿匪区内各县编查保甲户口条例》第 16 条第 1 款"未满 20 岁者"不得充任保甲长改为"未满 25 岁者"不得充任保甲长。③从而使 20 至 24 岁之间的青年难以规避兵役。

的确,选用青年人充当保甲长,足以影响壮丁的来源,但倘若保甲长过于年老,无论是平时还是战时,又会滥竽充数,毫无朝气,影响政令的推行。故而,1938 年 12 月,国民政府颁布《非常时期保甲长选用办法》,规定充任保

---

①　《兵役法施行暂行条例》(1936 年 8 月),《安徽教育周刊》第 89—90 期合刊,1936 年 12 月 11 日,第 15~21 页。

②　《行政院本省办理保甲经过及改善意见》(1937 年 5 月 18 日),湖北省档案馆藏,档案号:LS3-2-2449(2)。

③　《据内政部呈请将修正剿匪区内各县编查保甲户口条例第十六条第一款"未满二十岁者"不得充任保甲长之规定改为"未满二十五岁者"以利征兵进行一案通饬遵照由》(省秘字第 25810 号,1937 年 9 月 7 日),湖北省档案馆藏,档案号:LS1-4-24。

甲长的资格是 25 岁以上 45 岁以下者,并训令各省政府,令饬各县迅速查明,撤换意志颓唐、精力衰惫及素行不端之保甲长。[①]

现以江西新建县为例,1943 年,该县保长最小年龄为 18 岁,最大年龄为 70 岁,甲长最小年龄为 19 岁,最大年龄为 59 岁,具体情况如下:

表 3-3

职务	总人数	25 岁以下		25—29 岁		30—39 岁		40—45 岁		46—49 岁		50—59 岁		60 岁以上		平均年龄
		人数	比例	人数	比例	人数	比例	人数	比例	人数	比例	人数	比例	人数	比例	
保长	235	6	2.6%	21	8.9%	72	30.6%	62	26.4%	13	5.5%	52	22.1%	9	3.8%	41.4
甲长	1794	23	1.3%	353	19.7%	1072	59.7%	285	15.9%	33	1.8%	28	1.6%			34.1

资料来源:《新建县所属各保长姓名履历表》(档治 2 字第 10 号,1943 年 9 月),江西省档案馆藏,档案号:J015-1-54。《新建县各区所属甲长姓名履历表》(档治 2 字第 10 号,1943 年 9 月),江西省档案馆藏,档案号:J015-1-54。

从上述表格可以看出,1943 年新建县 25 岁至 45 岁保、甲长分别占总人数 65.9%和 95.3%,甲长的年龄结构更符合国民政府的要求,同时,保长的平均年龄普遍高于甲长,这与朱德新的统计结果正好相反。[②]

依据《修正剿匪区内各县编查保甲户口条例》,联保主任系由各保长公推,保甲长系由各户甲长公推,并无明文规定联保主任、保甲长为公务员。但同时,联保主任、保甲长又从事公务,联保主任、保长由区长遴选,呈请县政府核委,甲长由区长加给委任,各省对保甲长是否为公务员颇有疑义。[③] 1942 年 6 月,内政部作出统一解释,新县制时期,乡镇保甲人员依法从事公务,应

---

① 《准内政部颁发非常时期保甲长选用办法电仰遵照由》(省民二施字第 066 号,1938 年 12 月 26 日),湖北省档案馆藏,档案号:LS3-2-2410。
② 朱德新:《二十世纪三四十年代河南、冀东保甲制度研究》,中国社会科学出版社,2008 年,第 108 页。
③ 《奉行政院令关于河南省政府转请解释联保主任及保甲长是否为公务员经咨准司法院咨复解释令仰转行知照一案咨请查照转饬知照由》(渝民字 003443 号,1938 年 12 月 6 日),湖北省档案馆藏,档案号:LS3-2-2488。

认为广义之公务员,惟甲长不得免缓兵役。[①]10 月,内政部进一步阐释,乡镇保甲人员被认为广义之公务员,仅指乡镇保甲长而言,至于乡镇公所及保办公处其他职员,如系依法从事公务,亦属广义公务员。但乡镇保甲人员当中,除保长以上主管人员得缓役外,其余人员均不得缓役。[②]这一解释直接影响了保甲人员的年龄结构,现以建始县为例,列表如下:

表 3-4　建始县地方行政干部训练所第六期毕业学员简历及成绩册

职务	总人数	20 岁以下		20—24 岁		25—29 岁		30—39 岁		40—45 岁		45 岁以上		平均年龄
		人数	比例	人数	比例	人数	比例	人数	比例	人数	比例	人数	比例	
保长	11			6	54.5%	4	36.4%	1	9.1%					25.1
副保长	45	3	6.7%	22	48.9%	10	22.2%	10	22.2%					25.1
干事	42	13	31%	19	45.2%	9	21.4%	1	2.4%					21.4
国民学校教员	3	1	33.3%	1	33.3%			1	33.3%					22.7
乡公所事务员	1			1	100%									21
甲长	1			1	100%									20

资料来源:《建始县地方行政干部训练所第六期毕业学员简历及成绩册》(1943 年),湖北省档案馆藏,档案号:LS67-1-94。

表 3-5　湖北省建始县 1944 年 10 月份乡镇保甲干部人员考试
再试及格人员姓名履历清册

职务(曾充)	总人数	20 岁以下		20—24 岁		25—29 岁		30—39 岁		40—45 岁		45 岁以上		平均年龄
		人数	比例	人数	比例	人数	比例	人数	比例	人数	比例	人数	比例	
保长	27	1	3.7%	5	18.5%	8	29.6%	11	40.7%	1	3.7%	1	3.7%	30
副保长	53	7	13.2%	13	24.5%	12	22.6%	21	39.6%					27.1
干事	108	12	11.1%	31	28.7%	40	37%	20	18.5%	4	3.7%	1	0.9%	26.3
乡公所事务员	4			1	25%	1	25%	2	50%					28.8

---

①《奉行政院令,乡镇保甲人员为广义之公务员,惟甲长不得免缓兵役等因令仰遵照由》(秘法字第 3938 号,1942 年 8 月 26 日),江西省档案馆藏,档案号:J023-1-00564-0216。

②《准广西省政府电请解释乡镇保甲人员疑义二项一案令仰知照由》(渝民字 5786 号,1942 年 10 月 31 日),湖北省档案馆藏,档案号:LS3-2-2488。

职务 （曾充）	总人数	20 岁以下		20—24 岁		25—29 岁		30—39 岁		40—45 岁		45 岁以上		平均年龄
		人数	比例	人数	比例	人数	比例	人数	比例	人数	比例	人数	比例	
保校教员	2			2	100%									20
干训所司书	2			2	100%									22.5
合作社管理员	1					1	100%							25

资料来源：《湖北省建始县三十三年十月份乡镇保甲干部人员考试再试及格人员姓名履历清册》（1944 年 10 月），湖北省档案馆藏，档案号：LS9-2-467。

表 3-6　湖北省建始县 1945 年 8 月份乡保干部人员考试再试及格人员姓名履历清册

职务	总人数	20 岁以下		20—24 岁		25—29 岁		30—39 岁		40—45 岁		45 岁以上		平均年龄
		人数	比例	人数	比例	人数	比例	人数	比例	人数	比例	人数	比例	
保长	1					1	100%							27
干事	33	9	27.3%	14	42.4%	4	12.1%	5	15.2%	1	3%			24.2
甲长	3					2	66.7%	1	33.3%					29
保校教员	35	7	20%	16	45.7%	2	5.7%	7	20%	2	5.7%	1	2.9%	25.1
民政股主任	1					1	100%							27
中心教员	4	1	25%	2	50%					1	25%			24.8

资料来源：《湖北省建始县三十四年八月份乡保干部人员考试再试及格人员姓名履历清册》（1945 年 8 月），湖北省档案馆藏，档案号：LS67-1-94。

从上述表中可以看出，保甲人员的年龄结构进一步向年轻化倾斜。1946年，国防部再次扩大缓征保甲人员兵役范围，理由是区乡镇保甲长以及保队附兼任国民兵各级干部，在服役期间，已经从事军事辅助勤务，准予缓征，但不称职者不在此列。[①]

————————

① 《乡镇保甲应否服役 国防部解释疑义》，《申报》，1946 年 10 月 13 日，第 1 张第 3 版。

表 3-7　湖北省长阳县 1946 年 3 月乡镇保甲干部人员考试初试及格人员姓名履历清册

职务（曾充）	总人数	20 岁以下		20—24 岁		25—29 岁		30—39 岁		40—45 岁		45 岁以上		平均年龄
		人数	比例	人数	比例	人数	比例	人数	比例	人数	比例	人数	比例	
保长	6			3	50%	1	16.7%	2	33.3%					25.3
副保长	8	3	37.5%	3	37.5%	2	25%							20.9
保队附	3	1	33.3%	2	66.7%									19.3
干事	37	13	35.1%	19	51.4%	4	10.8%	1	2.7%					21
选训	8	5	62.5%	1	12.5%	2	25%							21
保校教员	21	7	33.3%	13	61.9%	1	4.8%							20.5
乡公所雇员	3	2	66.7%			1	33.3%							21
保合作社经理、司库、会计等	5	1	20%	3	60%	1	20%							21.2
战地服务团书记	1			1	100%									21
土陈业务员	1			1	100%									22
县训所司书	1					1	100%							26

　　资料来源:《湖北省长阳县三十五年三月份乡镇保甲干部人员考试初试及格人员姓名履历清册》(1946 年 4 月),湖北省档案馆藏,档案号:LS67-1-149。

表 3-8　湖北省巴东县地方行政干部训练所第八、十一期学员简历及成绩册

职务（曾充）	总人数	20 岁以下		20—24 岁		25—29 岁		30—39 岁		40—45 岁		45 岁以上		平均年龄
		人数	比例	人数	比例	人数	比例	人数	比例	人数	比例	人数	比例	
保长	18	2	11.1%	7	38.9%	6	33.3%	3	16.7%					25.3
副保长	25	2	8%	7	28%	7	28%	8	32%	1	4%			27.3
保队附	1			1	100%									23
甲长	2	1	50%	1	50%									20.5
选训	109	33	30.3%	44	40.3%	22	20.2%	10	9.2%					22.3
干事	38	7	18.4%	19	50%	8	21.1%	4	10.5%					23
事务员	2	1	50%			1	50%							21.5

职务 （曾充）	总 人数	20岁以下		20—24岁		25—29岁		30—39岁		40—45岁		45岁以上		平均 年龄
		人数	比例	人数	比例	人数	比例	人数	比例	人数	比例	人数	比例	
雇员	1	1	100%											17
合作社经理	1							1	100%					34
国民学校教员	1							1	100%					30

资料来源：《湖北省巴东县地方行政干部训练所第八期学员简历及成绩册》（1947年），湖北省档案馆藏，档案号：LS67-1-153；《湖北省巴东县地方行政干部训练所第十一期学员简历及成绩册》（1947年），湖北省档案馆藏，档案号：LS67-1-153。

由上述表中可以得出，乡保人员的年龄更加年轻化，出现了许多18至19岁的青年人担任保甲职务，甚至还有16至17岁者。这与国民政府的理想人选相去甚远，国民政府冀图通过保民大会，采用普选的方式提高保甲人员的素质。[1]现以1947年阳新县各乡镇当选保甲长名册为例，见下表：

表3-9　阳新县各乡镇当选保甲长名册

职务	总 人数	25岁以下		25—45岁		46—49岁		50—59岁		60岁以上		平均 年龄
		人数	比例	人数	比例	人数	比例	人数	比例	人数	比例	
保长	166	1	0.6%	151	91%			14	8.4%			37.9
副保长	1			1	100%							43
保书记	1			1	100%							38
保干事	2			2	100%							29.5
甲长	714	57	8%	524	73.4%	48	6.7%	78	10.9%	7	1%	36.6

资料来源：《湖北省政府（民政厅）及各县政府等关于乡镇长、乡保甲长选举有关问题的电、呈、申请书、批、议案及相关表册》（1945年5月至1947年11月）湖北省档案馆藏，档案号：LS4-1-500。

上述表格说明，大多数民选保长符合国民政府的法定年龄，同时，亦有少数保甲长年龄达不到25岁，可见，仍有一些民众试图通过担任保甲职务规避兵役。

---

① 金惠：《新中国之县政建设》，改进出版社，1942年，第386~388页。

为紧凑乡保组织,健全乡政人事,进行"剿匪戡乱"。1947年11月,湖北省政府颁布了《湖北省改进乡保组织及待遇暂行办法》,将保长的年龄又调整为22岁以上。[1]以来凤县为例,基本符合要求,情况如下:

表3-10

职务	总人数	22岁以下		22—45岁		46—49岁		50—59岁		60岁以上		平均年龄
		人数	比例	人数	比例	人数	比例	人数	比例	人数	比例	
保长	159			148	93.1%	5	3.1%	5	3.1%	1	0.6%	35

资料来源:《湖北省来凤县乡(镇)保长资历一览表》(民来字第4629号,1948年1月12日),湖北省档案馆藏,档案号:LS4-1-142。

20世纪30、40年代,保甲人员的年龄结构并非一成不变,而是处于波动状态,"剿匪"时期的"橄榄型";推行政令时期的年轻化;新县制时期,实行民选的乡镇,再度为"橄榄型",未实行民选的乡镇,则更加年轻化。

第三节　保甲人员的文化程度与履历统计

已有学者提出,中国古代,国家权力只抵达县一级[2],对于广大乡村社会的控制,需要地方士绅与宗族大户维持秩序。然而,随着清末科举制度的停废,乡绅及其子弟只有进入城市接受新式教育,才能继续充当社会精英,但其一旦跻身城市上流社会,就不再愿意回到乡村,久而久之,造成农村精英大规模流失[3],传统士绅没落,基层社会权力结构逐渐发生蜕变。[4]

20世纪30年代的国共政争又助推了上述过程。正如《湖北县政概况》所

① 《改进乡镇保甲编制及编制方案》(湖北省政府第4类第1项第1目第993号,1947年11月),湖北省档案馆藏,档案号:LS3-2-2526。
② 费孝通:《乡土重建》,观察社,1948年,第46~50页。
③ 许纪霖、陈达凯:《中国现代化史1800—1949 第一卷》,学林出版社,2006年,第15页。
④ 王先明:《近代绅士——一个封建阶层的历史命运》,天津人民出版社,1997年,第345页。

载,襄阳县在"前清科举时代,人才颇盛,近因匪患",士绅阶级大多举家离乡,侨居外埠①,留下者多加入地方机关或法团。无产失业者,"或从戎,或附匪"。土著大多为自耕农,"识字甚少,程度极低。故甲长中什九不识字,保长虽优,而识字人数,亦不逮半数,保甲制度难于推行,实亦原因之一"②。

"剿匪"时期,国民政府对保甲长的资格要求并不高,只要有普通常识,即可充任,但问题是,乡村社会许多优秀分子多集中城市,未离乡的公正士绅,大都又视保甲长等同于前清乡约、地保,不愿充当,导致保甲长人选素质低下,"人品亦至为不高",③不是土劣、地痞,即是"愚昧无知"者,土劣、地痞借保甲长权势,鱼肉乡民,"愚昧无知"者亦被其直接或间接操纵。④

在乡村社会,无论是声望,还是能力,士绅都远远优于普通民众,国民党也倾向于利用士绅来充当保甲长,对于"能力薄弱"、"昏庸老朽"以及鱼肉乡民的士绅,国民党认为可以采用训练、裁汰以及绳之以法的方式加以补救。⑤

学界对乡村士绅流向城市关注较多⑥,但对士绅回流到乡村社会研究较少。1933年12月,军事委员会委员长南昌行营训令湖北、江西等省政府,翻印《劝告各县在外士绅回籍服务之劝告书、标语》,函发各县旅省同乡会,极力宣传、劝告各县在外士绅回原籍办理清乡善后事宜。⑦诸如"组织民众,修筑碉堡,救济灾黎,抚辑流亡,以及搜查潜逃,惩治余孽"等。国民政府希望士

---

① 湖北不少县份的士绅旅居武汉, 如咸宁等县。湖北省政府民政厅:《湖北县政概况》(第1册),汉口国华印务公司,1934年,第129页;江西的则是南昌、苏杭以及上海等地。

② 湖北省政府民政厅:《湖北县政概况》(第4册),汉口国华印务公司,1934年,第1104~1106。

③ 内政部统计处编印:《保甲统计》,(无具体出版地址),1938年,第7~8页。

④ 王次甫:《保甲述要》,江西省县政人员训练所,1936年,第81~84页。

⑤ 潘应昌:《民众动员与保甲制度》,冯玉祥、张治中等编:《民众动员问题》,独立出版社,1938年,第34~35页。

⑥ 王奇生:《革命与反革命 社会文化视野下的民国政治》,社会科学文献出版社,2010年,第328~329页。

⑦ 《据陈司令继承青已代电称奉冬电已派各师旅大举会剿,不难指日收平,恳请令饬阳新同乡会迅速举派士绅回籍协办善后等情,仰即查照办理由》,湖北省档案馆藏,档案号:LS1-4-155。

绅能爱国忧民,以天下为己任,协助政府稳定乡村社会秩序。①国民政府这一举措产生了一定的效果,以湖北麻城为例,1927 年以后,该县士绅多逃避至武汉,后有士绅"逐渐归来"。②整体而言,回流士绅只占离乡士绅总数的小部分,士绅担任保甲职务更是屈指可数。

表 3-11

姓名	是否入党团	党团证	家庭人口	学历	操行	抗战时期对地方贡献事项	子弟征服兵役情形	调查机关评语	总评
周厚德别号莲		字号	父母妻庞氏;子牛儿;女梅秀;兄弟传榜	私塾十年	端正 学识				
年龄	通讯处		经济状况	经历	优良			调查机关主官签盖	备考
60	永久	临时	动产	不动产	曾教私学三年,曾任金太乡联保主任	现职		公安县县长刘鲲生	
籍贯公安	黄金口		5 万元	50 万元					

一、本表须用毛笔楷写。二、各栏应据实填载,如无事实可填,即留空白。三、总评留待复查填注

姓名	是否入党团	党团证	家庭人口	学历	操行	抗战时期对地方贡献事项	子弟征服兵役情形	调查机关评语	总评
刘宝廷别号		字号	父母妻;子女;兄弟	荆南中学毕业	廉正			急公好义	

① 《奉令检发劝告各县在外士绅回籍服务之劝告书标语原稿已翻印函发报请备查由》(铨字第2728 号,1933 年 12 月 20 日),湖北省档案馆藏,档案号:LS1-4-155。
② 湖北省政府民政厅:《湖北县政概况》(第 2 册),汉口国华印务公司,1934 年,第 518 页。

续表

姓名	是否入党团	党团证	家庭人口		学历	操行	抗战时期对地方贡献事项	子弟征服兵役情形	调查机关评语	总评
子凡						学识				
年龄	通讯处		经济状况		经历	优良			调查机关主官签盖	备考
50	永久	临时	动产	不动产	曾任民堤修防处主任、联保主任及湖北联防第八区书记	现职			公安县县长刘鲲生	
籍贯	涂郭巷邮寄代办所	公安县平南乡公所								
公安										

资料来源：《湖北省公正士绅（调查）表》（1946年），湖北省档案馆藏，档案号：LS1-2-408。

南京国民政府时期的士绅，与古代士绅相比，界定大体相同，都要有一定的学历背景与任职经历，对经济状况并无特别的规定。同时，也有一些变化，在教育程度上，既有传统私塾教育，也有新式教育。[①]从周厚德的年龄和学历推测，科举制度废除时，周本人或许已经取得秀才一类功名。由保甲长群体的年龄构成可以得出，这类士绅在保甲人员中的比例是很少的，更多的是取得新式教育学历的知识份子。

---

① 关于"士绅"的定义，学界存在争议。费孝通认为，绅士是退任的官僚或官僚的亲戚，参见吴晗、费孝通：《皇权与绅权》，上海观察社，1948年，第9页。张仲礼认为，"士绅"是统治中国社会的特权阶层，其身份与功名、学品、学衔和官职相联系，参见［美］张仲礼著，李荣昌译：《中国绅士——关于其在十九世纪中国社会中作用的研究》，上海社会科学出版社，1991年，第1~54页。费正清认为，"士绅"是当地统治阶级，其身份只能与地产和官职相联系，参见［美］费正清著，张理京译：《美国与中国》，世界知识出版社，1999年，第33~34页。于建嵘认为，"士绅"是地方权威人物，包括功名类、富人类、能人类三种类型，参见于建嵘：《岳村政治 转型期中国乡村政治结构的变迁》，商务印书馆，2005年，第90~95页。杨红运认为，"士绅"是具有较高的文化程度、经济地位和社会声望的人群，参见杨红运：《复而不兴：战前江苏省保甲制度研究（1927—1937）》，山西人民出版社，2013年，第199~200页。

抗战时期,国民政府提高了保长的学历要求,民众充任保甲长,须分别具备高级小学和初级小学以上文凭。同时,考虑到乡村社会的实际情形,也放宽了限制,如无学历,在经历方面,曾任公务员1年以上或办理地方公益事务2年以上亦能充当保长职务,两者皆无,如有办事能力与经验或在地方上著有声誉者亦可。甲长的资格限制更低,只要粗通文字并热心地方公益事务或曾受国民军事训练即可。①

表3-12　湖北省五峰县乡镇保甲干部人员教育程度统计(1945年7月)

职务	总人数	无学历		私塾		高小		中学		简师		中学以上	
		人数	比例	人数	比例	人数	比例	人数	比例	人数	比例	人数	比例
副保长	3			2	66.7%			1	33.3%				
保队附	1					1	100%						
干事	81			30	37%	48	59.3%	3	3.7%				
小学教员	5			1	20%	2	40%	1	20%	1	20%		
事务员	2			1	50%	1	50%						
助理员	7			1	14.3%	4	57.1%	2	28.6%				
书记	1					1	100%						
联运站中队长	3					2	66.7%	1	33.3%				

　　资料来源:《湖北省五峰县三十四年七月份乡镇保甲干部人员考试初试及格人员履历清册》(春考秘字第022号,1945年12月13日),湖北省档案馆藏,档案号:LS67-1-119(1)。

　　相对而言,城市保甲长整体文化程度并不一定高于农村,这与冉绵惠的研究有所区别。②但城市保甲长的经历确实要复杂得多,单就商业而论,包括香烟店、五金店、理发店、皮鞋店、瓷器店、钟表店、杂货店、小贩、面业、麻绳业、布业、铁业、熟食、酒业、肉业、米业、茶馆等。另外,保甲长中,受私塾教育的比例不在少数,可分为两种情况,一种是只读过一年半载私塾,甚至几个

---

　　① 《准内政部颁发非常时期保甲长选用办法电仰遵照由》(省民二施字第066号,1938年12月26日),湖北省档案馆藏,档案号:LS3-2-2410。
　　② 冉绵惠:《民国时期四川保甲制度与基层政治》,社会科学文献出版社,2010年,第93页。

月,究竟能识多少字,这一点值得考虑;另一种是 5 年以上,这一部分群体,可能肚子里确实有些"墨水"。[①]具体数据如下:

表 3-13　武汉警备区武阳区第一期保甲长训练班学员简历册

职业	职务		教育程度	职务	
	保长	甲长		保长	甲长
商业	66.2%	68%	私塾	62.3%	57.6%
农业	14.3%	15.9%	小学	19.5%	21.1%
工业	3.9%	7.8%	初中	9.1%	2%
医生	2.6%		高中	3.9%	1.4%
船业	2.6%	2.6%	法政	1.3%	
警士	1.3%		师资训练班	1.3%	
道士	1.3%	0.6%	农务学校	1.3%	
藕业	1.3%	0.3%	无学历	1.3%	17.9%
无职业	6.5%	1.1%			
煤业、炭业、烟业		1.1%			
运伕		0.6%			
种菜		1.4%			
镇公所主任		0.3%			
海员		0.3%			

资料来源:《武汉警备区武阳区第一期保甲长训练班学员简历册》(施籍字第 5945 号,1946 年 3 月 1 日),湖北省档案馆藏,档案号:LS9-2-146。

　　1947 年,湖北省政府要求各县提高保长的资格限制,选用年满 22 岁的初中毕业生,由县长考选,送区行政人员训练班训练,合格后派用。[②]有些县选举出的保甲长素质较前有所提高[③],但也有些县份,保甲长的整体学历与经历尚无太大区别。[④]以阳新县五湖乡为例,见下表。

① 潘应昌:《民众动员与保甲制度》,冯玉祥、张治中等编:《民众动员问题》,独立出版社,1938年,第 36 页。
② 《改进乡镇保甲编制及编制方案》(湖北省政府第 4 类第 1 项第 1 目第 993 号,1947 年 11 月),湖北省档案馆藏,档案号:LS3-2-2526。
③ 《潜江县实施乡保甲长民选情形报告表》(潜颂民字第 2048 号,1947 年 4 月 24 日),湖北省档案馆藏,档案号:LS4-1-502。
④ 《湖北省石首县实施乡镇保甲长民选情形报告表》(首民总字第 6925 号,1947 年 12 月 25 日),湖北省档案馆藏,档案号:LS4-1-142。

表 3-14　阳新县五湖乡当选保长名册

保别	职别	姓名	年龄	籍贯	学历	经历	选举日期	得票数
第一保	保长	王忠诚	25	阳新	初小毕业	曾充保长	1946 年 12 月 8 日	15
第二保	保长	谈岳衡	24	阳新	中学毕业	曾充教员	1946 年 12 月 8 日	16
第三保	保长	柯万里	30	阳新	初中毕业	曾充保队附	1946 年 12 月 8 日	19
第四保	保长	刘利仁	40	阳新	私塾 9 年	曾充保长	1946 年 12 月 8 日	12
第五保	保长	陈宝瑛	49	阳新	中小毕业	曾充保长	1946 年 12 月 8 日	16
第六保	保长	程在中	27	阳新	私塾 8 年	曾充保队附	1946 年 12 月 8 日	20
第七保	保长	柯星财	50	阳新	私塾 7 年	曾充保长	1946 年 12 月 8 日	18
第八保	保长	柯于钧	30	阳新	中小毕业	曾充教员	1946 年 12 月 8 日	17
第九保	保长	柯立卿	40	阳新	私塾 6 年	曾充保长	1946 年 12 月 8 日	20
第十保	保长	张平成	42	阳新	高小毕业	曾充保长	1946 年 12 月 8 日	18
第十一保	保长	陈义成	29	阳新	私塾 6 年	曾充保长	1946 年 12 月 8 日	19
第十二保	保长	黄遇文	41	阳新	私塾 5 年	曾充保长	1946 年 12 月 8 日	23
第十三保	保长	柯开周	45	阳新	私塾 8 年	曾充保长	1946 年 12 月 8 日	25
第十四保	保长	黄南山	30	阳新	私塾 10 年	曾充保长	1946 年 12 月 8 日	24
第十五保	保长	柯鼎臣	26	阳新	初中毕业	曾充保长	1946 年 12 月 8 日	28
第十六保	保长	柯柱今	50	阳新	高小毕业	曾充保长	1946 年 12 月 8 日	23
第十七保	保长	邢　英	35	阳新	私塾 8 年	曾充小学教员	1946 年 12 月 8 日	18
第十八保	保长	陈诚汉	37	阳新	私塾 10 年	曾充保长	1946 年 12 月 8 日	23

资料来源:《阳新县五湖乡当选保长名册》(1947 年 6 月 4 日),湖北省档案馆藏,档案号:LS4-1-500。

大抵来说,乡村社会的保甲人员成份简单,以农民为主,小商人次之。城市保甲人员构成非常庞杂,小商人居多,其他职业者偏少。就文化程度而言,乡村和城市普遍低下，小学与私塾文凭以及不识字者占据主体,高学历者"凤毛麟角"。

第四节　保甲人员的地位与待遇

有关保甲长政治地位的"定位",目前学界存有分歧。时人认为,乡保人员在乡间的权柄很大①，不仅自己"可以不出款子"，还可以庇护亲族，在百姓面前，就是个土皇帝，每每借国家各项政令，向民众吃拿卡要，以致"原来穷的人越发苦，有钱无势的人也变穷了，发达的是有钱又有势力和无钱但有势力的人"②。胡庆钧认为，保长的政治地位很低，处于上级政府与地方士绅两种权力夹缝中，不仅受乡绅的节制，还有随时蹲班房乃至丢性命的可能。尚季芳认为，国民政府时期的保甲长处境尴尬，施政时受到土豪劣绅、军队、土匪以及民众等多方势力掣肘。③

保甲长人选不一定要"读书人"充当，保甲长人数众多，乡村社会也不见得能找出许多"读书人"出来，况且，"读书人"未必个个人品俱佳，而农民"就不能耐"。当然，保甲长过于年轻，牵连宗族"乡党序齿"关系时，以年轻人或晚辈去治理年高长辈，毕竟影响国家各项政令的推行。保甲长职责重要，然而保甲长地位太低、差役太繁、义务太重、危险太大。各级行政部门动辄呵斥、拘押保甲长，不问何种政令，事无巨细，皆严督、苛责保甲长承担，"谈及义务，则无微不至，更属一言难尽，或遇共匪土匪时，身杀家破，政府既无法保障，又不遵章优恤"。于是，地方优秀分子与老成笃实之人往往不愿充当保甲长，以免损失自己的社会身份，招致物质与生命的赔累。愿意承充者，"每多无业土著或出身臧获之流"，导致各项政令无法推进。国民政府认为，应提高保甲长地位，有诬告保甲长者，实行反坐，因公务受祸保甲长，予以相当抚恤，县长对待保甲长，"隆以礼貌"，对于热心任事、成绩卓著之保甲长，县政府嘉奖，"以资激劝"。④

---

① 《当一个保长就这么大权柄》，《新华日报》，1944 年 12 月 24 日，第 3 版。

② 《乡保长是土皇帝》，《新华日报》，1945 年 3 月 4 日，第 3 版。

③ 尚季芳：《控制与消解：从保甲长的难局看国民政府时期的地方基层社会》，《历史教学（下半月刊）》，2010 年第 6 期。

④ 《各县保甲长职责至为重要，地方优秀份子或老成笃实之人往往不愿充当，而愿意承乏者每多无业土著或出身臧获之流，以致保甲要政无法推进。所有保甲长人选，究应如何办理方能激浊扬清？试分别研究之》，《湖北地方政务研究周刊》第 1 卷第 1 期，1933 年 7 月 1 日，第 33~37 页。

　　抗战期间,一些地方军队来往甚多,经常勒令保甲长供应夫役或军需,稍有"不遂",保甲人员即被蔑视、凌辱,甚至遭到武力威逼,不仅妨碍保甲长的工作,也将影响抗战。[①]为保障保甲长的政治地位,湖北省政府呈请军事委员会,通令各军营及保安团队,切实制止,以便慎选地方贤能人士充任保甲职务。[②] 1942 年,国民政府发布训令,整饬军纪,严禁军警及各公务人员凭借地位压迫区保甲长,或滥用职权,非法逮捕人民及虐待民夫[③],并尊重保甲人员人格,维护社会安宁。"戡乱"时期,保甲任务更加繁重,推行管教养卫政令与征派兵粮伕役莫不由保甲人员实地办理,保甲人员既少,财力又有限,顾此失彼,穷于应付,摊派勒索,"民怨咨嗟",影响"至为巨大"。为发挥保甲效能,防止过滥运用,国民政府拟定《绥靖区及后方各省严密保甲要点》,通饬各级政府机关,须顾及保甲人员的身份、能力与环境,视政令之轻重缓急,分别先后,次第举办,不可过份强迫保甲人员,或令其服卑贱劳役。[④]

　　至于保甲长因公受祸,国民政府予以抚恤。1934 年,安徽省颁布了《安徽省各县壮丁队剿匪伤亡抚恤暂行章程》,其他各省也颁发了类似章程。以湖北省为例,该省保安队恤金原规定由县政府在地方税项下支给,后因各县县政捐不敷支出,湖北省政府曾于 1935 年通令各县,准由保安经费预备费项下动支,但问题是,各县保安经费收入短绌,如将保甲人员及壮丁队伤亡抚恤、埋葬等费列入保安经费开支,保安经费差额更大,1936 年,湖北省政府训令各县,恤金等费又改由县政预备费项下支出,以免影响保安团队饷糈。[⑤]

---

　　① 林振镛:《兵役制概论》,正中书局,1940 年,第 239 页。
　　② 《奉军委会转送湖北省政府呈请保障保甲长地位转饬所属团队遵照由》(渝民字 000353 号,1939 年 2 月 13 日),江西省档案馆藏,档案号:J032-1-00135-0039。
　　③ 《湖北省建设厅奉转发动人民讨逆,非常时期人民团体组织纲领,查禁军警员役不得压迫区保甲长和滥捕人民办法纲要的令》(1942 年),湖北省档案馆藏,档案号:LS39-3-344。
　　④ 《为动员戡乱时期拟具运用保甲三项规定请饬属注意体察》(民二字第 9431 号,1948 年 11 月 4 日),湖北省档案馆藏,档案号:LS3-2-2419。
　　⑤ 《自二十五年度开始,所有保甲人员抚恤埋葬等费概由县政预备费项下动支令仰遵照》,《湖北省政府公报》第 219 期,1936 年 7 月 20 日,第 14 页。

抗日关乎国家存亡,保甲人员又"屡有因公伤亡情事"[1],为激励战区基层工作人员抗敌守土,保家卫国,1939年,行政院颁布《战时乡镇保甲长暨联保主任因公伤亡给恤暂行标准》,该标准适用范围以战区为限,不在战区地方的参照办理。具体内容是,各省市乡镇保甲长暨联保主任在办公场所或因公出差遭遇意外事故,以致受伤残废或心神丧失时,乡镇长(联保主任)、保长、甲长分别酌给一次性恤伤费50元至100元、40元至80元、30元至60元。如受伤未达到残废或心神丧失程度,则酌给一次医药费20至40元、15元至35元、10元至30元。倘若乡镇保甲人员遭遇意外,以致死亡,将提高支付标准,分别是100元至200元、80元至160元、60元至120元。该项恤金由省市政府在抚恤费项下支给。[2]

与"剿匪"时期相比,抗战时期,各县地方税收更加困难,如一律按照条例办理,难免发生各县无法兑现恤金,政府有失信用。湖北省政府规定,恤金由各县政府在保甲预备费项下动支,如预备费无法支应,得在各该县抗战经费内支给保甲人员。1940年,湖北省政府在原有基础上,将行政院规定的恤金标准一律提高3倍,同时补充规定,新标准适用范围不以战区为限,乡镇公所及保办公处专任、佐治人员以及股主任,得比照保长给恤,干事及事务员得比照甲长给恤。[3] 1945年,由于物价波动,原先的恤金标准已不足救济因公伤亡的保甲人员,湖北省政府再次将原订标准一律增加5倍。[4] 1948年11月,国民政府再度调整抚恤金额,使用金圆券支付。乡镇保甲长暨联保主

---

① 《奉行政院令发战时乡镇保甲长暨联保主任因公伤亡给恤暂行标准一案令仰知照》,《云南省政府公报》第12卷第11期,1940年2月10日,第18~19页。

② 《行政院关于抄发战时乡镇联保主任因公伤亡给恤标准的训令及湖北省民政厅、湖北省政府的训令》(吕字第16225号,1939年8月12日),湖北省档案馆藏,档案号:LS1-4-360。

③ 《遵批会核战时乡镇保甲长暨联保主任因公伤亡给恤标准一案会拟意见签请鉴核由》(1940年1月12日),湖北省档案馆藏,档案号:LS1-4-360。

④ 《准内政铨叙两部先后函复战时乡镇保甲长暨联保主任因公伤亡给恤暂行标准等项法律规定金额经呈奉行政院核准,一律增加五倍请查照等由令仰知照》,《湖北省政府公报》第531期,1945年7月31日,第24页。

任因公受伤致残或心神丧失,分别酌给一次恤伤费 300 至 600 元、240 至 480 元、180 至 360 元;未达残废或心神丧失程度,分别酌给一次医药费 120 至 240 元、90 至 180 元、60 至 180 元;因公死亡者,分别酌给一次抚恤费 600 至 1200 元、480 至 960 元、360 至 720 元。①

笔者认为,上述恤金标准在一定程度上得到了实施,也产生了一定的激励作用。1939 年,潜江县联保主任张兆凤与保长何永扬奉命领导所属支队"剿匪锄奸",破坏敌区道路,阻扰日伪组织征收亩捐以及在乡村遍布张贴反日标语,12 月初,张兆凤与何永扬同时被捕,并遭日伪杀害。事后,潜江县政府开追悼会,慰问家属,并从抗战经费项下分别支给安葬费 120 元与 100 元。②又如,1940 年 11 月 31 日,均县白浪乡国民兵团在该乡召集各保保长编组壮丁与造报名册会议,保长刘笃功因平时办理役政、催征地亩以及"肃清匪类"等政务"过于认真,政生怨恨",次日返回途中,"被匪杀毙"。事后,均县县政府认为,该保长符合因公差忽遭罹难条件,准许按照条例给恤。③再如,1948 年 4 月 25 日夜,荆门县建阳乡第 8 保保长周友瑞、保队附陈可学二人被"奸匪"秦启钧等 50 余人杀毙,并被劫去保办公处图记。事后,该保第一甲甲长朱德林向乡公所呈报情形,并请荆门县政府抚恤。④

提高保甲人员的地位,不仅体现在保障人格尊严以及意外事故的补偿上,也体现在提高基层干部的待遇方面。1936 年,湖北省政府颁布《湖北省会保甲人员奖惩办法》,凡保甲内住民,确实能够遵守保甲规约、"其他单行规则"以及保甲会议之决议者,按照情节,予以言词、书面或旌旗、匾额奖励,从

---

① 《战时乡镇保甲长暨联保主任因公伤亡给恤暂行标准第二、三两条修正条文》(1948 年 11 月 25 日),蔡鸿源:《民国法规集成》(第 42 册),黄山书社,1999 年,第 126 页。

② 《据报张主任兆凤保长何永扬被敌杀害请转呈抚恤一案呈请从优抚恤由》(省秘字第 5728 号,1939 年 12 月 8 日),湖北省档案馆藏,档案号:LS1-2-146。

③ 《均县保长刘笃功因公毙命请恤》(湖北省政府民政厅第 3 类第 1 项第 17958 号,1941 年 6 月),湖北省档案馆藏,档案号:LS3-2-2804。

④ 《荆门建阳乡保长周友瑞被"匪"杀害,图记被劫》(湖北省政府第 1 类第 1 项第 7 目第 146 号,1948 年 6 月),湖北省档案馆藏,档案号:LS3-1-1212。

低到高,依次是本保褒奖、本管公安分局褒奖、省会公安局褒奖、民政厅褒奖、特奖(因公死伤者)。反之,予以惩戒,分别是劝告、警告、申诫、处罚(渎职误工)。[①] 1948 年,湖北省政府颁布《湖北省戡乱时期各县区乡镇保长防匪保境奖惩办法》,如保长在整理保甲、清查户口、修筑碉堡、充实地方武力以及"剿匪"等方面著有成绩,区(乡)(镇)长报请县政府,给予奖励,分别是记功、记大功、明令褒奖、给予奖金、特予擢用,反之,依次予以申诫、记过、记大过、撤职留任、撤职究办处分,并呈报省政府备查。[②]

上述奖励主要体现在精神层面。物质层面,国民政府也提高了待遇。依据《非常时期保甲长待遇及其奖励办法》,各省市保甲长在任期内免服工役,并缓服兵役;其子女在当地公立小学校肄业者,得免收学费;酌量减免临时捐款;其直系亲属在当地公立医院免费治疗;保长办公费由各县(市)政府斟酌地方财力及社会生活状况,规定标准,列入预算,统筹发给;保甲长推行国家政令确有成绩者,由区长开列事实,呈报县(市)政府,核实后,分别予以嘉奖(荣誉旗、纪念章、匾额等)、记功、给予奖金或升用,有特殊功绩者,由县(市)政府呈报内政部,予以奖励;保甲长如犯法时,除依法惩罚外,上级机关派出人员以及军警应尊重其身份,不得施以任何非礼行动。[③]国民政府此举旨在表示重视保甲长人选,希图保甲长能够"自重",民间亦能对保甲长"另眼相看"。[④]

"剿匪"时期,保甲职员均为无给职,一般人士不愿担任保甲长,但是要每一位保甲职员都给以相当报酬,以民间财力论,又做不到。有些地方保长,

① 《省会公安局呈保甲人员奖惩办法》(湖北省政府第 3 类第 2 项第 7982 号,1936 年 10 月 22 日),湖北省档案馆藏,档案号:LS3-2-2406。

② 《湖北省戡乱时期各县区乡镇保长防匪保境奖惩办法》(省信字第 4730 号,1948 年 9 月 17 日),湖北省档案馆藏,档案号:LS1-4-956。

③ 《关于非常时期保甲长待遇及奖励办法咨请饬属遵照办理由》(渝民字 000494 号,1939 年 2 月 25 日),湖北省档案馆藏,档案号:LS3-2-2410。

④ 李宗黄:《现行保甲制度》,中华书局,1943 年,第 118~119 页。

虽有一两元津贴，但区区之数，并不济事，正所谓"管、教、养、卫四件事，衣、食、住、行一元钱"。国民政府认为，欲求保长尽职尽责，非给薪不可。①新县制时期，保甲人员的薪俸得到一些改善，以湖北省为例，联保主任原定月支17元，增加3元；联保书记原定月支14元，增加2元；联队附原定月支10元，增加4元；户籍警原定月支8元，增加2元；联丁原定月支5元，增加3元。联保办公处经费原定月支6元，增加6元，总计月增20元，连同原有经费，共月支80元，由各县保甲预备金项下动支。至于保长办公费，原定月支1元，根本不敷支用，自1941年起，暂定为5元，在各保内筹集。②

1947年，湖北省政府规定，乡政人员待遇一律提高，保长、保队附待遇不得低于乡公所干事及事务员，具体标准由各县自定，保长成绩优良，得升任乡长，保办公费应酌予增加，连同保级人员待遇，编造追加预算，列入县预算内，不敷时由自卫特捐征实项下补足。③

国民政府提高保甲人员的地位和待遇，无非是想使保甲长能够忠于职守，安心工作，但保甲事务繁多，可谓"琐碎如毛，零乱如丝"，倘若认真办理，容易招怨地方，被人控告，扣留拘押，祸将随之；从事敷衍，则废弛政务，不免遭上级谴责。④国家权力下沉，不论什么人出任保长，都是一份苦差事，摊款、捉兵、拉伕、调解、吵嘴、打架、挨骂，甚至坐监等一连串事，保长都得应付。在现实环境下，保长地位极为难堪，推行任何一项政令，办事"手腕温和"，容易进县政府坐监，甚至"家破人亡"。办事"手段太毒辣"，虽得上级欢心，但易引起乡党邻里仇恨。在任何一件事上，保长们不能不公平，又不能完全公平，不公平会引起民众的责难，太公平又会遭到"豪绅的白眼"。真是"一年保长，万

---

① 李宗黄：《现行保甲制度》，中华书局，1943年，第117页。

② 《本省联保人员及保长待遇办法》（民政厅第16790号，1940年11月），湖北省档案馆藏，档案号：LS3-2-2412。

③ 《改进乡镇保甲编制及编制方案》（湖北省政府第4类第1项第1目第993号，1947年11月），湖北省档案馆藏，档案号：LS3-2-2526。

④ 李宗黄：《现行保甲制度》，中华书局，1943年，第114~116页。

事冤仇"。所以，出顶保长和逃避保长的事也就经常发生了。①

保甲长辞职现象虽不至于遍地开花，但也屡见不鲜，理由可谓各有千秋。诸如向上级呈诉，家庭生活维艰，为谋生计，需要择日出外经商，辞去本兼各职；②又譬如，诉说本人能力薄弱，身患痼疾，任职以来，毫无成绩，请求辞去保甲长职务。③对于那些一再请辞的保甲长，上级政府一般照准，另寻他人接替。但戡乱时期，许多乡镇保长"匪来则远逃，匪去则久不归"，国民政府令饬各级地方政府，转饬各该管乡保人员，不得擅离职守，并应与军队密切联系，"掌握民众"。④

在乡村社会，保甲长具有"半官方"身份，其政治地位介于士绅与普通民众之间，可谓比上不足，比下有余。政府虽采取种种举措，提高保甲长的地位与待遇，但保甲一职非但很难有升迁的管道，更被视为"贱役"，士绅大多不肯"纡尊降贵"，普通民众也"懒"的担任保甲职务，以免为公事所"累"。

第五节　保甲长的素质与训练

国民政府认为，20 世纪 30 年代初，国民教育尚未普及，各县保甲长大半知识浅薄，甚至有不识字者。保甲长素质低下，推行各项政令不无障碍，欲其领导民众，完成自卫工作，无异于缘木求鱼，故而亟应切实训练保甲长⑤，淘

---

① 谷苞：《保长在中国政治制度中的地位》，《益世报》1947 年 9 月 5 日，第 6 版。

② 《为保长洪立斋因商业赴杭恳予转请县府准予辞去保本兼各职，另委洪颂霄继任，至联保主任一职俟新保长接事后即令饬各保长开会推定，以专责成由》（1935 年 8 月），黄山市档案馆藏，档案号：5-34-250。

③ 《为能力甚薄，众望难符，恳乞准予辞职另行给委，以资体恤而专责成由》（1948 年 12 月 15 日），麻城市档案馆藏，档案号：110-1-116。

④ 《为收复区县乡镇保长应随军掌握民众以利戡乱仰转饬遵照由》（省信字第 28369 号，1948 年 1 月 28 日），湖北省档案馆藏，档案号：LS1-4-903。

⑤ 《蒋介石关于训练保甲办法电文》，《申报》1933 年 5 月 13 日，第 2 张第 8 版。

汰素质低劣者。办法是以区为单位，县长责成区长，在区公所所在地，分班召集保甲长，用问答与口头讲解等方式，灌输保甲常识、"总理精神教育"以及蒋介石所编之"曾胡语录"。①以此改变有名无实之保甲，健全自卫。但一县之内，保甲长人数庞大，又时常变动，加之交通与经费困难，单靠县长与有限的科员、区长，虽不至于毫无成绩可言，实际训练效果"终欠充分"。②

为统一各县训练保甲长，1935 年 6 月，湖北全省第四次行政会议通过《湖北各县保甲长训练办法》，训练期间以 3 个月为限，县政府拟定起讫日期，呈报专员公署，转呈省政府备案。联保主任(联保书记)、保长、甲长训练地点分别是县政府、区公所及联保办公处。训练教官有县长、区长、秘书、科长、区员，或聘请当地有学识士绅、小学校长、教员及保安队官长，联保主任及保长中有相当学识与技术者亦可由区长呈明，县长指派担任，训练教官为无给职，训练经费在保甲经费内提支，交通宿食等费由受训人员自备。训练课程为党史及党义、保甲常识、公民常识、卫生常识、新生活运动纲要、军事训练，各项课程教本由省政府编发，县政府翻印。训练实施前，根据受训人员知识程度，将识字者编为甲组，不识字者编为乙组，甲组用课本教授，乙组除讲解课本大意外，并加识字课。各科实施训练后，县长、区长分别举行练习或考核。③

随后，湖北省政府又制定了《湖北省各县保甲长递级训练实施办法》，规定保甲长训练由县政府于农隙时举行，每组每次 5 日，每日至多不超过 4 小时，训练次数，由区长斟酌，每半年至少须训练 4 次，每次训练完毕，区长或联保主任填具工作报告表，呈请县政府查核，保甲长训练费用每次开支最多

①　《湖北省民政厅 政令辑要(第一册)》，(无具体出版地址)，1934 年，第 5 页。
②　《湖北民政厅孟厅长报告检阅保甲情形》，《湖北地方政务研究半月刊》第 33—34 期合刊，1935 年 10 月 31 日，第 72 页。
③　《为依照本年全省行政会议第四次议决案，拟具湖北各县保甲长训练办法提请公决由》(科2570 号，1935 年 6 月 13 日)，湖北省档案馆藏，档案号：LS3—2—2403。

不得超过 10 元。①训练教本主要是《保甲常识问答》②及《怎样发挥保甲效用》，县长先集中训练教官，将各项教材切实讲习，务求教官能明了教材内容及讲授方式。训练保甲长时，本着重质不重量原则③，教官每日授课内容，至多不超过 10 项问答，一个问题未能全体保甲长解答时，不讲第二个问题，以免受训者心生厌倦，一无所获。④

联保介于区与保之间，为推行各项政务枢纽，联保组织扩大，联保人员所负责任更为重要，非经过相当训练，"难期胜任裕如"。1936 年，湖北省政府于省会设立乡政人员训练所，分期考选各县保送学员，入所训练。⑤惟该省联保数逾 4000，如各县学员一律到武汉训练，边远县份多有不便，为促进各县联保人员训练便利，该省于随县、襄阳、郧西各设分所，以各该管区行政督察专员为筹备主任，指挥、监督一切事务，学员制服、伙食、讲义费均由训练所供给。乡政人员训练期满，举行毕业考试，及格者由所长发给毕业证书，毕业学员依据成绩，由省政府分发原籍县份，分别派充联保主任（兼壮丁队联队长）与联保书记（兼联保小学教员及合作社理事长）职务。⑥

相比湖北省，浙江省训练保长办法有一些不同之处。既可以一县独办，也可以数县合办，保长训练集中于区，称某某区保长训练班，设主任一人，行

---

① 《湖北省各县保甲长递级训练实施办法》(1935 年 6 月)，湖北省档案馆藏，档案号：LS3-2-2403。
② 譬如：一、为什么要办保甲？办保甲的目的有四个：1 严密民众组织。2 澈底清查户口。3 增进自卫能力。4 完成剿匪清乡工作；二、保甲是怎样的组织？怎样的统属？1 保甲以户为单位，十户为甲……2 户属于甲，甲属于保……三、保长有几种职务？1 监督甲长执行职务。2 辅助区长执行职务。3 教诫保内住民不作非法的事情。4 帮助军警，搜拿保内匪犯。5 对于改过自新的反动份子，加以察看管束。6 执行保甲规约所规定的事项。《保甲长须知》(省民字第 43599 号，1937 年 4 月 19 日)，湖北省档案馆藏，档案号：LS3-2-2404。
③ 《令示关于训练保甲长应行注意三点，仰督饬所属遵照办理具报由》(省民二字第 24307 号，1936 年 7 月 16 日)，湖北省档案馆藏，档案号：LS3-2-2403。
④ 《通令就农隙期间切实训练保甲长并指示有效方法仰遵照办理具报由》(省民二字第 8645 号，1935 年 12 月 31 日)，湖北省档案馆藏，档案号：LS3-2-2403。
⑤ 内政部统计处编印：《保甲统计》，(无具体出版地址)，1938 年，第 8~9 页。
⑥ 《鄂省府设立乡政人员训练分所，颁布组织令各县遵照，襄郧随三县提前开办》，《大公报》，1937 年 4 月 11 日，第 3 张第 10 版。

政督察专员兼区保安司令（或区副司令）或区派员兼任，各县县长为副主任，另设教育、事务两股，所需教职员及办事人员，主任聘请当地党、政、军、警、商、学各机关职员兼任，不另支薪。保长训练班采用军事管理方式，下设大队、中队和分队，训练注重课外活动及实习，主要课目有两类：一类是政治训练，包括党义、民族意识、保甲要义、保甲法令、保甲任务、公民常识、合作概要、农业改良常识、水旱虫灾防御法、本省经济计划之要旨、最近国际外交情势及中国所处之地位、现行度量衡制度、卫生摘要、造林常识、国耻痛史、识字运动、积谷计划、新生活运动纲要、新生活运行须知等；另一类是军事训练①，包括典范令摘要、体操教范摘要、陆军礼节摘要、防空防毒须知、宪警服务须知、兵役法之大要、征兵制之大要、精神讲话、制式教练、战斗教练、国术教练、防空防毒临时要务之演习等。训练时间为3个月，最低不得少于1个月。所需经费由各区保卫户捐内开支，不足时，按保分摊。训练期满，行政督察专员公署兼区保安司令派员校阅，并将校阅结果详报省政府及全省保安司令部。②

其他各省也有一些差别，如河南、江苏、贵州三省的保长训练时间均为1个月，贵州的联保主任与联保书记训练地点设在行政督察专员公署③，保长训练地点与河南一样，设在县府所在地。④江苏的保长训练地点设在行政督察专员公署，甲长训练集中于各县中心民众学校及乡镇民众学校举办，训练项目分精神训练、知识训练与军事训练三种，训练目标分别是发扬民族意识、发展国民经济、充实自卫御侮能力，保长受训期间所需各费由公款支给，

---

① 《蒋中正总统档案 事略稿本 35 民国二十五年一月至二月》，台北历史馆，2009 年编印，第 410~411 页。

② 《浙省训练保长办法大纲》，《江苏保甲》第 2 卷第 2 期，1936 年 2 月 16 日，第 21~22 页。

③ 《贵州省各县联保主任保甲长训练大纲》（警字第 379 号，1937 年 4 月 23 日），湖北省档案馆藏，档案号：LS3-2-2404。

④ 《河南省保甲长训练办法》（秘字第 53 号，1937 年 4 月 8 日），湖北省档案馆藏，档案号：LS3-2-2404。

甲长训练利用民校原有设备,不另开支。①江西的训练方法主要有轮回训练
与层级训练,即县政府统计全县区员、联保主任、保长、联队附、壮丁队队附、
小队附数目,分为若干普通训练班,每班教育周期为 10 日,周而复始,轮回
训练,每班受训完毕,将所授课程转授户长及壮丁队队丁。②

就国民政府而言,训练保甲长"至为不易,亦至为需要"。一省保长总数,
往往数万,教育程度参差不齐,"类多幼稚"。③各省训练保长时间先后不同,
进行状况亦有差异。至于甲长训练,名额更多,达数十万,人数既众,分布又
广,素质还远不及保长,集中训练,尤其困难,不但费用巨大,而且各区公所
很难找到广大屋宇充作训练场所。④对此,各县只能分批次训练。有些省份将
训练时间从至少 1 个月调整为至少须满 2 星期。⑤即便如此,不少县份仍达
不到要求。如鄂城、京山等县,因频年旱涝,为未雨绸缪⑥,修筑堤坝与疏浚塘
堰刻不容缓,否则影响水利工程,大多保甲长上堤督工,甚为忙碌,未能普遍
施训。⑦天门县受训人员仅联保主任 76 人,训练期间只有 4 日。⑧训练时间压
缩或延期,教官每日所讲课目必多,远远不止 10 项,联保主任及联保书记对
于训练各条内容较易掌握,可保甲长文化水平较低,临时尚能了解与记忆,

① 《附抄江苏省各县乡镇保甲长训练实施大纲》,《内政公报》第 10 卷第 5 期,1937 年 5 月,第
107 页。
② 刘庆科:《江西省之保甲》,各省实干政治研究会编:《游客话江西》,汗血书店,1937 年,第
239~240 页。
③ 江苏省民政厅:《江苏省保甲总报告》,江南印书馆,1936 年,第 215 页。
④ 徐幼川:《甲长训练始末记(吴江通讯)》,《江苏保甲》第 2 卷第 2 期,1936 年 2 月 16 日,第
14~15 页。
⑤ 《揭示普遍训练保甲长期间令仰遵照赶办》,《湖北省政府公报》第 246 期,1936 年 10 月 26
日,第 4~5 页。
⑥ 《鄂城呈拟训练联保主任书记及保甲长计划》(湖北省政府第 3 类第 6 项第 3 目第 3483 号,
1936 年 2 月 4 日),湖北省档案馆藏,档案号:LS3-2-2489-1。
⑦ 《遵令填呈实施保甲长训练情形报告表祈鉴核由》(省民字第 11836 号,1936 年 2 月 26 日),
湖北省档案馆藏,档案号:LS3-2-2483。
⑧ 《据呈责本县实施保甲长训练情形报告表祈鉴核等情指令遵照由》(省民二字第 11836 号,1936
年 2 月 29 日),湖北省档案馆藏,档案号:LS3-2-2483。

日久大多遗忘。①

　　政府训练保甲长的意图是造就地方基层人材，然而不少乡镇保长事前训练缺席，受训以后，每每借故辞职，指人继任，不待批准，即弃职他往，更有甚者，并不请辞，先离职，事后再申述理由。为此，一些县份规定，乡镇保长受训时，无故不到者，予以警告，仍不到者，给予惩处②或罚款。因事请假而未受训练之保甲长，一律勒令补训，受训后，如擅自离职，除严予处分外，得追缴膳旅费、证章、训练期满证明书、同学录等。③

　　训练保甲长存在诸多困难，一些保甲长或因公务繁据，或因"匪扰"不能离保受训。④以宜都为例，1936 年，该县利用中心小学、民众教育馆以及联保办公处，训练保长 300 余人，甲长 3635 人，壮丁队干训班各级队附 79 人，大约 80%保长、50%甲长、75%队附能够记忆与了解训练科目。⑤从训练效果看，国民政府认为，无论训练的期间怎样短，保甲长受训总比不受训强。不论是精神上，还是知识上，乡镇保甲长的素质都有所提高。总体而言，令人满意。⑥以湖北省为例，见下表：

---

　　①　《沔阳县第五区实施保甲长训练情形报告表》(1936 年 3 月 10 日)，湖北省档案馆藏，档案号：LS3-2-2483。

　　②　江苏省民政厅：《江苏省保甲总报告》，江南印书馆，1936 年，第 222 页。

　　③　《受训后之乡镇保长如擅自离职，得追缴膳旅等费》，《江苏保甲》第 24 期，1936 年 1 月 16日，第 10 页。

　　④　《湖北省竹谿县政府关于报送 1936 年两次受训保甲人员名册及第二次实施保甲长训练情形报告表的呈文》(智字第 4168 号，1937 年 1 月 10 日)，湖北省档案馆藏，档案号：LS1-4-48。

　　⑤　《宜都县实施保甲长训练情形报告表》(湖北省民政厅第 3 类第 6 项第 3 目第 6350 号，1936年 12 月)，湖北省档案馆藏，档案号：LS3-5-5767。

　　⑥　张毅忱：《一年来从事保甲工作的感想》，《江苏保甲》第 2 卷第 1 期，1936 年 2 月 1 日，第 7 页。

表 3-15 湖北省保甲统计

县别	联保数	保数	甲数	经费(元)	保甲长已受训练状况					
					联保主任		保长		甲长	
					人数	占全体联保主任%	人数	占全体保长%	人数	占全体甲长%
总计	4 152	42 174	415 722	205 870	2459	59.22	24 359	58.32	157 730	37.94

资料来源:内政部统计处编印:《保甲统计》,(无具体出版地址),1938年,第37~38页。

保甲长文化水平低,接受知识的确很困难,国民政府理想的保甲长人选,不仅要有相当的知识和技能,而且能深入民间,具有良好的操守。补救的办法之一是通过训练,淘汰一部分太差的保甲人员,补充一部分比较优秀的保甲长。[①]抗战时期,内外环境与"剿匪"时期有了变化,训练目的更多的服务于抗战,讲解抗战理论,激发民族意识,坚定抗战必胜信念,训练课程加入了各种兵役法规、壮丁调查的意义、民众防空法以及救护、运输、领路、担架、防奸等内容。[②]

保甲人员为基层行政骨干,某些国民党人士认为,保甲长人选,非常识丰富、思想纯正以及热心公益者不能胜任,采用民主选举方法,不仅"劳民伤财",而且"选非其人",与其用选举,被土豪劣绅操纵,不如用训练,委任人员充任最下层领导,反而更有效。[③]

新县制时期,国民政府积极推进乡镇保甲人员训练。1940年,湖北省政府遵照蒋介石"训练的目的与训练实施纲要"之训示,颁布《湖北省各县地方行政干部训练所训练实施办法》,训练的目的在于使受训人员信仰三民主义,服从国民党领导,建立地方自治基础,熟练办事要领,加强抗战建国力量。采用启发与讨论等多种训练方式,对学员进行为期1个月至2个月的精

---

① 潘应昌:《民众动员与保甲制度》,冯玉祥、张治中等编:《民众动员问题》,独立出版社,1938年,第36页。
② 《严密民众组织,训练保甲清查户口,检举匪类,厉行连坐,鄂省府严令各县办理》,《大公报》,1937年11月14日,第1张第4版。
③ 阮毅成:《地方自治与保甲制度》,正中书局,1939年,第40页。

神、政治、军事与服务训练。受训人员分调训与甄审两种，以调训为原则，调训对象包括现任保长、副保长、国民学校校长及塾师（登记合格），甄审对象包括曾任保长、副保长、各类小学教员、塾师（登记合格）及志愿者（年满20岁且高等小学毕业）。训练期间，学员自备制服（在公款可设法时，得由公制），以灰色（黑色）中山装或学生装为主，训练所购备制帽等，给予学员膳食费、讲义及文具，并随时对"品行不端""思想荒谬者"予以警告、申饬、记过、禁闭或除名等处分。期满，考试成绩及格者，所长发给证书，并造具等第、名册及工作分发情形，呈报上级部门备案。其中，现任人员成绩优异者，予以升职或晋级，成绩低劣者，改职或留级，不及格者撤职，非现任人员，依其成绩，分别给予任用、留级以及令其退学。甲长集训时，以3日为限，其目的在于使甲长能领导居民奉公守法、自治自助。①

1943年，国民政府训令各省，指示训练乡镇保甲人员要点7项。凡实施新县制县份，训练人员所需费用，由各省政府负责统筹发给，不得由受训人员向民众摊派。乡镇保长被调训时，应先进行甄审，尽量选用国民党党员或三民主义青年团团员。同时，县党部及县分团部会同县政府挑选党员、团员（每乡镇3至5人，每保2至3人），保送训练机关受训，甄审不及格者，不得参加训练。训练期间，各县党部、团部及训练机关应加强党务工作，吸引优良分子加入党部、团部。期满，考核成绩不及格者，不得继续出任乡保职务或其他自治工作。②

基层乡保人员素质关系地方自治之推进及宪政基础之奠立，国民政府也给予高度重视，国民参政会第三届第二次大会决议通过"提高乡镇保甲长人选标准，尤应注意其操守"一案。1944年颁布《各省推进乡镇保甲干部人员

---

① 《湖北省各县地方行政干部训练所训练实施办法》(1940年)，湖北省档案馆藏，档案号：LS3-2-2413。

② 《中央执行委员会秘书处代电》(1943年8月6日)，《中央党务公报》第12期，1943年，第21页。

考试办法》，规定各省政府设乡镇保甲干部人员考试委员会，综理与督促各县设立分会，分会设主任考试委员一人，考试委员若干，筹划并办理各项考试事宜，呈报考试院备案。考试经费全部编入县自治经费内。考试各科目尽可能注重实际问题，试题决定后缮印，并一律密封。开考前，考试机关聘请合格医生对应考人进行体检，不通过者，不准参加笔试。初试及格者，继续接受训练，期满，参加再试，及格者，发给证书。甲长及保干事不须体检，也不分初试、再试。①其试题如下：

湖北省普通考试考试委员会郧县分会
乡镇保甲干部人员考试再试试题一览表

乙级

一、三民主义——总理遗教、总裁言行试题

　　1 关于政治建设有哪几种遗教。2 民权主义的特点是什么。3 试略述总裁生平事迹。4 试述总裁的革命人生观。

二、论文试题：小官多者其世治。

三、地方自治试题：1 怎样开辟交通才算完成自治标准。2 怎样才算地方警卫办理完善。

四、自治财政及会计常识试题：1 本县屠宰每猪羊一头各征税若干，耕牛是否准宰收税。2 乡镇依法赋予之收入有几种，分别言之。3 试述执行预算时各科目间不敷应如何处理。

五、兵役概要及地方警卫试题：1 国民兵编组分几种，其方式如何。2 战时缓召者是哪几种人。3 地方警卫的目的是什么。4 何谓警察命令。

---

　　① 《准考选委员会函以举行乡镇保甲干部人员考试为本年度中心工作，订定推进是项考试办法请转饬积极办理一案令仰知照由》（省秘训字第 8419 号，1944 年 8 月 29 日），湖北省档案馆藏，档案号：LS3-1-470。

六、公文练习试题:1 撰拟公文有哪几个重要原则。2 "训令""指令""布告""派令""批示"五种下行文应在什么时候适用,试分略言之。

七、田赋征实及地政要义试题:1 征收田赋之手续如何。2 乡镇公所对于田赋征收之任务如何。3 说明办理土地陈报之程序。4 说明本党土陈政策之内容。

八、民权初步与四权行使试题:1 怎样作主席。2 动议的性质如何。3 离奇动议有几。4 表决方法有几。

九、户政试题:1 户的区分有哪几种。2 户籍与人事登记事项有哪几种。3 详述各种声请登记的程序。4 何谓迁徙人口与暂居人口。①

抗战胜利以后,为健全乡镇保甲机构,刷新地方政治,储备基层人材,国民政府继续训练乡镇保甲干部②,积极推进考试业务。以秭归为例,1945 年 9 月,该县拟具三十五年度考试计划一份,考试种类分甲、乙、丙三级,甲级为乡镇长、副乡镇长,乙级为保长、乡(镇)公所股主任以及干事,丙级为甲长及保办公处干事。考试经费遵照省府训令,列入县自治经费预算内。全年分四期考试,分别在 2 月、4 月、8 月以及 10 月举行,甲、乙、丙三级考试日期分别是 1946 年 2 月、4 月、8 月至 10 月。考试科目,甲级考国文(论文、公文)与三民主义建国大纲,乙级考国文(论文及公文)、三民主义浅说和常识,丙级考三民主义问答与常识问答,甲乙两级考试地点集中县城,丙级在乡镇。拟录取甲级名额 100 名、乙级 500 名、丙级 4000 名。为求简便,一概不分初试与再试,以一次考试完毕。及格者,湖北省普通考试委员会秭归分会发给证书,

---

① 《湖北省普通考试考试委员会郧县分会乡镇保甲干部人员考试再试试题一览表》(1944 年),湖北省档案馆藏,档案号:LS7-10-3092。

② 训练教材主要有:1 国父遗教;2 总裁言行;3 自治法规;4 户政概要;5 新县制法规;6 兵役行政;7 机关管理;8 会计常识;9 地方财政;10 法律常识;11 国民教育;12 公文程式;13 警察与保安;14 合作概要;15 军事训练。《湖北省普通考试考试委员会郧县分会三十五年度办理乡镇保甲干部人员考试计划》(省人三字第 1233 号,1946 年 1 月 29 日),湖北省档案馆藏,档案号:LS67-1-96。

并呈报省府考试委员会备案。①其试题如下：

乙级国文试题：

一、论文试题：1 怎样做个模范保长。2 改良乡政之我见。任择一题。

二、公文试题：训练人民行使四权与加速完成地方自治九项标准为宪政前夕之重要工作，试以县政府名义令饬各乡赶办具报

乙级三民主义浅说测验题：

甲　是非法

下面的题目认为对的在（　　　）内写"＋"号，错的写"－"号

1.民族是武力创造的（　　　）

2.一个民族灭亡的原因是天然淘汰力政治力经济力的压迫（　　　）

3.帝国主义就是侵略主义（　　　）

4.民族革命与阶级斗争没有分别（　　　）

5.区分部是国民党基本组织（　　　）

乙　选择法

下面的题目都有三个答案，认为那一个答案对，就将答案前面的数字写在（　　　）内

1.国民党最高权利机关是（　　　）

（一）全国代表大会（二）中央执行委员会（三）省执行委员会

2.三人以上依一定规则而讨论的叫做（　　　）

（一）独思（二）对谈（三）会议

---

① 《湖北省普通考试考试委员会秭归县分会三十五年度考试计划》（秭选字第 5 号，1945 年 9 月 27 日），湖北省档案馆藏，档案号：LS67-1-559（2）。

3.建国程序第三期是(　　　)

(一)军政时期(二)宪政时期(三)训政时期

4.民生主义以(　　　)为目的

(一)赚钱为目的(二)养民为目的(三)教民为目的

5.人民对于议员或官吏,认为违法失职时得(　　　)

(一)交地方法院(二)送拘留所(三)要求公民公决

丙　填充法

将下面的每个题目的空白填上正确的意思

1.政治是管理

2.人民的四种政权

3.政府的五种治权

4.实业计划中世界大港是

5.地方自治单位是

乙级常识试题:

1.湖北省政府的主席是谁?

2.国民政府主席是谁?

3.我国分那几大流域?

4.从巴东至上海经过那几个大都市?

5.试略述"九一八""八一三""七七""双十节"之史实?

6.巴东有甚些么特产可以出口?

7.在民生政治中政府与人民各有那几种权?

8.合作社与公司有何区别?

9.试解释"土地陈报""征实"之大意?

10.实施新县制特别应该设立的学校有那几种?

丙级三民主义口试题：

1.什么叫做三民主义？

2.人民有那几种政权？

3.政府有那五种治权？

4.什么叫做选举权和罢免权？

5.什么叫做创制权和复决权？

6.民生的意义如何？

7.民权的意义如何？

8.建国之程序分几期？

9.国家要素要几？

10.中国固有的道德是什么？

丙级常识口试题：

1.乡民代表会几个月召开一个？

2.保民大会几个月召开一次？

3.保民大会以何人为主席？

4.乡民代表是谁选举出来的？

5.三民主义是谁创造的？

6.现在湖北省政府主席是谁？

7.巴东现在有几个区署，各设在何地？

8.日本在我国何方？

9.双十节是那一天？

10.合作社的目的是什么？ ①

---

① 《湖北省巴东县三十四年度乡镇保甲人员考试试题》(1945年)，湖北省档案馆藏，档案号:LS67-1-119(2)。

从试题内容的角度来看,已经降低了难度,其目的是灌输并加强民众对三民主义的认识与信仰,加强其拥护国民政府与服从领袖的热忱。国民政府取得一定成效的同时,也存在一些局限性,大量的乡保人员接受了训练,但也有不少冒名顶替者。①内政部训令各省,如各乡镇保甲长故意忽视与规避受训,该管县政府可酌予处分,但不得因此将其撤职或免职。②

"绥靖"时期,为适应政务需要,国民政府规定,各收复县份停止调训,改办短期训练,乡镇保长必须以"正人君子"充任,凡参加敌伪工作或系"在地方为非作歹者"一律不得任用,训练内容着重乡镇保长的职能以及配合军事、维护地方治安等项。③

训练与教育,名称虽不同,本质却无太大差异,皆为传授知识、经验与技能。教育是一项长期的过程,训练为短期的、片段的与治标的过程④,保甲长的素质低下,短期训练的效果就更有限,以浙江省衢县为例,见下表:

表 3-16　乡镇干部工作人员考试成绩表

姓名	国文	常识	三民主义浅说	总平均	名次
吴义侠	65	56	75	63.3	1
戴汉俊	65	70	35	56.6	2
姚云飞	68	32	70	56.6	3
余昌俊	60	38	60	52.6	4
留文种	70	50	35	51.6	5
陈轩文	60	45	50	51.6	6
邓光明	65	40	45	50	7
方宗启	60	45	45	50	8
石良涂	40	10	85	45	9

资料来源:《衢县保甲干部考试卷(有自传)》(1948年),浙江省档案馆藏,档案号:L029-002-0029。

---

① 《为检送保甲长派人顶名受训名册,身体不及格,报到不入队名册及受训学员简历名册一份请查照核办见复由》(施籍字第5945号,1946年3月1日),湖北省档案馆藏,档案号:LS9-2-146。

② 《内政部代电》(民字第3105号,1946年10月25日),湖北省档案馆藏,档案号:LS4-1-500。

③ 《苏北适应绥靖需要训练乡镇保长》,《申报》,1946年12月13日,第1张第3版。

④ 李曜东:《工作报告》,《湖北训练》第17-18期合刊,1946年11月1日,第17~22页。

不仅浙江如此,湖北许多县份亦不例外。根据成绩册,许多学员出现"偏科"现象,有些科目可以有 80 多分,极少数科目在 90 分以上,普遍成绩在 60 至 70 分之间,亦有不少科目是 60 分以下,甚至分数很低。①由此得出,成绩含有"水分","送分"现象普遍存在,县政府向省政府呈送的成绩册有"造假"之嫌,民众对训练亦存在应付态度,保甲长训练的成效有限。

总而言之,保甲长群体规模庞大,人员"鱼龙混杂"。其中不乏优秀人物,也有老实无能之辈,甚至有地痞流氓等。他们的年龄结构多样,地位比普通民众略高,受教育程度参差不齐,从文盲到大学无所不有。毫不夸张地说,加入保甲长行列中的人近乎囊括了社会各阶层,形成了一个良莠不齐的特殊性社会群体。

---

① 《松滋乡镇保甲干部人员考试及格人员成绩清册、第七期毕业学员简历成绩清册、监利干训所第六期学员简历成绩册》(1944 年 2 月至 1947 年 12 月),湖北省档案馆藏,档案号:LS9-3-9。《湖北省巴东县乡镇保甲干部考试及格人员及卫生院、救济院、普通考试委员会巴东分会人员名册》(1945 年 6 月至 1947 年 9 月),湖北省档案馆藏,档案号:LS67-1-153。

第四章
保甲与地方治安

　　保甲制度是政府控制人口流动的一种手段,因"剿匪"与抗战,民国时期又是中国人口高度流动时期。湖北作为"剿匪"省份和九省通衢省份,人口迁移极为活跃。在不同的社会背景下,保甲制度之演变也有相当不同的表现。

第一节　实施联保连坐切结

　　连坐制①即中国古代因他人犯罪而使与犯罪者有一定关系的人连带受刑的制度,连坐又称相坐、随坐、从坐、缘坐。连坐制成文于战国时期,经历代沿袭,法律文本终结于清末。为控制地方社会,南京国民政府又重新施行。联

---

　　① 目前,学界对连坐制度的研究,更多的是侧重于古代,如窦竹君:《连坐:中国传统社会治理的制度基础——关于连坐与社会治理的思考》,《河北法学》2010 年第 6 期。该文认为,连坐的核心价值是能够对组织成员之间形成互相监督、自我管理,从而极大的节约了社会治理成本,中国现代社会应当汲取其合理的成份。白雪锋:《浅论秦代连坐法》,《法制与社会》2011 年第 29 期。白认为,秦国是一个贯彻法家思想最彻底的国家,但也有不足之处,其中连坐法大量实行在军队之中,而很少运用于一般民众中间。李伟:《古今之间:连坐制度的表达、实践与价值解释》,《兰台世界》2012 年第 36 期。李认为,在中国历史上存在数千年之久的连坐制度,由于具有高效率、低成本的特点,成为中国封建统治者进行政治统治的得力工具,甚至还出现一度滥用倾向,虽在清末废止,但实际影响却一直存在。

保连坐是保甲制度的一部分，与罪责自负的现代法治观念不合，二者内在矛盾折射了中国传统社会治理方式的制度缺陷，其演变也反映了国家权力深入基层社会的两难困境，本章从这一思路入手，对南京国民政府时期的联保连坐加以初步的探讨。

一、联保连坐的悄然恢复

南京国民政府成立后，在内忧外患中，对中共革命根据地进行了大规模"围剿"，然而结果并没有让国民政府满意。国民政府认为，军队的主要任务是巩固国防，调动军队进行"清乡"，不过是一时的权宜之计，遇有对外军事行动，便须随时开赴前方，而且军队对地方情形不甚熟悉，"良莠难分"。中共人员又潜伏民间，"时聚时散，出没无常"。所以必须举办保甲，清查户口，实行连坐，使良民可以互保，"莠民"难以活动，潜匿于社会内的中共人员，"自难幸存，或转徙流亡，另寻出路"，或"改过自新，化作良民"，如此，地方自然安宁。[①]

早在 1929 年 11 月，国民政府就颁布了《邻右连坐暂行办法》，规定各县户口清查完竣，即由闾长按邻取具连坐切结正副二份，送交乡镇长，转送区长，由区汇订成册，正结存县，副结存区。连坐切结中，每户只载户长姓名，户主亲自签名画押或盖章，住户遇有客商来家寄宿，应先报知邻长或邻户，违者处 1 元以上 15 元以下罚金。如某户"为匪""通匪"或"窝匪"，其余各户应迅速密报邻长，依次递报闾长、乡（镇）长、区长，转报县清乡局长，若有瞻徇、隐匿情事，以"庇纵论罪"，"但挟嫌诬捏者反坐"。同时，邻闾乡镇长应随时侦查切结各户，倘有隐匿或失察时，一经发觉，由县清乡局长依法惩办。[②]

---

① 黄永伟：《保甲运动之理论与实际》，拔提书店，1931 年，第 12~13 页。
② 《邻右连坐暂行办法》（1929 年 10 月 30 日），蔡鸿源：《民国法规集成》（第 40 册），黄山书社，1999 年，第 109 页。

1931年4月,国民政府又颁布《县保卫团法》,规定各甲长应将甲长牌长联保切结和同甲各户联保切结送交区团长,转送总团长。①其切结式样分别如下:

> 甲长牌长联保切结式
>
> 为出具切结事,今结得甲内牌长等均系身家清白,安分守法并无为匪通匪窝匪或寄顿赃物及反革命诸情事,自具结后,互相监察,倘发现前项不法行为,各负检举之责,如有扶同隐匿,秘不揭报者,愿受连坐之处分,为此出具切结是实。②
>
> 同甲各户联保切结式
>
> 为出具切结事,今结得甲内各户居民人等均系身家清白,安分守法并无为匪通匪窝匪或寄顿赃物及反革命诸情事,自具结后,互相监察,倘发现前项不法行为,各负检举之责,如有扶同隐匿,秘不揭报者,愿受连坐之处分,为此出具切结是实。③

从上面切结式样可以看出,连坐有两种,一种是纵的连坐——甲长、牌长,另一种是横的连坐——同甲各户。1932年8月,国民政府公布《剿匪区内各县编查保甲户口条例》,将纵的连坐删除,只规定一种横的连坐,即一甲之内,至少5户户长共具联保连坐切结,户长亲自签名或捺印,切结一式两份。声明结内各户互相劝勉、监视,假使某户"为匪"或与"匪"往来,各户应向甲长报告,倘若瞻徇隐匿,各户须负连坐责任。各户切结具结后,由甲长汇齐、

---

① 《县保卫团法》(1931年4月11日),蔡鸿源:《民国法规集成》(第40册),黄山书社,1999年,第92页。

② 《甲长牌长联保切结式》(1929年11月5日),蔡鸿源:《民国法规集成》(第40册),黄山书社,1999年,第94页。

③ 《同甲各户联保切结式》(1931年9月),蔡鸿源:《民国法规集成》(第40册),黄山书社,1999年,第95页。

签押，递呈保长、区长，分别存查。①

纵的连坐之所以被国民政府删除，是因为联保主任、保甲长有两种身份，既是国家公务人员，又是户长，作为户长，其本身已负有责任，若再要其负纵的责任，那便要负两重责任。联保主任、保甲长都是无给职，不仅履行公务，为了生活，还得从事生产。保甲管辖户数，少则60，多则150，如果是地僻人稀之地，近者方圆数里，远者十余里，"耳目难周，觉察不易"，要求其天天来调查各户有无"通匪""纵匪"，在事实上根本行不通。就横的连坐而言，住户彼此接近，朝夕相见，只须随时注意比邻各户行为，果有形迹可疑之人，随时报告，可脱离连坐的责任。即使是只有横的连坐，还没有人肯充当保甲长，若是再加上纵的连坐，那一般民众更是"闻而生畏"，以至于政府必须劝导民众，只要尽了监视的责任，就可以不实施连坐。②

国民政府实施连坐办法，人为地在民众中制造一种刑罚恐惧，迫使民众相互监视和相互告发，以此达到预防犯罪和揭发犯罪的目的，起到稳定社会秩序的作用。但实行后发生种种困难，无论是市镇，还是商埠，人口流动频繁，居民又"多属五方杂处"，彼此互不认识，不知底细，如果强迫按邻取具五户联保，很难施行。在乡村社会，居民平日虽然往来比较密切，彼此了解，但间或有常年出外谋生人员，一旦返乡，其在外有无不法行为，邻居等不敢轻信，责令互相保结，亦很难办到，强迫出具切结，容易导致"人人自危，互相惊扰"。有些省份规定，非"剿匪"区域，暂缓实行联保连坐。③

除上述原因外，一些国民政府人士还将办理连坐的困难归结于人民知

---

① 中国第二历史档案馆：《国民党政府政治制度档案史料选编（上）》，安徽教育出版社，1994年，第411页。

② 《演讲题：联保连坐切结，依编查保甲户口条例规定，系横的连坐，现在复有主张实行纵的连坐者，究竟两种方法孰优？抑应合并施行？试各抒所见以对！》，《湖北地方政务研究半月刊》第5期，1934年8月15日，第5~11页。

③ 《核准东区于共匪最多区域内施行联保连坐暂行办法》，《广东省政府公报》第191期，1932年，第48~50页。

识水平低落,就地选用合格的保甲人员"实属不易"。①此外,保甲长还须推行封锁"匪区"、盘查"奸宄"、建筑碉堡,以及修理道路等各项政令,因而无暇顾及办理联保连坐②,导致户长马马虎虎画押了事,有法等于无法。甚至许多县份根本未印制联保连坐切结,仅仅是将旧有闾邻切结改填保甲名称,一般民众,除画十字押之外,"别无所知"。③不少切结还由各甲长包办,随意臆造,并非各户长亲自签名、画押,一旦有"为匪""通匪"情事发生,多不肯负责,所以虽有切结,"效用不彰"。④

　　根据《剿匪区内各县编查保甲户口条例》,关于甲连坐法的规定,只限于户与户之间,至于甲以上,未作规定,换言之,户长犯罪,甲长不连坐;甲长犯罪,保长不连坐;保长犯罪,联保主任不连坐。⑤施行以后,又出现新的困难,殷实富商不肯与贫苦住户联保,普通住户不肯与"烟民乐户"连结,经政府再三开导,彼等"深恐连累",始终不允。政府变通办法,准许同类住户越甲、越保联保,不必一定是同甲各户连结。至于烟民、乐户,情形特殊,可以同业联保,所具切结,仍由所在地各甲长签名盖章,随时负监视责任。⑥

　　"各人自扫门前雪,休管他人瓦上霜",这可谓是当时很多中国人的社会心理。⑦当局规定同甲内五户联保,各户互相劝勉、监视,其目的就是要使民众彼此的行为、意识相互发生关系,同负联带责任,促使各户相互间严密监

————————

　　① 湖北省政府民政厅:《湖北县政概况》(第 4 册),汉口国华印务公司,1934 年,第 1216 页。
　　② 湖北省政府民政厅:《湖北县政概况》(第 5 册),汉口国华印务公司,1934 年,第 1474 页。
　　③ 《湖北省政府民政厅整理保甲委员注意要点》(1934 年),湖北省档案馆藏,档案号:LS1-4-28。
　　④ 《呈赍区属各县编查保甲办理错误暨漏未举办事项与整理情形报告表祈鉴核由》(铨字第 5134 号,1934 年 4 月 18 日),湖北省档案馆藏,档案号:LS1-4-37。
　　⑤ 《奉军委会委员长行营令以据陆军第十师师长巧电请示关于联保连坐切结一案,查与河南省政府前呈意义相同,抄发前豫鄂皖三省剿匪总部指令仰知照等因抄发原附件仰知照》,《福建省政府公报》第 496 期,1935 年 5 月 25 日,第 22~23 页。
　　⑥ 《据新建县呈为办理连坐切结发生疑义请核示等情令仰转饬遵照》,《江西省政府公报》第 222 期,1935 年 6 月 22 日,第 16~17 页。
　　⑦ 许健:《施行保甲对于一般人民心理之影响》,《江苏保甲》第 5 期,1935 年 4 月 1 日,第 9 页。

督,发挥保甲效用,维持社会治安。[①]当然,住户必须彼此熟稔,居处接近,联保方能发生效果。1935年7月,国民政府颁布《修正剿匪区内各县编查保甲户口条例》,其中第24条规定,一甲之内,各户长可以自由联合至少5人以上,共具联保连坐切结,并不限定第几户与第几户联保。[②]可这种办法也有缺陷,例如5户之内,有不良份子3户,其余2户受其威胁,不敢联保,这类住户因拒绝具结而"迁避他方"。有些县份规定采用10户方式联结,认为联保的人数愈多,发挥的力量愈大[③],"奸宄"反而难以容身。[④]

不仅如此,在办理联保连坐的手续上,国民政府也进行了一些变通。一些县份,一般家庭为生活所迫,户长可能外出谋生,于是签名捺印时,不免存在困难,作为弥补,得由最近亲属代为捺指印,但须注明某某代替字样。[⑤]联保切结原是规定一式两份,保长与区长存查,后改为一式三份,保长、联保主任(乡镇长)及区长存查,时间越久,各甲内住户越容易遗忘,难免"有疏忽之虞"。江苏省民政厅制定联保连坐切结同结各户长姓名表,附着于各甲户口简明表,令饬各县,严饬各甲将同结各户一律填入姓名表内,张贴甲长办公处,起到时常提醒甲长、户长的作用。[⑥]

正因为在性质上,连坐法与自治法是相抵触的,实施时有诸多的困难,为贯彻自治理论,便利自治推行,1936年9月,国民政府颁布了《保甲条例》[⑦],同时废止《县保卫团法》,各省政府可以斟酌地方情形,认为有必要时,同甲

---

① 毛独时:《战时保甲的实施》,珊瑚印刷所,1938年,第73页。
② 中国第二历史档案馆:《中华民国史档案资料汇编 第5辑 第1编 政治(2)》,江苏古籍出版社,1994年,第122页。
③ 张立瀛:《江苏保甲》,江南印书馆,1948年,第88~90页。
④ 《郧县呈重编保甲情形及采用方法》(湖北省政府第3类第4项第1目第5186号,1936年4月30日),湖北省档案馆藏,档案号:LS3-2-2448。
⑤ 《户长外出,联保连坐切结上捺印补救办法》,《江苏保甲》第5期,1935年4月1日,第14页。
⑥ 江苏省民政厅:《江苏省保甲总报告》,江南印书馆,1936年,第127页。
⑦ 《保甲条例起草经过》,《大公报》1936年9月19日,第1张第3版。

各户户长应共同签订互保连坐切结。① 1937 年 7 月,立法院又通过《修正保甲条例》,规定保甲内住户,如有勾结、窝藏或故纵匪犯,除依法惩处外,该甲甲长及具结各户户长,如知情不报,由乡(镇)长、区长报请县政府处以课役(不得超过 3 日)或申诫,反之,能自行发觉、据实报告并协助搜查、逮捕者,免予处罚。②

联保连坐的目的是,督促同结住户互相纠察与报告形迹可疑者,重在平时互相劝勉与监察,"使犯人畏法而不仇举之人"③,并非一经联保,各户便有株连的危险。联保连坐切结以甲为范围,但各户自己选择签订,又产生了新的问题。在城市,同甲各户由于职业不同、身份不同,譬如银行经理与人力车夫,一个住高楼大厦,一个住茅屋草庐,因为地理限制,两者可能同编一甲,但很难互相联保。一甲之内,适当的六七户可以联保,剩余的三四户无人联保,同时,住户的迁入、迁出时有变动,一有更动,原来所具的联保切结便失去效用,必须重新签订或更改,手续麻烦,保甲长迫于政令,往往会虚构与伪造联保连坐切结。④

虽然《修正保甲条例》明确规定,联保连坐以甲为单位,以 5 户为原则,以联保为条件,以连坐为制裁,以切结为凭证,但各县在办理时,仍不免出现许多错误,多数户长在切结上未签名盖章或捺印,或画十字代替,或别人代替签押而户长尚不知晓,甚至有些切结上仅有保甲长姓名,而无户长姓名。绅富户与贫户、本籍与客籍,受教育者与未受教育者、本地住户与军政公务人员等互相不愿联保。此外,普通户也不愿与游民乞丐、互有仇隙者等联保。

---

① 《保甲条例》(1936 年 9 月 18 日),《新中华》第 4 卷第 20 期,1936 年 10 月 25 日,第 74~76 页。

② 《保甲条例全文,立法院修正通过》,《益世报》,1937 年 7 月 6 日,第 2 版。

③ 《令申联保连坐要旨并颁发检举及执行连坐案件月报表式仰督饬所属遵照办理》,《湖北省政府公报》第 225 期,1936 年 8 月 10 日,第 23~24 页。

④ 毛独时:《战时保甲的实施》,珊瑚印刷所,1938 年,第 73~75 页。

地方豪绅恃势违反规定，县区保长未能认真执行连坐。[①]

二、抗战时期联保连坐的演变

抗日战争爆发后，国民政府统治区地方治安形势越来越严峻，前方是"难民麋集，良莠不齐"，后方是敌对势力出没无常，利用大批间谍刺探军情，收买当地土著，充当汉奸，影响国家前途，至为危险。为防止"奸宄"，安定后方，国民政府认为，必须严密办理保甲，切实清查户口，挨家挨户的出具联保连坐切结，立誓不窝藏坏人，使奸匪无从落脚，不敢到后方从事活动。[②] 1937年10月，湖北省武汉市党部拟定《非常时期清查户口联保办法》，呈请武汉行营，建议厉行清查户口及取具联保切结，以消弭隐患。[③]

湖北省政府令饬武汉市各保甲户长，特别注意稽查"匪类"及汉奸，一经发觉，厉行连坐，为防止间谍、汉奸因市区严密搜查而逃匿近郊，武汉卫戍总司令部拟定《武汉近郊百里内（市区以外）户口联合检查办法》，由军事委员会别动总队会同各城防监管部队、检查区内驻军、各县政府（武昌、汉阳、鄂城、黄冈、黄陂、孝感）、区署以及保甲长，随时清查户口，厉行五家联保连坐，发现某户有间谍、汉奸与"匪类"，移送武汉卫戍总司令部究办，该管区保甲长"均应交县听候处分"[④]，检查结果显示，武昌等六县各项保甲工作"废弛"，依此类推，其他各县"亦难免不无松懈"[⑤]。湖北省政府严饬各县县长，须"恳切晓谕保甲人员"，清查户口，检举"匪类"，"共挽危局"，厉行连坐，若有因循

① 贵州省政府民政厅：《贵州省保甲概况》，（无具体出版地址），1937年，第59~60页。
② 朱元懋：《战地民众组织》，正中书局，1937年，第9页。
③ 《清查户口，市党部呈请行营饬办》，《大公报》，1937年10月13日，第1张第4版。
④ 《武汉近郊百里内（市区以外）户口联合检查办法》（鄂秘文字第904号，1937年9月24日），湖北省档案馆藏，档案号：LS3-2-2100。
⑤ 《准武汉警备司令部公函节录别动总队武汉近郊户口检查工作报告书第三节第三项请查照转饬改进等因，令限期整理完竣具经分令限期整理函复查照由》（省民二字第61942号，1937年11月29日），湖北省档案馆藏，档案号：LS3-2-2100。

敷衍或营私舞弊情事①,将加大惩处力度。

与乡村情形不同,市区住户五方杂处,人口异动频繁,同甲各户常常互不认识,如依照《保甲条例》,责令5户以上联保,颇有困难,并且外省市居民迁居武汉人数日益增加,外籍住户与武汉原住户实行联保连坐更加困难。为因地制宜,湖北省政府规定,武汉联保连坐办法仍照旧,并未另行规定。根据《汉口市警察局住户联保办法》,凡该市居民,均须取具联保,要么是有正当商店3家担保,要么是5家以上有正当职业和一定住所的住户担保,住户万一难觅保人时,得请房东为保人;外侨由该管领事证明或该市侨民3人以上担保,否则禁止居留;公务人员由该管机关证明。此外,旅栈、乐户、特业、寺庙、外侨及公共处所6种户口均不得为住户担保。承保人如不愿为被保人担保时,得向该管警察分局声明退保,该管分局责令被保人另觅承保人。②

1938年2月,行政院颁布《非常时期各地举办联保连坐注意要点》,令饬各市(包括院辖市)县,运用保甲机构,办理联保连坐,防止汉奸,消弭"匪患"。在乡村由保甲人员负责办理,在城市由警察机关与保甲人员协同办理。③已办保甲地方,在原定联保切结内,加上"同保各户,绝无作汉奸、间谍、盗匪及扰乱地方等情事,并随时共负防范搜查之责"等字样。未办保甲或情形特殊地方,办理方式是,联保以户为单位,各户户长联合甲内毗连各户户长,或联合乡镇村内各户户长,至少5户,共具联保连坐切结。公共户可以免具联保切结,但主管人员应出具户长切结,迳对保长负责(未办保甲地方,对乡镇长负责)。寺庙户与寺庙户联具切结,船户与船户联具切结,保内仅有一座寺庙或一家船户时,得出具户长切结,迳对保长负责。临时户必须有甲内土著予以

---

① 《严密民众组织,训练保甲清查户口,检举匪类,厉行连坐,鄂省府严令各县办理》,《大公报》,1937年11月14日,第1张第4版。

② 《准陈委员立夫寒电请迅令汉市限期完成编组保甲一案等由复请查照由》(省民二字第62960号,1937年11月28日),湖北省档案馆藏,档案号:LS3-2-2380。

③ 《消弭汉奸匪患,运用保甲机构随时防范搜查》,《新华日报》,1938年2月16日,第2版。

联保,住户彼此不愿联保,须令其就保内觅 5 户签具联保,或由县(市)内殷实商号或现任公务员 2 人出具保证书。无人担保或无户联保的住户,"应另登册稽核,并报县市政府核办",不论已、未办保甲地方,连坐处罚均依照《修正剿匪区内各县编查保甲户口条例》第 35 条办理①,除依法从重惩罚保甲内违法住民外,凡甲长及曾具联保切结之各户长,如知情不报,由区长呈请县政府,核准后,处以 4 日以上 30 日以下拘留,但据实报告,并能协助搜查、逮捕者,免予处罚。②2 月 26 日,湖北省政府分令各县市,无论迁入户,还是原住户,一律加入五家联保,其违反者,勒令迁出。③并督促区乡保甲人员,严密防范汉奸、间谍,认真执行连坐。④

与之前的连坐法相比,抗战时期的联保连坐已经补充了许多内容,地方政府在具体实施时,在某些内容方面,也许会规定的更细致一些。如江西丰城县,规定各户户长联合甲内毗连 5 户共具一张连坐切结,其余住户不满 5 户时,则在同保邻甲内一次性递补,依此类推,办理最末一甲时,如有多余 3 户以上,准许共具一张连坐切结,不够 3 户,得并入同甲内某一联户,分具连坐切结 2 张。⑤

鉴于历次作战,汉奸、间谍在后方的破坏作用,国民政府在办理联保连坐切结的同时,又组织了民众肃奸网,各级组织层层节制。每保组织肃奸组(5 人至 10 人),保长担任组长,联保主任兼肃奸队长,区长兼肃奸分团长,县长兼肃奸总团长。区署成立特务组(10 人),分赴各保侦查,凡破获汉奸,一经军法审判机关确定,由县府或区署奖励检举者 10 元以上现金,并对其姓名

---

① 《防止汉奸消弭匪患,各地办联保连坐,政院颁布注意要点》,《申报》,1938 年 2 月 16 日,第 2 版。

② 《修正剿匪区内各县编查保甲户口条例》,《福建省政府公报》第 521 号,1935 年 8 月 21 日,第 17 页。

③ 《鄂严厉实行联保连坐》,《申报》,1938 年 2 月 27 日,第 2 版。

④ 《电复本省关于取缔汉奸间谍办法及实施情形,抄同附件请查照由》(省民二字第 73321 号,1938 年 4 月 14 日),湖北省档案馆藏,档案号:LS3-1-344。

⑤ 《丰城县举办非常时期五户联保连坐切结实施办法》,《江西丰城县政府公报》第 2 卷第 22 期,1938 年。

保密,如有故意诬陷者,以反坐论罪。同时,各地五户联保连坐切结由保长专责办理,即使停留各地的难民亦须加入联保。①

联保连坐实行以后,常常发生问题。5户以上共具切结,条文既无弹性,施行也很困难,同甲各户,往往因贫富、良莠、新旧及种族等不同,彼此不愿联保,结果大多出于强制执行。愿意联保各户,大都关系密切,素有情感,一旦结内某户有违法行为,其余各户共同隐瞒,不实行检举。虽然检举能够获得奖励,但与所承担的风险相比并不对等,民众为免遭报复,不敢举发。②对地方政府而言,也慎重应用联保连坐,不能漫无限制,造成"人人自危,反为强梁者造鼓动机会"③,宁愿息事宁人,不愿株连,虽有连坐规定,仍等于具文。为杜绝隐匿弊端和减少具结手续的麻烦,1938年1月,重庆行营颁布《整理川黔两省各县保甲方案》,规定同甲各户彼此互相监视,不另具切结,只须于各户门牌内加以说明,但甲内居民如有"通敌""通匪""为匪"情事,一经发觉或被告发,同甲各户予以连坐处分。④

三、战后连坐的加强

国民政府认为,联保连坐切结措施原是应付非常时期的临时办法。抗战胜利后,1945年11月,行政院明令,废止《组织民众肃奸网及办理联保连坐切结办法》⑤,简化清查户口手续,训令各省,通饬各县,迅速停止办理切结及

① 《组织民众肃奸网及办理联保连坐切结办法》,《中央党务公报》第1卷第2期,1939年,第20~21页。
② 《准内政部函请饬属认真办理联保连坐切结以靖地方等由令仰遵照》,《江西省政府公报》第1287号,1943年8月16日,第44页。
③ 李宗黄:《现行保甲制度》,中华书局,1943年,第82页。
④ 军事委员会委员长行营:《整理川黔两省各县保甲方案》,(无具体出版地址),1938年,第13~15页。
⑤ 《奉行政院令废止组织民众肃奸细及办理联保连坐切结办法仰知照等因令仰知照由》(秘法字第0340号,1946年1月),江西省档案馆藏,档案号:J045-2-01280-0062。

保证书,改用乡镇自治规约或保甲规约。①但不久,由于国共双方战事再起,行政院意识到,联保连坐尚有现实需要,又改为训令各省,迨"地方秩序完全恢复时再遵院令废止"。②

值得一提的是,战后,北平市一些会说汉语的日侨及韩籍浪人,无处藏匿,便改换中国姓名,冒充中国人,国民政府对此非常重视,训令各省,在收复区各重要都市,责成保甲长,劝令该管居民,签具连坐切结,"遇有户籍可疑者,分别处理,以防祸生肘腋"③。

联保连坐不仅回到了"老路",且更加严格。1947年4月,内政部颁布《绥靖区乡(镇)保甲长纵横联保连坐办法》④,规定横的联保是,民间5户联保,出具切结,联保事项为不"当匪""窝匪""通匪""济匪"以及"知匪即报""知匪即捕"。纵的联保是,甲长取得各户保结后,向保长具结,保长取得各甲保结后,向乡(镇)长具结,乡(镇)长取得各保保结后,向县长具结。如某户违反联保事项,其余4户不举发,一律连坐,甲长未能事先查明、举报,甲长连坐。1个月内,一保有2位以上甲长受连坐处分,而保长未能事先查明、举报,保长连坐。1个月内,一乡(镇)有4位以上保长受连坐处分,而乡(镇)长未能事先查明、举报,乡(镇)长连坐。⑤1948年,国防部发布命令,如某户仍有窝藏"奸匪"或知情不报,该户户长应从重处以无期徒刑,其余4户一律连坐,甲长事

---

① 《为电请补发省户字第1164号令文祈鉴核由》(县民字第3208号,1946年2月24日),湖北省档案馆藏,档案号:LS3-2-2103。
② 《准电为废止"非常时期各地举办联保连坐注意要点"一案电请查照见复由》(省民三字第15828号,1947年3月4日),湖北省档案馆藏,档案号:LS3-2-2103。
③ 《准内政部代电抄附平敌侨改冒中国姓名原件,嘱转饬遵办案电仰知照由》(省民三字第2501号,1946年1月),湖北省档案馆藏,档案号:LS18-3-30。
④ 《电复非常时期各地举办联保连坐注意要点之废止与联保连坐切结之措施暂予维持并不冲突即希情另订联保连坐办法报核由》(〈36〉安三字第6029号,1947年4月29日),湖北省档案馆藏,档案号:LS3-2-2103。
⑤ 《抄送徐州绥靖公署前订绥靖区乡镇保甲长纵横联保连坐办法请查照参考》(〈36〉安三字第9946号,1947年6月17日),湖北省档案馆藏,档案号:LS3-2-2103。

前不举报,处以死刑。①有些县份甚至规定,一保之内有 2 位以上甲长连坐,保长事前不举报,处以死刑,一乡之内有 2 位保长连坐,乡长事前不举报,处以死刑。②

通观《绥靖区乡(镇)保甲长纵横联保连坐办法》,国民政府无非是想以此达到两个目的,一是横的连坐,以多治寡,让保甲内各户裁制"莠民",用多数人的力量制约少数人的行为。二是纵的连坐,以寡驭多,利用乡保组织,层层节制,以少数人的事例来维护多数人的服从,达到惩一儆百的效果。③然而与以前一样,上述法令依旧"雷声大,雨点小"。不久,司法行政部认为,1 户犯法,其余同结各户连坐,不但与刑法规定相抵触,也不符合现代刑事政策潮流。至于如果必须加强绥靖区连保责任,订定较重处罚,也应先经过立法程序。④

联保连坐办法在法律上遭遇"瓶颈",在实际推行中,也时常失效。1948年 5 月 15 日,咸宁县保安警察大队,在该县爱民乡边境发现中共侦探,交火后,捕获 1 名,击伤 2 名,击毙 1 名,另 4 名在逃,共 8 名,均系退役军人,或由行辕军法处刑满释放者,当地保甲长不仅事前隐匿不报,事后还对受伤中共人员予以慰问。对此,该县政府决定按照规定,严厉惩处相关人员。⑤造成这种状况,原因在于连坐法未能认真执行,民众"畏匪而不畏法,宁蹈隐匿不报之咎,而不敢开罪于匪以取祸,盖法可苟免,祸难幸脱"⑥。

---

① 《奉国防部解释联保连坐惩罚一案希查照由》(保法字第 13968 号,1948 年 9 月 15 日),湖北省档案馆藏,档案号:LS3-2-2103。
② 《填具纵横联保连坐切结注意事项》(县一户字第 2036 号,1948 年 8 月 18 日),湖北省档案馆藏,档案号:LS3-2-2368。
③ 闻钧天:《保甲制度概论 中央保甲函授训练班讲义》,(无具体出版地址与时间),第 14~17 页。
④ 《司法行政部命令公牍,五人连坐办法于法无据》,《法令周刊》第 11 卷第 7 期,1948 年 2 月 18 日,第 3~4 页。
⑤ 《咸宁该县爱民乡保甲隐匿匪犯,蒲圻该县泗水乡乡政无形停顿》(湖北省政府第 1 类第 1 项第 7 目第 1238 号,1948 年 5 月),湖北省档案馆藏,档案号:LS3-1-1210。
⑥ 《豫省府令各县厉行保甲,完成自卫》,《中央日报》,1935 年 12 月 17 日,第 2 张第 2 版。

四、禁政

　　所谓禁政,即禁止民众种植、制造、贩卖、运输、吸食鸦片的政务。国民政府认为,晚清以来,历届政府都致力于严禁鸦片,法规律令,多如牛毛,然而鸦片屡禁不绝,烟民日众,膏腴土地,"多属烟田",长此以往,"国防失其能力,政治隳其常轨"[1],影响非同小可。国民政府运用联保连坐方法,推行禁政。

　　1934年,河南省政府颁布《河南省查禁毒品连坐暂行办法》,规定各县人民,如有制造、贩卖、运输、吸食毒品,该管区长及保甲长应立即举报,对于隐匿不报者,除对毒贩本身惩办外,区保甲长分别情形,处以100元以下罚金,其中,罚金的一半奖给报告人及执行警员,另一半补助县戒烟经费。[2] 1935年,该省又颁布《河南省办理吸户登记保甲长连坐办法》,训令各县保甲长,勒令烟民登记,如该管区域内,尚有1名以上5名以下烟民漏登,保长将被处以10元以上20元以下罚金,甲长处以20元以上40元以下罚金。依此类推,漏登人数翻倍,保甲长的罚金也随之加倍。假如保甲长无力缴纳罚金,需折罚苦工,1日苦工抵1元,但保甲长能够在政府未经查觉或烟民被告发前,自行检举,可免予处分。[3]

　　在登记烟民的措施上,安徽省也有类似的规定。1935年,安徽省政府颁布《安徽省各县市勒令吸户登记处罚连坐办法》,各市(县)政府督饬各区保甲长,清查吸户,勒令烟民登记、领照,吸户清册分普通吸户和贫民吸户两种,登记截止日期是11月15日,过期即实行连坐,保甲长被罚金额总额相当于吸户受罚金额的10%,其中40%由保长担负,其余60%由甲长承担。吸

---

① 《推行禁政与建设农村》,《禁政月刊》第6期,1938年4月1日,第1页。
② 《河南省查禁毒品连坐暂行办法》,《河南省政府公报》第982期,1934年,第1页。
③ 《河南省办理吸户登记保甲长连坐办法》,《内政公报》第22期,1935年12月,第418~419页。

户如已经戒绝烟瘾,准许其取具该管保甲长或邻里住户证明书,嗣后,如被政府查觉(或被人告发),还有私吸情事,除处罚吸户外,证明人处以半数罚金,罚金应以 30% 奖给密报人,35% 解送省府,其余 35% 留县,作为禁烟经费。①

保甲长接近民众,熟悉地方情形,在登记烟民的过程中起着重要作用。然而各省市在办理禁政的过程中发现不少保甲长本人有烟瘾,且与民众互相掩饰。如果以公务员论罪,不但办不胜办,且易引起纠纷,若不设法取缔,又恐影响登记进行。湖北省政府变通办法,训令各县,保甲人员如有吸食鸦片行为,无论是查出、被举报或自首,一律撤职,准许其登记、领照,免予处罚,并要求在规定期限内戒烟,以期使禁政能顺利推行,防止烟民漏登及朦混。②

如果说勒令烟民登记、限期戒烟是治标的话,那么禁止民众种植烟苗则是治本,国民政府的处罚力度也更严厉。以湖北为例,省政府派员会同县政府实地查勘,发现烟苗立即铲除,并于每年烟苗播种前印发、张贴"种烟枪决"布告,并责令县区保甲长出具"永不种烟、如查有烟土愿处死刑"切结。③

不少民众借国家禁令,挟嫌报复保甲人员。湖北省恩施第一区河湾镇77保,当地魏姓族大人众,该保保长魏华斋平日浮收壮丁检阅伙食及保甲经费,并卖放壮丁,招人顶替应征,包庇咸丰县人魏漪贩卖烟土,支持其兄开设烟馆,以图厚利,因而得罪不少人,1940 年 2 月,被人密报吸食鸦片等情,省政府随后饬令恩施、咸丰两县逐一彻查,依法究办。④经验明,魏华斋本人无

---

① 《安徽省各县市勒令吸户登记处罚连坐办法》,《安徽政务月刊》第 11—12 期,1935 年 10 月,第 81—82 页。

② 《解释处置保甲人员吸食鸦片》(湖北省政府第 5 类第 2 项第 13436 号,1938 年 2 月),湖北省档案馆藏,档案号:LS3-4-5434。

③ 湖北省地方志编纂委员会:《湖北省志·民政》,湖北人民出版社,1994 年,第 132~133 页。

④ 《据报该县第一区和湾镇七十七保保长魏华斋吸食鸦片卖放壮丁贩运烟土等情电仰遵照由》(省民禁施特字第 862 号,1940 年 3 月 5 日),湖北省档案馆藏,档案号:LS3-4-5291。

烟瘾,免予置议,但其他事项被追究。[①]又如 1940 年 7 月,咸丰县第 3 区大村乡前任联保主任朱太庚、保长李元政及现任联保主任朱海峰等,被人控告吸食鸦片、包庇烟犯、私藏枪弹等种种不法行为,后经咸丰县政府调查,并非事实,朱太庚为表明清白,还具切结一张。[②]再如 1947 年,襄阳县民众张行山向该县县政府检举保长徐大明吸食鸦片,以致面带烟色,经县政府查办,无结果,张行山不服,又向民政厅控告,湖北省政府令饬襄阳县政府传集徐大明及检举人张行山,一同调验,但无下文。[③]

事实还远不止此,有些案例显示地方关系极为复杂,牵扯的人员也更广。来凤县悌恭乡都司界离县城约有百里之遥,黄、杨两姓在当地均有相当势力,且素有矛盾。1940 年 1 月(古历)该乡保长杨元初(19 岁)按照抽签法,履行国家征兵任务,湖北联中来凤分校高中毕业生黄英之堂弟黄义卿中签,需投往自卫队当兵,黄英因此恨杨元初"刺骨"。2 月,有自卫队员周汉臣、赵伯成、丰治安、黄义卿四人赴悌恭乡催兵,乘杨元初外出,声言在该保二甲居民杨昌槐、杨仁明、吴老五油菜地内发现数株罂粟苗,要带 3 人回县严办,经杨元初从中调解,由杨仁明等 3 人分摊 90 元罚款,交黄义卿了事。但不久,又有自卫队班长欧玉清、赵伯成来该保捉逃兵,晚住宿黄义卿家,忽然将杨仁明等 3 人押解到杨元初家,声称奉命调查烟案,索要"脚步钱"数十元,否则,解往县府惩办。因要价太高,双方未能达成协议,欧、赵等人即将杨元初从小路押解县城。杨元初母亲闻讯,派遣数人阻拦,欧玉清等以"反抗铲烟,持刀赶杀"为由向县府报告,县府派员调查,并无民众偷种罂粟。此案本已终结,却又横生枝节,黄英本系青年学生,仅凭黄义卿等人片面之词,即对来凤

---

① 《为遵电检呈夏祖鼎鉴定书祈监核由》(丰一字第 4269 号,1940 年 6 月 3 日),湖北省档案馆藏,档案号:LS3-4-5291。

② 《咸丰联保主任朱太庚等吸食鸦片包庇烟贩私藏枪械》(湖北省政府民政厅第 16496 号,1940 年 7 月 5 日),湖北省档案馆藏,档案号:LS3-4-5253。

③ 《襄阳县民人张行山报保长徐大明吸食鸦片》(湖北省政府第 6 类第 4 项第 1 目第 557 号,1947 年 11 月),湖北省档案馆藏,档案号:LS3-4-5161。

卫县长办理禁政极为愤慨，向省政府控诉卫收受杨元初贿赂2000元，以及杨元初等人栽种烟苗3万棵。①湖北省政府对此极为重视，派员下县迅速、严密彻查②，发现凡种罂粟土地，隔年未下籽，亦有烟苗生长，且容易夹杂于油菜苗内，这也为区长、联保主任等留下了敛钱机会，只要在某户地内发现烟苗，不论多少，即使一二株，亦将该户拘捕于区署，视其家产多少进行罚款，如不交钱，有被悬吊毒打的危险，直至送解县府。最后，民政厅视察员冯子恭作出裁决，区长周伯函记大过一次，以示薄惩，黄义卿等身为军人，借故苛索，从自卫队革除，以军法惩处，黄英"因挟嫌怨，凭空虚构"，"予以相当纠正，以警将来再有贻害社会之举动"，杨元初被关押了3个月。③

　　保甲人员在推行国家政令过程中，很容易因"办公不慎"招致地方人士怨恨，甚至公愤。对地方民众而言，国民政府厉行禁政恰恰是一个极佳的借口④，所谓"明枪易躲，暗箭难防"，除联保主任、保长外，有时甲长亦会"中招"。1943年，随县天河乡第1保第3甲甲长余文峰被人控告，罪名是贩运、出售、吸食鸦片，所得收入价值数万元，不仅置办田地、房屋，维持其本人生活，还向其一家母子、兄弟5人提供鸦片。控告者落款处虽未签名、画押，也无印章，但湖北省政府对此依旧重视，饬令随县县政府查办，结果表明，余文峰并无贩运、吸食鸦片。⑤其实，此类保甲人员因公招怨，被人捕风捉影，以图陷害的案件一再发生。地方政府如果"应付不周"，处理不慎，便很容易"卷入

---

　　①　《为栽种鸦片恳祈饬令严惩以儆效尤而肃法纪事》（省民字第9785号，1940年5月25日），湖北省档案馆藏，档案号：LS3-4-5279。

　　②　《据黄英呈诉保长杨元初栽种鸦片，县长纳贿纵容等情令仰查复以凭核办由》（省民禁施字第9785号，1940年5月28日），湖北省档案馆藏，档案号：LS3-4-5279。

　　③　《据呈复区长周伯函失于觉察，确无私罚纵释种烟犯情事，请从宽议处，补报办理杨元初等案各情形核示遵照由》（民禁施字第19239号，1941年2月22日），湖北省档案馆藏，档案号：LS3-4-5279。

　　④　《宣恩联保主任陈达人庇纵烟犯藉端诈财》（湖北省政府民政厅第5类第8项第10目第17893号，1941年），湖北省档案馆藏，档案号：LS3-4-5228。

　　⑤　《随县甲长余文峰贩售毒品鸦片并全家吸食》（湖北省政府第6类第4项第1目第178号，1943年4月），湖北省档案馆藏，档案号：LS3-4-4912。

漩涡"。①

1946年7月3日,国民政府为使各级地方政府普遍发动社会制裁,增强检举效能,彻底肃清烟毒,由内政部拟定《办理禁烟联保连坐要旨》七项,规定各县(市)所属区乡(镇)保甲长及户长(机关、学校、兵营等共同事业户免具结),应相互负责,如邻户不愿联保,可自行觅3户以内住户担保,铺保以2户为限。联保切结签具后,如发觉违法情事,区乡(镇)保甲长按情节轻重,处以申诫、记过、撤职等处罚,户长则罚1市石至3市石粮食,但处罚裁定后,被处罚人如能在10日内检举其他违禁事件,经查明属实者,可免予处罚。纵的联保在于加强基层行政人员对禁政的责任,至于横的联保,因不便强迫民众负本人以外的法律责任,所以由地方政府运用民意机关,将禁政内容订入保甲公约,以便同时兼顾立法精神和禁政要求。②

事实上,各地方政府未征得民意机关同意,或自订办法,强制执行,或视保甲公约无足轻重,延不举办。国民政府认识到,禁烟工作艰巨,政府单方面力量有限,仍应依赖社会力量辅助,需要民意机关发挥"古代乡约精神",协助政府完成禁政目标。除纵的联保仍以命令强制区乡(镇)保甲长履行外,所有横的连坐有"违宪之嫌",应一律停止实施,所有已罚粮食或钱应专案保管,全部拨充各该县(市)肃清烟毒经费,非经该管省政府核准,不得动用。③但不久后,不少地方,尤其是"绥靖区",又恢复了纵横联保办法。④

联保连坐法始于1932年,一直被国民政府视为要政,其内容随时代不同而有所变更。"剿匪"时期,联保纯以检举中共人员为对象。抗战时期,又

① 《为呈复查明埠口乡长李彬元被控伙贩烟土一案情形祈鉴核由》(正字第2621号,1943年12月10日),湖北省档案馆藏,档案号:LS74-1-108。
② 《为提示办理禁烟联保连坐要旨请参酌办理见复由》(渝禁壹字第1285号,1946年7月3日),湖北省档案馆藏,档案号:LS3-4-4801。
③ 《准内政部电改进禁烟纵横联保连坐推行方式仰遵照由》(省惠字第27123号,1947年12月12日),湖北省档案馆藏,档案号:LS3-4-4801。
④ 《奉发纵横联锁连坐办法一案谨抄呈本县纵横联锁连坐办法电祈鉴核由》(丹民字第577号,1948年1月21日),湖北省档案馆藏,档案号:LS3-2-2103。

加入检举汉奸和禁烟等项,实则联保的范围比较广泛。联保重在事前防范,化莠为良,如果都是良民,就无联保的必要,反之,都是莠民,联保也不生效,良莠杂处,双方彼此鄙弃与猜忌,竟成良莠不分,互相倒置。5 户联保办法,用意虽不分良莠,然施行结果,造成良莠分别"选队站"趋势,效果亦差。连坐重在事后惩处,保甲长对于地方民众一举一动,无不熟知,只因事不干己,且惧遭报复,悬赏虽是鼓励检举的一种办法,但政府的赏金没有报复来得可靠,而且赏金的代价又往往不能抵偿所受的损失。故而,保甲长往往不肯开罪地方,不愿检举,即使政府发觉,也是代为掩饰,甚或徇情故纵,同理,民众亦然,导致政府又实施"纵横联保法"。可一人犯罪,众人连坐,又与现代刑法的个人责任主义不合,导致政府处于两难的困境,联保连坐在落实上颇有难度。

第二节　保甲与户口管理

户籍制度①,即户口制度,是随着国家的产生而形成的一种社会制度。国家通过各级权力机构对其所辖范围内的户口进行调查、登记、申报,并按一定的原则进行立户、分类、划等和编制。户籍管理作为户籍制度的一项重要内容,记载户口迁徙与人事变动。换言之,即对户口进行动态调查与管理。政

---

① 相关研究有:朱德新:《二十世纪三四十年代河南冀东保甲制度研究》,中国社会科学出版社,2008 年,第 58 页,朱指出,在人口异动管理上,迁徙人口由户长向保办公处或警察机关申报;夏卫东:《民国时期浙江户政与人口调查》,中国社会科学出版社,2011 年,第 23~28 页,夏认为,抗日战争前,户口清查和人事登记,其实质是为实行"保甲运动"作准备,抗战爆发后,户口异动登记工作的主要目的是国民政府管理流动人口,加强社会控制,防止敌方人员的渗透;沈成飞:《抗战时期的广东保甲制度研究》,中山大学博士论文,2007 年 6 月,第 91~100 页,该文对抗战时期广东省的保甲户口清查与异动查报进行了梳理,认为国民政府在广东的户政工作虽取得了一定的成绩,但尚未达到控制民户,防止人口外流的目的。以上论文对条例法规方面,均有涉及,但就从国家与社会互动的角度而言,还有进一步研究的空间。

府以此作为掌握人口信息、征收赋税、维持治安等方面的依据。故而,对南京国民政府时期户籍制度进行研究,无疑有助于论证国家是如何管理户口以及加强社会控制的。本节主要依据湖北省档案馆资料,对这一问题加以初步的探讨。

一、户口异动登记

清末,朝廷筹备立宪,曾厘订户籍法,内有关于人事登记条文,并责由地方自治组织办理。①民国初年,政府又拟订户籍条文草案,仍责成地方自治组织办理,惟地方自治组织多欠健全,终未假手。城市因有比较严密的警察组织,加之地位特殊,具有历史、政治、经济、文化背景。故各大城市人事登记施行比较普遍,而一般县区绝少推行。②

南京国民政府成立后,鉴于自卫为自治事务中的重要工作,1929年颁布了《县保卫团法》,就异动事项而言,虽无生死、迁移等人口登记,但规定甲长、牌长与同甲各户,须举报盗匪、反革命分子或形迹可疑之人,并于必要时协助军警加以逮捕。③

国民政府认为办理户口异动登记至为重要,是推行一切庶政的要素。各省保甲编查完成以后,若不延续办理户口异动,人口出生、死亡,"流动极异,瞬息不停",原编保甲,转瞬即与事实不符④,势必功效全失,人力财力亦等于虚掷。⑤欲求保甲组织严密,必须办理户口异动登记。1932年,国民政府训令

---

① 公安部户政管理局编：《清朝末期至中华民国户籍管理法规》,北京地质印刷厂,1996年,第3~28页。

② 潘嘉林：《户口异动登记》,商务印书馆,1944年,第1页。

③ 立法院秘书处编：《立法专刊》,民智书局1930年,第35~37页。

④ 潘嘉林：《户口异动登记》(序),商务印书馆,1944年,第1页。

⑤ 《苏省保甲编查完成各县积极办理户口异动,并须按月造具统计表》,《中央日报》,1935年3月29日,第2张第2版。

"剿匪"区内各县政府,保甲编查完竣以后,应照规定表式制备登记表册,交由区公所转发各保,分发各甲,随时彻底清查户口,登记异动情形,不得向登记人征收任何费用或藉端需索,违者依法究办。其登记范围有五类,分别是出生、死亡、婚姻、迁入、迁出。各户有应行登记事项,应由户长随时报明甲长,填入报告表,如遇弃儿及无名死尸应由地主或该甲附近住户报明甲长,仍照填各表。每月月终,甲长须将所填报告表汇送保长,由保长将所属各甲户口异动状况登记清册存查,并填具呈报表二份呈送区公所,再由区长将所属各保情形登记清册存查,并填具呈报表一份转报县政府查核,县政府接收各区呈报表后,将全县户口异动状况填具呈报表四份,分别呈送该管行政督察专员公署、省政府、民政厅以及保安处,以便查考。①

　　1935 年,国民政府公布《修正剿匪区内各县编查保甲户口条例》,其中规定,各户户长遇有行迹可疑之人迁入、留客寄宿及其离去、家人外出与旅行归来,以及因出生、死亡或其他事故而发生户口异动时,须速报甲长,转报保长,递报区长,并赋予保甲长在据报形迹可疑之人潜入时,有搜索、逮捕之紧急处分权。②户口异动登记目的系检举"奸宄",维护地方治安。

　　户口异动登记首重治安,相较搜集人口动态资料的人事登记有所区别。在城市都会,户口统计与户口异动登记主要是由警察负责。登记事件包括出生、死亡、迁徙、来往、他往、婚嫁、分居、继承、失踪、收养、营业、开张、营业闭歇、雇用、辞退十五种,此外,还有特种户口登记,譬如反动嫌疑、刑满开释、宣告缓刑、假释等人犯以及无业游民。在城区,保甲行政人员如若办理户口异动登记,性质与警察雷同,工作又相重复,而两机关互不为谋,导致统计数字每有出入。此外,保甲编制在乡间用以指明人与地之关系,如某人在第几

　　① 《奉总司令部发户口异动登记各种办法及表册式样令仰饬属切实遵办由》(国字第 15778 号,1932 年 12 月 17 日),湖北省档案馆藏,档案号:LS3-2-2081。
　　② 《修正剿匪区内各县编查保甲户口条例》,《福建省政府公报》第 520 号,1935 年 8 月 17 日,第 11~16 页。

保第几甲第几户。在城市，则多标明街、路、门牌号数。邻里之间彼此未必相识，关系疏远。加之交通发达，人口密集，流动频繁，就业、转业、离业人数甚多，保甲单位太小，编成的保数甲数必多，单位既小又多，定受户口迁移影响，故而保甲组织不适于在城市都会办理户口异动登记。[①]但可以协助公安机关办理，在未设公安机关或已设而未健全时，均由保甲行政人员负责办理。[②]

现以湖北省为例，在省会城市，客民甚多，暂时栖身，随即他迁，比比皆是。或远地迁来，不明手续，亦不愿徒增麻烦。政府虽规定居民有报告义务，但迁移居民大多懒于报告，隐瞒户口。警察局户籍员警有限，调查常常疏漏，导致"奸宄"潜踪，影响地方治安。湖北省仿照南京市，修正户口异动报告规则。其中规定，居民迁入或迁出，房东（或领租人、经管人）及当地保甲长须将房客姓名、眷属口数、迁来或迁徙地点，报告该管警察分局，以便查考。[③]又如湖南省，省会户口异动，原系由户长直接向公安机关登记，甲长无从知晓，后改为责令户长报由甲长登记，再由甲长转报公安机关登记。甲长既有册可查，依照户口异动查报办法，按期呈报保长，逐级向上递报，住民亦可省事。[④]无须市民同时向该管警察所及甲长处报告户口异动情形。由此一来，户口的异动呈报与否取决于居民的"好恶"，假若居民不愿意呈报，纵有异动情形，保甲人员往往不得而知，户口异动实况难免迟缓失实，以致牵连警察机关的工作。[⑤]

户口异动登记旨在发挥保甲效用，维持保甲区域完整，保证户口数字正

---

① 潘嘉林：《户口异动登记》，商务印书馆，1944年，第3、40页。

② 《苏江南各县乡长下月将开始训练，保甲三期工作完成，切实举办户口异动》，《中央日报》，1935年1月9日，第2张第2版。

③ 《省警局呈修正户口异动报告规则》（湖北省政府民政厅第3类第2项第 目第14258号，1938年4月24日），湖北省档案馆藏，档案号：LS3-2-2062。

④ 《湖南省政府指令》，《湖南省政府公报》第317号，1936年1月11日，第13页。

⑤ 王珍：《漫谈户口异动与警察》，《上海警察》第2卷第6期，1948年2月1日，第57~58页。

确,使"奸宄"无所藏匿。①国民政府认为,利用保甲制度办理户口异动登记,具有诸多优点,譬如保甲组织以户为编组单位,比地方自治组织严密,有事唯户长是问,户长如有隐匿情形,邻户户长受联保连坐处分;保甲长为土著,且其统辖范围较小,熟悉当地情形,办理"自卫清乡"等事务,系以当地人口为对象,户口异动登记在办理登记手续上,亦以事件之发生地为准,即登记"所在地人口"之动态事件,倘若甲长平时勤于察查,保长严加督导,当可确保户长无漏报户口异动情事;保甲制下之户口异动登记,系属强制呈报性质,其罚则严明,填报不实者,处以罚金,保甲长滥用职权或贻误公务,除依法惩治外,得处以罚金、当众申诫或免职等。②

　　然而制度的设计在实际运行中出现了偏差。户口异动登记的手续是由户长报告,甲长登记,转报保长,递报区长,以至县政府、行政专区、省政府。规定本来很详备,不过各县甲长多不识字,不但不会填写登记,连表的类别也弄不清楚。③甲长办公处又未设置书记,关于填表事宜,"至感困难"。再则,各县保甲数量众多,一切表册,费用浩大。为排除困难,节省经费,国民政府将登记办法进行权宜变通,规定各县市办理户口异动登记事项,改为以保为单位,保长负责办理各户异动事项、登列清册、填写报告表及月终汇报。甲长无论是否识字,主要负责查察本甲户口异动实况,随时向保长作口头转报。④保长虽亦有不识字者,但保的范围较大,可在保内物色适当人选填写,或在不得已时请邻保保长代写。在保长甲长办公处所,采用登记簿,弃用登记表。⑤

　　与此同时,国民政府为避免基层保甲造假表册,敷衍公务,户口异动登

---

　　①　《令贵州省政府据呈送办理户口异动登记须知及登记清册式样令准备案由》,《军政月刊》第18期,1937年,第25~26页。

　　②　潘嘉林:《户口异动登记》,商务印书馆,1944年,第38~39页。

　　③　《民政厅长兼本会主任孟广澎先生讲如何发挥保甲之效用》,《湖北地方政务研究周刊》第1卷第13期,1933年9月26日,第5~8页。

　　④　《各县市办理户口异动登记应暂改以保为单位令仰遵照》,《江西省政府公报》第406期,1936年1月30日,第4页。

　　⑤　潘嘉林:《户口异动登记》,商务印书馆,1944年,第53~54页。

记成为具文。另制颁一种户口异动符号单,由各县转发各甲长应用,以此替代五种户口异动登记表。户口异动情形均用简单符号来代替,例如某户新添人丁几口,甲长就在符号单内加几个圈,如果是死亡,就作几个叉。如果有户口迁入或迁出,就由甲长报告保长,将某户符号单缴销或另领,保长再依照符号单实行抽查,将变更事项分别登记。①这样不识字的保甲长亦能自己填写表格,按月将户口异动情形呈报。其表式如下。

表 4-1　某区某保某甲具报户口异动符号单 民国　年　月份

户别 事别／性别／类别		性别	出生	死亡	迁入	迁出	娶	嫁
第	户主	男						＼
		女		×			+	
	亲属	男	○					＼
		女						△
户	附注	男			>			＼
		女						
	佣工	男		×				＼
		女				<		
说明	出生符号为○,死亡符号为×,迁入符号为>,迁出符号为<,娶入符号为+,嫁出符号为△, 不识字之甲长于户长来甲口头报告时可询明类别性别事别分别填画加减,若干人即作若干符号,例如出生亲属二人,则于亲属栏内作○○,数目加多者照此类推,栏内画有＼者不填。							

资料来源:《湖北省民政厅 政令辑要(第一册)》,(无具体出版地址),1934 年,第 25 页。

其实,与其向不识字保甲长授以新设符号,还不如使其练习识字、写字以及使用数字更为便利。否则,保甲长不但学习符号,即便识字者,亦感到记忆和手续麻烦。②导致保甲行政人员因循敷衍,统计结果也必然不实,有亟待

---

① 《民政厅长兼本会主任孟广澎先生讲如何发挥保甲之效用》,《湖北地方政务研究周刊》第 1 卷第 13 期,1933 年 9 月 26 日,第 5~8 页。
② 《户口异动登记应如何办理始臻完密试拟具体办法》,《县训》第 4 卷第 6 期,1936 年,第 28~29 页。

改善的必要。譬如贵州省,该省各县采用户口异动登记板,板的制法是每保保长办公处置办一块大长方形木板,板上嵌置的小牌与全保人口数相当,板与牌涂白漆,牌上填写居民姓名与年龄,并用简单符号代表教育程度,男性用红色填写,女性用黑色填写,至于户口如有变迁,即将小牌取下,更改后,再行插入。板的一端,记有简单的户口异动统计数字。①

一如上述,大多数省份运用登记方法来搜集户口异动资料,与湖北省不同的是,甘肃与福建二省采用调查方法。甘肃省是令饬乡镇长与保甲长按月挨户查询,记录户口变动事项。福建是甲内各户每日轮流一人负责查询,后报告于甲长,甲长登记后汇报保长。登记与调查的区别在于,登记须由户长主动呈报,假使民众不与政府合作,有意隐瞒,政府便不易发觉。此外,保甲人员应能填写报表,如不能缮写,至少能够口头陈述一切应行登记事项。所以,一般民众,没有一定的知识程度不适宜运用登记方法。调查是由调查人员挨户查询,搜集户口异动情形,调查人员可以选择与训练,使其达到所需要的知识水准与技术,故调查方法适用于一般人民知识程度低下的区域。但调查所需人力与费用,远超过登记,且不能间断,一有间断,在人口移动频繁之地,日积月累,即减损其统计价值,且迁移发生之后,核实更加困难,原先调查结果终将陷于无用。可见,调查方法是事倍功半,费力又不经济,在都会城市,更是如此。因而,登记方法在乡镇及迁移稀少地区尚属良好,在都会城市,则无满意结果。②

至于户口异动登记项目,国民政府虽仅规定五项,但在实际运行中,却非常冗杂。如以婚姻异动为例,户口异动呈报表"婚姻数"一栏又分嫁娶两格。③

① 何昌荣:《户籍行政中的户口异动问题》,《服务月刊》第 6 卷第 1 期,1942 年 1 月 1 日,第36~38 页。

② 潘嘉林:《户口异动登记》,商务印书馆,1944 年,第 14、20 页。

③ 《通令各省政府转饬区县遵用增订户口异动报告表》,《军政旬刊》第 30—31 期,1934 年 8 月20 日,第 10 页。

当某户仅有一女,招同甲一男入赘,对于此项婚姻异动,如填嫁,则其女并未出户,如填娶,入赘实系男性。同理,某户有二人,其长子娶媳生子,因病身故,复因经济困难,无力为次子娶媳,结果叔嫂为婚(亦有兄娶弟媳),关于此项婚姻异动,如填嫁,女性未出户,如填娶,该户女性并未增加,此种情形,在苗夷杂处之地及贫瘠乡村,所在多有。此外,尚有童养媳、再醮等情形。[①]又以死亡异动为例,某户仅有一人,在其死亡时,该户变动为注销户,人口变动则为死亡,二者各为一事。再如某户因分家析产,一户变为两户,户数增加,口数却未变。[②]

如此繁琐的各种登记事项,对于知识程度不齐,甚或有不识字之保甲长而言,难以胜任。出生、死亡、婚姻等项(除非死者为户长或壮丁),因与治安自卫并无紧密联系,所以,国民政府逐渐对婚姻一项不加以重视。湖北等省大多不单设婚姻登记,仅将其列为迁移原因之一种,力求减少登记项目,将出生登记关于生父产母等若干事项予以割弃。[③]自区署以上机关,只须获得精确统计数字,至于琐细异动情形,既无详列必要,区、县署人员有限,本身事务殷繁,若将异动情形一一造册,不仅不胜其烦,且非少数人员所能办理。[④]

关于户口异动登记,湖北省政府规定,各保、联保以至区署、县署须每月呈送。事实上,许多县份动辄迁延数月之久,甚或经年尚未汇报,有些县份虽经呈报,要么是数月统计一并补报,要么闭门造车,敷衍差事,错误百出。一方面是专员、县长督饬不力,另一方面,更主要是各县辖区辽阔,无专人负责

---

① 《准军事委员会委员长行营函以贵州省政府呈请解释户口异动疑义一案业经分别解释请通令各省知照等由令行知照由》(省民字第 12517 号,1936 年 3 月 4 日),湖北省档案馆藏,档案号:LS3-2-2081。

② 潘嘉林:《户口异动登记》,商务印书馆,1944 年,第 38~39 页。

③ 潘嘉林:《户口异动登记》,商务印书馆,1944 年,第 13、51 页。

④ 《准军事委员会委员长行营函以贵州省政府呈请解释户口异动疑义一案业经分别解释请通令各省知照等由令行知照由》(省民字第 12517 号,1936 年 3 月 4 日),湖北省档案馆藏,档案号:LS3-2-2081。

户政工作。①国民政府训令各县,充实县乡(镇)户政机构。县级方面,设置户政股,指定科员专办户政业务,乡(镇)级设户籍干事②,联保设户籍警,保设保干事,分掌民政。③

同时,针对保甲长文化水准低落,国民政府加强了人员训练。以湖北省为例,该省令饬各县政府,县区(乡)两级各指定一人,专办全县户口异动登记及统计事宜。县级为事务员,区(乡)公所为区员或雇员。事务员随时或定期轮赴各区,招集各保甲长及区员或雇员,切实讲解登记意义及方法,并就实际工作予以指导。使保甲长明了户口异动登记手续、报告程序及填表方法,并对不识字保甲长授以文字、数字及简单统计方法。有时,区长令保甲长集合保学,保学教师担任训练事宜,并于训练完成以前,代理不识字保甲长填写报告表册。④每批保甲长受训完毕后,督导员分发簿册,由保甲长携带,回其办公处备用。⑤但这种训练的效果有其局限性,中国地域辽阔,许多县份纵横数百里。以竹山县为例,保甲训练人员不及全县一半,势必乡(镇)公所指导、代替,否则短期难以完成户口异动登记。⑥

户口异动登记关系户政,至为重要。国民政府对各县呈报既不迅速又不确实的现状,表示相当不满。认为长此以往,影响保甲要政,以致保甲编查成效竟成"昙花一现"。⑦因此训令各省,对于"逾限不报,或报而不实者,概予从重处罚"⑧。

---

① 《办理户口异动登记人员之任用》,《河南省政府年刊》,1935 年,第 132 页。

② 《规定办理户籍人事登记及暂居户口与迁徙人口登记,沦陷各县暂办整编保甲户口,续办户口异动登记赶办事项》(湖北省政府第 7 类第 2 项第 3 目第 50 号,1944 年 9 月),湖北省档案馆藏,档案号:LS3-2-2507。

③ 《县各级组织纲要》,《浙江政治》第 2 期,1940 年 5 月 31 日,第 121 页。

④ 《户口异动登记应如何办理始臻完密试拟具体办法》,《县训》第 4 卷第 6 期,1936 年,第 28~29 页。

⑤ 潘嘉林:《户口异动登记》,商务印书馆,1944 年,第 60 页。

⑥ 《为呈复奉到吏特字第 113 号训令暨各种表式日期祈鉴核备查并恳补发字迹清晰表式下县遵办由》(智字第 1082 号,1942 年 3 月 29 日),湖北省档案馆藏,档案号:LS3-5-6188。

⑦ 《省府严令各县举办户口异动登记》,《政教旬刊》第 25 期,1941 年 6 月 1 日,第 10 页。

⑧ 《豫省府令各县厉行保甲,完成自卫》,《中央日报》,1935 年 12 月 17 日,第 2 张第 2 版。

正所谓"大鱼吃小鱼，小鱼吃虾米"，省政府将任务分派给各县，各县则将任务分担乡镇保甲，甚至规定得更细致。以湖北恩施为例，该县规定，关于出生、死亡、婚姻、迁入与迁出，除户长报明甲长外，接生婆、抬棺人、轿夫、搬运工亦得向所在地甲长报告。各保甲长遇有送葬、迎娶、迁移事件经过境内时，应盘询其是否报告，然后予以放行。为减少麻烦，凡已报告者，该管保长应给以凭据，其中婚丧事件用高脚牌张贴。为弥补异动登记遗漏，督导员于巡查各保时，督促保甲长经常注意境内发生事件，如婴儿摇车发售记录、车船出事、房屋倒塌、棺木发售记录及出殡落葬、迁入迁出之奶妈等。[①]一旦违反规定，户长将被罚金2角，甲长5角，保长1元。如不依限缴纳罚金，由区长转呈县政府，按照编查保甲户口条例，折罚苦工。其中，罚金由联保主任保管，作地方公益事业开支，但不经县政府核准，不得动支。[②]又如甘肃省，拒不报告户口异动或作虚伪报告，各户户长将被处以1元以上20元以下罚锾，乡镇保甲人员不遵照规定办理或办理不确实，处以5元以上30元以下罚锾，但办理成绩特优者给予5元以上30元以下奖金。[③]

尽管国民政府推出以上种种措施，但是罚金办法，既容易招致民怨，又容易滋生流弊。[④]抗战时期，不少县份地方环境特殊，人民流离死亡，迁徙靡常，办理户口异动面临诸多困难。若是县境沦陷，日伪时常侵扰，造成地方动荡不定局势，各乡保办理户口异动登记将更加棘手，只能恳请准予缓办或免办。[⑤]同时制发各种户口登记公告表式，因纸张、油墨、工价高涨，对各县财政

① 潘嘉林：《户口异动登记》，商务印书馆，1944年，第62页。

② 《恩施呈户口异动登记实施办法，保甲罚金收据式样》(湖北省政府第3类第4项第7目第7669号，1936年9月30日)，湖北省档案馆藏，档案号：LS3-2-2082。

③ 《甘肃省户口异动查报登记暂行办法》，《甘肃省政府公报》第508期，1941年7月31日，第26~27页。

④ 《户口异动登记应如何办理始臻完密试拟具体办法》，《县训》第4卷第6期，1936年，第28~29页。

⑤ 《为呈报奉令督导各乡保办理户口各项统计及户口异动登记一案奉文日期及办理困难情形祈分别予以缓免由》(建民字第381号，1942年3月27日)，湖北省档案馆藏，档案号：LS3-5-6188。

而言,也是一笔不菲的开销,如果向县区乡级讲习所保甲人员分发登记须知的话,每月费用支出总额将会更高。①因限于经费关系,连南京警察厅亦不再免费供给市民户口异动申请单,而是由纸商业公会统一印制,经全市各杂货店出售,每百张批发价格2200元,零售价每张30元。②

除户口异动登记外,新县制时期,保甲长事繁责重,诸如兵役工役,登记民枪,优待出征军人家属,禁烟、禁赌等。无论何事,地方政府皆责成保甲办理,导致保甲长遇事推托,或干脆辞职,行政效率低下,国家政令推行不力。③甚至有一部分民众,利用法令漏洞,逃避兵役。譬如,在乡公所造具名册时申请迁出,迨名册造就后再行迁入,如此一出一入,即轻易逃避兵役。④以致每月呈报之时,基层组织完全未办,"上层无所依据,始则互相推诿,继则模糊填报,终则形成敷衍"⑤。

一些县份为矫正上述情形,采取了一些措施。以湖北省蒲圻县为例,该县拟定《经常办理户籍注意事项》,由县政府翻印多份,转发各保甲长。其中规定,各保甲长如发现某户有人口异动时,应立即责成该户户长向保办公处领取户籍登记申请书,以一日为限,填写后,保办公处随时审核是否假报或有无错误,确定后,再将申请书转呈乡镇公所登记。如申请人自己不能填写,又无人代写,保办公处应听取申请人报告,代其填写并朗诵申请人听。流动人口登记簿由被寄住户户长或本人报请保办公处登记,于登记时由保长发给临时登记证及证明文件,迁出时,由保办公处销除其户籍。⑥

---

① 《据随县政府呈赍三十一年度整理保甲庚办户口异动印刷临时费预算及估单转呈核示由》(省财字第0259号,1942年3月29日),湖北省档案馆藏,档案号:LS3-2-2454。
② 《户口异动申请单,警厅不再免费供给》,《中央日报》,1946年11月21日,第4版。
③ 潘嘉林:《户口异动登记》,商务印书馆,1944年,第41页。
④ 《转饬各地严密监核藉户口异动逃避兵役情事》,《广州市政府公报》复刊第1卷第8期,1946年12月20日,第8页。
⑤ 《蒲圻县政府户籍整理完竣后经常办理户籍注意事项》(建民户字第696号,1949年1月8日),湖北省档案馆藏,档案号:LS3-2-2368。
⑥ 《蒲圻县政府户籍整理完竣后经常办理户籍注意事项》(建民户字第696号,1949年1月8日),湖北省档案馆藏,档案号:LS3-2-2368。

二、防谍肃奸

户口异动报告表中，原表分为出生、死亡、婚姻、迁入和迁出五种。其中，国民政府特别注重户口迁入与迁出两项。国民政府认为，地方社会"坏人"有两种来源，一是本地滋生，二是外地混入。实行联保连坐，可以使本地"坏人"不能"留存"，实施户口异动登记，可以使外地"坏人"不能进来。因为迁入住户与迁出住户都要经过本地保甲长的查考和保证。从而，保甲的效用得以发挥，地方社会自然安宁。①这样，在保甲内，保甲制度可以弥补警察制度维持地方治安的不足，自治就更容易推行了。②

根据户口异动登记暂行办法，迁出户口与迁入户口的呈报手续是户长报明甲长。显然，这种呈报只是迁移者的片面之词，至于报告是否切合实际，有待考证。国民政府制定迁移证明书，由当地保甲长给予迁出者，迁出者收执，到达新迁地方时，交由该甲甲长，连同迁入表转送该保保长存查，以防止"奸宄"潜入。③

抗战时期，敌我交锋，各方为获取战争胜利，都会利用间谍人员，潜入敌方领地，测绘要隘，刺探军情，收买民心，散布谣言，联络亲己分子，可谓不胜枚举。④作为国民政府一方，自然觉得，在战时，敌方间谍、调查员与密探潜藏己方地域的危险性，所以要防止间谍，肃清奸匪，必须严密办理保甲，时时清查户口，规定住户出具联保连坐切结，立誓不窝藏敌对分子。保甲长也须随时抽查所辖住户、寺庙、祠堂、教会、会馆、船户、旅馆以及各种公共场所，查

---

① 《民政厅长兼本会主任孟广澎先生讲如何发挥保甲之效用》，《湖北地方政务研究周刊》第 1 卷第 13 期，1933 年 9 月 26 日，第 5~8 页。
② 阮毅成：《地方自治与保甲制度》，正中书局，1939 年，第 38 页。
③ 《奉总司令部颁发户口迁移证明书式仰遵办一案令仰转饬一体遵照由》（奉字第 5698 号，1933 年 4 月 6 日），湖北省档案馆藏，档案号：LS3-2-2081。
④ 刘育才：《如何肃清后方的敌人》，《申报》1937 年 10 月 6 日，（申报夕刊）第 2 版。

考是否有来历不明之人和不良分子混入①,使其无容身之地。保甲制下的户口异动登记对迁入一项查究更加严格,这或许是促使户长偏重举报"奸宄"而忽略有关声报人口数字的原因之一。②

1937 年,为巩固国防,防止汉奸间谍活动,国民政府制定了《防止汉奸间谍活动办法大纲》。该大纲规定,凡全国国民,不分性别和年龄,均有侦查与检举责任。设有警察机关的地方,由水路警察负责,未设警察的乡(镇)村,由乡(镇)村长、联保主任、保甲长会同办理。遇有形迹可疑之人,应严加盘诘,其嫌疑重大者,设法拘送主管机关。监控的地点有车站、码头、商店、城门、路口、寺庙庵院、学校、旅馆、茶楼、工厂、妓院、电影院及其他各种公共场所等。规定注意防范的对象,非常广泛而细致,有无业游民、暴发户、僧道、乞丐、车夫、小贩、外国人等。其中,对于地方无业游民,警察机关应督同乡(镇)(坊)长、联保主任、保甲长随时稽查,并劝令其安居或介绍职业,以免为敌对势力利用,其不服劝戒者,视情节轻重,予以监视或拘送官署,勒令服役。③住户迁移时,得向保长请领迁徙证,无迁徙证,迁入地保长应拒绝迁入,对于形迹可疑户,秘密设立特别户口册,随时予以清查。④

1938 年,内政部对《防止汉奸间谍活动办法大纲》进行修正,补充规定,城市保甲人员应服从警察机关指挥,协助办理防止汉奸间谍。地方警察机关及保甲应特别注意调查清楚居民户口人数,随时对嫌疑户口进行调查问询,密切监视,防止户口疏漏或隐匿。该修正办法旨在加强保甲,并使警察保甲易于协调。⑤

① 朱元懋:《战地民众组织》,正中书局,1937 年,第 9、12~14 页。
② 潘嘉林:《户口异动登记》,商务印书馆,1944 年,第 38 页。
③ 《令发防止汉奸间谍活动办法大纲》(湖北省政府第 1 类第 16 项第 1 目第 11864 号,1937 年8 月 24 日),湖北省档案馆藏,档案号:LS3-1-344。
④ 《荆门县政府拟具防谍肃奸实施计划》(总军字第 341 号,1942 年 4 月 8 日),湖北省档案馆藏,档案号:LS1-4-608。
⑤ 《令发防止汉奸间谍活动办法大纲》(湖北省政府第 1 类第 16 项第 1 目第 11864 号,1937 年8 月 24 日),湖北省档案馆藏,档案号:LS3-1-344。

为安定后方,严防间谍汉奸因市区严密搜查而逃匿市郊,散布湖北省境内各城市乡镇。1937年9月,国民政府拟定《武汉近郊百里内(市区以外)户口联合检查办法》。该办法规定,联合检查由军事委员会别动总队会同各城防监管部队、驻军、县政府、区署及保甲长担任,检查区域包括武昌、汉阳、鄂城、黄冈、黄陂、孝感等县。检查时间以日出后、日落前为原则,如必要时,需提前至拂晓前。检查时如发现某户有间谍汉奸与"匪类"者,应移送武汉究办,此外,该管区保甲长均应连带处分。同时,检查人员还要担任其他任务,如宣传民族意识,激发抗战情绪,灌输防空常识,告诫保护公路、铁路、电话(电报)杆线,以及鼓励服兵役等。①

国民政府对外侨、帮会、团体和散兵游勇,亦作出了严格的规定。无论机关法团或民众,未经呈准,不得自由集会。乡保甲长对于境内游民以及外来形迹可疑之人,须秘密考察其行动。对于多人聚合场所,须随时考察其言论。②防止帮会活动,已自首帮会分子,责成保甲长随时监视训导,未自首者限期自首,否则拿办。此外,设法利用帮会和社团,充当政府耳目,并策励其检举"奸宄"。凡轴心国外侨,其形迹可疑者,应严密监视,必要时,得呈准采取"断然之处置"。③散兵游勇由各团队及乡保人员负责取缔,捕捉后,解送收容机关,按照《战时处置散兵游勇实施办法》处理。④

伴随着各地防止汉奸间谍活动办法的展开,国民政府取得了一定的成效。在抗战时期,日本谍报机关非常活跃,派遣大量谍报员深入国民党统治区域,散处各地。其中,一些不会中文,且体型、举止可疑之人便很容易遭到

---

① 《武汉近郊百里内(市区以外)户口联合检查办法》(鄂秘文字第904号,1937年9月24日),湖北省档案馆藏,档案号:LS3-2-2100。

② 《为遵令拟具防谍肃奸实施计划呈报备查由》(军字第6511号,1942年4月28日),湖北省档案馆藏,档案号:LS1-4-613。

③ 《摘抄南岳会议关于防谍肃奸各案办法要点》(社特字130号,1942年3月4日),湖北省档案馆藏,档案号:LS1-4-608。

④ 《湖北第六区防谍肃奸实施计划》(省民字第1723号,1942年4月13日),湖北省档案馆藏,档案号:LS1-4-608。

逮捕。①意大利作为轴心国之一,其在中国的神职人员如果从事间谍行动,也会受重点监视。如1939年,湖北老河口天主教堂意大利籍神父费乐和黎均二人被拘,供认指使教民刺探情报,教堂内还搜获了手枪、子弹、无线电收音机、发报机等。②

当然,国民政府的敌对势力也在采取各种应对措施。一些进行伪装,以化缘为名的"僧人",开设客栈的"商人",或身穿军服的汉奸,有时"往来无忌"。③如湖北省,日本使用"一贯道"为间谍活动工具,指使首领张天玺分派谍报人员潜入内地,设立佛堂或商店,利用民众好善心理,吸收徒众,搜集各种情报。国民政府对此非常重视,分饬各乡镇保甲严密调查,随时具报④,其盲从加入者,督促其脱离"一贯道"。⑤又如广东省,日本训练大批汉奸,化装文具商或估衣商,由台山等地混入后方各地活动。另外,由湖南衡阳、江西南昌、高安等地化装为难民女子,以寻找丈夫为名,刺探军情等。⑥

日本投降以后,国民政府在各收复区加紧接收。此时的中共人员亦是如此,且分派党员"伪装百姓",向国民政府各部门"觅取低级公务员职务",俟民意机关成立,即"活动成为民意代表"。⑦有时男扮女装,以看相算命为掩护,经常出没于国民党统治区,刺探军情。⑧共产党谍报员活动如此频繁,乡保人员自然不敢大意,有时也闹出一些"乌龙事件"。1948年6月21日,武昌县章华寺庙内乞丐张海因身上带有银洋4元,被怀疑是中共"间谍",先后由

---

① 《嘉定捕获日本间谍》,《申报》,1937年8月28日,(申报夕刊)第2版。
② 《通令为李司令长官通电破获意籍神父间谍情形》(训字第4775号,1939年1月4日),湖北省档案馆藏,档案号:LS7-5-278。
③ 《汉奸化装和尚,获首领胡金生》,《申报》,1937年2月4日,第4张第16版。
④ 《为鄞市有王天佐组织一贯道并在均保襄枣等县设有佛堂特电查照由》(施保绥字第3245号,1944年10月24日),湖北省档案馆藏,档案号:LS6-2-1018。
⑤ 《为呈复奉令查办一贯道情形并缮造清册乞鉴核备查由》(法字第3243号,1944年12月18日),湖北省档案馆藏,档案号:LS6-2-1018。
⑥ 《社会部代电》(机字第3589号,1945年3月9日),湖北省档案馆藏,档案号:LS6-2-1018。
⑦ 《社会部代电》(机字第4454号,1946年1月15日),湖北省档案馆藏,档案号:LS6-2-1018。
⑧ 《共匪间谍男扮女装,乡长灌酒识破秘密,江西万载县一片离婚声》,《中央日报》,1947年10月7日,第7版。

武昌县政府和武汉高等特种刑事法庭提讯，均认为，张海供称银洋是"讨的钱集起来掉换的"，似属可信，作出不起诉处分。①

如果说中共人员采取上述举措时还需要遮遮掩掩的话，那么，利用国民政府户籍制度上的漏洞，则会更加有效。其方法是，中共谍报人员每到一处活动，必携带大量资金，在当地找到关系，开设各种店铺，等稳定以后，请领国民身份证，待发下之后，过一段时期，声称身份证丢失，且需要迁移户口，向保甲长请领户口异动证，保甲人员要其登报声明，彼亦照做，等户口异动证发下，彼并不迁移，而是将户口异动证交给另一年龄相仿人员，让其迁移户口，迁入地保甲长见有证为凭，遂准许迁入，发给国民身份证，如此循环，可领得若干国民身份证。原因是请领身份证时，经办人员只要相片，不对照本人。②

三、管理自新户

所谓自新者，国民政府认为，系被中共"胁从"的民众与自新分子。换言之，一类是未加入共产党而被迫附和之民众，另一类是确系中共人员，且向来"无重大罪恶而已悔悟"，自动脱离中共"回籍者"。③在国民政府看来，中共辖治下的民众之所以追随中共革命，一个重要原因是，身处革命根据地，为保全生命财产起见被迫加入，或愚昧无知而附和盲从。应有原谅的余地，可予以自首自新之路。④另外，为"保全国家元气"，减少战争损失⑤，削弱中共武装势力，与共产党争夺民众，以期达到釜底抽薪的效果，也是国民政府的一

---

① 《危害国家》（侦字第 132 号，1948 年 7 月 7 日），湖北省档案馆藏，档案号：LS72-1-29。
② 《苏保安司令部发现匪套领身份证技俩，经办人员只要照片，不对本人，因此匪谍谎报异动，蒙骗保甲》，《中央日报》，1948 年 9 月 19 日，第 7 版。
③ 《拟订湖北省安辑被匪共胁从民众及自新分子办法十四条提请公决施行案》（1932 年 7 月），湖北省档案馆藏，档案号：LS1-6-723。
④ 《剿匪区内招抚投诚赤匪暂行办法》（1933 年），《中华民国法规大全》，商务印书馆，1936 年，第 1925 页。
⑤ 《汉剿匪会议今晨召集，蒋发告匪军官兵书》，《中央日报》，1934 年 5 月 25 日，第 1 张第 2 版。

个重要考量。

1933 年，国民政府制定许多传单，派飞机向苏区散发《告匪军官兵书》等。规定自新者一律优待，不咎既往，无论官兵，能作内应者受重赏。其携带步枪、驳壳枪、机枪等武器分别赏 20 元、30 元与 300 元。①凡是共产党官兵（经多数民众指证，曾任中共重要职务者，不在此例②），只要不是因军事战争，当场缴械或被捕，都可由招抚机关（团以上各部队或县政府）接收。自新者住所尚在苏区，待苏区收复后，由招抚机关转送原籍县政府。县长发给自新证，责成其父兄邻右二人以上以及房族长或本地公正绅耆具结担保后，方可由具保人领回监督。如家族邻右多已逃亡，无法觅保，则由本地区长、保长以及甲长三人连带担保。区保甲长负责监督自新人不准与来历不明人往来，一年以内不准擅离所住区域，同时，责令自新人有一固定职业，如无职业，应由具保人共同设法救济。如自新者"籍隶远方或因特别情形不能回家者"，由招抚机关填明招抚表，送交临时收容所，转送感化院③，施以感化教育。

期满，以"改过迁善"为出院标准。④反省院举行评判委员会议，对反省人进行评判，通过者准予出院。之后，院长召集全体职员及反省人，在大礼堂举行出院反省人宣誓受证（自新证）典礼。⑤持有自新证明书者，须受当地党部监督与管理，再接受两年考核，考核期满，认为合格，该自新证明书由原籍党部转呈政府注销。如遭遇逮捕时，应出示自新证明书，以便查核。⑥

---

　　① 《赤匪自新总部已规定办法》，《中央日报》，1933 年 2 月 1 日，第 1 张第 2 版。

　　② 《汉总部明定处理俘匪标准，审实枪决者三条，准其自新者三条》，《中央日报》，1932 年 10 月 8 日，第 1 张第 3 版。

　　③ 《剿匪区内招抚投诚赤匪暂行办法》（1933 年），《中华民国法规大全》，商务印书馆，1936 年，第 1925 页。

　　④ 陆人骥：《感化教育》，商务印书馆，1934 年，第 66 页。

　　⑤ 《反省院一批反省人昨出院》，《大公报》，1937 年 10 月 3 日，第 1 张第 4 版。

　　⑥ 《颁发自新证明书规则及发自新证明书手续》（湖北省政府第 3 类第 2 项第 8545 号，1936 年 11 月 28 日），湖北省档案馆藏，档案号：LS3-1-326。

根据《剿匪区内招抚投诚赤匪暂行办法》第八条规定，自新者感化期满后，由感化院送交各该原籍县政府办理。[1]以湖北为例，该省感化院自新人员既多，又无专门的交通工具。其遣送办法是，感化院呈请国民政府军事委员会委员长行营，训令湖北省政府建设厅负责运输。获准后，感化院将出院自新人员及名单送交建设厅，该厅派员点收无误后，将人员送至省会公安局暂行看管，听候分别遣送。因自新人员籍贯分散各县，若一一遣送，经过县份既多，自新人被羁滞的时间也长。后参酌各地交通状况，能直达自新人原籍，该厅迳送该管县长，以节省手续。不能直达，则由省会公安局与汉口公安分局分别送至各该行政督察专员公署，再由该署分转辖县。对于自新人与护送官兵，沿途所经过铁路、轮船与汽车，一律免费搭载。[2]

自新人回到原籍，这种准予自新，有"通匪纵匪嫌疑"的住户，即称之为自新户。这种特殊住户，普通住户大都不愿与之联保连坐。国民政府认为，若不对自新户加以管束，任其放置，将会危害社会。但强迫联保，良民反被莠民威胁，最终"良莠不分"，联保失去作用。所以，对自新户应该另有管理的办法。[3]凡自新各户，户长亲具悔过切结，并觅取当地亲族二人以上出具连坐切结，一并呈送乡镇长查核。如藏有枪枝，应一律呈缴。保甲长对于自新户，应随时察看管束，每日填写察看日记表，按旬呈送乡镇长，转呈县长。如发现仍"通匪纵匪"，须立即逮捕，送县法办。自新户如因事须离开原住地，不经保甲长转报，乡镇长许可，不得自由迁徙。但在自新一年后，可免除此项限制。[4]

作为自新者本身，单就年龄结构而言，大都为青年。国民政府认为，青年虽易受中共革命的"熏染"，但革命意志也比较薄弱。以凤岗特别区政治局为

---

[1] 《剿匪区内招抚投诚赤匪暂行办法》(1933 年)，《中华民国法规大全》，商务印书馆，1936 年，第 1925 页。

[2] 《湖北省政府建设厅训令》(乐字第 491 号，1935 年 5 月)，湖北省档案馆藏，档案号：LS39-1-206。

[3] 闻钧天：《保甲与警察之关系(中央保甲函授训练班讲义)》，(无具体出版地址)，1935 年，第 62 页。

[4] 董浩：《现行保甲制度》，春明书店，1942 年，第 97~98 页。

例,1934 年,该局接收自新者 241 人,21 至 25 岁者 68 人,为最多数,占总人数 28.21%。41 至 45 岁者 10 人,为最少数,占 4.14%。26 至 30 岁者 59 人,占 24.48%。31 至 35 岁者 38 人,占 15.76%。16 至 20 岁者 26 人,占 10.78%。36 至 40 岁者 24 人,占 9.95%。46 至 50 岁者 16 人,占 6.63%。其中,若以 21 至 30 岁者合计,有 127 人,占总数 50%以上。[1]又如黄梅县收容所为例,该所造送自新受训学员花名册 134 人, 除 3 人无年龄记录外,21 至 30 岁者 90 人,占 67.2%。[2]

自新者投诚以后,对于具有坚定共产主义信仰的革命者来说,自然视其为背叛革命。在一些地区,尚有一部分中共武装人员藏于深山密林中,每于深夜下山"摸瓜"——将自首自新分子以及地方绅士(如保甲长等)暗杀。由于此类中共人员行踪飘忽不定,国民政府欲招抚,"恐生变",欲围剿,又"无法擒获",以致不少案件无法侦破。一般富商,亦"战战兢兢,暗带烟膏,以防不幸被绑,便图自尽",乡村居民若非卖柴购盐也很少进城。[3]

其实,当地士绅、保甲长与民众也加入了对自新民众进行寻仇报复的行列。各地避难归来士绅与民众,与自新分子势如水火。动辄对自新民众"横加虐待",如遇派捐、劳役时,"则迫令多出",稍有权利,不许享受,倘自新分子略有反对,则进行恐吓[4],甚至有人员联合当地机关或驻军、民团,对自新民众进行任意敲诈,乃至擅自杀害,以致自新分子敢怒而不敢言。国民政府认为这种情形"殊堪痛恨",与国家的"宽大"政策背道而驰。[5]一再训令各省,对

---

[1]　《凤岗特别区政治局处理赤匪投诚统计,准予自新者二百四十一人,以意志薄弱之青年占多数》,《中央日报》,1934 年 6 月 23 日,第 2 张第 3 版。

[2]　《湖北省黄梅县剿匪时期临时收容所造送自新受训学员花名册》(1943 年 6 月),湖北省档案馆藏,档案号:LS19-7-92。

[3]　陈赓雅:《赣皖湘鄂视察记》,申报月刊社,1934 年,第 107、123 页。

[4]　《据洋溪联防主任柏式诺呈请通令保护自首自新民众一案饬遵照》,《江西省政府公报》第 185 号,1935 年 5 月 10 日,第 26~27 页。

[5]　《通饬优待投诚匪军与自新民众,不得稍有歧视》,《江西省政府公报》第 35 期,1932 年 12 月 20 日,第 31 页。

于已核准回籍居住之自新分子,务须保护其生命财产,禁止地方有凌辱报复或敲诈压迫情事发生。"藉以遏止寻仇之风,而广来归之路。"①倘若再有藉端报复,擅杀自新民众,政府将从严惩办。②

与 20 世纪 30 年代比较,40 年代的中共实力更为壮大,一方面,国民政府在继续挖共产主义大厦的"墙角",利用各种方式,争取更多的人自首自新。譬如,令饬乡镇保长告知自首自新人家属,设法"召归",且尽量利用已自新分子潜入"匪区",进行策反,并对中共重要成员实行暗杀,造成恐怖气氛等。③另一方面,中共也在进行"顺水推舟"。训练大批人员,派往各地,充当难民或请求自新, 向当地政府请求工作及入学受训, 借此打入国民政府地方各机关,充当基层保甲长等,不时破坏电线、桥梁与铁轨。④为此,国民政府令饬各县,分饬各乡镇保甲,应提高政治警觉,严防自新分子的这种"内在的腐蚀作用"。其关键不仅在于办理自新手续,更重要在于随时严密监视,考察其"真诚",肃清潜伏份子。⑤

为维持基层社会秩序,掌握地方流动人口和社会详情,户口异动登记成为政府必要的一种统治手段。与古代社会相比,在户籍管理方面,南京国民政府力图打造户籍制度的"升级版"。然而,户口异动登记的内容过于复杂,非具有一定专业知识与文化水平,难以胜任这项工作,保甲长的主要任务是监视、登记汇报异动情形,由于战乱时局以及地方政府财力拮据,更主要是基层保甲人员的素质低下,从而使得各项政令不仅难以施展,反而加以权宜变通,登记的内容不断简化,迁入与迁出两项内容的作用凸显,尤其是迁入。

---

① 《奉令禁止凌侮报复敲诈压迫投诚自新分子等因令仰遵办》,《湖北省政府公报》第 52 期,1934 年 8 月 31 日,第 1~2 页。

② 《民众协剿会请保护自新匪众生命财产通饬遵照办理办理》,《江西省政府公报》第 43 期,1933 年 3 月 10 日,第 31 页。

③ 《争取奸匪自首自新运动办法》(1946 年),湖北省档案馆藏,档案号:LS19-1-203。

④ 《奉电饬认真办理自新,清查户口,肃清潜伏等因电仰遵照办由》(省民三字第 16589 号,1947 年 3 月 8 日),湖北省档案馆藏,档案号:LS3-2-2362。

⑤ 《提高政治警觉,严防自新分子》,《中央日报》,1947 年 6 月 24 日,第 7 版。

抗日战争时期,人口流动相当活跃,为加强对基层的控制,户口异动登记愈加成为国民政府利用保甲组织,防止"奸宄"窜匿其间的一大潜因。同理,自新户作为特殊户口,在地方社会虽属少数,但也受到国民政府足够的重视,"剿匪"时期和抗战后皆注重自新户的管理。

第三节　保甲与国民身份证制度

户政作为国家对住户人口进行管理的一项要政,历来被各届政府加以重视。民国时期,中国的户政出现了较大的变化。其中,普及国民身份证即是南京国民政府试图对基层社会加强控制与管理的典型体现。因而,对国民身份证开展研究[①],有助于进一步论证国家权力如何通过各种渠道深入社会基层,以及探讨国民政府构建现代国家的努力。本节正是从这一路径出发,对民国时期的国民身份证加以初步的研究。

一、国民身份证的由来

早在隋代,政府为清查隐匿户口,增加赋税收入,于公元 585 年厘定"大索貌阅",即要求各州县按照户籍上注明的年龄大小,逐户核对编户成员年龄、长相、身体特征等,以便检查住户是否用谎报年龄、诈老诈小的方法逃避承担赋役。如有不实,"里正须流配远方"。实行以后,国家户口大增,豪强士

---

　　① 目前学界对国民身份证的研究,主要侧重于个案研究,介绍民国时期国民政府实行了"国民身份证"制度,并作出评价。如唐云萍:《民国时期上海的"国民身份证"》,《档案与史学》2004 年第 4 期;郭继伟、孔凡胜:《再现沧桑历史的国民身份证》,《山东档案》2009 年第 2 期;占钊平:《南京国民政府时期的江西户政》,江西师范大学硕士论文(2007 年)等,占在该文中认为,从 1947 年到 1949 年两年时间里,国民政府在江西省推行的国民身份证制度,其象征意义远大于实际意义。

族相对削弱。①国民政府认为，宗族时代只有族谱可以证明个人身份，但是族谱携带不便。②抗战时期，国民政府在实施兵役制度时，许多壮丁在征前尽量逃避，征后大批逃亡，为堵塞兵役制度上的漏洞，遂推行了国民兵身份证，利用保甲组织，详细填载每个国民兵的出身特征，使得壮丁迁入迁出更便于稽查。③

根据国民兵身份证暂行条例，身份证由国民兵团团部制发，加盖关防印章，正证由乡（镇）队部管理，副证加盖队戳及私章，注明日期后交国民兵本人随身保存，以备查验。主要内容涉及国民兵（年满十八岁至四十五岁之役龄男子）出生年月日、家属（父母姓名，不论存殁）、籍贯（本人原来居住之省县区乡〈镇〉保甲）、面貌（"长方""长圆""长""圆""白""黄""黑"等）、箕斗（自大拇指起数至小指止，依次将图形纹〈斗〉填○，缺形纹〈箕〉填入×，例如"左○○××○，右××××○"）、特征（"麻""微麻""白麻"，左〈右〉口角〈眉二〉"黑""红""痣"，"眼大"，"鼻高"，"骈指"等）、职业（如有副业者亦须填入，以农为本，同时兼作木匠者，填农〈木匠〉）。其填写由本人负责或报请保甲长代填，而其他如特长、体格、兵种、役别栏等由征兵检察官填入。当国民兵移居另一乡（镇）时，应由新住址房主（含医院旅馆学校机关等）或船主缴呈所属乡（镇）部队，房主或船主如发觉其身份证或副证不符时，除拒绝收留外，应报请保甲长转报核办。为切实检查身份证，国民政府还设置盘查哨及流动清查队执行检查。④

为发挥户籍效用，便于考查国民行动，确证其属籍与身份。1942年，湖北省政府第 427 次会议决议修正通过《湖北省各县国民身份证暂行办法》，规

---

① 区士麒：《国史述要 乙编（上）隋唐至明》，香港波文书局 1980 年，第 15 页。
② 叶亦卿：《身份证检查及户口清查》，《中央日报》，1946 年 9 月 12 日，第 4 版。
③ 昔庄：《如何推行"国民身份证"工作》，《广西兵役通讯》第 5—6 期，1941 年 6 月 30 日，第 29~31 页。
④ 《司法行政部关于军政委员会检送国民兵身份证暂行条例的训令及湖北高等法院的训令》（训字第 2952 号，1940 年 9 月 5 日），湖北省档案馆藏，档案号：LS7-1-143。

定将以前各种有关证明人民属籍与身份之证件,诸如居留证、通行证、迁徙证、公民证、国民兵身份证等合并成为一种证件,即国民身份证(以下简称身份证)。身份证限期举办的同时,停办居留证等各种证件。

依据该暂行办法,县政府于全县户籍登记初步办竣时,根据各乡(镇)本籍寄籍及暂居户口登记统计、应发身份证人数,将身份证及副证分别制定并加盖县印,由乡(镇)公所转交民众(年满18岁以上之男女,对于已满12岁在外就学或旅行一月以上者亦发给)依式填写或报请保甲长代填,仍由本人签名或捺指印,之后由保办公处汇缴乡(镇)公所,交由户籍干事,核对无讹,签名盖章,再由乡(镇)长兼户籍主任加盖印章及钤记后,将正证保存,副证发给民众使用。主要内容包括姓名、住址、出生年月日、教育程度、籍贯、职业、面貌、特征、指纹、公民资格(宣誓地点、宣誓日期。已宣誓者,身份证壳面右角写以"公"字)、役别(如备役、停役、缓役、免役、禁役等。具有国民兵身份者,身份证壳面之左角上写一"国"字)、家属称谓(例如户长之次子)等。当民众移居时,应携带身份证及副证向当地保办公处报请填具户籍登记申请书转送乡(镇)公所办理登记。同时换发身份证并将原身份证及副证寄送原管县市政府注销,如无固定新住址或因经商就学及其他事故,应将身份证交由房主或船主转报当地保办公处验明,并列入流动户口登记册,仍将原证注明"验讫"字样,发还使用。持证者享有公民权、居住与迁徙自由以及对于非法征调之抗议权。[1]

为了使身份证能够经久耐用,其制作也比较考究。证壳用硬双皮纸裱糊两层,于填写后加糊桐油。材料如此,费用自然不低,湖北省政府虽规定每份工本费不得超过5角,但仍准许各县政府斟酌当地市价,由乡镇公所通知领用之国民如数缴纳。此外,另制备布套,布套内层用厚纸加裱,并加糊桐油。

---

① 《为令发本省各县国民身份证暂行办法仰知照由》(省户特字第758号,1942年11月14日),湖北省档案馆藏,档案号:LS18-3-30。

于核发身份证时随同发给民众使用,费用按证额 10% 至 20% 加收。①

二、身份证制发概况及其阻力

国民政府为使身份证能够普及,利用基层组织,举行扩大宣传。县级政府转饬各乡镇切实研究并按保粉刷简明标语,同时举办公民宣誓登记,以使民众家喻户晓。1943 年,为配合军队作战,湖北省政府饬令各县提前赶办身份证。按该县现有人口,发给规定年龄民众,但由于涉及民众人数众多,每一县少则几万,多则几十万,付印费用庞大,许多县份财政支绌,工作进展比较缓慢。②以湖北省松滋县为例,该县所需制发身份证在 30 万份以上,按时价每份需 9 角,除向领取人收回工本费 5 角外,尚有 16 万元左右的差额。县财政支绌,无法筹拨,遂召集区乡镇长会议决议,改由各乡分别印制,缺额由各乡镇财政经临收入项下弥补,身份证印制后,送交县府加盖县印,然后转乡保人员填发。之后,县政府又奉令国民身份证应添加性别一栏,鉴于各乡身份证既已印制,作为补救,县府刊刻性别二字木戳,加盖于姓名栏后。③兴山县则是在姓名年龄两栏之间用红色字体加盖,并饬由各乡承办户政人员前往各保,借保民大会集会时机,将持证民众之身份证一律加盖。④

除经费原因外,许多县份受战局影响,也是导致不能依限完成普及身份证的重要原因之一。因为日军侵扰,乡保人员的职能均集中于全力征伕催粮

① 《为令发本省各县国民身份证暂行办法仰知照由》(省户特字第 758 号,1942 年 11 月 14 日),湖北省档案馆藏,档案号:LS18-3-30。

② 《电赍印就国民身份证一份祈核示由》(陆民字第 740 号,1943 年 8 月 7 日),湖北省档案馆藏,档案号:LS3-2-2294-1。

③ 《电复办理国民身份证情形检同正副证样本请鉴核由》(民字第 8041 号,1944 年 11 月 5 日),湖北省档案馆藏,档案号:LS3-2-2294-3。

④ 《电赍本县国民身份证加盖性别栏祈鉴核备查由》(兴民瑚户字第 1706 号,1944 年 4 月 9 日),湖北省档案馆藏,档案号:LS3-2-2294-4。

及供应军事需要,民众则被动员赶运粮食弹药等。[①]如湖北公安县,奉令制发身份证之际,适逢"迭遭敌扰",虎渡河、东之、麻豪等13乡镇迄未收复,其他完整乡镇亦因紧接敌占区,时受"惊扰"[②],以致未能如期完成,仅将较为安全之青峰、花桥、中河等7乡先行填发。[③]又如江西省上饶、铅山、玉山等县"为配合军事机宜",无法完成普及身份证任务,便采取变通办法,与福建省一样,暂时改发通行证,其所需印刷费由各县依照规定程序,另编预算在第二预备金项下报支,其格式如下:

表4-2

江西省　　　　县临时通行证				姓名	身材		
第　　　区					面貌		
乡							本保保长
保　　　第					左箕	右斗	
甲　　　第							
街(村)		住址		特征			签名
门牌第号							
性别	年龄	职业					盖章
字第　　号　　填　　年　　月　　日							

资料来源:《为准第五战区电以防间计划中规定记为国民身份证一节请改发通行证转饬饶玉铅各县依限配发完毕由仰即转饬遵照办理具报由》(保字第07351号,1943年9月23日),江西省档案馆藏,档案号:J032-1-00512-0204。

通观上列格式,我们可以发现,与身份证比较,通行证的内容要简单得多,没有反映持证人的教育程度、出生年月日、公民资格、役历等情况。由各乡(镇)公所发给,不但式样参差不齐,漫无稽考,而且保长签名盖章,容易滋

---

① 《为奉电呈复本县办理国民身份证情形并检同正副证各一份电请鉴核由》(民户字第46号,1943年12月12日),湖北省档案馆藏,档案号:LS3-2-2294-1。

② 《为呈复办理国民身份证情形连同正副证样电请鉴核备查由》(公民字第1486号,1944年10月30日),湖北省档案馆藏,档案号:LS3-2-2294-4。

③ 《为呈赍本县国民身份证样本电祈鉴核备查由》(远民字第2524号,1944年10月17日),湖北省档案馆藏,档案号:LS3-2-2294-4。

生流弊。因此,国民政府令饬各县,严禁保甲长及同业公会发给通行证①,拟定仍由县级政府制定身份证式样,统筹印刷,加盖县印,由各乡(镇)公所遵照工本费照价购领,并按原价转发民众使用。②

国民政府虽一再颁发训令,要求身份证制发以后,居民通行证即应废止,但对县级政府而言,又有许多现实困难。如湖北监利县,该县由于中共军队"窜境",为防止敌对分子混迹,以便配合国民党军队展开"清剿"工作,制发身份证一再展期,仍旧核发居民出行通行证,即使大量民众通行证被中共搜去,该县府亦只是变更式样,由各乡镇公所自行制发。③对此,湖北省政府训令该县赶办完成身份证,并通电各省将该县通行证作废。④

国民党实施身份证的初衷,是防止敌对势力活动,杜绝壮丁避役,肃清匪盗,取缔散兵游勇,巩固后方治安。身份证的效用在于证明国民之属籍与身份。抗战时期,人口流动比较频繁,尤其在乡村,警察未能普遍设立,对出境入境民众的检查最感困难。国民政府饬令各县,视各乡实际情形,在交通要道设置盘查哨。盘查哨人员编组,每哨配置18人,哨长1人,以当地保长兼任,如一保有两哨所以上者,则指定当地甲长兼任哨丁,哨丁以居住各哨所附近(十里内)体格较健、家境较优之国民兵编成,以3人为一班,以资深哨丁为哨目,每班服役4小时,以18人分为6班,轮流值哨,哨丁携带自卫武器,夜间班还须携带被盖。盘查哨任务以检查身份证、实施管制避役壮丁为主,每所至少须有识字人员一人,办理查验登记,对来往行人(年满18岁以上之国民)缴验身份证后方可放行。一旦发现形迹可疑,举止仓皇,言语支

---

① 《禁止保甲长及同业公会发给通行证》(湖北省政府第7类第1项第63号,1945年),湖北省档案馆藏,档案号:LS3-2-2544。

② 《呈报划一县民通行证办法以资识别而免流弊祈核示由》(县民字第441号,1945年11月9日),湖北省档案馆藏,档案号:LS3-2-2294-3。

③ 《为据县属冠英乡公所呈报居民通行证被匪劫夺一案电请鉴核由》(民字第2045号,1948年6月4日),湖北省档案馆藏,档案号:LS3-2-2301。

④ 《据电呈居民出行通行证作废一案电仰遵照由》(省敏字第31198号,1948年6月22日),湖北省档案馆藏,档案号:LS3-2-2301。

吾或他方口音而无身份证(或其他证明文件)者,或持有证件而与身长、面貌、箕斗等事实不符者,哨丁即将其送往乡公所处理,尤其是发现汉奸、特奸及盗匪嫌疑人员,更是立即送交当地机关转送县政府审办。①

除盘查哨外,各县还成立了许多流动清查队,其人员编组以乡为单位,由乡公所所在地附近(十里内)每保挑选身体强健、家境较优之国民兵 16 名充当,分为两队,以保队附或甲长充任队长,日夜各 1 队,每队 8 名,每保以 10 天为限,轮流清查。其任务是考察盘查哨哨丁勤惰情形,纠正退班过早、换班迟到及当班偷懒现象,并记其姓名呈报乡队长处罚,情节较重者转报县政府处理。并于每晚十点左右对所在乡镇客栈清查身份证一次,紧急时得临时检查。②

抗战胜利以后,日本虽战败投降,可中共势力依旧存在。国民政府认为,许多县份虽经收复,但治安转瞬"堪虞"。身份证包括通行、公民、国民兵役等各证在内,通过清查身份证,可以消弭"匪患",杜绝"奸宄",亦可征办临时兵役,以及举行公民登记宣誓,成立各级民意机关,有利民选,可谓一举数得。故而战后,国民政府令饬各省赶速组织保甲,清查户口,制发身份证等各项工作并颁发身份证式样。③内政部于 1946 年 9 月 21 日公布《国民身份证实施暨公务员首先领发办法》,规定各县制发身份证,由省政府统筹规划,中央及省级公务员首先领发身份证,身份证纸料应力求坚韧,经久耐用。④其印制费以市县政府筹垫为原则,但因工料费数目浩大,准许按照实需印制费向领

① 《为施行国民身份证应同时设置盘查哨指示要点仰知照(遵照)办理由》(省户特字第 1497号,1943 年 9 月 8 日),湖北省档案馆藏,档案号:LS3-2-2294-1。

② 《据秭归县政府呈拟各乡设置盘查哨及流动清查队实施办法赍请核备由》(器字第 2613 号,1943 年 9 月 18 日),湖北省档案馆藏,档案号:LS3-2-2294-1。

③ 《呈报办理国民身份证经过情形检同印就证式及会议记录祈核备遵由》(民字第 6915 号,1946 年 10 月 19 日),湖北省档案馆藏,档案号:LS3-2-2294-3。

④ 《国民身份证实施暨公务员首先领发办法》,《法令周刊》第 9 卷第 41 期,1946 年 10 月 9 日,第 2 页。

证人收回成本。并尽量贴用相片,如确因困难无法粘贴相片,暂以标准指纹(右食指指纹)代替,民众如若离境,仍须加贴相片。①指纹与照片比较,更容易导致身份证被蒙混、掉换、借用、顶替等诸多流弊。国民政府认为,身份证免贴相片,"颇多窒碍"。因为用箕斗检查时,不仅多耗时间,且对妇女检查时尤感不便。②在选举时,为防范重领与借用弊端,身份证更应尽量采用相片代替指纹。对民众而言,有人认为指纹为日本统治方法之遗留,况日伪时代只要二食指,如今十指皆捺印,颇感"烦扰",舆论界亦时有不满。③在地方,如果政府指定照相馆来摄影,更容易招致公众的指责。④

1947年,国民政府训令各省,户政为是年中心工作之一,其中户籍登记与制发国民身份证又为户政中心工作的重中之重。以武昌市为例,该市邀请有关各机关,举行筹制国民身份证座谈会,决定组织武昌市国民身份证制发督导委员会,决议身份证工本费每份暂收国币500元,由各申请机关汇办,关于相片,特约该市照相同业公会按市价8折优待。⑤凡居住该市区公务员身份证之申请定于4月中旬起至5月中旬截止,由申请人或代理申请之机关填具请领国民身份证申请书,并同时上交武汉市户政室工本费与最近脱帽半身一寸相片两张(背面写姓名及服务机关)。⑥

除公务员外,城市中最大的群体要数普通市民,因城市的治安状况有别,而导致市民最低领证年龄出现差异。如青岛市,该市政府规定,不论性别

---

① 《检同制发国民身份证疑义解释汇编第一辑请查照参考由》(人三字第00297号,1947年6月24日),湖北省档案馆藏,档案号:LS3-2-2294-1。
② 《市民身份登记仍须贴用照片》,《大公报》,1942年8月5日,第1张第3版。
③ 《领身份证要捺指印》,《大公报》,1946年11月6日,第3版。
④ 《长春身份证的照片》,《武汉日报》,1946年12月30日,第9版。
⑤ 《据武昌市政府电送国民身份证公务员首先领发办法填表说明及声请书式电仰派员前往洽办由》(省民三字第19758号,1947年5月14日),湖北省档案馆藏,档案号:LS3-5-5960。
⑥ 《武昌市各机关公务员首先领发国民身份证实施办法》(省民三字第19758号,1947年5月14日),湖北省档案馆藏,档案号:LS3-5-5960。

职业,凡年满 12 岁以上者均须请领身份证。[①]市民领取身份证后,如有遗失,须登报声明作废,并在规定期限内向原领警察所办理申请手续。凭借身份证,市民可以拥有办理房地产所有权登记、领购平价物品、申请营业执照、向民教馆图书馆及社教机关借阅书籍、安装自来水(电灯与电话)等各项公民权利。[②]市民身份证最先是由警察局制发[③],之后,国民政府认为身份证制发属于户政工作范围,依法仍由市政府户政科主管,将身份证制发权逐渐移交户政机关办理。[④]各警察局派出所向各区公所、保办事处办妥移交手续后,对于与治安有关之流动户口工作,譬如旅馆、妓院等,仍须继续办理。换言之,市民领取国民身份证事宜,将直接移至区公所办理。[⑤]但由于市民人数众多,办证时非常拥挤,甚或有"黄牛"潜入,以图私利,区公所人员不敷使用[⑥],为便利市民领取,有些城市采取简化手续,身份证办理转饬各保办公处。譬如,申请人凭各户户牌或原户籍登记申请书,向各保办公处办理登记手续;市民可向保甲长领取空白身份证,自行填妥[⑦],身份证印章由各保办公处加盖图记,且无时间限制;请领人本人不能填具申请书时,甲长有代填义务;身份证收据遗失时,可由甲长或邻居证明后发给等。[⑧]

民国时期,农民占国家人口总数的绝大多数。就身份证制发概况而论,乡村社会无疑是重点。以湖北省为例,各县制发的对象普遍为 18 岁以上之男女国民。后国民党进行"戡乱剿匪",为防止年青中共谍报人员活动,有些

① 《国民身份证也要举办了》,《大公报》,1946 年 11 月 2 日,第 4 版。
② 《京市国民身份证》,《中央日报》,1946 年 7 月 31 日,第 4 版。
③ 《为制发国民身份证暂由警察局继续办理仰遵照办理由》,《北平市政府公报》第 2 卷第 9 期,1947 年 5 月 1 日,第 22 页。
④ 《检同制发国民身份证疑义解释汇编第一辑请查照参考由》(人三字第 00297 号,1947 年 6 月 24 日),湖北省档案馆藏,档案号:LS3-2-2294-1。
⑤ 《领发国民身份证,民政局制定办法》,《中央日报》,1947 年 7 月 22 日,第 5 版。
⑥ 《身份证盖印,归各保办理》,《申报》,1948 年 11 月 30 日,第 1 张第 4 版。
⑦ 《空白新身份证今起分发各区,迁入声请书暂停发售》,《申报》,1948 年 11 月 1 日,第 1 张第 4 版。
⑧ 《国民身份证收据遗失时可由甲长邻居证明发给》,《申报》,1946 年 7 月 23 日,第 2 张第 6 版。

县份将制发国民身份证年龄调整为 12 岁起。[①]华中地区甚至规定，无论男女老幼，10 岁以上均应发给身份证，邻近"匪区"民众如若向后方入境时，或后方民众往邻近"匪区"时，除携带身份证外，还须领有原属乡镇公所开具之通行证。[②] 1947 年，身份证工本费少者 50 元[③]，多者 400 元[④]，甚至有 1000 元者。大多数县份在 100 元至 300 元之间。身份证价格如此悬殊，自然与材料有关。如襄阳县，原来采用普通白皮纸，每份价格 70 元，后改用牛皮纸，加之物价上涨等原因，飙升至 2200 元。又如江陵县，为力求坚韧，经久耐用，身份证系蓝色标准布面，内层为马粪纸，另以白报纸 2 页装订成本，每份议价 4000 元。[⑤]再如麻城县，身份证原以十折纸印制而成，每份工本费 160 元，不仅纸料薄，容易损坏，即使保管妥善，尚未破坏，亦多模糊不清，形同伪造，且内容与国家颁布式样完全不合，后奉令赶办[⑥]，由县统筹制发，"以蓝色洋布粘裹 12 号马粪纸为底面，内用西报纸印制，洋装成册"，到 1948 年 8 月，每份预收工本费高达 50000 元（多退少补）。[⑦]

身份证检查时，指纹不仅耗时，且难辨认。政府也一再要求身份证须张贴照片，但对大多数县份来说，县城照相馆不多，缺乏摄影师与照相器材。在

---

① 《据电呈赉国民身份证概况调查表电仰遵照由》(省敏字第 25747 号,1947 年 10 月 23 日),湖北省档案馆藏,档案号:LS3-2-2293。

② 华中剿匪总司令部政务委员会:《总体战实施检讨会议决议案》,华中剿匪总司令部政务委员会印(无具体出版时间地址),第 8 页。

③ 《为电呈本县制发国民身份证情形祈鉴核由》(宜铭民字第 18608 号,1947 年 4 月 7 日),湖北省档案馆藏,档案号:LS3-2-2294-2。

④ 《据呈国民身份证工本费一案电仰遵照由》(省敏字第 23715 号,1947 年 9 月 9 日),湖北省档案馆藏,档案号:LS3-2-2293-2。

⑤ 《为奉电饬据沙市汉伦印刷局将承印本县之国民身份证工本费减价情形复请核办由》(文民字第 5941 号,1948 年 1 月 13 日),湖北省档案馆藏,档案号:LS3-2-2294-3。

⑥ 《据呈送该县国民身份证概况调查表及身份证样本电仰遵照由》(省敏字第 29646 号,1948 年 4 月 9 日),湖北省档案馆藏,档案号:LS3-2-2294-2。

⑦ 《为电复办理国民身份证情形鉴核备案由》(琦民字第 13082 号,1948 年 8 月 18 日),湖北省档案馆藏,档案号:LS3-2-2294-3。

乡间因交通不便,照相更是困难。①除少数公务员能粘用相片外,大多数民众以指纹代替相片。甚至有些县全部没有张贴相片,如建始县等。②

政府虽曾布告民众,领有身份证即有选举权与被选举权,可普罗大众却不愿意"买单",认为领有身份证即意味着有服兵役工役之义务,系非法摊派③,对于政府政策多失去信仰,山区成年壮丁多设法规避。④妇女、老人与残疾人更认为无旅行之必要,以不常出门为借口。既不愿照相,又不愿请领,而且互相隐瞒。凡民选乡镇保甲长对于政府任何规定大多拖延,不执行。⑤有些贫穷县份因地瘠民贫,财政拮据,县财政无法筹垫,向领证人先行收费亦感困难,只能是陆续印制,陆续填发,并随即陆续收取工本费,缴付印刷费用,以维持现状。⑥

民众的漠视与消极对待滞碍了身份证的普遍推行。为发挥身份证的效用,促进民众重视,国民政府认为,除发动保甲长及地方知识分子普遍宣传外,还亟应严密检查。1947 年,国民政府再次训令各省,身份证制发后,所有公民登记证、居民身份证及其他类似之身份证应一律废止。检查范围包括车站、码头、城门、渡口、茶楼酒肆、寺院庙观、旅栈、妓院、剧场暨其他特种营业部门或公共场所,接近"匪区"更是昼夜严密施行,遇有形迹可疑者(如小贩、车夫、乞丐、巫道僧尼、难民及卖艺与游手好闲者),务须详细盘诘。⑦除经常严

---

① 《为电责国民身份证填发概况表及身份证样本祈核示由》(民字第 203 号,1948 年 6 月 18 日),湖北省档案馆藏,档案号:LS3-2-2293-2。

② 《电呈本县国民身份证制发情形并检同概况调查表及样本一份祈鉴核备由》(民威字第 16661 号,1947 年 11 月 27 日),湖北省档案馆藏,档案号:LS3-2-2294-2。

③ 《为遵填本县制发国民身份证概况调查表祈鉴核备查由》(平民字第 2053 号,1947 年 7 月 4 日),湖北省档案馆藏,档案号:LS3-2-2293。

④ 《为电呈国民身份证概况调查表一份祈核备由》(林民字第 1233 号,1947 年 10 月 2 日),湖北省档案馆藏,档案号:LS3-2-2293。

⑤ 《为电报本县制发国民身份证情形及设哨检查日期并依式填具制发概况调查表责请鉴核备查由》(户民慕字第 2321 号,1948 年 8 月 28 日),湖北省档案馆藏,档案号:LS3-2-2293-2。

⑥ 《仰该县迅将国民身份证办竣具报由》(省敏字第 23622 号,1947 年 8 月 28 日),湖北省档案馆藏,档案号:LS3-2-2293。

⑦ 《湖北省戡乱期间身份检查办法》(1948 年 4 月 13 日),湖北省档案馆藏,档案号:LS3-2-2294-1。

密检查外，还须定期实施各县市总检查。其办法是，码头出入口、车站及孔道等交通要道由警察机关负责，必要时商请驻军与宪兵予以协助，小路与普通住户由乡镇（区）公所督促保甲长负责检查。检查人员不得向持证人贿纵勒索，如发现伪造、变造或借用他人身份证情形，应报请乡镇（区）公所分别予以处理，有中共嫌疑或身份不明者，更是要求随时解送当地最高治安机关。①随后，各省普遍展开了身份证检查，结果不少过去规避者纷纷申请补发。②但同时须指出的是，政府虽规定身份证专为证明人民身份，持证人可终身配用，随时随地有效，可检查人员任意扣留身份证，滥刑勒索的事也时有发生。③

三、身份证实施效用及中共应对举措

国民政府通过宣传与检查等方式，旨在提高身份证的效用。事实上，这种效用却在实际运行当中不断遭到减损。首先是不少民众因为保管不善经常发生遗失身份证现象。结果不是登报声明④，便是要求乡保机构出具证明。⑤这还只是冰山一角，因为只牵涉到个人，数量有限，倘若责任在于保长⑥，影响则大得多。如湖北省宜城县信义镇第 22 保保长李星伯回乡扫墓时，该保户籍事务员朱行知发觉抽屉被盗，待发身份证被窃，总共 81 份，且多数已

① 《湖北省政府关于颁发湖北省各县市国民身份证总检查实施办法的代电》（省敏特字第 1458 号，1948 年 1 月），湖北省档案馆藏，档案号：LS1-4-663。
② 《为电呈国民身份证概况调查表一份祈核备由》（林民字第 1233 号，1947 年 10 月 2 日），湖北省档案馆藏，档案号：LS3-2-2293。
③ 《乡下佬注意！扣留身份证并不合理，滥行勒索也将受处罚》，《益世报》，1948 年 10 月 29 日，第 5 版。
④ 《为遗失国民身份证，除登报声明外，恳乞转请补发由》（南杨字第 3095 号，1947 年 9 月 19 日），江西省档案馆藏，档案号：J023-1-01101-0018。
⑤ 《为遗失国民身份证请函知第二区公所出具证明由》（1948 年 7 月 31 日），江西省档案馆藏，档案号：J023-1-01101-0027。
⑥ 《据商县县政府呈报张庆全遗失国民身份证请鉴核等情电请查照由》（府民三户字第 6415 号，1948 年 10 月），湖北省档案馆藏，档案号：LS3-5-5742-2。

捺指印,填就姓名。经数日清查,未获结果,宜城县政府给予该管保长李星伯记大过一次,户籍事务员朱行知予以撤职,同时函令各乡镇及有关机关严密查对。①

如果说,民众个人或乡保人员因疏忽大意导致遗失身份证,只是有限的话。那么,有时因政府本身原因,所产生的影响范围则会大得多。如湖北省汉口市,在1947年8月改制以前,所发身份证系盖用省辖市印信,改制以后,盖用院辖市新印,两印大小略有不同,市民带往外省(市)(县)时,每每被检查机关认为伪造而发生人证扣留情形。该市只好电请湖北省政府查照并转发全国各省市。②又如河南省商城县,该县商民在湖北省内经商,身份证虽一律张贴本人相片,加盖钢印,易于检查,但途经湖北省麻城、黄陂、黄冈等县时,常被沿途军警团队误认1947年度内制发身份证无效,"或以制发年度不一,效用各异"为由,予以没收或撕毁,要求该商民回县换领1948年度身份证方能通行。③类似事件在湖北省崇阳、通山④等县亦普遍存在。国民政府通令各省,身份证时效依照行政院1946年6月21日公布《户籍法施行细则》第29条规定,身份证一经制发,除损毁、灭失及原未发给应予补发外,无年度之别,永久有效,不须定期换发,其效用通行于全国各地,地方驻军团警哨所检查时,不得扣留、没收或撕毁,"以利行旅安全",如有此类情事,应切实制止。⑤一经发现,应即认明其部队番号及姓名等,"报请其直属长官或迳报国防部核办"⑥。

① 《为据本县信义镇呈报二十二保遗失国民身份证八十一份,附抄原呈遗失姓名号码表祈鉴核备查由》(宜云民字第442号,1948年5月3日),湖北省档案馆藏,档案号:LS3-2-2301。

② 《汉口市制发国民身份证》(湖北省政府第7类第1项第1目第287号,1948年),湖北省档案馆藏,档案号:LS3-2-2300。

③ 《据本省商城县政府电报三十六年度国民身份证被军警检察机关没收一案电请查照由》(河南省政府快邮代电,民二户字第2762号,1948年5月),湖北省档案馆藏,档案号:LS3-2-2304。

④ 《据报咸宁驻军团警误认三十六年制发国民身份证已失时效一案电请通令制止由》(慕户字第4595号,1949年1月27日),湖北省档案馆藏,档案号:LS3-2-2304。

⑤ 《准内政部、国防代电以据报军警稽查机关误认卅六年度国民身份证已失时效,嘱饬属制止一案电仰知照由》(省敏字第30540号,1948年5月),湖北省档案馆藏,档案号:LS3-2-2304。

⑥ 《准内政部代电转国防部电复已重申前令,严禁军队扣留或没收国民身份证一案电仰知照(饬属知照)由》(省敏字第32864号,1948年9月6日),湖北省档案馆藏,档案号:LS3-2-2304。

国民政府制发身份证的重要原因是防范中共人员潜入活动，但共产党也在设法"拆招"。国民政府曾颁布《动员戡乱时期制发国民身份证实施办法》，其中第十条规定，身份证一律不得携往"匪区"①，违者不仅收缴身份证，并酌予惩罚。但往往接近"匪区"地域，是最薄弱的环节。如湖北省江陵县龙西乡乡长田美芳违反规定，向"匪区"人民发给多份，每份索取银币3至5元不等，以致中共江汉军区第三分区谍报人员，于取得身份证后，进入国统区畅行无阻，甚至模仿翻印，大量使用。湖北省政府对此高度重视，认为此举"至为危险"，②训令江陵县长迅速查明究办。

由于技术、材料等原因，中共人员一开始翻印，并不是很成功。如浙江省定海县清乡部队在该县芦蒲乡搜获中共人员徐阿根伪造展茅乡身份证一份，经与原证比对，二者式样并无差异，惟假证县印系属木刻，"纹细而浮，角方而不圆浑，篆字与真印篆法亦多差异"③，"硬印则字迹较真印模糊不清"，"甚易辨认"。④此类伪造事件在各省也一再发生，如广东省信宜县政府发现中共人员伪造该县林东乡身份证，其所用县印印模系属木质，四边硬直，印色带黄，与指纹所捺印色同属一种，身份证无乡名，且只书写"国际数字"。⑤又如广东省澄海县亦发现假身份证。其真伪列表如下：

---

　　①　《国民身份证不得携带匪区》，《申报》，1948年11月20日，第1张第4版。
　　②　《童继初关于江陵龙西乡乡长田美芳违规擅发身份证导致间谍人员大量翻印使用的报告及湖北省政府密令》(澄字第399号，1948年8月28日)，湖北省档案馆藏，档案号：LS1-4-664。
　　③　《国民身份证严防有伪造》，《武汉日报》1948年12月25日，第4版。
　　④　《准内政部电以浙江定海县国民身份证发现伪造一案电请查照仿属查防由》(省敏字第34483号，1948年11月23日)，湖北省档案馆藏，档案号：LS3-2-2299。
　　⑤　《准内政部代电，以广东信宜县近有匪徒伪造国民身份证发行嘱查防一案电仰遵照由》(省敏字第30330号，1948年5月18日)，湖北省档案馆藏，档案号：LS3-2-2299。

表 4-3 澄海县政府真伪印章鉴定表

县印	伪县印	户政室印	伪户政室部
县印四角为钝角	伪县印四角为锐角	室印边沿线条粗大	伪室印边沿线案幼小
县印所刻"澄海县政府印"字样线条幼小,笔划端正工整	伪县印系木质所刻"澄海县政府印"字样,线条略较粗大,笔划未见端正工整	室印所刻"澄海县政府户政室"七字字端正而明显	伪室印所刻"澄海县政府户政室"七字字体略较模糊

资料来源:《据报最近发现歹徒伪造县印制发国民身份证请通行查防等情电仰知照并饬属查防》,《广东省政府公报》第 92 期,1949 年,第 3~4 页。

假身份证较易被国民政府识破,但是当共产党人员化装成国民政府检查人员时,普通百姓就较难分辨。1948 年 1 月 27 日(古历),谷城县谷伯镇第九保居民汪汉礼等人前往河南省从事贸易,住宿老集镇,是夜,有中共人员二人到店盘查,经店主代述,该民等系谷城商人,当夜无事。次日,又来检查,向汪汉礼等人索要身份证。经该民再三要求,终未发还,只得返回谷城县。[1]又如宜城县仁爱镇第 17 保保长张大经陈述,宜昌至襄樊一带,沿途检查甚多,检查人员多为便衣,借故(三十六年所发身份证无效)将来往行人身份证没收,"希图派遣地下工作人员潜往各地扰乱",民众既不敢据理力争,又不向主管保甲长呈报。宜城县政府除通饬各乡镇,要求所属保甲详查具报外,并规定,民众申请补发,应呈明原持身份证字号以及被没收地点及年月日,否则不予补发。[2]同时,英山县还规定补发身份证应一律贴用照片,加盖钢印,以便查对。[3]

如果说国民政府对于中共伪造身份证和便衣行为还可以应对的话,针对中共直接不断地军事行动,导致身份证大量流失现象,国民政府往往穷于应付,有时还陷入了窘境。1948 年 5 月 10 日,湖北省江陵县忠孝乡第 4 保保

---

① 《为据情转呈汪汉礼等损失身份证情形祈鉴核备查由》(瑛一户字第 195 号,1948 年 3 月 26 日),湖北省档案馆藏,档案号:LS3-2-2301。

② 《呈为据报本县国民身份证多在襄樊一带遗失祈鉴核备查由》(宜铭民字第 28360 号,1948 年 3 月 1 日),湖北省档案馆藏,档案号:LS3-2-2301。

③ 《据英山县呈报国民身份证被匪搜没,应予作废一案电请查照由》(省敏字第 29688 号,1948 年 4 月 14 日),湖北省档案馆藏,档案号:LS3-2-2301。

长在县城开完会议返回时，寄宿于该保第 10 甲刘学文家中，不料夜深突遭中共武装人员十余人，将该保长保图记一颗、相片或指纹上未加盖官印身份证 113 份及公款 200 余万元"抢劫殆尽"。①湖北省政府只好认为，"既经被匪劫去，均准作废"，关于保图记，为防患未然，由江陵县政府重新刊刻转发该保使用。②再如 1948 年 6 月 27 日，湖北省云梦县县城被中共攻陷，所有前后印制空白身份证四批，共计 21 660 份，除填发 9 895 份外，其余存于卷柜中 11 765 份身份证皆落于中共之手。③此类事件在中共势力活跃地区，诸如陕西、湖南、江西、安徽、山东、福建、浙江④等省屡见不鲜，可谓比比皆然。

身份证原为公证个人身份，亦是防止中共人员活动的一种方法，但中共所到之处，即将居民请领或空白身份证搜获，利用其潜伏国统区，刺探情报。国民政府认为，若不采取有效措施，"隐患堪虞"。⑤为防止中共利用各县国民身份证，确保地方治安，国民政府拟定了各种补救办法，诸如各县居民请领身份证，须经保甲长证明"无共匪嫌疑"；本人呈缴最近半身露顶相片两张，详填箕斗及其家属称谓，由县政府用印后，在相片上加盖钢印，始得发给；为杜绝流弊，不得发给空白身份证；各县制发身份证后应举行定期与不定期检查，如发现冒领及借用情形，必须依法究办；民众身份证遗失后，应查明姓名字号或钢印式样，立即声明作废，全县损失数量在三分之一以上时，县政府必须另改纸色，重新换发并将样张及钢印印模呈请省政府转报内政部备查，

---

① 《为本县忠孝乡第四保国民身份证被匪抢劫请饬严查由》(文民字第 9341 号，1948 年 5 月 20 日)，湖北省档案馆藏，档案号：LS3-2-2301。
② 《据报该县忠孝乡第四保国民身份证被匪抢劫，请饬严查一案电仰遵照由》(省敏字第 30904 号，1948 年 6 月 9 日)，湖北省档案馆藏，档案号：LS3-2-2301。
③ 《为呈报本县损失空白国民身份证情形祈鉴核备查由》(祐民字第 3282 号，1948 年 8 月 15 日)，湖北省档案馆藏，档案号：LS3-2-2301。
④ 《各省损失国民身份证》(1947 年至 1949 年)，湖北省档案馆藏，档案号：LS3-5-5742-1。
⑤ 《检送河南省防止共匪利用各县国民身份证办法及本部复电各一份请查照参考》(人三字第 1420 号，1948 年 4 月 3 日)，湖北省档案馆藏，档案号：LS3-1-1209。

以及通知邻近各县；①各级户政人员对于已（未）填身份证均须注意保存，如遇紧急情况必须设法秘藏或焚毁，以免为中共所用；②钢印再度遗失时须再订式样呈报备查。③

尽管国民政府制定了各种措施，县级政府在操作时却有诸多困难。以湖北省蕲春县为例，截至1948年1月，该县大量盖印而未发身份证被中共劫去，湖北省政府认为，身份证效用遍及全国，此次损失，"关系治安至巨"，要求该县府将所有损失身份证数量、字号查明，报请作废，并注意防范检查。④但该县三分之二乡份为崇山峻岭，中共出没无常，乡保机构经常流离转徙，甚或各乡办理人员在战乱之时纷纷逃散，以致无法统计数字。因照相材料缺乏与人民贫困，身份证大多未贴相片，仍以指纹代替，直至8月尚未能办竣。⑤又如湖北省潜江县，中共军队"窜入县境时"，该县散发身份证仅及半数，其未散发者均经掩埋收藏，后收复时，即从事清查，加盖钢印或骑缝县印，以资补救，但因该县被中共"盘踞日久"，不仅库存未发身份证全入中共之手，即使已散发身份证，大多亦被民众自行销毁或被中共"劫去"，所存无几。⑥陕西白河县则更糟糕，该县城被中共攻陷时县印遗失，只得"刊发隶字木质县印应用"⑦。各省市身份证遗失或被抢数量太多，连内政部也不再一一发布。但仍训令各省市办理兵役，征集新兵时，应切实检查身份证，核对相片，必要时向

① 《河南省防止共匪利用各县国民身份证办法》（湖北省政府第7类第2项第2目第228号，1948年4月），湖北省档案馆藏，档案号：LS3-1-1209。
② 《准电为空白国民身份证及钢印等应注意保管，如遇情势紧迫，迅即设法密存或焚毁等由电饬知照》（1948年7月17日），《台湾省政府公报》秋字第15期，1948年，第204页。
③ 《为各地国民身份证及盖用照片之钢印被匪劫后订定补救办法由》（人三字第2387号，1948年7月5日），湖北省档案馆藏，档案号：LS3-2-2368。
④ 《据蕲春县电呈损失国民身份证情形暨查验办法连同样本电仰遵照见复由》（省敏字第28045号，1948年1月30日），湖北省档案馆藏，档案号：LS3-2-2301。
⑤ 《赍呈国民身份证概况调查表祈核备由》（福一字第3713号，1948年8月15日），湖北省档案馆藏，档案号：LS3-2-2293-2。
⑥ 《本县国民身份证拟请通令作废祈鉴核示遵由》（量民字第058号，1948年9月8日），湖北省档案馆藏，档案号：LS3-2-2301。
⑦ 《准内政部电以陕西省白河县空白身份证悉落匪手请饬属查防一案电仰遵照饬属严防由》（省敏字第33009号，1948年9月10日），湖北省档案馆藏，档案号：LS3-5-5742-1。

制发机关查明真伪,以防被中共乘机潜入国民党部队。①

受国民党军队在战场上节节失利影响,国民政府所能控制的地域不断萎缩。同时,战乱亦使得人口流动加剧,安全局势变得越来越严峻。为防止中共人员潜伏活动和对流动人口进行管理,各省市自然对身份证也愈加重视。武汉作为九省通衢,来往长短途旅客更多,民众身份复杂,稽考困难。②为确保治安,防范中共人员"混入起见",湖北省规定,自 1948 年 12 月 1 日起,凡出入武汉,"不论时间久暂",军商民等都应携带身份证(或其他证明文件),否则一律不准入境。③即使远在后方的台湾省,亦在 1948 年 6 月 1 日作出了同样的规定。④

综上所言,抗战以后,人口流动剧烈,人户分离现象日益突出,民众的居住地与户籍地常常不一致。为填补地方治安防控与兵役等方面的漏洞,国民政府推行了国民身份证制度,利用国民身份证照片的准确性以及号码、指印的唯一性来加强人口管理,尤其是针对流动人口,政府还利用保甲组织分布点多、面广等优势,设置盘查哨,进行全天候防控。相比通行证、通行路单、迁徙证等证件,身份证不仅包含的内容更详尽,而且样式由政府统一制作,在一定程度上也不易伪造。乡村社会人口众多,身份证的宣传、请领、填写、补发、换发、查验、遗失报告、收缴费用等一系列事务,工作量浩大,流程复杂,手续繁琐,政府皆须通过保甲方能完成。保甲具有户籍管理职责,身份证实行后,户口管理由单纯的以户为单位的静态管理转为以一人一证、人户结合的

---

① 《准湖北全省保安司令部电以奉国防部电为各省市被匪劫抢或遗失国民身份证甚多,请转饬查防一案电仰遵照由》(省敏字第 34198 号,1948 年 11 月 1 日),湖北省档案馆藏,档案号:LS3-5-5742-2。

② 《请通令各县日后进出武汉应随身带国民身份证》(恩字第 563 号,1948 年 10 月 9 日),湖北省档案馆藏,档案号:LS3-2-2295。

③ 《准汉口市政府电以自本年十二月一日起,凡未随带国民身份证之军商民等一律不准入境一案电仰知照(饬属知照)由》(省敏字第 34301 号,1948 年 11 月 4 日),湖北省档案馆藏,档案号:LS3-2-2295。

④ 《准台湾省政府电为省外来台人民,如无随带国民身份证者,不准入境一案仰饬属周知由》(省敏字 30750 号,1948 年 5 月),湖北省档案馆藏,档案号:LS3-5-5960。

动态管理,从而提高了人口管理的效率,对户口异动登记亦是一种补充。

长期以来,学界一直对国家权力下行程度问题存有争议。无疑,进入 20 世纪之后,国家权力一直试图伸入社会基层。国民政府意图倚重身份证的推行,从而达到既能构建现代国家,又能维持地方治安的双重目的。通过国民身份证的实施,我们可以发现,国家权力已经扩张到保甲一级,且直接与个人相挂钩。可以说,与过去历届政府相比,南京国民政府将国家权力向乡村社会渗透又更进了一步。但同时应该指出的是,国民政府为加深并强化对基层社会的管理与控制,对身份证所填内容的规定过于复杂,而保甲人员素质有限,导致行政执行效率的降低。另一方面,身份证的质地与价位相伴相生,国民政府虽力求身份证坚韧,经久耐用,但对于县级政府而言,囿于财力拮据,结果费用便转嫁由民众承担,民众的漠视与消极对待,使得身份证在推行中,其实效不断遭到减损。此外,受战乱时局影响,中共的不断"侵蚀"加速了这一进程。

第四节　保甲与地方武装

一、保甲与保安队

民国初年,政局多变,军阀混战,地方管理多处于无政府状态,为维护治安,地方社会大半仿照保甲制度,纷纷组建自卫武装组织,这些组织统称团防。时间一久,各地团防逐渐被地主豪绅所控制,称霸一方,为所欲为[1],党同

---

[1]　中国国民党中央执行委员会宣传部印:《保甲运动宣传纲要》,(无具体出版地址),1929 年,第 31 页。

伐异,民不聊生,经过兼并后的团防头目成为团阀,往往控制当地政府,"视县长若厮役"。①

为整合地方武装组织,以及对抗中共的游击战术。1929 年 7 月,国民政府颁布《县保卫团法》,各县地方原有乡团及其他一切自卫组织,均改组为保卫团,保卫团编制为,每间为一牌,以间长为牌长,每乡或镇为一甲,以乡(镇)长为甲长,每区为一区团,以区长为区团长,县为总团,以县长为总团长。②保卫团以保甲为编制基础,从而强化了保甲的地方治安功能。

1932 年,湖北省政府颁布《湖北各县保安队暂行章程》,各县原有保卫团、常备队以及未经改编之自卫团体,在"清剿"期间,由民政厅一律编为保安队,各县保安队得酌量情形,编为保安总队或保安大队,下辖若干中队,县长兼保安队总队长或大队长。各县保安队官兵须有殷实绅商二人以上联保,如有中共嫌疑、侵蚀饷项及拐枪潜逃等情事,联保人须负责赔偿。士兵每半年更换三分之一,其更换缺额由"铲共义勇队"补充。各县保安队应按照各县地方情形,分配驻扎以资防守,并按月调防轮流训练。关于"清剿"事宜,得会同当地"铲共义勇队"协助办理,并与邻县互相联防。其经费来源为亩捐,县政府统筹统支,不足时,由县政府召集会议负责筹措,呈报省政府核准。官兵薪饷由县政府派员点名发放。③国民政府将保安队的武装力量先集中于县,归县长统一指挥,再集中于行政区,归行政督察专员兼保安司令统一指挥,最后集中于省,归省保安司令统一指挥。④

地方武装组织收归县政府以后,各县或采取单独"清剿"方式,或会同邻

---

① 《秭归士绅权大,团防胆小如鼠》,《大公报》,1933 年 5 月 18 日,第 2 张第 6 版。

② 《县保卫团法》,《行政院公报》第 65 号,1929 年 7 月 17 日,第 1~4 页。

③ 《湖北各县保安队暂行章程》(1932 年 7 月),湖北省政府民政厅:《湖北民政法规汇编》,湖北官纸印刷局,1932 年,第 239~241 页。

④ 王多年等编:《国民革命战史 第四部 反共戡乱 上篇 剿匪 第一卷》,台北黎明文化事业股份有限公司,1982 年,第 143 页。

县互相联防①,对中共武装力量造成了不利的影响。当然,有时国民政府一方亦遭受损失。如 1933 年 10 月,中共卢东生、夏曦等率部千余人,由湖北省长阳县李田窑分三路包围,与长阳保安队第一中队第二分队激战,击毙班长覃适金一名,士兵数名,受伤士兵数名,损失十余枪枝,生擒第二分队长刘谦及兵站处李副官②,此类事件在其他各县亦时有发生。为体恤各县保安队因"剿匪"受伤,国民政府令饬省(市)立各医院,准许各县政府"直接函送疗治伤重者",再由该院转送陆军后方医院。③

保安队在维护地方治安方面确实起到了一定的作用,但由于人数众多,各县经费窘迫,尚未实行统筹统支,或虽属统筹,而仍系摊派等方式。1934 年 1 月,湖北省政府颁布《湖北省各县征收保安经费暂行章程》,保安经费以亩捐为主,商铺捐为补助,绅富捐为预备,财务委员会负责统收统支,亩捐由业主负担,县长令饬各区保甲长按户确切查明田地亩数,按照田亩登记册详细记载,呈报区长,迨抽查完毕后,由县府汇订成册,按亩抽捐。亩捐捐率以每亩田地年收银元 1 角为原则,原有捐率不及 1 角,且保安经费足敷应用者,仍照旧征收。保甲长如与业主通同舞弊或受贿不报,县政府依法惩办。④其收入来源,以湖北第十区为例,见下表:

---

① 《驻鄂绥靖公署关于鄂北沿边各县与宛南各县将道路互相修通及各县保安队民团互相联防的电文及湖北省政府的电文、训令及湖北全省保安处的呈文》(参字第 5735 号,1933 年 12 月),湖北省档案馆藏,档案号:LS1–4–55。

② 《据九区保安司令吕咸电据长阳县长电称保安队剿匪伤亡人数损失枪支铃记各情形谨电奉闻由》(铨字第 2311 号,1933 年 11 月 22 日),湖北省档案馆藏,档案号:LS1–4–103。

③ 《湖北省政府关于省市立医院对各县保安队伤兵一律诊治的训令》(民第 656 号,1933 年 8 月 31 日),湖北省档案馆藏,档案号:LS1–3–977。

④ 《湖北省各县征收保安经费暂行章程》,《湖北省政府公报》第 39 期,1934 年 2 月 15 日,第22~23 页。

表 4-4　湖北第十区保安经费 1934 年度原来收入概算表

县别	原报预算数	核定预算数	说明
恩施	55 000	36 000	该县原报为秭石捐 45 000 元,商铺捐绅富捐 10 000 元,该县实有秭石为 13 万石,每石 3 角,约征洋 39 000 元,商铺捐只摊收 5 000 元,额数只 44 000 元,兹拟九成核收,除去征收费核定该县本年度洋 36 000 元
建始	80 000	50 000	该县预算 80 000 元,系按粮摊加,既不平均,又不实在,每年均未征足,本年正调查秭石整理田赋,如完成迅速,当另改正征收,兹核定本年度洋 50 000 元
利川	48 030.65	30 000	该县预算为秭石捐 42 030.65 元,又商铺捐 6 000 元,查商铺捐已令饬停征秭石捐,亦在复查整理,该县本年迭遭匪害,兹核定本年洋 30 000 元
巴东	55 200	30 000	该县预算为亩捐 20 800 元,绅富捐 27 200 元,盐斤附加 6 000 元,商铺捐 1 200 元,本年商铺盐斤附加已勒令停征,绅富捐亩捐亦须重行整理,兹核定洋 30 000 元
宣恩	34 200	20 000	该县原预算列保安月捐 34 200 元,系按户摊款征收困难,摊派不均,收入极不可靠,本年正整理田赋应就调查秭石改正征收,兹核定洋 20 000 元
咸丰	52 000	14 000	该县秭石尚未调查系以 20 万石估列,洋 52 000 元,极不可靠,本年核定洋 14 000 元,仍应勒令赶办亩捐也
来凤		15 000	该县收入团费预算向未报告,拟令征亩捐 10 000 元,商铺捐 5 000 元,仍应令饬拟办具报
鹤峰		5 000	该县系上年收复,尚无保安经费收入,兹核定预算洋 5 000 元,仍应令饬拟办具报
合计	324 430.65	200 000	
附说明	查团款全恃亩捐本区山多田少,无亩可计,系从调查秭石着手。就秭石征收团捐,是项团饷来源秭石调查,除利川恩施之秭石已有端倪,尚须切实复查外,宣恩建始巴东则正着手调查,咸丰来凤鹤峰则尚待进行,即使推行顺利,亦非短期所能开征,此本区团款困难可讳言之事实,再查本区各县自受贺夏等匪审扰以来,现或收复,未久或残匪未清,需要保安队力量者极多,饷糈又如上述之困难,考之各县原报收入多系随意估列,既不确,又不实在。向系左支右绌或擅行派捐或预借团款,贻误滋多,今归区统筹设,不核实收入转瞬支付困难,必致影响全局,故将本年		

县别	原报预算数	核定预算数	说明
			度所报预算数参照各该县财政地方经济状况,一面核定预算之数,一面仍令积极进行稞石之调查,本区本年农村经济屡弱,铲烟之后,金融更为枯竭,本表所核定20万元之数当可期,其实解也

资料来源:《湖北第十区保安经费二十三年度原来收入概算表》(1934年),湖北省档案馆藏,档案号:LS1-3-887。

其经费支出预算,仍以湖北第十区为例,见下表:

表4-5　湖北第十区保安经费改编后全年支出预算表

款别		项别	额数	个别月支数	月支总数	全年总数	说明
经常门	薪饷费	区司令部	1个	595.10	595.10	7 141.20	月支经费1906.1元内由专署提武职官俸1311元,故列如上数
		区经理处	1个	771	771	9 252	
		大队部	3个	510.20	1 530.60	18 367.20	
		中队	12个	1 344.60	16 135.20	193 622.40	
		小计			19 031.90	228 382.80	
	教育费	区训所	1个	523	523	6 276	
		小计			523	6 276	
		合计			195 53.90	234 658.80	
临时门		服装费				21 144	每士兵需12元按新编计区司令部大中队士兵1762人,列如上数
		修枪费				795	按每大队千枝中队130枝计共1 590枝每枪5角列如上数
		校阅费				1 000	本区校阅暂列1 000元
		子弹费				19 080	每枪一百粒每粒1角2分计算
		伏杂旅费				8 000	本区伏杂旅费暂列8 000元
		合计				50 019	
		总计				284 677.80	
		总预备费				10 000	本区临时剿匪及埋葬抚恤等费在此动支
附记		本表所列之数系照府颁表列经费数目按本区新编制照规定额数编列共计支出洋294 677.8元					

资料来源:《湖北第十区保安经费改编后全年支出预算表》(1934年),湖北省档案馆藏,档案号:LS1-3-887。

各县团款均以田亩捐和商铺捐为来源,农田岁有丰歉,商业亦有萧条时期,县府每因征收不齐,以致积欠团款,财委会无款可拨,乃将亩捐收据分发各保安分队,一旦各中队就地筹款,流弊丛生,保安队给民众产生不良印象。①譬如,河南省信阳县第五区第 19 保保长曹子荣在湖北随县第三区境内买有土地,稞 400 石。1933 年 8 月,随县第三区区长刘华观以曹子荣田地财产与佃户既在境内,又受属区保护,遂以支应团队为名,派区警数人越境,向曹子荣催索 92 元与米 5 石,曹"抑郁难伸,忍无可忍",电请湖北省政府,饬令随县县长制止②,随县政府认为,曹子荣在该县境内有稞,自应有纳税义务,不容规避。③

大多省府无力补助保安经费,皆听任地方各自为政,或随粮带征,或就地派募。一省之内饷额发放,县与县有所差异。无"匪"县份,保安队人数少,财力较为充裕④;有"匪"县份,豪宗殷户大都"挈眷远逃",用款愈多,筹款愈窘。中共退出苏区之后,逃避者陆续归来,因"未身受匪之打击,亲见御匪之困难",取巧抗捐,所在皆是,保安队人数多,保安经费反而少。⑤甚至一县之内,区与区亦彼此悬殊,所有团队经费收支,不仅省政府莫能详悉其内容,县政府亦"不甚了了"。⑥各县由于税收短绌,只有极少数县份能每月实发保安队薪饷,一些县份仅支伙食费。国民政府变通办法,令各县从速规定减成发

---

① 《呈送保安队状况及整理意见祈鉴核祗遵由》(铨字第 5221 号,1934 年 4 月 7 日),湖北省档案馆藏,档案号:LS1-3-886。

② 《豫鄂皖边区剿匪军总司令部公函》(1933 年 9 月 18 日),湖北省档案馆藏,档案号:LS1-3-893。

③ 《据信阳县第五区区长伍鹏俭电请转咨将随县第三区区长刘华观依法撤惩等情咨请查照严令转饬制止见复由》(铨字第 1044 号,1933 年 10 月 11 日),湖北省档案馆藏,档案号:LS1-3-893。

④ 《湖北省政府关于拟定湖北省保安队整理计划、组织规程、编制预算表及抽保安队三分之一专事训练的呈文》(铨字第 5623 号,1934 年 5 月 14 日),湖北省档案馆藏,档案号:LS1-3-878。

⑤ 《呈贵麻城今后保安队实际需要计划草案祈鉴核示遵由》(铨字第 3375 号,1934 年 1 月 15 日),湖北省档案馆藏,档案号:LS1-3-881。

⑥ 《国民政府军事委员会委员长南昌行营训令》(治字第 5331 号,1934 年 4 月 22 日),湖北省档案馆藏,档案号:LS1-3-907。

饷办法,官长不得超过半薪,以免积欠,并严禁保安队士兵下乡催收。①

　　保安队给养困难,官兵不能自筹经费,县府也不能按月发给薪饷,谁肯出"死力"捍卫地方,而与中共武装力量对决。不仅各分队长懈怠职守,"渐不服县长指挥",②对于勤务,一概置之不理,官长如此,士兵更容易任意放纵,好勇斗狠,漫无约束,动辄哗变,肆行抢劫。③国民政府认为,各县所属保安队,平日训练有方,实力充足,足以捍卫地方,而滥竽充数,甚或土劣把持,此种团队"无事则鱼肉乡里,有警则闻风先逃",一遇饷款不给,即有"哗溃之虞,肘腋之患"。④若不予以改革,听之任之,徒然养成团阀习气,地方受累无穷。为此,国民政府令各县彻底整理,缩编保安队,一律裁汰老弱及外籍士兵并补助整理团队经费,编余士兵一律遣散,除酌给恩饷或遣散费外,不补发欠饷。在改编期间,各县保甲及壮丁队应加紧组织,担任巡查、放哨勤务,以免"零匪"发生。⑤

　　编余之后,就武器而论,虽有不少土造或"杂色"枪支,但间有较好枪支。⑥为避免浪费和流入中共人员之手,无论堪用、待修、废枪,一律汇齐解送省政府。由省府派员会同保安处、修械所详加检查,列册存卷、备查,堪用枪枝,上油钉箱,加意保存。遇各该县扩编保安队,仍发还使用,否则,估价代售,所得价款,交原解送县份,作为保安经费。不堪修理之废枪,除有适用零件由修械

---

　　① 《为呈复本区团饷减成发放,俟经理处成立再行统筹规定乞鉴核由》(铨字第 8042 号,1934年 8 月 28 日),湖北省档案馆藏,档案号:LS1-3-881。

　　② 《天门石毓灵关于报告该区保安队已改编就绪并请委派经理主任的电文》(天门东第 3713 号,1934 年 10 月 1 日),湖北省档案馆藏,档案号:LS1-3-862。

　　③ 《湖北省保安处关于松滋保安队队长任殿熏叛变情形,复电严密防剿外泄的代电及湖北省政府的代电》(保字第 1142 号,1933 年 12 月 29 日),湖北省档案馆藏,档案号:LS1-3-888。

　　④ 《湖北省政府秘书处关于要求各区保安司令呈交保安队统筹缩编计划的密函》(书字第 93 号,1934 年 2 月 5 日),湖北省档案馆藏,档案号:LS1-3-876。

　　⑤ 《湖北省第十区保安队改编实施方案》(1934 年),湖北省档案馆藏,档案号:LS1-3-887。

　　⑥ 《为地瘠民贫团款难筹公恳收编团队藉资救济由》(铨字第 898 号,1933 年 9 月 27 日),湖北省档案馆藏,档案号:LS1-3-883。

所存留外,其余枪身等项,由省府派员销毁。①

　　裁减保安队无疑可以节省保安经费支出,缓解县政府财政困难,但一些县份因地域辽阔,防务需要②,不仅不缩编,反而扩编。③以随县为例,该县原有保安队 5 个中队,每年征收亩捐、商捐及绅富捐近 14 万元,亩捐捐率为每亩 6 分,后该县拟扩充 3 个中队,每亩亩捐加征 4 分,加上正税、省县附捐、保甲购枪费、军队"剿匪"补助费等,民众不堪重负,逃荒、逃款已成常事。1934 年 6 月 3 日,随县公民朱道心等人呈请省政府,转饬随县县政府,暂缓扩充保安队,免加亩捐。④

　　由于保安经费与保甲经费均来自亩捐、商铺捐以及绅富捐,保安队与保甲人员有时为了争夺税源,难免会发生冲突。以湖北省当阳县为例,该县尖山乡与板西乡毗连地区,时常有中共人员出没,尖山乡联保主任杨翠岚督饬壮丁清乡,联保办公处备制号簿,交各集镇茶肆饭店,登记往来客商,每晚壮丁队严密检查时,收取栈费每位客人铜元 50 文,作为保甲经费(油烛、茶水等支出)。新店子饭店老板曾欢喜不满壮丁队检查过严,影响生意,由是积怨成仇,暗中密报驻防双莲保安第一中队长周治晋,声称该乡黄仁尚等人假借中队名义,所收保甲经费即为保安经费,该中队长听信人言。1934 年 7 月 2 日,周治晋命武装士兵 4 人,下乡缉捕该乡壮丁队小队附黄仁尚、刘成玉,杨翠岚心怀不平,出面袒护,词意之间,诸多傲慢。以致周治晋意气用事,率领全队士兵荷枪实弹,手执短旗,上书"指官诈财,你要告我"字样,将杨翠岚等 3 人捆绑与鞭打,并游街示众,事后开释。为声援杨翠岚,双莲乡童志煊等 9

---

① 《为拟具监利县呈请变卖修齐编余枪枝及处置各县编枪枝根本办法请核示由》(铨字第 5669 号,1933 年 5 月 9 日),湖北省档案馆藏,档案号:LS1-3-878。

② 《湖北省第六区保安司令部关于报告第六区各县现有保安队情形及按照实际需要的财力及队数情形的公函》(参字第 2007 号,1934 年 2 月 21 日),湖北省档案馆藏,档案号:LS1-3-876。

③ 《电呈将保安队增为四中队分驻环城各要隘防匪情形,一切政务俱告停止请鉴核由》(铨字第 3028 号,1933 年 12 月 31 日),湖北省档案馆藏,档案号:LS1-4-144。

④ 《驻鄂特派绥靖公署关于随县政府免加亩捐,暂缓扩充保安队的函及湖北省政府的回函》(厅字第 1567 号,1934 年 6 月 3 日),湖北省档案馆藏,档案号:LS1-3-882。

位联保主任于 7 月 6 日联衔呈请辞职,转请县府迅将周治晋依法撤惩。区长以"兹事体大",影响保甲要政,星夜派员将图记发还,并召集联保主任及士绅,再四劝慰。县府将周治晋予以革职,转饬各联保主任照常供职,并革除保甲人员私收客捐弊端。①

1933 年 1 月,国民政府颁布《剿匪区内各省民团整理条例》,凡保安队官佐、士兵,均须取具殷实商铺或区保甲长或当地稍负有声望者二人以上之联保切结,保证不"通匪""济匪",不侵蚀饷项,不煽惑部队拐枪或避役。② 1934年 1 月,湖北省政府颁布《湖北各县保安队壮丁队服役征补暂行办法》,县长责成区保长,遵照壮丁检查暂行规则,检验与选送年满 18 岁至 45 岁男子。凡适合兵役法常备兵役之现役年龄(年满 20 至 25 岁),身体强壮且未曾入伍之本籍男子,均须编入各该县保安队,其余一律编为壮丁队或"铲共义勇队",并接受训练。保安队服役期限暂定为一年,必要时得延长。服役期满,该管司令部发给执照,准其于每年 6 月或 12 月退伍,但有襄助训练壮丁队或"铲共义勇队"责任。如遇地方有"匪警"情事,而且保安队不敷应对时,得由区司令酌量召集。③

保安团队士兵以土著为原则。在大县,保长较多,采取军队编制方法,将所有保长编为一团,县长兼任团长,保安队主任或训育部正副主任兼任团副,保安队中队长兼充营长,保安队或公安局下级干部为连长,排班长由曾受军事训练之保长充任。在小县,保长较少,分批训练,采取省保安队编制,编成一大队或数中队。④

---

① 《遵查当阳保安队中队长周治晋大队附李馨被控各节拟办具报请鉴核示遵由》(保字第 4139号,1934 年 7 月 25 日),湖北省档案馆藏,档案号:LS1-3-673。
② 中国第二历史档案馆编:《国民党政府政治制度档案史料选编(上)》,安徽教育出版社,1994年,第 452~453 页。
③ 《湖北各县保安队壮丁队服役征补暂行办法》,《湖北省政府公报》第 39 期,1934 年 2 月 15日,第 21~22 页。
④ 羊九思:《江苏省民政厅之保甲公安禁烟社会行政实习报告》,南京图书馆编:《二十世纪三十年代国情调查报告》(第 19 册),凤凰出版社,2012 年,第 102~105 页。

保卫团未改编为保安队以前，士绅权力至为"优越"，各区团长直接抽收亩捐，处办盗匪，官府不敢过问。改编以后，地方武装组织直隶县政府，士绅开始失势。公正士绅对于地方事业不愿过问[1]，"必多方敦请，始允与闻县事"[2]。

可以认为，无论是抗战前，还是抗战时期，在维护地方治安方面，保安队都发挥了一定的作用。抗战以后，为对抗中共越发强大的武装力量，保安团队再度扩编，甚至一些省份已组织保安旅[3]，人数更为庞大。由于地方穷困，对县政府来说，筹措保安经费非常棘手，薪饷、服装、粮食等样样皆成问题。单以粮食而论，即是一笔不菲的开销，均由田粮处支拨，驻在县份如此，邻近县份亦然。[4]一旦县府无粮拨交，且军粮不得挪拨的话，为避免断炊，有时保安队就食于乡镇公所，有时又私向民间强索粮食，导致民心不安。[5]

二、保甲壮丁队与"铲共义勇队"

1932 年以前，地方民团多操诸地方豪绅之手，团队编制既无一定标准，饷额又无一定的限度，民团逐渐演变成地方土劣的"大本营"。为整合地方武装组织，1933 年，国民政府将民团一律改编为保安队。同时，针对中共武装组织有红军、游击队与赤卫队三种，国民政府在国民党军队与保安队的基础上，亦加了一个壮丁队或"铲共义勇队"。国民党军队对抗正规红军，保安队应对

---

① 湖北省秘书处编：《鄂西视察记》，汉口白鹤印刷公司，1934 年，第 15 页。

② 湖北省政府民政厅：《湖北县政概况》（第 4 册），汉口国华印务公司，1934 年，第 1039 页。

③ 《为本县借拨保安团队主食电乞核备并恳迅赐核发受领以清悬案由》（温田字第 126 号，1949 年 4 月 7 日），湖北省档案馆藏，档案号：LS19-2-2740（2）。

④ 《为保安团队所需食粮是否集运县城一案仰即遵照由》（厅财五字第 4815 号，1949 年 5 月 9 日），湖北省档案馆藏，档案号：LS19-2-2740（2）。

⑤ 《湖北省政府秘书处关于请求制止保安队强索民间食粮的公函》（省秘总特字第 3494 号，1948 年 11 月 5 日），湖北省档案馆藏，档案号：LS1-4-887。

小股游击队,壮丁队("铲共义勇队")应付中共无数的赤卫队。①

　　根据《剿匪区内各省民团整理条例》,"各县应特编之武装民团",一律改为各县保安队,"武装不健全之民团及武装之壮丁",在未被中共"侵扰"县份,一律改为壮丁队,曾受中共"侵扰"县份,一律改编为"铲共义勇队",俟各该县中共人员完全退出后,"铲共义勇队"仍改称为壮丁队。"铲共义勇队"或壮丁队编制均以保为单位,一保内,不论人数多寡,凡年满18岁以上45岁以下,编成一小队,保长兼充队长,甲长充任班长,保长图记为小队长图记。一乡或一镇有两保以上时,编成一联队,联保主任兼充联队长,保长充任联队附,联保主任图记为联队长图记。一区范围内,各联队编成一区队,区长兼充区队长,联保主任充任区队附,区长图记为区队长图记。一县之内,合各区队编成一总队,县长兼充总队长。壮丁队("铲共义勇队")官长与队兵为无给职,如因救灾、御匪、修路等不能回家膳宿时,得由保甲经费内酌予必要给养。"铲共义勇队"或壮丁队器械为民有枪枝、梭镖、刀、矛,其任务种类有巡逻、放哨、搜捕、转递公文、守护交通设备、运输、修筑碉楼堡寨以及救护与抢险等事项。②

　　壮丁队或"铲共义勇队"成员出自保甲户口。国民政府认为,壮丁队成员来历清楚,组织严密,可为国家实施征兵制的后备力量。县区乡镇保甲长兼充各级壮丁队("铲共义勇队")指挥,不仅系统分明,避免土劣把持,还可节省经费。壮丁队("铲共义勇队")担任巡察、通讯、守护、运输、工程与消防等任务,既可维持地方治安,节省兵力与财力,又有助于"剿匪"军事。③

　　按照规定,壮丁队或"铲共义勇队"的武器装备为刀矛器械。④若准其使

---

　　①　《演讲题(二)各县壮丁队("铲共义勇队")每有要求使用枪枝者,表面观察可直接增加自卫力量,更可间接减少人民负担,但按其实际结果,恐适得其反,造端甚微,影响至巨,试详言其利弊》,《湖北地方政务研究半月刊》第4期,1934年7月31日,第16~23页。

　　②　《剿匪区内各省民团整理条例》(1933年1月),中国第二历史档案馆编:《国民党政府政治制度档案史料选编(上)》,安徽教育出版社,1994年,第450~457页。

　　③　程懋型:《现行保安制度》,中华书局,1936年,第18~20、49、89~90页。

　　④　《为呈报本县壮丁队尚无黄麻一带义勇队情弊请备查由》(铨字第4219号,1934年3月7日),湖北省档案馆藏,档案号:LS1-3-892。

用枪枝,政府顾虑,枪枝散落民间,壮丁队或"铲共义勇队"将成为变相的保卫团,"御匪不足,殃民有余"。边远县份常有中共武装人员出没,若一律不准使用枪枝,则其自卫力量不足,且军队又不能常年驻扎,地方治安必受影响。故而,湖北省政府变通办法,有"匪"的地方,县府将保安队编余枪枝发给壮丁队("铲共义勇队")使用①,并责成该管保甲长仿照登记民枪办法,编号烙印,发给执照,取具五家联保连坐切结,载明不得发生械斗及非法事件,无"匪"时,把枪收回。②

政府允许发枪,地方须备价购买,此种经费从何而出?如果由人民摊派,免不了层层侵蚀,发生种种纠纷。壮丁队或"铲共义勇队"各项给养取之于民,所有支出经费亦是不菲。③以湖北汉阳县为例,见下表:

表4-6　湖北省汉阳县"铲共义勇队"民国1934年6月份津贴支付预算书

支出经常门类			
科目	全年度支付预算	六月份支出预算数	备注
第一款 铲共义勇队津贴费	1 728	144	
第一项 铲共义勇队津贴费	1 728	144	
第一目 各级人员津贴	1 728	144	
第一节副队长津贴	720	60	总队部计有副队长3名,每员月支津贴20元
第二节区队附津贴	1 008	84	全县计有七区队每区队副一员月支津贴洋12元

资料来源:《据汉阳县赍呈二十三年度六七月份"铲共义勇队"津贴支付预算书转呈核示饬遵由》(铨字第7365号,1934年7月25日),湖北省档案馆藏,档案号:LS1-3-907。

①　《电呈近日探拿匪共破获机关及筹设武装壮丁队用图自卫各情形祈核示由》(铨字第4715号,1934年4月21日),湖北省档案馆藏,档案号:LS1-4-80。
②　《演讲题(二)各县壮丁队("铲共义勇队")每有要求使用枪枝者,表面观察可直接增加自卫力量,更可间接减少人民负担,但按其实际结果,恐适得其反,造端甚微,影响至巨,试详言其利弊》,《湖北地方政务研究半月刊》第4期,1934年7月31日,第16~23页。
③　陈赓雅:《赣皖湘鄂视察记》,申报月刊社,1934年,第64页。

壮丁队("铲共义勇队")在编制上无限制,"有一二百枪枝者,有数十枝枪者,有一枪一兵者,有人多枪少者,有人少枪多者"。经费多由联保主任或队长就地筹措①,无定额薪饷,无确实预算。联保主任或队长大多既无军事学识与技能,又无军事训练与政治训练,以致纪律废弛,抢劫、敲诈层见不穷,民众"怨声载道"。②

相对而言,保安队缩编以后,武装实力有所下降,壮丁队("铲共义勇队")配备一定的枪枝以后,实力无疑有所上升。以通山县为例,见下表:

表 4-7

县名	通山	县长姓名		驻地		
所辖队数	区队数	3				
	联队数	14				
	小队数	176				
人员数	官长	类别	区队长	联队长	小队长	合计
		人数	3	14	176	193
	队丁	12 963				
武器数	刀	369	土枪	434		
	矛	11 023	快枪	539		
附记	(1)区、联,小队数系根拟 25 年 6 月民厅之保甲户口统计表标准 (2)队丁及武器数系根拟 25 年 2 月保安处之义勇队总表填列					

资料来源:《湖北省各县义勇队概况及实力驻地调查表》(1936年),湖北省档案馆藏,档案号:LS1-3-898。

上表中的快枪数量已超过土枪数量,两者相加,数字更大,在维护地方治安方面,也发挥了一定的作用。1934 年 7 月 6 日(阴历),有土匪十余人,携带长短快枪,由建始县马虎山行至巴东县第四区自由乡第 16 保,抢掠居民财物。保长谭明龙召集壮丁队数十名,分布河落子一带各要口,至 7 日夜,双方发生激战,壮丁队当场枪杀土匪黄国兴一名,缴获快枪一枝,子弹五粒,其

---

① 《据第十三联防区署造具垫付"铲共义勇队"七、八、九、十各月伙食预算等件请核发等情检齐原呈附件案卷片送查核办理由》(财三字第 773 号,1936 年 11 月 23 日),江西省档案馆馆藏,档案号:J032-1-01151-0199。

② 《据彭振山呈黄麻一带"铲共义勇队"不良情形令仰负责整顿切实查禁具报由》(铨字第 3596 号,1934 年 2 月 9 日),湖北省档案馆藏,档案号:LS1-3-893。

余土匪人员仍逃回建始县。①又如 1934 年 5 月,通城县寺泉乡"铲共义勇队"联队长金英才率队向清水塘方面游击。在龙潭洞口,与中共武装人员三十余人相遇,双方发生枪战,中共清水区主席兼县苏维埃裁判部长王东员被枪杀,其余中共武装人员成功转移,"铲共义勇队"亦未远追。②

县长没有军队,保安队在名义上归县长指挥,实际上牵制太多,所以县长惟有壮丁队("铲共义勇队")可以运用。③农民构成壮丁队(铲共义勇队)的主体,多无军事知识,不加以训练,纵使枪弹齐全,亦不能使用,反而动辄会被中共缴械。④一些县份虽呈报已成立壮丁队("铲共义勇队"),实则组织松懈,成员复杂,纪律废弛。常因师资不足或经费困难,训练"少有成绩"。⑤

为加强抗战力量,打好兵员征集基础。1937 年 8 月,湖北省政府执行《国民兵义勇壮丁队管理规则》,除现役者外,凡受训期满壮丁以及保安团队退伍士兵(年未满 45 岁),均应编组义勇壮丁队,服国民兵役,各县(市)将所属壮丁编成义勇壮丁总队,县(市)长兼总队长。总队以下,在城市,依警察局或分局辖境;在县,依各区乡镇辖境,各分编成某区乡镇义勇壮丁队,区乡镇长兼队长。乡镇以下,依保辖境,以巡官、保长兼分队长。保队以下,以甲长或优秀壮丁为班长。师管区司令部(师管区筹备处)指挥各县(市)义勇壮丁总队,负责办理编队、调查、管理、异动、复查等事项。国民兵义勇壮丁队为地方永久性组织,平时接受兵役法规定的教育或召集,非常时期奉命参加战斗或完成指定任务。⑥

---

① 《据巴东县长呈报第四区壮丁队在河落子地方毙匪获枪情形转报鉴核由》(保字第 1219 号,1934 年 9 月 20 日),湖北省档案馆藏,档案号:LS1-4-143。

② 《据通城县呈报义勇队联队长金英才击毙著匪王东员情形请予核奖各节仰祈鉴核示遵由》(铨字第 5853 号,1934 年 5 月 25 日),湖北省档案馆藏,档案号:LS1-3-984。

③ 《汉流会党及零星匪徒,往往潜伏各县边境,秘密结社,或出而抢劫,影响治安,诚非浅鲜,而当地保甲长及被害人等,均畏其报复,不肯举报,县政府对于上项情形,应用何种办法处理为宜》,《湖北地方政务研究半月刊》第 29—30 期合刊,1935 年 8 月 31 日,第 20—28 页。

④ 《湖北全省保安处李科长松林演讲词》,《湖北地方政务研究半月刊》第 4 期,1934 年 7 月 31 日,第 8—10 页。

⑤ 湖北省政府民政厅:《湖北县政概况》(第 2 册),汉口国华印务公司,1934 年,第 321 页。

⑥ 《令发国民兵义勇壮丁队管理规则》(湖北省政府第 3 类第 2 项第 11969 号,1937 年 8 月 31 日),湖北省档案馆藏,档案号:LS3-1-1255。

　　抗战时期,国民政府实行全国总动员。为实施任务分工合作起见,湖北省政府令饬各县,将壮丁技能调查、造册,分别统计、呈报[①],乡镇队长根据实际需要,将所属义勇壮丁队编成各种任务队。方法是以保为范围,按保内壮丁的学识、职业、志趣等不同进行分类编班。如车夫、挑夫、轿夫、马夫、船夫等编为交通班或通讯班,电工、木工、泥工、竹工等编为工程班,其他警备、侦察、消防、守望、防空等,依此类推。各班班长由甲长或资深壮丁充任,受保队长指挥。负责扰乱敌人的后方、破坏敌人各种军事建筑、观察敌情(如敌舰行动、敌机方向、敌军动态)、协助军队搬运弹药以及构筑工事等[②]当然,因经费问题,义勇壮丁队队长被控案件也时有发生。[③]

　　为激励壮丁队(铲共义勇队)作战,湖北省政府提高了"剿匪"伤亡抚恤标准,一定程度上也进行了兑现。[④]具体内容见下表:

表4-8　湖北各县自卫团队"剿匪"伤亡抚恤表

第等	保安队阶级	铲共义勇队男队或壮丁队阶级职务	一次恤金	遗族恤金
一等	中、少校		240元	70元
二等	上尉	总队附 区队长 区长	200元	60元
三等	中少尉	区员 佐理员 联保主任 联队长	150元	50元
四等	准尉	区公所雇员 联队附 小队长 保长	120元	40元
五等	上中下	保联办公处书记 甲长 小队附 班长	80元	30元
六等	上一二等兵	区公所区丁及壮丁夫役	50元	20元
附:一、"铲共义勇队"或壮丁队之按恤金自二等。二、凡因剿匪伤亡与上列同等阶级人员均按照本表给恤。本表以银元为单位				

资料来源:《湖北各县自卫团队剿匪伤亡抚恤暂行条例》(1938年),湖北省档案馆藏,档案号:LS31-13-8。

---

①　《八区各县呈全国总动员关于户口调查,整顿保甲长协助征工方案》(湖北省政府第3类第4项第8目第11833号,1937年10月28日),湖北省档案馆藏,档案号:LS3-2-2131。
②　毛独叶:《战时保甲的实施》,珊瑚印刷所,1938年,第35~39页。
③　《郧西义勇队柯愈仲,联保主任区长梁小泽,联保主任汪达川被控案》(湖北省政府第4类第4项第1目第123号,1942年1月),湖北省档案馆藏,档案号:LS3-3-4121。
④　《为呈责本县东二区昌湾乡故甲长马大堂等三名,负伤甲长张金林一名暨联丁叶华山等八名共十四名各请恤表结书祈核转议恤由》(省秘字第10681号,1940年9月2日),湖北省档案馆藏,档案号:LS1-4-374。

三、保甲与自卫队

抗战爆发以后,日本侵略日趋紧迫。湖北省地处全国要冲,战略地位十分重要。为作好充分抗敌准备,1938年6月,湖北省政府第298次会议通过《湖北省各级地方政府非常时期应变方案》。①7月,再次对方案进行修正。将社会军事训练总队及国民兵义勇壮丁队改编为国民自卫队,并将原有义勇壮丁常备队及其他地方自卫武装组织(如警卫队、巡查队、巡护队、警备班等)统编为自卫队,隶属于国民自卫总队,专负地方治安责任。县设自卫总队,下设大队、中队、分队、班,以年满18至30岁者编为预备队,分期轮训,担任乡土警备。31岁至45岁编为后备队,随时担任地方工事、交通、运输、救护等补助任务。按照一倍以上的配额,将预备队征集,编成常备队,以备补充兵员,及协助军警,承担治安责任。②预备队为征兵的"源泉",后备队为征伕、征工的"源泉",其目的都是为抗战服务。③

1939年,湖北全省非战区39个县在国民自卫队基础上组编县(市)国民兵团,县(市)长兼团长,县以下设乡队、保队、甲班。④1940年3月,国民兵自卫总队直属常备队改为新兵招待所机构,负责接纳新兵,"随征随拨,不负责训练"⑤。1942年,国民兵团废止,县以下仍称国民兵自卫组织,编制照旧。⑥

自卫队作为国民政府重要的地方武装组织,在抗战期间,不仅针对中共

---

① 《湖北省各级地方政府非常时期应变方案》(省民二字第78141号,1938年6月8日),湖北省档案馆藏,档案号:LS7-1-1155。
② 《修正湖北省各级地方政府非常时期应变方案》(1938年7月),湖北省档案馆藏,档案号:LS1-1-1091。
③ 《湖北省政府快邮代电》(宜民字第1510号,1939年2月),湖北省档案馆藏,档案号:LS1-4-480。
④ 《准军政部电颁各机关部队协助国民兵团办法电仰遵照由》(厅建字第5629号,1939年12月28日),湖北省档案馆藏,档案号:LS1-4-483。
⑤ 湖北省地方志编纂委员会:《湖北省志·军事》,湖北人民出版社,1996年,第490页。
⑥ 《湖北省政府关于废止修正国民兵团调整办法的训令》(1942年),湖北省档案馆藏,档案号:LS1-4-483。

领导的人民武装,有时亦能配合政府军队,给日军以有效打击。[1]与此同时,自卫队武装被地方土劣把持,欺压民众事件时有发生。[2]

抗战以后,为充实民众自卫力量,推进"清乡"工作,防止中共武装人员或便衣"窜扰"。1946年,国民政府授权收复省区政府主席,积极发展民众武装,巩固地方政权,安定社会秩序,以达成"复员建国"使命。凡"匪患"严重各县[3],国民兵自卫队改称民众自卫队,隶属于省政府,并受当地军事长官指挥。县设总队,乡(镇)设大队,保设中队,中队以下设盘查哨、守望哨、递步哨、侦察组、向导组、救护组、供应组、运输组、工程组等。[4]民众自卫队由年满18岁以上45岁以下之壮丁编成,以不脱离生产为原则。必要时,其干部"得固定其职务,确定其薪给,以为自卫队之骨干",经费由各县县政府、县参议会会商筹措,呈请省政府核定。[5]并对保民众自卫队编制作出明确规定,详细情形见下表:

表4-9　保民众自卫队部编制表

职别	员额	员兵来源	职掌	武器
队长	1	由保长兼	主持全队一切自卫事宜	短枪1枝
副队长	1—2	由当地通晓军事思想纯正之人士充任	襄理队长办理各种自卫事宜	手榴弹2枚

---

① 《石毓灵关于钟祥自卫队在双河口一带游击奇袭敌寇步骑等的电文》(未篠申参第502号,1940年8月24日),湖北省档案馆藏,档案号:LS1-4-574。

② 《为襄阳县自卫队陆新亚仗恃背景,故违政令,渎职贪污,目无法纪,行凶作恶,吞没匪枪哀恳钧署澈查严究以除凶暴而维政令由》(鄸字第3745号,1943年3月7日),湖北省档案馆藏,档案号:LS74-1-133。

③ 1947年,民众自卫队推广全国各县市。《各县(市)民众自卫队组训规程(审查修正本)》(省警二字3331号,1947年10月28日),湖北省档案馆藏,档案号:LS63-1-10;安全县份,规定两丁之户出一丁,五丁之户出二丁,超过五丁之户,每满三丁出一丁,参加自卫队编组,但在"剿匪"地区之壮丁,一律编组为普通自卫队。《各县市民众自卫队组训规程补充办法》(湖北省政府第1类第6项第742号,1948年),湖北省档案馆藏,档案号:LS3-1-1144。

④ 《民众自卫队组织系统表》(汉行军一字第1539号,1946年10月6日),湖北省档案馆藏,档案号:LS3-1-610。

⑤ 《收复省区民众自卫队组训方案》(地字第1124号,1946年7月19日),湖北省档案馆藏,档案号:LS5-1-48。

续表

职别		员额	员兵来源	职掌	武器
盘查哨	哨长	1	专用	清查奸宄来往盘查行人及协助作战事项	步枪5枝
	哨员	5—8	乡区中编组	同上	
守望哨	哨长	1	专用	守护公路铁道电线及其他交通要隘及协助作战事项	步枪5枝
	哨员	5—10	乡民中编组	同上	
递步哨	哨长	1	专用	传递部队及政府公文命令等	
	哨员	3—5	乡民中编组	同上	
侦察班	班长	1	专用	侦察匪情搜集情报及协助作战事项	短枪3—7枝
	班员	3—7	乡民中选拔训练	同上	
向导组	组长	1	甲长或乡民中选充	为部队带路	
	组员	3—5	乡民中编组	同上	
救护组	组长	1	甲长或乡民中选充	护运伤兵掩埋忠骨	手榴弹5—8枚
	组员	5—8	乡民中编组	同上	
供应组	组长	1	甲长或乡民选充	领导民众协助部队采购主副食	
	组员	3—5	乡民中编组	同上	
运输组	组长	1	甲长或乡民选充	协助部队运输子弹粮食补给品等	
	组员	5—11	乡民中编组	同上	
工程组	组长	1	甲长或乡民中选充	修建碉堡工事	
	组员	10—20	乡民中编组	同上	
附记		各哨班组之组织得视地方实际需要分别设置			

资料来源：《保民众自卫队部编制表》（汉行军一字第1539号，1946年10月6日），湖北省档案馆藏，档案号：LS3-1-610。

由上表可知，一保之内，自卫队编制人员少则52名，多则91名。如此庞大的人数[①]，自卫队的给养问题便随之而来。以全省民众（常备）自卫队月支粮食为例，见下表：

---

① 《宜昌县信义镇第十一保办公处关于决定自卫队数量的紧急通知》（保佑总字第014号，1948年1月18日），湖北省档案馆藏，档案号：LS45-2-983。

表 4-10　湖北省各县民众(常备)自卫队月支主食粮统计表

原有		人		麦米	斗	升	合	折合稻谷	斗	升	合	备考
队别	队数	官	兵									
民众自卫总队部	71	639	497	355	0	0	0	710	0	0	0	按官兵每名日支备米二十五两,月支麦米三市斗一升二
常备自卫队大队部	94	470	846	411	2	5	0	822	5	0	0	
常备自卫中队	309	1 545	49 131	15 836	2	5	0	31 672	5	0	0	
小计	474	2 654	50 474	16 602	5	0	0	33 205	0	0	0	
扩充		人	数									
队别	队数	官	兵									
民众自卫总队部	69	335	603	293	1	5	5	586	2	5	0	
常备自卫大队部	336	1 680	53 424	17 220	0	0	0	34 440	0	0	0	
小计	405	2 015	54 027	17 513	1	5	5	35 026	2	5	0	
合计	879	4 669	104 501	34 115	6	2	5	68 231	2	5	0	

资料来源:《湖北省各县民众(常备)自卫队月支主食粮统计表》(1948 年),湖北省档案馆藏,档案号:LS1-5-507。

各县财政大多短绌,自卫队制服[1]、食米、薪饷等各项支出浩繁,有些县份甚或到了"山穷水尽"地步,自卫队伙食亦无款发放。1948 年,湖北省政府为补助与扩充常备自卫队薪饷、主副食、装备及一切费用,令饬各县(市)政府,征收自卫实物(包括稻谷、小麦与棉花等)。[2]县乡政府为渡过"难关",只有采取摊派方式,动员全体员警与乡保人员,严厉催征。[3]随着时局紧张,此种摊派往往毫无止境,随时波及贫民。[4]有时还伴随着武力,绑押居民,强迫摊派,民众自卫队甚至"趁火打劫"。[5]普通民众要么"叫苦连天",要么一再请

---

[1]　《为准汉阳区独立自卫总队第二大队部函为划一受训人员服装一案转报鉴核由》(炼总字第686 号,1948 年 9 月 10 日),湖北省档案馆藏,档案号:LS45-2-1011。

[2]　《湖北省各县市自卫实物征收纲要》(1948 年),湖北省档案馆藏,档案号:LS1-4-918。

[3]　《令饬严督粮政人员切实整饬以裕戡乱军食由》(靖财字第 0381 号,1948 年 1 月),湖北省档案馆藏,档案号:LS50-1-11。

[4]　《各县市自卫经费一次征收办法,剿总颁布令饬各县市施行》,《武汉日报》,1948 年 11 月 1 日,第 4 版。

[5]　《令发周良清等贪污覆判案卷仰查收办理由》(刑勇字第 1924 号,1948 年 3 月 31 日),湖北省档案馆藏,档案号:LS7-4-5991。

求省（县）府予以有效制止。①

但对政府而言，无论是协护桥梁与铁路（公路）交通，还是对抗中共武装力量②与维持地方治安，民众自卫队都不可或缺。以致政府未能彻底改善上述弊端，反而授予保长更多的职权。③

四、盘查哨、守望哨与递步哨

20 世纪 30 年代，为加强封锁苏区，防止商民运输物品接济中共，湖北省制定了《壮丁队守岗放哨暂行办法》，令饬所属各县遵照执行。岗哨设置于各保内扼要路口，每一哨所由保甲长派定，每班壮丁至少 3 名以上。壮丁各自携带武器，编定班次后，轮流守岗放哨。每日上午 5 点起至晚上 9 点止，各哨所遇有贩运大宗食品、食盐、火油、药材等物品，尤其详加盘查。遇有形迹可疑之人，哨丁押送保（甲）长办公处，保甲长进行审问。之后，解送该管区公所或附近驻防团队，转解县政府。夜间 9 点以后至翌日上午 5 点止，除携有公文书之公务员及确有特殊事由之"良善住民"外，其余一律不准通行。各哨所如发现"重大匪警"，且自身实力不能抵御时，即连续鸣枪二响或敲锣报警。其附近 20 里以内及枪声（锣声）所能达到区域之壮丁队或驻防团队，应立即驰往援助。④

从任务的角度来看，哨所大致可分盘查哨、守望哨、递步哨三类。现依次分述，首先是盘查哨，乡村盘查哨地点由各乡镇保甲长按照当地水陆交通网

---

① 《制茶厂关于松峰乡自卫队扣押职员雷敬文勒索有关问题的签呈及雷敬文请辞函》（厂总 248 号，1949 年 5 月 13 日），湖北省档案馆藏，档案号：LS45-1-124。

② 《孝感县民众自卫队关于解送"共匪"刘木生并附本案卷宗的公函及相关材料》（1948 年 11 月），湖北省档案馆藏，档案号：LS72-1-295。

③ 《呈请加派保长职务以专责成由》（良民字第 98 号，1948 年 7 月 31 日），麻城市档案馆藏，档案号：110-1-34。

④ 《为赍呈职区区属各县壮丁队守岗放哨暂行办法请鉴核备案由》（铨字第 2276 号，1933 年 11 月 17 日），湖北省档案馆藏，档案号：LS1-4-150。

情形设置,呈报上级部门备查。不脱离生产之壮丁轮流担任盘查哨勤务,乡镇保甲长负责编定轮值时间,昼间设单哨,夜间设复哨。保甲长时常巡查,考核哨丁勤惰情形,随时呈报上级部门,分别予以奖惩。①顾名思义,盘查哨的主要任务是严密盘查行旅。②无论何人,须持有身份证明(如良民证、通行证、保甲证明单、身份证等)。对入境人员,尤其是僧道、乞丐、相命、小工、小贩、难民以及江湖卖艺者等,更是留心考察。如查出形迹可疑之人或违禁物品,人犯与物证将被送交当地区(乡)公所或附近驻防军队讯办。③

其次是守望哨,守望哨设置于碉堡空隙前方,或荒无人烟且能监视远方之处,或地方复杂、容易窝藏盗匪之处。主要任务是守护公路、铁路以及沿线电线等,维护交通安全,及协助军队作战事项。④每哨哨兵4至6名,携带武器。内设土炮或铜锣一面,守望不分昼夜,轮流担任警戒。遇有"匪警"时,设法缉捕,力量不敌时,一面鸣锣或发炮,一面将对方人数、枪枝数目、行动方向、发现地点与时间详细"飞报"乡公所。⑤

最后是递步哨,递步哨事宜由县政府督饬各区区长负责办理,水陆孔道及边境要隘地方均为设置地点,每条哨线配置若干哨站。为便于连络,每哨距离纵横不得超过5里,各哨站一律借用民房。如附近无民房可借,即搭建棚屋。哨站设正副哨长各1人,哨丁4至6人,配备武器,由哨线附近壮丁轮充。分昼夜两班,上午6时至下午6时为换班时间,按月替换一次。哨长承该管联保主任及保长命令,主要办理公文传递事宜,亦侦查"匪"情及盘查"奸

---

①　《乡村盘查哨设置办法大纲》(1946年3月11日),浙江省档案馆藏,档案号:L029-006-0280。

②　《据呈覆本令防匪装农民入乡,已饬属清查户口及岗哨盘查行人等情指令已悉由》(铨字第587号,1933年9月14日),湖北省档案馆藏,档案号:LS1-3-961。

③　《吉安警备司令部设置盘查哨实施办法》(1944年6月30日),江西省档案馆藏,档案号:J032-1-01427-0199。

④　《电复遵饬守碉部队会哨守望情形由》(第义739号,1934年7月3日),江西省档案馆藏,档案号:J032-1-00268-0249。

⑤　《江西省会昌县各乡镇保甲冬防期间守岗放哨实施办法》(无具体时间),江西省档案馆藏,档案号:J032-1-00033-0004。

宂"。哨丁伙食一律自备,灯油费准向本保居民摊收,每月每户以100文为限。①

"剿匪"时期,在电话未设置以前,地方如有紧急情报,各区长责成所属乡(镇)保甲长挨站传递。之后,有些县份架设了若干条电话线。②电话通讯虽然快捷,但亦有缺点,装置电话,必先插杆,架设工程材料费用较高,且容易遭受人为破坏,通讯中断时有发生,维护亦属不易。③故而,不少县份恢复递步哨编制。战后,各处邮电虽逐渐"复员"④,但为加速公文传递,加强行政效能,递步哨依旧有所保留。⑤

不言而喻,各哨所限制敌对势力的活动,在维护地方治安方面,起到了一定的作用。所以无论是日伪还是中共,都欲拔之而后快。1941年3月19日,日伪假冒国民党军队,以查哨为名,将天门县第二区陶湖乡第178保民哨李福柱等9人全部刺毙。⑥9月2日夜,日伪身着便衣,冒充128师查哨,混进天门县郑滩乡哨所,将守哨壮丁廖佳谟等3人杀害,程中正等3人杀伤。10月2日,又杀害守护公路哨丁张孔茂。事后,天门县政府都给予抚恤。⑦1946年12月18日,中共武装人员经过罗田县巴源乡第4保盘查哨时,哨兵丁谱登被刺杀,罗田县政府亦给予了抚恤。⑧

① 《奉令转松滋县呈赍递步哨规则仰核饬遵照等因,已据迳呈钧处录案呈复由》(铨字第2938号,1933年12月14日),湖北省档案馆藏,档案号:LS1-4-100。
② 《该县请设置递步哨及电话兵一案核示饬遵》(文字第3695号,1940年9月11日),江西省档案馆藏,档案号:J045-1-00005-0033。
③ 《递步哨及电话如何设置以灵消息案》(铨字第7434号,1934年9月2日),湖北省档案馆藏,档案号:LS1-3-882。
④ 《江西省政府关于不准恢复递步哨的代电》(1946年8月16日),江西省档案馆藏,档案号:J045-1-00007-0325。
⑤ 《长阳县递传总哨三十六年度十一月份追加员兵生活待遇支出计算书》(1948年),湖北省档案馆藏,档案号:LS23-3-1008。
⑥ 《转据本县第二区区长向翼云呈报,敌人假冒我军查哨民义刺毙民哨李福柱等九人等情,请鉴怜抚恤由》(省秘字第21055号,1941年6月4日),湖北省档案馆藏,档案号:LS1-4-370。
⑦ 《为据情转报本县第五区邓滩等乡民人廖佳谟等九人,因负责守哨被敌杀毙六名伤三名,谨填具请恤事实表赍请鉴核示遵由》(县行一字第456号,1941年10月14日),湖北省档案馆藏,档案号:LS1-4-370。
⑧ 《湖北省罗田县政府关于巴源乡第四保盘查哨兵丁谱登被匪刺杀恳请优予抚恤代电》(1946年12月18日),湖北省档案馆藏,档案号:LS1-2-1074。

在清代,保甲的职责以治安、户口为重①,民国时期的保甲与清代不同,已超出一般"联保"的功能。面对"多事之秋",原本属于平日维持地方治安的保甲,已无足够的力量有效的维持乡村社会秩序。以保甲为基础而衍生的武装组织,遂成为国民政府控制地方的武力凭借,保甲亦带有浓厚的军事化色彩。一般而论,地方武装势力越大,维护基层社会秩序的力量也越大。在"防共"的同时,虽可配合政府掌控地方,却也造成地方势力分割国家权力。对国民政府而言,在构建地方武装的过程中,自始至终面临着两个问题。一个是控制地方武装的问题,一个是给养问题。为防止地方武装割据一方,逸出政府的控制,国家需要不断的限制地方武装的发展,改编、缩编一再进行,以使地方武装局限于可控范围之内。但限于环境需要,为巩固政权,又不断的给地方武装力量发展"解套"。可是,因地方政府财政困难,地方武装哗变事件一再发生。摊派始终作为筹措经费的重要方式之一,又加剧了民众与政府的疏离与对立。

---

① 杨国安:《明清两湖地区基层组织与乡村社会研究》,武汉大学出版社,2004年,第214页。

第五章
保甲经费与经济职能

南京国民政府建立后，随着保甲制度的举办，国家权力逐步向乡村社会发展。保甲除承担维护地方治安职能外，还承担征收保甲经费、兴办合作事业、参与土地陈报，以及实施农业减租等经济职能，成为乡村社会中的一种新的权力关系。然而，由于国民政府过度的汲取民间资源，加剧了官民之间的疏离与对立。其内在矛盾不仅折射了保甲制度本身的问题，也反映了保甲制度推行中的困境。

为行文方便及考虑前后关系，笔者将保安经费与保甲经费合并叙述。以探讨国家政权与乡村社会之间的关系，国家权力扩张对乡村社会的影响。

第一节 保甲经费

自南京国民政府创办保甲制度伊始，保甲经费①问题便一直如影随形。举凡保甲编查（诸如纸张笔墨灯火、保甲长及派人因公出外之旅费、印刷费、门牌、户口异动表②、住户调查表、保甲规约、联保连坐切结③、壮丁清册、保略图、保甲户长姓名清册、各甲户口简明表、翻印保甲规程、保图记刊刻等）、保甲训练、保甲经常费（如区公所经费、乡镇公所经费、保长办公费、户籍费等）④，无一不需要稳定而持续的大量经费支撑。可以认为，保甲经费的筹措直接牵涉到保甲制度的成效。保甲经费不宜过多，过多则定然加重民众的负担，如若过少，则势必削弱保甲制度的推行。故对保甲经费的演变开展研究，可以进一步把握保甲制度与地方社会关系变化的轨迹，本节主要以湖北省档案馆资料为主，对这一问题加以初步的探讨。

一、按户摊派

早在 20 世纪 30 年代初，由于南京国民政府军事"围剿"吃紧，地方负担无形加重。邻近苏区一带民众，因政府强迫"协剿"，所承担杂税名目繁多，几

---

① 迄今为止，就笔者视野所及，除部分有关保甲制度研究的著作和期刊涉及外，以民国时期保甲经费为课题的研究性文字并不多见，这与其在保甲制度研究领域占有一定地位不相称。如杨焕鹏在《控制阴影下的自治：战后杭州地区的保甲制度》中提到，国民政府在战后增强了对保甲经费的征收与分配，逐步剥夺了保甲人员对经费征收与支配的自主权，保甲自治的进行完全在国家的控制之中，保甲自治一步步失去了意义。

② 《孝感二十四年六七八九等月整理保甲经费计算》（湖北省政府第 类第 项第 26 目第 1008 号，1935 年 12 月），湖北省档案馆藏，档案号：LS19-3-4647。

③ 《均县廿五年三、四、五月整理保甲用费》（湖北省政府第 68 目第 9738 号，1936 年），湖北省档案馆藏，档案号：LS19-3-4649。

④ 江苏省民政厅：《江苏省保甲总报告》，江南印书馆，1936 年，第 237~268 页。

达十余种。除随时可能摊派亩捐、征粮、伕役、兵差、电杆费、区公所办公费等杂项外[①]，每季收获，尚须为办保甲组织、义勇队缴纳一定数量的自卫经费。就以保办公费一项而言，无论男女老幼，每人须按月缴纳四枚铜元，否则，即有遭受保长任意鱼肉，加以极度压迫的风险。讽刺的是，有时连乞丐亦不能幸免，必须缴纳良民捐，方得发佩证章，出入城厢进行乞讨。[②]此外，民众还须向保甲长逐日换领通行路单。其规则如下：

一、本路单只限一人用一次，不限制使用次数，惟使用时间"只限一天"，期满仍须缴还保长核销。二、本路单不准借给他人使用或遗失，违则呈报县长，以通匪论。三、本路单在本县辖境及毗连邻县二十里以内发生效力。四、人民请求发给路单时，须向保长缴纳铜元一枚，以为纸张印刷费，但不得多收或少付。

通观此路单规则，可知接近苏区之民众，不仅行动不自由，且偶有不慎，即遭通匪嫌疑。所领路单，虽规定仅缴纳铜元 1 枚，但实际已多收 2 至 4 枚不等。所谓良民证章，不过是用方寸白布，上写姓名、年龄及住址，并盖一保甲戳记而已，每张费用却高达四五百文不等，倘若遗失，尤纠葛不已。故一般农村百姓，除不得已进城卖柴草，换取油盐杂货外，均视入城为畏途。往常民众为博取好价钱，等猪肥之时，将其驱至城里售卖。此时则仅向村中张贴纸条，上写"某人于某日，杀猪一头，愿以廉价论斤出卖"等语。其他农产品，亦大多以此方式，勉成交易。就连财力较为宽裕的祠堂，为应付各种捐税，也已逐渐入不敷出，"春秋祀典，尤多无形取消"，甚或有"兴卖精良桌几，门窗用具"。[③]

———————

① 东北大学编辑部：《东北大学豫鄂皖赣收复匪区经济考察团报告书》，东北大学图书馆，1934年，第 24 页。
② 陈赓雅：《赣皖湘鄂视察记》，申报月刊社，1934 年，第 23、26 页。
③ 陈赓雅：《赣皖湘鄂视察记》，申报月刊社，1934 年，第 7、8、26 页。

地方社会摊派保甲经费所引起的种种弊端,可谓不胜枚举。乡民不堪其苦,皆有怨色,大多"呼痛反对",屡次请求政府酌减团队,归并联保办公处。① 国民政府亦于 1933 年 12 月明文规定,保甲经费每保每月以 5 元为限,地方如无公款或公产收益,可开保甲会议,就住户中有力担负者征收。每户每月所承担保甲经费,最高限额不得超过 1 角,各项摊派款项均应发给收据,保甲经费应由保长按月汇报区公所,由区公所按月列表呈报县政府查核,同时须在保长办公处及联保办公处或保长私人住宅门前公布造报账目。经收人员不得浮收、滥支与侵吞保甲经费,一经查明或被举发,县政府依法严惩。② 1934 年 2 月 18 日,宜昌《国民日报》公布了《湖北省各县征收保安经费暂行章程》,保甲经费来源由县长分令各区保长征收田亩捐,田亩捐率以每亩年收 1 角为原则,最多不得超过 3 角。③ 1935 年,国民政府加大了惩治力度,由县政府依照《修正剿匪区内惩治土豪劣绅条例》办理。④然而,中国地域辽阔,每一县份联保办公处动辄有几十所,单个保则多达数百处。联保办公处为推进保甲制度之枢纽, 如无经费及相当佐理人才,而欲求地方政治之顺利推进,诚为事实上所难以达到。不少地方,保甲长或联保主任由素质低下、品行不端者充当,以致"滥施虎威,鱼肉乡民者有之,每户勒征买枪费至少 3 元,犹不出一收据者亦有之"⑤。

依据《修正剿匪区内各县保甲经费收支规程》第四条第二项之规定,保甲经费由保甲长向住户中有力担负者分别征收。然事实上,保甲长往往既不发给收据,又不榜示公布,浮收滥派,弊端丛生。究其缘由,原因有二,一是联

　　① 　陈赓雅:《赣皖湘鄂视察记》,申报月刊社,1934 年,第 29、30、110 页。
　　② 　《省保甲经费收支暂行规程》(1933 年 12 月),蔡鸿源主编:《民国法规集成》(第 40 册),黄山书社,1999 年,第 113 页。
　　③ 　《行政院秘书处关于交办宜昌高宝三等呈为宜昌县长罗经酋等违法勒征亩捐一案抄检原件的笺函》(民字第 7282 号,1934 年 7 月 2 日),湖北省档案馆藏,档案号:LS1-7-187。
　　④ 　《修正剿匪区内各县收支规程》,《湖北省政府公报》第 145 期,1935 年 10 月 28 日,第 16~17 页。
　　⑤ 　陈赓雅:《赣皖湘鄂视察记》,申报月刊社,1934 年,第 29~30 页。

保主任系由保长公推，且纯属义务性质，遇有征收保甲经费颇感困难之时①，如若严加催促，自非其所愿，遇有公事，一经政府诘责，即以保甲经费无法筹措为词，因循既久，相袭成风。其实际是保甲经费多由保甲人员私自收用，住户欠费者较少。即便联保主任才识稍优，然以本地人士，多有顾虑，迁就事实，在所难免。况且联保主任定期便要更换，虽未必说个个都心怀五日京兆之心，但若要其切实负责，十无一二。二是保甲经费数目，保甲长可以任意议定，漫无标准，以致于地方"恃强抗缴者有之，徇情漏派者有之"，结果负担完全由"巽懦者"买单。②若不加以改变，长此以往，必然影响保甲制度的运转。为力求保甲经费摊派公允，杜绝流弊，改善保甲经费征集办法便自然纳入了国民政府的考虑事项。

二、统筹统支

（一）保公产及公营事业

国民政府认识到，各县保甲经费，除少数县份外，大多由保甲长按户征集，不仅手续零碎，容易滋生浮收滥支之弊，而且稽核困难，统筹不易，加之民生凋敝，地方经济多感枯竭，若听任保甲长负责筹款，影响政府信用及保甲前途，"均非浅鲜"。③为确保经费来源，力谋地方社会能够自定自给，拟采用标本兼施。1936年，湖北省政府通令各区行政督察专员，就该区内，择一县份作为试点，利用当地人力物力，发展各项保公产及公营事业，在此项方法

---

① 《怀远催保甲费》，《大公报》，1936年10月13日，第3张第10版。
② 《松滋呈整理保甲经费暂行办法，考试联保书记简章》（湖北省政府第3类第4项第14目第7674号，1936年10月2日），湖北省档案馆藏，档案号：LS3-2-2405。
③ 《摘抄廿五年行政计划规定，改善保甲经费征集办法》（湖北省政府第3类第4项第14目第6589号，1936年7月21日），湖北省档案馆藏，档案号：LS3-2-2396。

未能达到成效以前,作为过渡,仍由各县斟酌财政状况,按每保每月五元标准摊派。①截至 1936 年 12 月,除第二区所属各县因中共"窜扰",情形特殊外,第一区阳新县,第三区随县,第四区江陵县,第五区襄阳、枣阳两县,第六区宜昌、宜都两县,第七区恩施、巴东、建始、利川四县,第八区郧县、均县,均选定为适用治本办法县份。②具体措施分述如下:

治本方面主要有两大类:一是经营保公产,凡是保内所属荒山、荒地、新淤地、湖、沼、塘、堰、公墓及无主或逃亡绝户之田地,一律由保长或联保主任征用住户剩余劳动力经营,其收益均归保或联保公有,同时还可受地主委托,代收田租,代为耕种,其所得手续费亦归保或联保公有。二是组织合作社,其收益提取若干充当保甲经费。

治标方面主要有三大类:一是按住户分档次抽收保甲经费,即由县财委会统一印制 1 角和 5 分两种收据,分发各保长,再通过保甲会议将保内各户分为四等,依次由五分递加至 2 角,以收足 5 元为标准。月终,保长向县财委会汇报并榜示公布收支细账。二是各保甲长与各团体经管人商洽决定,收取各保内祠堂、庙宇、祭会、谱会、神会等项一定比例的基金或田产收益。三是鼓励各地殷实富户捐助保甲经费。③

国民政府这一标本兼施举措并未收获理想的效果,一旦实际操作时,许多条款仅仅停留在纸面上。以湖北阳新县为例,该县地域广袤,荒田、荒地、湖沼、塘堰既不少,且因遭受"匪祸",无主绝户田地亦颇多,但问题是,并非每一保或每一联保均有公共荒山、荒地、湖沼、塘堰及无主绝户田地。同理,合作社亦然。显然,不可能普遍推行治本方法。若遇无殷实之穷县,如湖北省

---

① 《令各区专员、县长为本府二十六年度行政计划关于改善保甲经费收支办法一项仰遵办》,《湖北省政府公报》第 327 期,1937 年 8 月 12 日,第 5~6 页。
② 内政部统计处编印:《保甲统计》,(无具体出版地址),1938 年,第 8 页。
③ 《摘抄廿五年行政计划规定,改善保甲经费征集办法》(湖北省政府第 3 类第 4 项第 14 目第 6589 号,1936 年 7 月 21 日),湖北省档案馆藏,档案号:LS3-2-2396。

枣阳县,即便是收据印刷费一项,已是一笔不菲的开销,以一县十万户计,每月需两联收据,二十余万纸,计需印刷费 70 元,全年共需印刷费 800 余元。该县只能租赁田亩,轮流征用保内住户剩余劳动力代为耕种,或劝导殷实富户捐款 200 元存放商号生息,或作为公股加入合作社,提取收益,充作保甲经费。显而易见,区区每保最高限额 220 元本金,且还是借鸡生蛋,对于数额庞大的保甲经费,无异于杯水车薪。结果别无选择,只有回到老路——仍就在每保每月五元限度内摊派。①发展保公产及公营事业并不能根本解决保甲经费问题。

(二)保甲经费人事调整

国民政府认为,联保办公处为推行一切政令之枢纽,其组织虽小,其政权形式却无异于区署之缩影,其运转是否完善决定着各级政府命令到达基层后,能否具体落实。因而,对于地方社会征收保甲经费所出现的种种浮收滥报弊端,国民政府将其原因之一归咎于保甲人事支配不够完善。大致来说,主要体现在联保主任和联保书记身上。联保主任事务繁重,如社训、兵役、防空、积谷等项无不以联保主任负其重责,又兼任联保队长、防空监视哨哨长,大都势难兼顾,故联保队附虽居于辅佐地位,所负责任却重大,尤其是在训练民众期间。联保书记平时负责文件撰拟、缮写、保管等事项,还须经常到各保甲指导或调查,参加乡政训练,其兼任联保小学教员一职,难免影响教学任务。除此之外,联保小学多座落于乡村,乡村学龄儿童年龄与学习程度参差不齐,故联保小学多采用复式教学,复式教学比单式教学,任务重而且繁。联保书记如兼任联小教员,不仅精力不够,时间亦不许可。乡村人民注重读书观念由来已久,多希望子弟终日攻读,最忌休闲时间,对于新式学校

---

① 《各区呈复改善保甲经费征集办法》(1936 年至 1937 年),湖北省档案馆藏,档案号:LS3-2-2398。

有假期,本来就缺少观感,因联保主任随时分身办理保甲事务,不能专心致力于教学,学生无人在旁监督,导致乡村人民对学校失去信任。政府历年取缔私塾,并强迫儿童入学,私塾仍遍布设立,新式教育收效甚微。对于政府而言,联保书记与联保小学教员二者均为重要之职位,没有轩轾之别。联保主任与联保书记同时勉强兼职,既妨碍了教育教学,又没办好保甲事务,影响国家政令在基层的执行,导致"百事废弛,一无所长,虚靡公帑"①。

至于保甲经费,虽有少数县份统一收支,但大多地方仍由保甲人员自收自用,政府考核困难,浮收滥报,比比皆然,为谋积极改善,矫正弊窦,湖北省颁布了各县保甲经费人事调整暂行办法,其概要有三点:①除原设联保主任联保书记外,增设联小教员、户籍警、联丁各1人,联小教员专负办学之责,联队附改为有给职,以便使其能辅助联队长训练壮丁,联小教员与联队附薪给就原预算内匀支,而各该员在乡村办事,亦能维持相当生活。②保甲经费,以统收统支为原则,绝对不准保甲人员自收自用。原定联保主任月支30元,联保书记月支25元,共为55元,改为联保主任月支17元,联保书记月支14元,联小教员月支14元,联队附月支10元,户籍警月饷8元,联丁月支5元,联保办公费月支6元,联小办公费月支5元,保长办公费每保月支1元以及保甲预备费若干元。③保甲经费岁入总额,应连同联小经费合并编列计算,以符政教合一(联小经费,原列入县教育经费内,每联保每月支出30元)。②

对于上述保甲经费人事调整,国民政府给予了很高的期待。认为如此办理,既能使保甲事务和联保小学教育教学齐头并进,又能避免保甲经费和联保小学经费浮收滥支,二者经费若有入不敷出时,还可酌量变通,具有伸缩余地。

---

①　《各县保甲经费人事调整办法》(湖北省政府民政厅第3类第2目第13637号,1938年2月),湖北省档案馆藏,档案号:LS3-2-2399。

②　《调整保甲人事经费》,《大公报》,1938年3月1日,第1张第4版。

由于各县县情不一,保甲经费人事调整暂行办法在地方社会具体实施时是有差异的。如武昌县,保甲经费一向以来系按户征集,自 1937 年起,预备统筹统支,但因士绅争执税率问题,影响保甲经费征收,直接导致联保办公费支出"缩水",每一联保主任月支薪金 24 元,联队附月支 6 元,保丁月支 5 元,办公费月支 10 元,共 45 元。全县 42 联保,月支总额 1890 元。又如咸宁县,联保书记仍旧兼任联小教员,同时该县设有防空监视哨,联保主任兼哨长,另设班长 1 名,哨兵 6 名,班长哨兵月津贴 4 元。因而保甲经费支出变动为联保主任 1 名,月支 20 元,联保书记 1 名,月支 18 元,助理书记 1 名,月支 10 元,警目兼户籍警 1 名月支 8 元,乡警 4 名,各支 6 元,火伕 1 名,月支 5 元,联保办公费月支 10 元,联小办公费月支 5 元。①

(三)亩捐与商捐

依据 1936 年湖北省各区县保甲及壮丁统计表,除武汉区外,最少的鹤峰县有 107 保,最多的天门县有 1 644 保。②依暂行规程,按每保月支 5 元计算,鹤峰县一年的保甲经费开支是 6 420 元,天门县则多达 98 640 元。此种经费,尽是人民膏血,如遇水旱天灾,民众尚且有按日断炊之虞,哪有按月出款之力? 按理政府应当豁免,然当局认为,推行保甲势在必行,为免保甲废弛,惟有折衷办理。③除当阳、宜昌两县 1936 年保甲经费尚能勉强出自公款或公产收益及殷实绅商特别捐外,其他如通城、广济、黄梅、黄陂、孝感、云梦、随县、京山、潜江、保康、五峰、鹤峰、利川、建始、郧县等许多县份已普遍开始实行打折"促销",有八折、七折、六折、五折,甚至低至不到四折。即便如

---

① 《各县保甲经费人事调整办法》(湖北省政府民政厅第 3 类第 2 目第 13637 号,1938 年 2 月),湖北省档案馆藏,档案号:LS3–2–2399。

② 湖北省政府秘书处统计室:《湖北人口统计》,1936 年,第 74~77 页。

③ 《民财两厅案呈,据委员李泽民呈为条陈改革该县田赋亩捐征收及保甲经费各端祈鉴核采纳等情,兹就原呈各项分别核示,令仰遵照办理具报由》(财二字第 1726 号,1934 年 10 月 12 日),湖北省档案馆藏,档案号:LS19–2–2511。

此,尚有蒲圻、广济、罗田、潜江、监利、石首、公安、松滋、枝江、江陵、荆门、房县、光化等县保甲经费不能实收,竹山县竟未收取保甲经费分文。诚然,也有少数县份"技高一筹",早已将保甲经费风险转嫁到亩捐和商铺捐上。①

如果相邻两县保甲经费征收标准有高低差异,且民众可相互买卖土地时,就可能会出现保甲经费征收问题,甚至还会打起笔墨官司。1932 年,嘉鱼县保甲经费开始统筹,经全县行政会议议决,每亩年征 3 角,1933 年,因费率超过规定,复经该县行政会议议决,每亩减为 2 角,1934 年再改为每亩带征保甲经费 8 分,惟土地面积计算方法依旧以 1 斗为 1 亩。嘉鱼县与蒲圻县互为邻县,嘉鱼县二、四两区多有与蒲圻县插花之地(两个或两个以上单位因地界互相穿插或分割而形成的零星分布的土地。如两个单位的土地互相锁入对方,形成犬牙交错的地界;或一个单位的土地落在另一个单位占地范围内),两县人民互有置办邻县土地的情形。蒲圻县第四区第三联保张春林、李仕觉等人在嘉鱼县置有土地,嘉鱼县向其征收保甲经费,张春林等人拒绝接受,其理由有二:一是张等人均属蒲圻县人,所有保甲经费已经在蒲圻县缴纳,不愿担任两县保甲经费。二是嘉鱼县田亩计算方法有问题,不是按照《湖北省各县征收保安经费暂行章程》第 7 条规定,田地计算方法,"以升斗计算者以 2 斗 5 升为 1 亩",且嫌按亩带征 8 分过高,因而不愿为嘉鱼县民众承担保甲经费负担。但这一要求遭到了嘉鱼县保安团队荷枪实弹"越境骚扰"。1934 年 5 月 12 日,蒲圻县第四区第三联保主任盛雅亭,联保民众张春林、李仕觉等联名向省政府呈控嘉鱼县团队违章苛征保甲经费。②嘉鱼县政府回应称,亩捐系对田亩抽捐,自应当采取"属地主义",张等人籍贯虽属蒲圻县,但其土地属于嘉鱼县辖境内,既然享有嘉鱼县土地的权利,其保甲经费负担亦

---

① 《湖北各县 1936 年度保甲经费》(1936 年),湖北省档案馆藏,档案号:LS1-7-640。

② 《湖北省蒲圻县第四区第三联保主任盛雅亭关于嘉鱼县违法苛征亩捐,恳转令制止的呈文及湖北省政府的批、训令》(财字第 5330 号,1934 年 5 月 21 日),湖北省档案馆藏,档案号:LS1-3-353。

应与嘉鱼县人民相同,有在嘉鱼县缴纳保甲经费的义务,不能因为籍贯不同而将保甲经费减除。①

无论是保甲经费的按户摊派,还是统筹统支,对于民众而言,当政府向地方社会汲取资源时,都会有切肤之痛,尤其是亩捐过重时,更是如此。1933年11月,阳新县人卢庆斋等共三十余位公民,联名向省政府具呈,该县土地贫瘠,是年遭受水旱两灾,收成大不及往年,因办理清乡事宜,县政府将每亩亩捐提高到5角。此外,尚有学捐、堤捐、地方捐、附加捐、公安捐等杂项,合计每石田得缴纳2元4角之多,人民已不堪重负,恳请省政府体恤垂怜,以苏民困。然而阳新县政府并不认可,随后也向省政府呈称,卢庆斋等人之所以陈述亩捐过重,难于负担,是因为其人大多是城区户籍,当乡区派捐时,彼等居住在城里,当城区派捐时,彼等田地在乡村,总之,其人以立场不同,"未免别有用心"。该县田亩数为280 000,原每亩年征1角,全年共计28 000元,但因军事"围剿",征收区域大为缩小,全年实收不过9 000元,商铺捐也有限,以致保安队经费无处统筹,虽将保安队奉令缩编为12个中队,一个总队部,但全年仍需185 900.4元,既不能任听各区保安团队自由抽派经费,又不能将其解散。是以将亩捐由1角改为5角,全年总计140 000元,不足之数由商铺捐与绅富捐补足。对于阳新县政府加征亩捐,省政府因省库无力补助,只能认为"办理尚无不合",惟亩捐5角未免过重,应予核减,同时为节省经费,要求其将部分保安队裁撤。②

除普通民众外,许多地方乡绅亦继续着反对亩捐太重的"大合唱"。1933年12月,兴山县绅民代表文守谦、黄坤纬等向省政府具禀,兴山县地瘠民贫,自古以来,并无上田下田之分,只有高山低山之别,高山占80%,低山占

---

① 《湖北省一区行署关于奉令彻查嘉鱼县违章苛征邻县亩捐的呈文》(1933年7月18日),湖北省档案馆藏,档案号:LS1-3-353。
② 《阳新卢庆斋等呈增加亩捐过多难于负担案》(1933年11月3日),湖北省档案馆藏,档案号:LS3-5-5643。

20%,低山换种不换田,年二熟,高山则换田换种,年仅一熟,高山只能开种一两年,否则虽种无收。但县政府在亩捐征收时,不以田主的实际收益为标准,而是完全照所有田亩收获估计,每亩田主每月征2角,佃客征1角,亩捐缴纳时,还要支付征收人员旅费、招待费等杂项5分以上,甚至有部分地方已经将亩捐追收至来年。谷价一石仅值30串钱,而每亩负担,全年需4元,况且除亩捐外,养丁费、户口捐、飞机捐、仓谷捐、骡马捐、榨房捐、屠宰税、营业税、烟酒税、盐税依然如故。住户稍微富裕者,另有绅富捐,是年已经派捐数次。自6月整理田赋委员会分赴各乡村以来,已"扰攘数月之久",以至于"富者转贫,贫者转徙",人民贫困已达"极点"。恳请省政府迅速派员下县调查该县亩捐底册,抽查乡村。[①]

地方政府在征收保甲经费过程中,如果忽视民意,或一意孤行,便容易酿成事端,激成民变。1933年8月20日,均县县长胡森接第七区黄莺乡联保主任胡咸朝飞报,该乡张文海、张文焕等人,已于19日夜集合民众百余人,会同高坪张声大,至20日黎明时,约有二百余人,实行抵抗亩捐后即加入共产党。21日,事态进一步扩大,中共部队百余人,由该县第七区扑进大柏乡习家店,与驻防第四保安中队展开激战。县政府除分饬各乡武装组织围堵外,命令第七区区长督率各联保主任,一面亲自向民众婉为解释,一面张贴布告。随后,县长亲赴第七区解决纠纷。[②]据此,省政府电饬该县长妥慎处理善后,并设法减轻捐率。为消弭隐患,要求鄂西各县政府对于亩捐暂勿增加。[③]湖北其他各县引以为戒,认为农村经济衰落,加以谷贱伤农,人民异常困苦,田亩捐确实过重,经各机关法团与地方士绅一致通过,减轻捐率,暂缓扩充

---

① 《兴山县绅民代表文守谦等关于亩捐太重,苛滥浮征,恳予矜全以恤灾民的呈文及湖北省政府的批复及训令》(财政股人字第518号,1933年2月12日),湖北省档案馆藏,档案号:LS1-5-142。

② 《湖北省政府关于均县县长亲赴黄莺乡办理张文海抵抗亩捐加入共产党案的指令、训令及民政厅的呈文》(铨字第355号,1933年9月10日),湖北省档案馆藏,档案号:LS1-3-167。

③ 《湖北省政府关于施属各县亩捐暂勿增加的函》(1934年6月24日),湖北省档案馆藏,档案号:LS1-3-169。

保安队①，向省政府请示田赋亩捐征收办法。

树欲静而风不止。湖北省有些县份虽已向民众作出承诺，减轻亩捐，但国民政府却不能保证每一县份都能实行。1934 年 6 月，宜昌县公民代表戴春城，保甲代表陈大海等人先后呈请豫鄂皖三省"剿匪"总司令部暨财政部令饬湖北省政府，查办宜昌县长罗经酋、财务会委员长黄调元、督征员蒋志端、收捐员冯洁臣等故违法令，横征亩捐每亩每年 7 角 2 分，竟超过国家规定捐率的 6 倍多。对于民众要求照章征捐的合理诉求，该县长不仅不依照布告承诺，且派保安团队荷枪实弹入室武力勒征。②由于该县长等人顶风作案，7 月，遭到了省政府法办。③无独有偶，监利县李振寰等人呈控县长朱公明伙同科长邹子珍及劣绅勾串一气，浮收亩捐。当省政府派员下县调查时，朱竟畏罪自尽。④到 1938 年，依旧有民众控诉县长串通区保加重亩捐。⑤

如果说县政府征收亩捐是一路磕磕碰碰的话，那么征收商铺捐时，也是反对声不断，有时还会遭遇商会的强烈抵制。利川僻处湖北省边陲，穷乡僻壤，交通闭塞，许多商人仅能称之为负贩，资本不满百元，但县政府为补充保甲经费，却设立商铺捐税卡数十处。⑥1933 年，松滋县发生水灾，亩捐收入锐减，县长召集各法团联席会议，认为棉花为该县出产大宗，以棉花集合成包，决定抽收棉业商铺捐每包 2 角，以弥补保甲经费不足，并要求松滋县沙道观

---

① 《驻鄂特派绥靖公署关于随县政府免加亩捐，暂缓扩充保安队的函及湖北省政府的回函》（厅字第 1567 号，1934 年 6 月 3 日），湖北省档案馆藏，档案号：LS1-3-882。

② 《行政院秘书处关于交办宜昌高宝三等呈为宜昌县长罗经酋等违法勒征亩捐一案抄检原件的笺函》（民字第 7282 号，1934 年 7 月 2 日），湖北省档案馆藏，档案号：LS1-7-187。

③ 《豫鄂皖三省剿总关于查明宜昌县长罗经酋、财务委员长黄调元等被控违章勒征亩捐的训令及湖北省政府等呈文、公函、训令》（政智字第 1425 号，1934 年 7 月 10 日），湖北省档案馆藏，档案号：LS1-7-187。

④ 《监利县李振寰等关于邹子珍勾结劣绅浮征钱粮及吴佑卿等经收亩捐未公布账目的呈文及湖北省政府的训令、批文》（□字第 228 号，1934 年 7 月），湖北省档案馆藏，档案号：LS1-3-573。

⑤ 《来凤旅省人民萧应昌函保安队卡押萧斗山及宣恩胡县长串通区保加重亩捐》（湖北省政府民政厅第二类第十项第二目第 14846 号，1938 年），湖北省档案馆藏，档案号：LS3-3-3387。

⑥ 《利川萧荣陆关于控曾叙畴籍（藉）口补充团费，私设商铺捐卡，苛商扰民，请撤查严究的呈文》（1934 年 7 月 24 日），湖北省档案馆藏，档案号：LS1-5-175。

花行业同业公会务须协助办理,结果遭其拒绝。该同业公会认为,其行业系代客买卖,属于无本经营,自美棉大批入境后,中棉大量滞销,水灾也波及棉花,各花行无一不遭受连带陪累。国民政府公布棉花营业税自 10 月 1 日起减为 8‰,而松滋县却反其道而行之,枝江、公安、江陵各县也没有因保甲经费不足而抽收棉业商铺捐的先例,并且严重质疑松滋县开征棉业商铺捐,有如前清时期厘金变相。①松滋县政府进行一一反驳,认为花包捐创自前清光绪年间,民国成立后又继续推行了 20 年,1932 年,松滋县将其改为棉业商铺捐,并非新增加棉商负担,况且已在三省"剿匪"总司令部备案,是年又减轻捐率,对棉业商人已格外体恤。此外,棉商系行户性质,代客买卖,资本总额难以估计,每包棉花最低价格可值 50 元,按本抽收 4‰,规定每包抽收 2 角。责令各商会棉业会协助办理,与设卡征收变相厘金性质不同。加之该县保甲经费短绌,若将棉业商铺捐停征,则保甲经费缺口更大,倘若其他行业皆起而效仿,相继反对,县政府将更难以应付。②不过,这一番言论只是松滋县政府的一厢情愿,1933 年 12 月,行政院训令湖北省政府,认为棉业商铺捐系对商品课税,与中央禁令不合,虽经三省"剿匪"总司令部准估本抽收,但该县既对棉业商铺征收普通商铺捐外,还要征收棉业商铺捐,已属重复征收,有失平允,应立即停止征收③,改按营业金额抽收捐款。松滋县政府接到省政府训令后,不得已于 1934 年 2 月停征,在随后的呈文中,松滋县再次为自己辩护,认为普通商铺捐出自行户,棉业商铺捐出自买客,并非重复征收。该同业公会棉业商人,不但棉业捐未缴分文,即对于普通商铺捐,亦多有违抗不缴,影响保甲经费收入巨大,少一部分收入,即少一部分支出,该棉业公会"屡控

---

① 《松滋县沙道观花行业同业公会关于请制止松滋县拟抽收棉业商铺捐的代电》(财字第 1132 号,1933 年 10 月 21 日),湖北省档案馆藏,档案号:LS1-7-202。

② 《湖北省财政厅关于停征松滋县抽收棉业商铺捐的呈文及湖北省政府的指令》(贞字第12273 号,1933 年 12 月 27 日,湖北省档案馆藏,档案号:LS1-7-202。

③ 《行政院关于查核办理松滋县重征棉业商铺捐一案的训令及湖北省政府的呈文》(字第 6042 号,1933 年 12 月 23 日),湖北省档案馆藏,档案号:LS1-7-202。

不休,足见刁玩健讼,殊堪痛恨"①。

事实上,当政府过多地侵害商户的核心利益,尤其是触碰其底线时,作为商户利益的维护者,商会有时甚至敢与政府"叫板",而不仅仅是口头与字面上的抗议。1934年以前,广济县政府因保甲经费无法维持,曾发行1角、2角、5角三种金库券,共20 000元,此后一直未能全部收回,广济县各商会也一直表示不满。1934年,经全县行政会议决议,该县商铺捐总额年征15 000元,经武穴商会抗议,核减为13 000元,龙坪商会与县城商会各2 500元。后各商会变卦,武穴商会仅承认8 000元,且按六折缴纳,龙坪商会亦只缴纳150元,县城商会一毛不拔,始终抗拒。广济县政府作出让步,同意该商会按照六折缴纳商铺捐,并派科员孙干亭于5月4日起逐日前往该商会催讨,该商会筹备主任方云秋干脆避而不见。5日晚,县长傅长民亲自出面,与财委会阮炽甫邀请方云秋到县府,劝其勉力筹款,方云秋以商铺捐纳捐标准未经商人承认为由,政府不能违法勒收,令其照缴亦不负责,并以情愿坐牢相要挟。龙坪商会与武穴商会以县城商会分文未缴为口实,不肯再缴。县政府为避免出现"多米诺骨牌效应",将方云秋"暂行看管"。②6日下午,县党部书记于荣焕、前商会主席杨受三等人出面为其保释,并负责于9日内分两期先行缴商捐200元,以应县政府急需。县长准予保释,责令其出外筹缴,一面派员赴龙坪商会提商铺捐,同时警告该两商会,再"恃强顽抗,即行拘办"③。对于金库券一节,县政府作出承诺,剩余8000余元,将极力设法收回,该县各商会等表示无异议。省政府认为,既经和平解决,免置议,惟纳捐标准,应与商会妥

---

① 《湖北省财政厅关于松滋县已停征棉业商铺捐免予置议的呈文及湖北省政府的指令》(贞字第20895号,1934年8月4日),湖北省档案馆藏,档案号:LS1-7-202。

② 《广济县政府关于方云秋对于已经核减之商铺捐故意反抗不缴,已将其暂行看管,如何处理的代电及湖北省政府的指令、训令》(1934年6月),湖北省档案馆藏,档案号:LS1-7-204。

③ 《广济县政府关于将县城商会筹备主任方云秋保释,责令筹缴商铺捐情形的代电》(锤字第6481号,1934年6月11日),湖北省档案馆藏,档案号:LS1-6-253。

善决定,以免再生波折。①

　　1937 年,湖北省政府训令各县,重新颁布改善保甲经费收支办法,规定每保每月仍以五元为标准,乘以该县保数,所得结果为全县所需保甲经费总额,其经费来源不再由保甲长向保内住户摊派,而改由按住户田亩及商铺资产酌定征费标准,分别附征,县政府统筹统支。②但事与愿违,到 1938 年,蒲圻、蕲春、远安、来凤、竹谿、通山、南漳、长阳、建始、郧县、黄安、襄阳、恩施、鹤峰、郧西、麻城、光化、宣恩、利川、竹山共 20 县依旧按户征集,这使湖北省政府甚为恼火,严词训令所属各县,保甲经费均应于 1938 年 7 月 1 日起,一律由县统筹统支,同时要求各县将联保小学经费与保甲经费合并编造收支概算,呈省府备查。③保甲经费直接与田亩、商铺资产挂勾,由此衍生出田赋亩捐和商捐征收的三个问题,即县政府必须掌握该县所有田亩的确切数字,应当区别对待住户所占有田亩、商铺资产数量的多与寡,以及田亩的好与次。

　　对于田赋,历代统治者将其定位为国家之正税,人民应负完纳之义务。但由于种种原因,随着时代或环境变迁,政府往往对于地方田亩数目的掌控能力逐渐流失。湖北省政府亦然,以监利县为例,该县亩捐清册,尽在知根(管全县亩册之人)手中,亩捐经手人征收经费时,完全由知根把持,县财委会无亩捐清册,亦无从查考。例如地方田亩遭受灾害时,本应在免收亩捐之列,而知根依旧勒收,中饱私囊,甚至有民众私自贿赂知根而免收亩捐者。此外,乡间买卖田产,知根在过户时亦可包庇税契,捞取油水。结果,政府未受其利,先受其害,因而知根自然成为政府眼中的另类。1934 年,监利县政府一

---

① 《湖北省政府民政厅、省财政厅关于核办广济县商会抗纳商铺捐一案经过情形的呈文及湖北省政府的指令》(贞字第 20515 号,1934 年 7 月 24 日),湖北省档案馆藏,档案号:LS1-7-204。
② 《据呈拟统筹保甲经费办法,分别核示饬遵由》(省民二字第 60646 号,1937 年 11 月 15 日),湖北省档案馆藏,档案号:LS1-5-508。
③ 《各县保甲经费人事调整办法》(湖北省政府民政厅第 3 类第 2 目第 13637 号,1938 年 2 月),湖北省档案馆藏,档案号:LS3-2-2399。

面取消知根,勒令其将亩捐清册交出,由县财委会办理,一面通令各区保甲长,将保内住户所有田亩造册呈报。其造册费用,仿照沔阳县办法,每亩亩捐提取一分,分配区保。①

任何合法政府在征收税费时都应考虑贫富差距,照顾人民的负担能力,量出为入,兼顾社会各个阶层的利益,尤其是底层百姓。以松滋县为例,在保甲经费未统筹以前,各户缴纳保甲经费负担颇重,1938年,经该县政府提交春季行政会议通过,并由政府张榜公告保甲经费收支办法。规定所有各保居民,在3月底以前所欠摊派之保甲经费,应如数缴纳,以清手续。至4月以后,原由各保长按保月收5元之保甲经费停收,各联保主任及保甲长,不得再向保内住户摊派分文。决定自是年4月1日起,各区保甲经费,按各粮户田亩多寡分为4个等次,由县统筹统支。其费率如下:

　　甲、百亩以上者,每户月收洋2角,计年收2元4角。

　　乙、五十亩以上百亩以下者,每户月收洋1角5分,计年收1元8角。

　　丙、五亩以上五十亩以下者,每户月收1角,计年收1元2角。

　　丁、五亩以下者免收(本县粮册不足五亩者占十分之四)。

为确保上面统筹统支措施能够落到实处,该县规定,保甲经费一律由县政府预制板券,每年分两季征收,各粮户须先缴保甲经费,截券后,方准再完纳田赋。按照公告费率计算,该县有684保,百亩以上者726户,每户月收2角,一年收1 742.4元;五十亩以上百亩以下者2 373户,每户月收1角5分,一年收4 271.4元;五亩以上五十亩以下者44 210户,每户月收1角,一年收

---

① 《民财两厅案呈,据委员李泽民呈为条陈改革该县田赋亩捐征收及保甲经费各端祈鉴核采纳等情,兹就原呈各项分别核示,令仰遵照办理具报由》(财二字第1726号,1934年10月12日),湖北省档案馆藏,档案号:LS19-2-2511。

53 052 元,全县一年保甲经费总额为 59 065.8 元,以八折计征,应实收47 252.64元。[①]与未统筹前按保月收 5 元标准,一年总额 41 040 元比较,尚有余款,可悉数列为保甲预算费, 充作保甲长及壮丁队必要之给养及添置联保小学书籍、器具等项费用。毫无疑问,统筹统支应该说是比较划算的。

　　然而问题并非如此简单,松滋县政府的如意算盘在呈报省政府时,遭到了否决。省政府认为该县按田亩多寡分等计费标准均嫌过重,将原拟费率改为,百亩以上者为甲等户,每户月收 1 角 5 分,五十亩以上百亩以下者为乙等户,每户月收 1 角,五亩以上五十亩以下者为丙等户,每户月收 7 分。[②]由此我们得出,依甲种 726 户、乙种 2 373 户、丙种 44 210 户汇总,全县一年保甲经费总额为 41 290.8 元,以九折计算,年可实征 37 161.72 元。按此推算,不要说该县每年保甲经费有所节余,就连与未统筹前每年最低 41 040 元比较,尚有较大缺口。

　　松滋县政府向省政府"叫屈"。呈述该县商铺多系田主兼营,为避免重复征收,已将商户保甲费免收。全县粮户,不足五亩者有 31 332 户,竟占 40%,依照行政会议决议,应予免征外,五亩以上者仅占 60%,故非每户年征 1 元以上至 2 元以上,不足以收足保甲经费。[③]如若再核减田亩费率,不仅全年收入入不敷出,且以九折计征,更难实行。松滋县以政府发布公告,造成既定事实为由,请求仍依原拟费率,甲种月收 2 角,乙种月收 1 角 5 分,丙种月收 1角,按八折计征,以期收支平衡。同时申辩,保甲经费未统筹以前,摊派名称繁杂,各户负担颇重,有月收 3 角者,统筹后,不准各区再摊任何款项,费率至多月收 2 角,已经减轻人民负担。为表明苦衷,随后罗列一系列保甲经费

　　① 《四区各县呈廿六年度保甲经费收支办法(之二)》(1937 年至 1938 年),湖北省档案馆藏,档案号:LS3-1-1584(2)。
　　② 《松滋呈整理保甲经费暂行办法,考试联保书记简章》(湖北省政府第 3 类第 4 项第 14 目第 7674 号,1936 年 10 月 2 日),湖北省档案馆藏,档案号:LS3-2-2405。
　　③ 《松滋呈整理保甲经费暂行办法,考试联保书记简章》(湖北省政府第 3 类第 4 项第 14 目第 7674 号,1936 年 10 月 2 日),湖北省档案馆藏,档案号:LS3-2-2405。

支出，其标准有两大类：一是经常费，包括联保主任 1 人月支 17 元；联保书记书记 1 人月支 14 元；联队附 1 人月支 10 元；户籍警 1 人月支 8 元；联丁 2 人各月支 5 元；联保处办公费月支 6 元；保长办公费各月支 1 元；联小教员月支 14 元；联小办公费月支 5 元；乡镇壮丁常备队第一区一班，月支 85 元；第二区一班月支 85 元，第三区二班月支 182 元；保甲预备费年支若干元。二是临时费，包括保甲经费征收费；乡镇壮丁常备队服装费；训练保甲费；壮丁必要给养费；各区冬防费；各联小添置书籍器具费均由县政府随时编造预算，呈准在保甲预备费内动支。撇开临时费不论（其中除乡镇武装常备队费省政府搁置外，各区冬防费省政府未予批准），该县 38 联保，每联保月支 79 元，年支 36 024 元，加 684 保年支 8 208 元，共 44 232 元，就已经使得保甲经费总额超支了，还不包括联保小学 38 校，各月支 30 元，年支共 13 680 元（由每亩另外附征 2 分征收）。对于松滋县这一套"组合拳"，湖北省政府没有更好的方案，也只能"为迁就事实起见"，"姑准照办"。[1]

从上面松滋县的案例中，我们可以发现，当五亩以下者免收，且这一群体过于庞大时，五亩以上者的保甲经费负担便自然"水涨船高"，这无疑会增加保甲经费征收的难度，因而湖北省许多县份弃用这套方案，改将田亩分上则、中则、下则三个等级，按不同费率把保甲经费分摊于全县所有田亩，不论住户所占有田亩的数量，以便确保经费的来源。以 1937 年潜江县为例，该县 662 保，全县上田 205 888.48 亩，中田 498 170.60 亩，每亩征 5 分，合计 35 202.95 元，以九折计征，为 31 682.66 元，又下田 338 658.92 亩，每亩征 3 分，合计 10 159.77 元，以九折计征，为 9 143.79 元。此外，该县商户 5 000 元以上者 10 家，每家月收 1 元，5 000 元以下者 20 家，每家月收 5 角，不满 3 000

---

① 《四区各县呈廿六年度保甲经费收支办法（之二）》（1937 年至 1938 年），湖北省档案馆藏，档案号：LS3-1-1584（2）。

元者 50 家,每家月收 3 角,不满 1 000 元者 70 家,每家月收 2 角,一年合计
672 元。[①]由此我们得出,统筹统支后,潜江县 1937 年的保甲经费收入总额应
该是 41 498.45 元,与未统筹前按保月收 5 元标准,一年总额 39 720 元比较,
可以说保甲经费收入还勉强凑合,尚有余款,可作为保甲经费预备费,以备
不时之需。

可计划赶不上变化。1937 年,潜江县遭受两次水灾,灾情严重,人民多逃
亡在外,此外,抗日战争爆发,该县大小商店因国难多已停止营业,保甲经费
收入锐减。截至 1938 年 3 月底,田赋征收仅及三成,保甲经费也只能按七五
折编列,这样算来,田亩保甲捐总收入为 34 022.04 元,即便商户捐不打折,
也只有 34 696.04 元。为免各项保甲事务中辍,保甲经费还得支出。其具体情
形见下表。

表 5-1　潜江县民国 1937 年度改善保甲经费支出预算书

岁出经常门			
科目	全年度收入 预算数(元)	每月平均分配 预算数(元)	备考
第一款　保甲经费	41 472	3 456	
第一项　保甲经费	26 568	2 214	
第一目　联保办公处费	21 648	1 804	
第一节　联保主任薪给	7 380	615	本县共 41 联保,每联保月支洋 15元,共应支洋如上数
第二节　联保书记薪给	5 904	492	每联保用书记兼联保小学教员 1员,每员月支洋 12 元,共应支洋如上数
第三节　联队附薪给	4 920	410	每联保用联队附 1 员,每员月支10元,共应支洋如上数
第四节　联丁工食	3 444	287	每联保雇用联丁 1 名,名月支 7元,共应支洋如上数

---

① 《四区各县呈廿六年度保甲经费收支办法(之一)》(1937 年),湖北省档案馆藏,档案号:LS3–
1–1584。

续表

	岁出经常门		
科目	全年度收入预算数(元)	每月平均分配预算数(元)	备考
第二目 办公费	4 920	410	
第一节 联保办公费	2 460	205	
第二节 书记办公费	2 460	205	
第二项 各保经费	14 904	1 242	
第一目 各保经费	14 904	1 242	
第一节 保长公费	14 904	1 242	

说明:一、本表所列支出各款均应按照现在实支情况分别项目开列,至乡训人员将来毕业分发回县服务,照案开支薪公尚需另行设法增筹,因地方灾祸频仍,实在总收入大不敷支出,合并声明。

资料来源:《潜江县民国二十六年度改善保甲经费支出预算书》(1938年),湖北省档案馆藏,档案号:LS3-2-2400。

从上表可以看出,保甲经费收入34 696.04元与支出41 472元相去甚远,诚如潜江县政府所言,总收入大不敷支出。同时,我们不应该忽略的是,国民政府颁布保甲经费人事调整时,已经为各县保甲经费入不敷出时预设了一条方案,即保甲经费可以与联保小学经费相互变通,那么这条方案能否起到国民政府期待的伸缩作用呢?

为筹集联保小学经费,潜江县政府于1937年5月7日下午召开各机关法团讨论会议,决定加征田赋附税为联保小学基金,每亩加征2分,乘以该县田亩总数1 042 718,合计20 854元,以六成计算,共12 512.4元。为避免加征田赋造成地方社会"周折",该县在向省政府呈奉编造预算前,已"先斩后奏",开始征收。其支出包括:①联保小学41所,每校开办费30元,共1 230元。②每校招收学生100名,每名需短期小学课本4本,每本5分,需820元,《算术》第一册2分,第二册4分,各以4 100册计算,需246元,短期小学课本及算术教学法每校需6本,每本3角,需73.8元,又各项课本寄费需160元。③每校月支薪给13元,办公费2元,以41校计算,年需7 380元。④各校修理校舍,增加班次,提高待遇及临时开支需 2000 元。以上四项年需共11909.8 元。通过潜江县联保小学经费收入与支出比较,尚余 602.6 元,这仍然不能弥缝统筹统支后保甲经费的缺口。

不单单是保甲经费收不敷出,潜江县连年受灾,县政捐征收短绌,各级机关人员都在"勒紧裤腰带",就连联保小学经费这块剩余"蛋糕",也早已被人盯上,连区乡也想分一杯羹。1938 年 10 月 6 日,潜江县第一区区长张乐世、第二区区长李逢春、第三区区长杜礼炎向上级政府倾诉苦衷,诉说该员等奋勉从公,但"日食尚求难济",恳请县政府能从保甲捐项下拨付经费,以资维持区署机构运转。省政府准予县政府暂时从保甲预备费项下挪用,待县政府征收经费顺畅时,再照数归垫。[①]问题是挪用容易,县政府何时有能力归还,省政府只有拭目以待了。

同样是统筹统支,除松滋县和潜江县两种改善保甲经费收支办法外,湖北省有些县份既不按照住户田亩的多寡分档次,亦不区别田亩的等级,除特下则田(即公私荒地,因收益微薄,暂予免征保甲费)外,一律按亩带征,商铺保甲费则以商铺捐额带征。如咸宁县,全县 16 联保,320 保,上则(即民田)357 763.4 亩,中则(即宅地)21 434.85 亩,下则(即地)142 395.1 亩,按亩年征 6 分,以九折计算,年可得 28 166.04 元。同时为了节省经费,不再由产款保管委员会派人驻粮柜处征收,而是由经征处在征券上加盖"按亩每忙带征保甲费二分"红戳,以资识别。商铺保甲费由该县商会募集,1937 年商铺捐额8 400 元,每元附征 3 分,年可得 2 520 元,为简化手续,此项收款即在商铺捐收据上加盖戳记。保甲经费总计 30 686.04 元。其支出为联保主任 1 人月支30 元,户籍警 1 人薪饷 11 元,联丁 1 人工饷 6 元,联保办公费月支 8 元,保长办公费月支 1 元,按该县 16 联保,320 保扣算,共计年支 14 400 元,尚余

---

① 《四区各县调整保甲经费人事办法》(湖北省政府民政厅第 3 类第 4 项第 14 目第 13637 号,1938 年 6 月 9 日),湖北省档案馆藏,档案号:LS3-2-2400。

16 286.04 元。如果按统筹前每保月收 5 元标准计算,一年总额 19 200 元,仍多出 11 486.04 元。显然,这种保甲经费收支办法最合算,但却很难通过省政府那一关,不久便被以"担负殊欠平均"为由驳回,改为按亩年征 4 分,以九折计算,保甲经费总计 21 297.34 元。尚余 6 897.34 元,可作为保甲预备费,充作壮丁队必要之给养以及训练保甲长之用。[①]又如崇阳县,全县 18 联保,289 保,1937 年 10 月 2 日下午,由县政府召集各法团会议,按照保甲经费年需总额议定标准,田亩年征 8 分 5 厘,后经省政府修改为 8 分,该县田地 250 015 亩,以八折计征,年可得 16 000.96 元,于是年下忙田赋开征时,即在征券上加盖"按亩每忙带征保甲费四分"红戳,以资识别,不另给收据,以节省经费。商铺保甲费,拟按各市镇商铺资产 46 000 元,每元年征 2 分,年可得只有920 元。两者共计 16 920.96 元。其保甲经费支出为联保经费月支 50 元,保长办公费月支 1 元,共计年支 14 268 元,尚余 2 652.96 元充作保甲预备费。[②]

咸宁与崇阳两县保甲经费皆是一律按亩带征,咸宁县向省政府呈报每亩附征 6 分方案遭到否决,改为 4 分,而崇阳县每亩附征 8 分却得以顺利通过。通过比较,我们发现,症结在咸宁县全县 320 保,田亩 521 593.35 亩,平均每保 1 629.98 亩。崇阳县全县 289 保,田亩 250 015 亩,平均每保只有865.10 亩。换言之,咸宁县地广而人稀,崇阳县人多而地少。致使崇阳县民众的保甲经费负担比咸宁县高出一倍。

大抵来说,1933 年以前,湖北省各县保安经费多自由摊派,漫无限制。当时亩捐苛重情形主要有两种。一是按两征收,如蒲圻、通城每两各附征 2 元 4角,黄冈每两附征 4 元,通山每两附征 5 元,崇阳每两附征 6 元 2 角,襄阳、麻城等县每两各附征 8 元,枣阳、谷城等县每两各附征 10 元,与每两正税比

[①] 《据呈拟统筹保甲经费办法,分别核示饬遵由》(省民二字第 60646 号,1937 年 11 月 15 日),湖北省档案馆藏,档案号:LS1-5-508。

[②] 《据报改善保甲经费收支办法案,经开会议定征费标准,请示遵等情,分别核示饬遵由》(省民二字第 59306 号,1937 年 10 月 23 日),湖北省档案馆藏,档案号:LS1-5-508。

较,少者超过一二倍,多者超过六七倍。二是按亩征收,礼山、石首、长阳等县每亩各收 4 角,郧县、均县、郧西、房县、竹山、竹谿等县每亩各收 5 角,宜都每亩 6 角,宜昌每亩 7 角 2 分,大冶每亩 1 元,兴山每亩收 2 元 4 角。捐率之苛重,悬殊情形可以概见。湖北省设立保安经费整理委员会,从事整理保甲经费,1934 年冬,湖北省政府通饬各区保安司令,将所属各县保安队集中整编,就所需饷额分配各县分担,并减轻捐率,之后又颁布《湖北省各县征收保安经费规则》,规定各县亩捐捐率,每亩田地以每年收银洋 1 角为原则,最高不得超过 3 角。1936 年,亩捐集中于省政府统筹,1937 年又由财政厅主管,后依照规定捐率标准,由各县调整,并逐渐与田赋挂勾,进而与田赋合券征收,为避免保安团队持枪勒征,至 1940 年,各县捐率,普遍在每亩 3 角以下。如安陆每亩捐率 6 分,孝感每亩捐率 7 分,武昌、汉阳、咸宁、汉川、沔阳等五县每亩捐率 8 分,黄陂、随县、云梦、应山、天门、京山、钟祥、潜江、松滋等十县每亩捐率 1 角,通山、罗田、江陵、荆门、监利、石首、公安、襄阳等八县每亩捐率 1 角 2 分者,蒲圻、鄂城每亩捐率 1 角 3 分,嘉鱼、蕲春、浠水、秭归等县每亩捐率 1 角 5 分,英山、枝江两县每亩捐率 1 角 6 分,广济每亩捐率为 1 角 7 分,大冶、黄冈、当阳、宣恩等四县每亩捐率 1 角 8 分,通城、崇阳、黄安、麻城、礼山、枣阳、光化、宜昌、兴山、建始、鹤峰等十一县每亩捐率 2 角,宜都、宜城二县每亩捐率 2 角 1 分,黄梅、南漳、咸丰、来凤等四县每亩捐率 2 角 2 分,五峰一县每亩捐率 2 角 3 分,谷城、巴东两县每亩捐率 2 角 4 分,阳新、郧县、均县、郧西、房县、竹山、竹谿等七县每亩捐率 2 角 5,利川每亩捐率 2 角 6,远安、长阳两县每亩捐率 3 角。亩捐捐额原比田赋额数要多,后因捐率逐渐减低,田赋正税增加,两者之间已经出现了变化,如下表:

表 5-2

区别	亩捐征额		田赋征额		比较				区别
					增		减		
战区三十五县	2 640 125	10	3 334 040	11			693 915	01	
非战区三十五县	2 267 283	56	1 589 821	54	677 462	02			

资料来源:《电令各属为调整田亩捐捐率,以二角为最高标准,自二十九年上忙实行减征》(自 1940 年至 1942 年),湖北省档案馆藏,档案号:LS19-2-2423。

从上表我们可以看出,战区 35 县,田赋征额比亩捐征额多,意味着政府要"抢收"国家正税,在后方,亩捐征额比田赋征额多,政府更侧重于维护地方社会稳定,减轻民众负担。抗战以后,保安团队地位重要,所需保甲经费无法核减,但收入来源却因军事影响而锐减,湖北省省库每月亏垫保甲经费至少 10 万以上,遇征收淡月,犹不止此数。截至 1940 年 3 月底,共亏垫 200 万元。对政府而言,整理亩捐本来重在核减,减轻民众负担,省库长期垫支,也非长久之计,致使保甲经费愈加相形见绌,势必牵涉到裁减团队问题。对地方社会而言,不仅亩捐过重县份民众要求减轻捐率,亩捐较轻县份亦屡有表示,湖北省政府向来采取只减少不增加态度。而亩捐较轻县份,多属战区,人民本来痛苦已深,若增加捐率,难免遭其反感。再者,战区各县,收入短绌,省政府财政多依赖后方各县挹注,也不好厚此薄彼。调整亩捐关键在于地籍,但土地陈报非一时所能完成,为减轻人民困苦,逐渐平均负担起见,经湖北省委员会第十四次谈话会议决定,亩捐捐率以 2 角为最高标准,超过者照减,自 1940 年上忙时训令各县实行减征,布告,并应造表详细呈核。①

三、回归摊派

通过以上梳理,我们发现,对于地方社会征收保甲经费,湖北省政府向

---

① 《电令各属为调整田亩捐捐率,以二角为最高标准,自二十九年上忙实行减征》(自 1940 年至 1942 年),湖北省档案馆藏,档案号:LS19-2-2423。

来无统一的办法,有按户抽收、按亩抽收、绅富特捐、地方公产公款拨助等多种形式,甚至有些县份,保甲经费与田赋以及保安经费之田亩捐相混淆,以增加农民负担。湖北省政府也一再颁布政令,要求改善保甲经费,由县政府统筹统支,但操作时,许多县份存在各种各样的实际困难,不是水旱天灾战争,农村经济凋敝,就是地方没有多少资产,其或是其他原因。总之,治本办法很难有所成效。一方面,各项保甲经费支出数量巨大,少则几千,多则数十万,另一方面,县政府筹款乏术。致使不少县份觉得,保甲经费征集办法,采用统筹统支还不如按户摊派,手续虽较繁琐,但每保每月5元,有以田亩为标准,有以资财为标准,视民众担负能力而定,每户每月只摊派5分以至2角,赤贫者不收,"行之亦颇公允"。[1]况且田赋开征已久,中途附征保甲经费,"颇为不易"。省政府对于一些县政府保甲经费仍照从前按户征集办法暂不变更一节,一般都"应予照准"。[2]

实际上,各县在征收保甲经费的具体实施过程中,远比湖北省政府设计的要复杂,往往是合法与不合法并存。如咸宁县保甲经费,除每月按户摊派外,又有联保办公处不分主佃,于每亩年收1角;蒲圻县除每月摊派外,又有联保办公处于每亩一斗年收1角;通山县除每月按户摊派外,于每亩年收1角,并有所谓临时按户摊派;嘉鱼县保甲经费,由县政府于每亩附征保安捐8分。国民政府虽三令五申,各保长如再有溢额浮收之事,应由该管县长随时视察具报,依法从严惩处,但政策经过层层"过滤",到了基层,很多都走了样。咸宁县保甲捐有些地方甚至超过国家规定十倍以上,蒲圻县联保办公处每亩一斗私自加收1角,县政府不可能毫无察觉,但亦并未加以制裁。[3]

---

① 《据呈为奉令确定保甲经费来源,并饬酌定经费标准拟具意见,请鉴核等情,指饬遵照由》(省民二字第54402号,1937年8月27日),湖北省档案馆藏,档案号:LS1-5-508。

② 《据呈复本年度保甲经费,拟仍照户捐成案办理,指令照准由》(省民二字第54906号,1937年9月30日),湖北省档案馆藏,档案号:LS1-5-508。

③ 《令第一区专员准本省捐税监理委员令函请制止咸宁通山等四县于保甲经费规程外抽收保甲捐仰饬停征具报》,《湖北省政府公报》第181期),1936年3月5日,第7~8页。

随着时局的变化，地方社会所摊派的保甲经费一直在飙升。1947年7月18日，应城县西河乡第二保办公处奉乡公所通知，7月乡公所经常预算费3804700元，该保应迅速筹垫213100元。除此之外，该保公所还要付房租10000元，7月文具及各项使用费221900元，保干事（丁）月薪230000元，加乡公所垫款，合计675000元。经第二次保代表及绅耆预决算会议通过，按保内13甲平均摊派，计575000元。剩余不足之数，由湖北应城石膏股份公司承担。该公司经理虽批复，准予核销，但同时也担忧此项保甲经费以后是否还要按月摊付。之后，西河乡第二保几乎每月都向该公司索要，结果，该公司要么批复"阅"字，要么干脆置之不理。[1]又如昌黎城关，共有30保，每保正副保长各1名，待遇是每人每月5斗米，书记1名，米7斗，保丁1名，米4斗，每保每月共计2石1斗，合计30保每月稻米63石。此外，每保每月还有办公费、联络费、租房费、纸张茶水费等，每保每月约在400万元以上，这些款项完全由百姓承担，乡（镇）公所和保公所的重要工作便是每日派人循环向民众催索，有时，民众要同时缴纳几项摊派费用，一项费用未完成，另一项费用又紧随而至，其负担之沉重可想而知。[2]直至国民党政权行将败退大陆的前夕，保甲经费摊派一直在持续着。只不过因纸币贬值，将保甲经费改成银元而已。[3]

一旦保甲经费回归摊派，这种富有弹性的收费方式有时难以保证公平公正公开，导致地方社会矛盾激化，各种弊端一再上演。1946年11月2日，天门县渔薪河征收保甲经费时，朱安发认为摊派不公，与保甲经收人员进行辩白，发生口角，当时经收人员将钱取走，不料深夜12时许，镇长李延东带领武装人员十余人，撞门入宅，将朱安发殴伤，并将其家属用绳捆索，吊于碉

---

① 《湖北应城石膏公司收运课关于核销保甲经费的代电及公司代电》(晓字第537号，1947年8月19日)，湖北省档案馆藏，档案号：LS81-1-190。

② 《镇公所和保公所，人民出粮供养办公人员，办公人员再向人民摊派》，《大公报》，1947年8月2日，第4版。

③ 王奇生：《革命与反革命 社会文化视野下的民国政治》，社会科学文献出版社，2010年，第434~435页。

堡达一夜之久,其亲属不服,请湖北省政府予以查究。①

　　承前所述,保甲经费的筹措先是按户摊派,但是来源不稳定,结果还是按土地多少来抽收比较可靠。事实上,不仅是保甲经费,田赋、自卫队经费、乡(镇)公所经费、保国民学校经费、新兵安家费、购枪弹费等花费,都向有土地的民众索要。到了40年代,各种摊派的数额已经超过正赋许多倍,土地不仅无利可图,且已经成了烫手的山芋,故而引起了地价的波动。土地在民众心目中已不像从前那样视为"生命线",都想抛售,即使降价还"无人问津",这与以前地主富商买土地规避风险有天壤之别。②地价一再贬值,上等地一亩才十余万元,次者4、5万元不等,虽是这样,仍找不到买主,原因是一年土地的收益不够摊派。更有甚者,每逢城关集日,民众为应付摊派,还将其辛苦所得之农产品(如花生等)拿去售卖,你卖他也卖,大家都卖,供过于求,价格自然"一落再落,三落"。县级政府加紧督征时,人民无力缴纳,保甲长被扣押也时有所闻。③

　　从20世纪30年代初始,国民政府在建立与推行保甲制度整个过程中,始终面临着一个严峻的经费问题,需要解决的核心问题便是保甲经费的筹措,使其在新的基础上重新获致合法性和社会支持力量,这一挑战使得国民政府陷入了两难困境。一方面,要改善保甲经费征集办法,由县统筹统支,避免民众负担过重而引起社会的失序或动乱,导致政府权威的过度流失,从而保证政府在动员社会资源方面的能力。另一方面,必须防止地方社会因出现经费危机而向摊派回归,影响保甲制度的运行,削弱政府对地方社会的控制。平心而论,政府规定每保每月5元并不算多,但各县治安情形不同,边远山区县份需要保甲经费,每每比交通文化进步县份更为迫切。因其县份土地

---

　　①　《彭善宝关于天门县渔薪河征收保甲经费摊派不公而发生纠纷情形的呈文及湖北省政府秘书处的公函》(1946年11月),湖北省档案馆藏,档案号:LS1-4-818。

　　②　《数不清的摊派》,《大公报》,1947年7月23日,第4版。

　　③　《冀东民生日趋凋敝,摊派不已》,《大公报》,1946年11月24日,第4版。

贫瘠,亩额少而负担重,富庶县份亩额多而负担轻,导致各县亩捐捐率常常不均。尤其是发生不可预知情况,保甲经费来源遭受重创,县级政府筹款乏术,难为无米之炊时,往往将目标"锁定"民众,正所谓羊毛出在羊身上,有时还以武力征发。对民众而言,这是个"坏消息",要么忍气吞声,要么揭竿而起,或选择向上级政府控诉。商会作为维护商人合法权益的社会团体组织,有时尚能与县级政府抗衡于一时,但大多屈从于政府权威,处于"下风",除非国民政府下一场"及时雨"——改善保甲经费征集办法。

从保甲经费人事调整,我们可以看出,随着国家权力下沉,致使地方基层官僚机构膨胀,保甲经费支出大为增加。从 30 年代初到 40 年代初,湖北省政府定的保甲经费征收最高标准始终没有超过 3 角,且对所有县份都是"一刀切",这种固定的收费标准是否合理呢?显然,它没有弹性。物价会上涨,纸币反而会贬值。按理说,民众应该是减轻了负担,但对地方政府而言,收入"缩水"了,支出还在增加,商铺捐在保甲经费总额比例中向来只占"小头",甚至有些县份根本就没有多少商铺捐,保甲经费来源主要还得靠亩捐。

然而,县级政府在具体实施时,存在各种各样的实际困难,不是农村经济凋敝,就是地方没有多少资产,甚或是其他原因,从而导致保甲制度难以运转。作为补救,保甲经费征集往往向按户摊派回归,省政府因囊中羞涩,无力补助,只好在一定程度上容忍这种行为,这又使得业已启动的统筹统支功亏一篑。一旦回归,国家在县以下又缺乏有力的代理人执行它的政策。保甲经收人员被证明和传统衙门人员一样不可靠,一方面庇护其被保护人,另一方面使处于其庇护网络之外的人成为牺牲品。结果衍变成了"一放就乱,一乱就统,一统就死,一死再放"的历程。

第二节　保甲与农村合作社

目前,学界对近代的农村合作运动已进行了深入研究,涉及的领域包括 20 世纪合作主义思潮及合作思想;借鉴国家——社会理论,探讨国家政权建设中的政府行为与意志,并对国民政府推行的合作运动作出评价;运用新的理论模式或方法,研究农村合作运动与小农经济变迁等。[①]农村合作运动是南京国民政府"复兴农村"与"建设农村"的一项重要的经济政策,作为最基层的保合作社,集中体现了国家权力如何深入基层社会,学界关注较少,有深入研究的必要。

一、早期合作社与保甲的关系

自从南京国民政府"清党"后,中共武装及其所建立的红色政权即成为其急于"剿灭"的重点对象。迄至西安事变爆发,这种拉锯式的"围剿"与反"围剿"成为国共两党军事、政治斗争的主要形式。毫无疑问,伴随战争而来的,必定是"收复区"经济的巨大破坏。

[①] 相关研究有:毛传清:《论五四前后合作主义在中国的传播》,《华中师范大学学报》1997 年第 6 期;赵泉民:《"主义"话语与 20 世纪中国合作经济思潮的兴起》,《东方论坛》2005 年第 1 期;赵泉民:《合作运动与国家力量的扩张——以 20 世纪三四十年代乡村合作运动中政府行为为中心》,《河北大学学报》2003 年第 4 期;汪效驷:《民国时期安徽农村合作运动》,《安徽师范大学学报》2005 年第 5 期;魏本权:《20 世纪上半叶的农村合作化——以民国江西农村合作运动为中心的考察》,《中国农史》2005 年第 4 期;刘纪荣:《合作运动与乡村社会变迁——20 世纪二三十年代华北农村合作运动研究》,南开大学博士论文(2006 年)等。

第一,"收复区"荒地甚多,以江西为例,如下表所示:

表 5-3　江西"收复区"十一县熟地荒地比较表

县名 \ 土地种类 \ 村名	熟地		荒地		合计	
	面积	%	面积	%	面积	%
峡陇	120	92.3	10	7.7	130	100
泰和 水东	250	37.3	420	62.7	670	100
龙波	200	16.6	1 000	83.4	1 200	100
亭止前	170	28.3	430	71.7	600	100
山田	180	29.5	430	70.5	610	100
合计	920	28.7	2 290	71.3	3 210	100
光泽 家莫瑕	280	46.2	300	53.8	580	100
招德	450	60	300	40	750	100
遐洋	120	66.7	60	33.3	180	100
扫帚尾	1 357	84.2	254	15.8	1 611	100
合计	2 207	85.5	374	14.5	2 581	100
南丰 枫江	400	50	400	50	800	100
危家堡	633	75.8	200	24.2	833	100
合计	1 033	63.2	600	36.8	1 633	100
广昌 饶家堡	600	42.8	800	57.2	1 400	100
羊面岭	120	21.4	440	78.6	560	100
饶家嘴	100	50	100	50	200	100
合计	820	37.9	1 340	62.1	2 160	100
临川 濠口	480	96	20	4	500	100
咸桥	180	90	20	10	200	100
杨源	1 320	98	20	2	1 340	100
合计	1 980	97.1	60	2.9	2 040	100
莲花 梅沙	300	85.7	50	14.3	350	100
严家	475	95	25	5	500	100
合计	775	81.8	75	18.2	850	100
南昌 莲塘	3 000	93.8	200	6.2	3 200	100
小蓝	5 000	96.1	200	3.9	5 200	100
合计	8 000	95.2	400	4.8	8 400	100

县名\土地种类\村名		熟地		荒地		合计	
		面积	%	面积	%	面积	%
崇仁	郭圩	900	69.2	400	30.8	1 300	100
	庙上	200	98.5	3	1.5	203	100
	下屋	120	92.3	10	7.7	130	100
	和壁园	80	83.3	16	16.7	96	100
	合计	1 300	75.8	429	24.2	1 729	100
弋阳	栗塘□	480	43.6	620	56.4	1 100	100
	蔡家	240	37.1	400	62.9	640	100
	杭溪	1 100	75.8	350	24.2	1 450	100
	合计	1 820	57.1	1 370	42.9	3 190	100
贵溪	黄柏	550	73.3	200	26.7	750	100
	神前邓	300	14.9	1 710	85.1	2 010	100
	合计	850	30.8	1 910	69.2	2 760	100
南城	石下	200	45.4	240	54.6	440	100
总计		19 905	67.6	9 088	32.4	28 993	100

资料来源:汪浩:《收复匪区之土地问题》,正中书局,1935年,第47页。

从上表可知,荒地有9088亩,占耕地总面积的32.4%。南丰各村荒地占26.8%,弋阳各村占42.9%,南城各村占54.6%,广昌各村占62.1%,贵溪各村占69.2%,而泰和各村竟占71.3%。国民党人认为,收复区荒地情形,可分三种情况,第一,白区,此区荒地并不多,如上表南昌、临川、崇仁等县。第二,赤白交战区,此区荒地最多,如上表广昌、泰和、贵溪等县。第三,赤区,如上表瑞金、兴国、石城等县。由于中共实行春耕、秋收等运动,土地荒芜甚少,只是由于壮丁锐减,土地有荒芜的趋势。[①]

第二,"收复区"人口减少与壮丁锐减,从而导致劳动力异常缺乏。仍以江西为例,变动见下表:

①　汪浩:《收复匪区之土地问题》,正中书局,1935年,第48页。

233

表 5-4　江西各县人口变动表

县名	匪乱前人数	收复后人数	收复后人数占匪乱前人数之百分率
宁都	322 480	161 240	50.00
瑞金	310 000	200 000	64.51
广昌	110 000	68 000	61.82
光泽	75 000	70 294	93.72
黎川	112 350	91 178	81.15
南城	160 000	149 745	93.59
弋阳	160 840	53 314	33.14
贵溪	300 000	254 000	84.66
南丰	132 392	101 523	76.60
临川	437 343	464 523	106.20
莲花	145 311	80 000	55.00
萍乡	509 831	421 640	82.74
宜春	400 000	365 000	94.35
万载	286 012	232 685	81.30
高安	395 277	358 700	90.74
新淦	130 000	97 073	74.67
吉安	459 244	200 988	45.99
崇仁	209 482	124 572	59.40
泰和	300 000	200 000	66.67
新建	283 915	261 892	92.24
永修	140 302	112 241	79.99
武宁	226 179	204 433	90.38
合计	5 656 598	4 366 877	77.19

资料来源:汪浩:《收复匪区之土地问题》,正中书局,1935年,第49页。

　　在江西22县中,除临川人口稍有增加外,其余各县人口均有不同程度地减少,尤以赣南各县减少最多,如宁都减少一半,瑞金减少三分之一,广昌减少三分之一,其他如弋阳,为方志敏创建的赣东北革命根据地区域,人口减少也比较多,其中,收复区人口又以老幼妇女为多,壮丁甚少。国民党人认为,"收复区"人口减少,大致可以有四点原因:被中共处决的;在战争中死亡的;中共退出苏区时,民众跟随的;最主要的是中共不断成功推行的扩红政策。①

第三,收复区资金异常缺乏。国民党人认为,中共退出苏区以后,即有少数民众回到家乡,但大都两手空空,至于一般农民,尤为贫困,生活且难以维持,更不用说有资本去经营,耕牛、农具亦极少。②以江西、湘东为例,如下表:

表5-5　农家耕牛表

区别	农家总数(户)	有耕牛之农家		耕牛总数(头)	平均每家所有耕牛数(头)
		户数	%		
赣东	342	200	58.5	145	43
赣西	755	430	58.3	341	45
赣南	105	39	37.1	25	24
赣北	535	433	80.9	357	67
湘东	100	46	46	42	42
总计	1 837	1 148	62.5	910	49

资料来源:汪浩:《收复匪区之土地问题》,正中书局,1935年,第51页。

从上表可以看出,在1837家农户中,有耕牛1148家,占62.5%。在有耕牛农户中,有些农户或许有两头,有些或许仅有半头或四分之一头,若以农家总数除以耕牛总数,平均每家有耕牛不到半头。表中显示,除赣北较多外,赣东、赣西、湘东均较少,而赣南的情况更严重,有耕牛人家,仅占农家总数的37.1%,每家平均只有耕牛四分之一头。国民党也不得不承认,中共退出苏区以后,因肉类缺乏而宰杀耕牛是造成耕牛缺乏的原因之一。③

第四,收复区地价低落。根据时人调查,有关情形,可参考下表:

---

① 汪浩:《中央政治学校地政学院研究报告之四 土地委员会委托研究 收复匪区之土地问题》,正中书局,1935年,第50页。
② 汪浩:《中央政治学校地政学院研究报告之四 土地委员会委托研究 收复匪区之土地问题》,正中书局,1935年,第50页。
③ 汪浩:《中央政治学校地政学院研究报告之四 土地委员会委托研究 收复匪区之土地问题》,正中书局,1935年,第51页。

表 5-6　收复区地价表

项别 \ 区域 \ 种类	赣东		赣南		赣西		赣北		湘东	
	水田	旱田	水田	旱田	水田	旱田	水田	旱田	水田	旱田
五年前每亩平均价格(元)	27	14	46	×	21	17	22	16	48	41
现在每亩平均价格(元)	20	12	25	×	14	12	15	11	34	19
现在每亩平均价格占五年前每亩平均价格之百分率	74	85.7	24	×	66.7	70.6	68.2	68.7	70.7	46.3

资料来源:汪浩:《收复匪区之土地问题》,正中书局,1935年,第51页。

凡收复较久的地区,地价跌落较少,而新收复区,如赣南,水田价格较五年前仅占24%。国民党人认为,土地价格低落,一方面是因为收复区缺乏资金,饥寒交迫的农民不得不将手中的土地出卖,另一方面,是因为民众对土地已经失去热情。①

"剿匪"地区,农村普遍贫困,为复兴农村,发展农业,提高农民生活,国民政府推行农村合作,讲求集体耕作,提高农业产量,举办低息贷款,提高农民资本,整理各级仓储,预防灾荒,奖励兼营畜牧,改善民众生活,意图以"最小的经费,收最大的效果"②。1932年10月,豫鄂皖剿匪总司令部核准公布了《剿匪区内各省农村合作社条例》,其中第一章第二条规定:

一、凡贷放生产上必要资金于社员及办理储蓄者为信用合作社。

二、凡代为管理社员土地并置办农业与生活上公共之设备供社员共同或分别利用者为利用合作社。

三、凡供给农业或生活上必需之物品加工或不加工售卖于社员者为供给合作社。

---

① 汪浩:《中央政治学校地政学院研究报告之四 土地委员会委托研究 收复匪区之土地问题》,正中书局,1935年,第52~53页。

② 王多年等编:《国民革命战史 第四部 反共戡乱 上篇 剿匪 第一卷》,黎明文化事业股份有限公司,1982年,第145~146页。

四、凡运销社员所生产之物品加工或不加工而售卖之者为运销合作社。[1]

依据《剿匪区内各省农村合作社条例》,合作社是集合经济能力薄弱的民众,承担一定限度的资金,以平等原则、互助精神,发展生产,改善生活,不以营利为目的的一种社会组织。在这种组织中,社员只要有法定的资格,认购社股,均可加入,一人只有一票权,选举职员,管理社务。合作社的财产属于社员公有,财产的来源是公积金,不是股金。合作社是为消费者和生产者直接采购或出售产品,以免商人层层剥削[2]、劳资冲突,譬如信用合作社可以使债务人变成债权人,利用合作社可以使佃户变成地主等。合作社是人的结合,而不是资本的结合,结合的原因,是因为民众经济上的贫困,所以,合作社社员所缺少的是资本。[3]

1932 年 10 月,国民政府成立豫鄂皖赣四省农村合作指导员训练所,召集农村青年,加以训练,训练完毕后,分配原籍工作。随后,相继令饬四省政府组织农村合作委员会[4],负责推进农村合作。截至 1934 年 9 月,据豫鄂皖赣各省农村合作委员会统计,河南成立信用合作社 154 个、利用合作社 37 个、运销合作社 10 个、供给合作社 1 个,总计 202 个;湖北成立信用合作社 130 个、利用合作社 44 个,总计 174 个;安徽成立信用合作社 712 个、利用合作社 7 个、运销合作社 15 个、供给合作社 5 个,总计 739 个;江西成立信用合作社 888 个、利用合作社 55 个、运销合作社 3 个、供给合作社 6 个,总计

---

① 侯哲盦:《农村合作》,黎明书店,1937 年,第 152 页。

② 沈家祺:《一年来办理保甲的回忆与感想》,《江苏保甲》第 23 期,1936 年 1 月 1 日,第 5~6 页。

③ 孙建之:《合作概要》,徐西明等编辑:《保甲长须知》,铜山县保长训练所,1935 年 4 月 1 日,第 2~5 页。

④ 《剿匪总部将令三省组农村合作委员会》,《合作月刊》第 5 卷第 6 期,1933 年 6 月 15 日,第 22 页。

952个。①

各省信用合作社所占比例最高,其次为利用合作社。无论是"收复区",还是非"收复区",人民生计穷困,合作社业务大都偏重于补充农业用品,故运销、供给合作社发展不够迅速。信用合作社除办理社员储蓄存款和贷款外,还办理购买肥料、公卖粮食、筑堤、养鱼及植树造林等各种业务,虽名为信用合作社,实际上已超过了信用的范围。利用合作社的业务包括,或购置抽水机、碾米机、打稻机,或社员共同购买耕牛、农具、肥料、家用工业品,开办实用学校,或开垦荒地,修补圩堤等。②

为帮助农民恢复生产,南京国民政府政府成立豫鄂皖赣四省农民银行,总行设在汉口,各省境内设立分支及办事处,或代理处及借贷处,在各地农村合作社组成之后,对无力耕种的农民办理放款事宜,每户贷款数额一般不得超过20元③,甚至更低,如湖北,方法是按照各地保甲人口数平均分配,沔阳2元,黄安3元,潜江4、5元等,借款期限定为8个月,借款人须是有相当生活能力且无不端行为与不良嗜好的原住民,借款用途限于购买种子、肥料、畜种、农具,以及水利开垦、造林、渔业、纺织等与农业密切相关事项。显然,如此少量数额的贷款,对广大乡村社会而言,"僧多粥少",另外,借贷者多系小农,因无恒产,没有还贷能力,银行放款时,"不能不加考量",再加上收复区既无钱庄又无典当行,私人借款也很困难,以致国民政府的贷款救济不能惠及普通民众。④

合作社虽是经济性质的机关,却和政治性质的保甲组织有直接关系,联

---

① 秦孝仪:《革命文献 第85辑 抗战前国家建设史料——合作运动(二)》,"中央"文物供应社,1970年,第339~342页。

② 汪浩:《收复匪区之土地问题》,正中书局,1935年,第64页。

③ 东北大学编辑部:《东北大学豫鄂皖赣收复区经济考察团报告书》,东北大学图书馆,1934年,第40页。

④ 陈赓雅:《赣皖湘鄂视察记》,申报月刊社,1934年,第70~72、127~128页。

保主任、联保书记和保长等常常是指派的"当然理事"。①贷款者必须有资产或理事担保,换言之,要有一定的归还能力,才能借到贷款。由此产生了两种结果,其一,地主与富农根本不需要合作社的贷款,相反,按照合作社规章,只有地主和富农才能借到贷款,而他们每每以低利向合作社借款,再以更高利息转贷给"没有保证"的贫农,获取差价,合作事业的推行,人受资本的限制,并不符合"合作组织是人的结合,而不是资本的结合的原则"②。其二,真正需要贷款的农民却没有贷款的资格,被迫向高利贷者借款,这样就使得许多农民债台高筑,失掉土地。正如时人指出,合作社贷款既和"高利贷资本争地盘",又和"高利贷狼狈为奸"。③例如,云梦县东乡许家榨许藜青曾于1935年担任保长,后充任云梦县东乡许家榨村农民信用合作社理事长,1938年,该信用合作社社员向云梦合作事业办事处呈诉,许藜青担任理事长期间,侵吞款项,将押花谷款项改作修筑堤费,以此"借公肥己",甚至一人借款200多元,"万难还出","有哄借款之计",影响合作前途。④

有研究者认为,民国时期,由于贷款制度缺乏监督,以致部分合作社职员乘机挪用贷款或私握还款,逾期贷款现象比较普遍。⑤其实,合作社还款逾期还有其他的原因,农民的主要收入来源于土地,如果遭受天灾,农作物歉收,民众自然无还款的能力。以沔阳县为例,1938年,该县谭家村合作社理事主席谭绍炎向沔阳县合作事业办事处呈称,6月24日,襄河南岸堤坝溃决,该社区域全部被淹,秋收无望,生活维艰,无力偿还结欠本金137元与息金76.36元,申请展期至1939年9底还贷。中国农民银行汉口分行认为该社借

---

① 内政部统计处编印:《保甲统计》,(无具体出版地址),1938年,第7~8页。
② 程方:《中国县政概论》,商务印书馆,1939年,第395~396页。
③ 陈克桢:《农村中的保甲制度和合作制度》,《群众》第1卷第22期,1938年,第379~380页。
④ 《云梦许家榨社社员呈控许藜青》(湖北省政府第11196号,1938年4月),湖北省档案馆藏,档案号:LS31-16-921。
⑤ 成功伟:《民国时期四川农村合作社逾期贷款问题探析》,《四川大学学报》(哲学社会科学版),2012年第2期。

款逾期数年,且欠款为数不多,所请展期"未便照准",但沔阳全县"数百里成泽国",类似情形还有很多,为"苏民困",只能准许展期偿还贷款。[1]

合作社的组织不健全,徒具形式,大多凑足法定人数,便草率成立,农民缺乏合作知识,对于合作社的日常管理,远非乡下人所能胜任,多由政府机关人员代为主持,要不是政府的"援助"或借款的"引诱",合作社随时都可能瓦解,许多农民负债,"无法振拔",信用合作社"只为挖肉补疮之应付",并无裨益。政府对农村放款机关,"没有整个划一的组织",贷款也就没有确定的方式。对于银行而言,资金主要来自各种存款,存款期限越长,利率越高,活期存款利率大约四、五厘,定期存款利率大约七、八厘,加上银行本身的营业开支和盈利率,贷款给合作社时,利率往往在一分以上。同理,合作社向银行借款,再转贷给农民,经过两道手续,利息更高,成为一种变相的高利贷。另外,各银行又以贷款为由,派员分赴农村,劝诱农民组织合作社,以贱价预收农产品,农民利益更加受损,合作社难以健全发展。即使银行愿意以低利贷款,亦限于交通便利、经济发达等区域,如果各银行"蜂拥而上",农民因为"得之过易,又往往流于浪费",而不用于农业生产。总而言之,贫农急需借款时,银行"推三阻四","当救济不救济";乡间地主、富农等取得银行贷款后,再以高利转放给农民,即所谓"不当救济而救济";银行劝诱农民组织合作社,放款营利,加重农民负担,"虽救济而不监督"。[2]

二、保合作社

抗战时期,国民政府的经济发展环境日益恶化,合作社承载着政府更多

---

[1] 《沔阳各社请求展偿贷款》(湖北省政府第 11742 号,1938 年),湖北省档案馆藏,档案号:LS31-16-1209。

[2] 程方:《中国县政概论》,商务印书馆,1939 年,第 395~403 页。

的期望,被赋予诸多功能,如平抑物价、统制消费、调剂供销等。为配合实施新县制,普及社员与扩展业务,国民政府将自动与自愿的合作组织变为带有强制性的执行机构。① 1940 年 8 月,行政院公布《县各级合作社组织大纲》,县各级合作社组织系统包括县合作社联合社、乡(镇)合作社、保合作社,分区设署县份,得于人口稠密地方(如镇或村街)联合数镇或数保设立合作社。各级合作社业务采用兼营制,保证金额不得少于所任股额的五倍,名称以所在地地名命名,必要时,另定业务区域,成立专营合作社,并于名称上标明经营业务。各县推进合作社组织,应以乡(镇)为中心,先设立乡(镇)合作社,再逐渐普及各保合作社,最终达到每保一社、每户一社员。保合作社由具有公民资格之各户长加入,户长不符合规定,得以该户具有公民资格者一人加入,两者皆无,该户中有行为能力者亦可加入,社员依据实际情形认购社股,并于两年内分期缴纳,第一次缴纳数额不得低于所任股额总数的十分之一。保合作社作为一个整体,加入乡(镇)合作社,成为社员,保合作社推选代表,出席乡(镇)合作社。必要时,保合作社得成立分社,设社长一人,会计员及事务员由社长遴选,保合作社理事会任用。除非破产、奉命或与其他合作社合并,否则,保合作社不得解散。同理,乡镇合作社亦然,并加入县合作社联合社,成为社员。②此后,随着新县制的推行,政府在一般合作社的基础上进行解散、改组、合并,按照行政区划,力图构建保、乡、县三级合作社体系,作为战时经济动员组织。

保合作社隶属乡镇合作社,乡镇合作社隶属县合作社联合社,保合作社大部分由信用合作社改组而来,业务采取兼营性质,"信用、生产、运销、供给、公用无不可以举办"③。截至 1944 年 6 月,湖北保合作社 2862 个,一般合

---

① 中国农民银行四川省农村经济调查委员会:《四川省农业金融》,1941 年 10 月,第 98~99 页。
② 《县各级合作社组织大纲》(1940 年 8 月 9 日),湖北省档案馆藏,档案号:LS31-16-1039。
③ 朱富藻:《新型合作社之推广与旧社改组问题》,《农业推广通讯》第 3 卷第 8 期,1941 年 8 月,第 51 页。

作社(包括专营合作社及旧制未改组之合作社)8332 个,保合作社约占全部合作社的 25.6%。[1]保合作社虽然发展迅速,但并未达到每保一社、每户一社员的目标。

根据《县各级组织纲要》规定,乡(镇)保合作社由乡(镇)长及保长"总其成",[2]换言之,合作社社长由乡(镇)保长兼任。政府利用保合作社,分配食盐,推广农产,征集粮食等,保合作社亦称为"经济的保甲",其政治意义大于经济意义。[3]抗战时期,国民政府缺乏汽车机油,1940 年,在咸丰县开办第一化工厂,派员下乡购买茶油、菜油,加工炼制,但"供给不见畅旺",为扩充原料来源,咸丰县合作事业办事处令饬各合作社代为收购,所需周转资金,向合作金库申诚或向化工厂预支,各合作社领款后,遵照厂方规定,在限期内,将预约油量负责运至化工厂,由厂方检验油质,称重,照规定价格,随时付款或结算。[4]

为增加战时生产,提高农产品价格,湖北省政府拟定《湖北省各县合作社经营手工业生产及特产运销暂行办法》,各县合作事业办事处组织各种手工业生产或特产运销合作社,或在原有合作社基础上,指导经营手工业生产或特产运销业务,种类包括纺纱、织布、制袜、缝纫、制鞋、陶器、铁器、木器、竹器、印刷、肥皂、牙刷、牙粉、织毛巾、造纸、制茶、榨油等,无论个别经营或共同经营,社员手工制品一律由合作社统制销售,并与湖北省贸易管理处、农本局、中国工业合作协会等机关联络进行。[5]

---

① 秦孝仪:《革命文献 第 101 辑 抗战建国史料——社会建设(六)》,"中央"文物供应社,1984 年,第 46 页。

② 《县各级组织纲要》,《广西省政府公报》第 603 期,1939 年 10 月 22 日,第 2~5 页。

③ 尹树生:《论合作行政与合作指导》,《合作评论》第 1 卷第 7 期,1941 年 7 月 5 日,第 11 页。

④ 《规定合作社收集茶菜油办法请查照由》(施厅建合字第 6590 号,1940 年 1 月 19 日),湖北省档案馆藏,档案号:LS31-16-7。

⑤ 《准函嘱订定扶植战区合作社及发展手工业办法一案复请查照由》(施厅建合字第 3930 号,1940 年 1 月 20 日),湖北省档案馆藏,档案号:LS31-16-57。

从纯业务的观点看,保合作社区域越大,社员越多,实力愈雄厚,业务愈发达,但就组织的角度看,合作社区域越大,社员人品、贫富、职业差别越大,人事问题更复杂,狡黠者往往"贪图低利借款,藉词强要入社",拘谨者反而"望而却步",贫富双方不易协调,乡村社会有"办公事,落不是"的说法,许多社员不愿担任职员,以免受累。[1]在行政方面,容易被保甲人员及土劣把持,强制社员入社,保社份子复杂,未必尽是农民,"品质不纯",村社加入保社后,改为分社,或将村社解散,改为保社[2],合作事业扩大,指导人员不敷分配,经营人才缺乏,以及需要大量资金等。[3]

就保合作社贷款而言,问题更多。合作社核定社员贷款时,为保障贷款安全,需确切了解社员有"偿还能力"与"偿还决心",二者缺一不可。但是依据《县各级组织纲要》规定,每保至少有 36 户,至多有 225 户,事实是,有些地方甚至多达上千户。在农村,民众居住在纵横十余里的范围内,欲求社员相互认识与了解,以及相互监督贷款用途,"实属不可能"。合作社对社员的甄别标准是社员须具有公民资格或有行为能力,乡村社会,早婚现象比较普遍,十几岁青年即已结婚生子,为实现每户一社员,援引法律条文——"未成年人而已结婚者,视为有行为能力",准许入社,可以向合作社申请贷款,这对债务人无所谓,对于农贷机关,却失去保障。合作社社员大多比较贫穷,只认购社股一股,合作社集资能力有限,也很难吸收外资,若保证金额太高,一些社员为免被穷人"拖累",必然拒绝穷人加入合作社。合作社采用兼营制度,也是值得考虑,合作事业虽不以牟利为目的,但必须适应"市场法则","与各种企业逐鹿于市场",农民并无多少市场知识,合作社指导员对经营法则也"诸多隔阂",以全体社员资产,供"一二能力较强者操纵",

---

① 姚居华:《陕西省耀县保合作社之推行》,《合作评论》第 1 卷第 7 期,1941 年 7 月 5 日,第 11~12 页。

② 《崇阳县互助合作社解散清册》(1943 年 6 月),湖北省档案馆藏,档案号:LS31-16-28。

③ 中国农民银行四川省农村经济调查委员会:《四川省农业金融》,1941 年 10 月,第 98~99 页。

确实"冒险"。①

1943 年,利川县都亭乡第 11 保合作社经理李克昌将合作社 227 斤盐存于蒋牟氏家,由王建国、黄海清出面,雇用力伕金奇山等三人,盗卖公盐,因无盐摺及运单,经过城东凉桥外被发现。县政府派员追查,在岩洞寺附近王家场米永锡店内查获,店主米永锡等被押运县府,李克昌畏罪潜逃,县政府分令警察局及各乡公所,通缉李克昌,并饬县府科员前往都亭乡,会同该保合作社指导员沈干明、都亭乡乡长谭仁荣、第 8 保保长谭继周、第 11 保第 5甲甲长张汉周,清查李克昌财产,逐一登记。同时,将盐以每斤 9.78 元出售,共得价款 2220.06 元,除提成 20% 作为奖励外,其余 1776.05 元拨作都亭乡第 11 保合作社资金。②

保甲人员身兼合作社职务,除食盐外,利用职权,营私图利的机会必然很多。土地与劳动力为农业经营的必备条件,战时,大量民众应征壮丁,农村劳动力缺乏日益严重,为设法弥补,有些县份出台措施,县政府协同县联社,派员采购耕牛,乡镇保合作社承借贷款,购买公用耕牛,以低廉价格,转租给农民使用。③以恩施为例,该县各乡耕牛贷款用户,大多是中农以上阶级,保甲人员占了三分之一,导致农户不满,湖北省政府训令,严禁中农以上阶级及有牛之家承贷耕牛。④

实施农业贷款的主要机构有各级政府、合作金库、农本局以及银行,其中,银行占据主导地位⑤,随着保合作社的逐渐普及,贷户众多,但贷款机构

---

① 姚溥荪:《保合作社贷款问题之商榷》,《中国合作》第 1 卷第 11—12 期,1941 年,第 21~26 页。

② 《利川都亭乡第十一保合作社经理李克昌经办食盐舞弊》(湖北省政府第 4 类第 1 项第 12 目第0918 号,1943 年 12 月),湖北省档案馆藏,档案号:LS31-16-961。

③ 《恩施县各乡镇合作社公用耕牛暂行办法》(泉合字第 184 号,1943 年 2 月 17 日),湖北省档案馆藏,档案号:LS31-3-995。

④ 《为严禁保甲人员、中农以上阶级及有牛之家承贷耕牛仰遵照办理由》(厅建四字第 69038 号),1944 年 9 月 30 日),湖北省档案馆藏,档案号:LS31-3-996。

⑤ 《湖北省银行代办湖北省合作金库各县合作金库及湖北省农村合作委员会代放款项收付办法》(1938 年 1 月 11 日),湖北省档案馆藏,档案号:LSE2.8-16。

每年贷额有限,为解决矛盾,贷款机构实行配额、限贷,选择交通便利、耕地较多、治安良好,以及烟赌绝迹(或较少)的乡村,放款时间极力避免消费时期(如过年、端午节等)。贷款时,查看社员的户口册、地税单等,辨别贷款者的还款能力,为防止理事与监事"短折"或扣减社员贷款,放款前对核定款额进行公告,并鼓励社员告发舞弊情形,一经查实,追回全部贷款。①譬如,随县三合乡第 121 保合作社因该保情形复杂,合作事业难以展开,为避免损失,1943 年,随县县政府将其解散,追回该社 4000 元贷款,并于 8 月 10 日转贷于双河乡合作社。②

又以郧西为例,1942 年,该县六嵩乡第 10 保合作社申请借款 4000 元,收买社员桐籽榨油,并购买油、盐、布;黄孟乡第 6 保合作社申请借款 5500元,收买社员棉花以及购买纺纱机,经营纺织业务。结果,中国农民银行郧阳支行或以该年新桐籽尚未成熟以及无消费贷款为由,或以经营方法"似嫌简陋","拟暂不贷放"。其他如黄孟乡第 12 保申请农业生产贷款 5450 元,批准贷放 1700 元,黄孟乡第 15 保申请农业生产贷款 4000 元,批准 2400 元,期限均为 6 个月。③

合作社贷款用于生产与运销事业,对于增加农业生产、抢运战地物资,平定物价,确实起到了一定的实效,但各社贷款数额过低,影响合作事业。④同时,治安环境也很重要。1943 年 7 月 10 日夜,中共鄂东挺进军运输大队班长李炳臣等七八人手持器械,将黄冈县新河乡第 98 合作社大门打开,抢去社中约值 4000 元货物,并将指导员刘静轩与该社监事李云骏捆绑,后释

---

① 朱大昕:《保合作社贷款之办理方法》,《农贷消息》第 6 卷第 2 期,1942 年 5 月 15 日,第 9~11 页。

② 《为呈送双河乡合作社贷款约据请鉴核由》(合字第 9821 号,1942 年 10 月 8 日),湖北省档案馆藏,档案号:LS31-16-1206。

③ 《为准函送六嵩乡第十保等八社借款申请书表嘱贷放等由函复查照由》(公字第 219 号,1942年 8 月 13 日),湖北省档案馆藏,档案号:LS45-2-777。

④ 《为呈报贷放战区农贷情形及贷款约拟祈鉴核由》,(合字第 8287 号,1942 年 7 月 25 日),湖北省档案馆藏,档案号:LS31-16-1206。

放，"徜徉而去"。第二日一早，刘静轩同理事施国良向县长报告夜间被抢情形，县长当即派自卫第二中队追捕，李炳臣等被捕后，交县府"军法讯究"。①一波未平，一波又起。8月5日下午，约百余名武装人员，手持长枪，"迳入"牛溪乡第 93 保合作社，抢劫货物，附近自卫队第四中队发现后，与之枪战，相持十余分钟后，武装人员撤退，此次事变，该社共损失货物及现款约5200 元。事后，湖北省政府极为不满，认为该县各社屡次被抢，影响合作事业"至巨"。②

中国农业银行贷字第 37 号通函规定，自 1944 年 5 月 1 日起，银行直接对合作社放款，或由合作金库转贷给合作社，月息均为 2 分 5 厘，合作指导事业补助费 1 厘，另外收取，合作社转贷，月息 2 分 8 厘，如经社员大会通过，得增加 1 厘，战区、收复区定为月息 2 分 2 厘，各省经办机关转贷利率，不得超过 2 分 5 厘，未正式申请展期或申请未经核准，利率另加罚息 8 厘，贷款期限在一年以上，应分期摊还，每期摊还本金时，并将全部贷款利息还清。③

合作社为发展国民经济的基础，与地方自治关系密切，各级合作社组织得以逐渐普及，各县县长及乡镇保甲人员的作用至关重要，但在推进过程中，县乡行政人员利用权势，任意操纵社务，非法提取盈余，假借名义，投资经营章程规定以外的业务，导致合作社变质，社员不能享受合作的实惠，减低对合作社的信心。④亦有乡保人员对合作社不闻不问，视合作社为纯属民众的营业组织，任其自生自灭。为此，湖北省颁布《县乡（镇）合作组织改进办法》，规定县政府、乡镇公所及保办公处职员不得与县各级合作社职员相互

---

① 《黄冈新河乡九十八保合作社被抢案》（湖北省政府第 4 类第 1 项第 12 目第 0810 号，1943 年 11 月），湖北省档案馆藏，档案号：LS31-16-920。

② 《黄冈牛溪乡九三保合作社被劫》（湖北省政府第 4 类第 1 项第 12 目第 0816 号，1943 年 10 月），湖北省档案馆藏，档案号：LS31-16-919。

③ 《为准四联总处函知调整农贷利率一案函希查照办理由》（1944 年 5 月 13 日），湖北省档案馆藏，档案号：LS27-1-329。

④ 《合作组检讨报告》，《经济建设》第 2 卷第 1 期，1944 年，第 22 页。

兼任,县政府对各级合作社应严格考查与监督,并随时派遣合作指导员及会计人员赴各社抽查账目。年终,县联合社及乡镇合作社应将业务报告书、资产负债表、损益计算表、财产目录及盈余分配案分送县政府与乡镇公所,以便查核。①

抗战胜利后,各"收复区"农民或受战事影响,或遭敌伪剥削,痛苦深重,急待救济。为复兴农村,行政院决定拨款40亿元,办理紧急救济,第一期贷款10亿元由中国农民银行统筹贷放。②各省分配如下:

表5-7　1946年收复区各省第一、二、三期贷款配额表　（单位:千元）

省份	经办行	第一期配贷数	第二期配贷数	第三期配贷数	合计
江苏	南京分行	100 000	60 000	70 000	230 000
广东	广州分行	80 000	50 000	80 000	210 000
广西	桂林分行	140 000	40 000	130 000	310 000
湖南	长沙分行	100 000	70 000	150 000	320 000
湖北	汉口分行	80 000	20 000	100 000	200 000
江西	南昌分行	120 000	30 000	60 000	210 000
安徽	芜湖分行	80 000	20 000	140 000	240 000
浙江	杭州分行	120 000	60 000	100 000	280 000
福建	福州分行		50 000	150 000	200 000
山东	济南分行		180 000	150 000	330 000
河南	郑州分行	100 000	40 000	100 000	240 000
山西	太原分行	80 000	20 000	120 000	220 000
河北	天津北平分行		180 000	120 000	300 000
绥远	归绥支行		30 000	370 000	400 000
热河	北平分行			60 000	60 000
东北九省	□筹备人迪锦		150 000	100 000	250 000
合计		1 000 000	1 000 000	200 000	4 000 000

资料来源:《收复区各省第一、二、三期贷款配额表》(1946年),湖北省档案馆藏,档案号:LS31-16-1039。

① 《湖北省县各级合作社改进办法》(湖北省社会处第4类第2项第3目第1076号,1945年1月5日),湖北省档案馆藏,档案号:LS31-16-45。
② 《为抄发收复区紧急救济农贷办法及本府与农行订定之办理收复区紧急农贷暂行办法电仰遵照由》(鄂社字第1428号,1946年1月28日),湖北省档案馆藏,档案号:LS31-16-1039。

除农村副业贷款与水利贷款外，单以农业生产贷款计算，各省所需资金总量很大，以湖北为例，该省收复区乡合作社 1000 余所，以每所贷款 50 万元计算，需 5 亿余元，保社 7500 余所，以每所 10 万元计算，需 7.5 亿余元，加上后方各县乡社 503 所，保社 7145 所，总计 22.16 亿余元。[①]表中显示，湖北省分配的贷款额度只有 2 亿元，战时沦陷地区却有 51 县，每县分得的配额就更少了，无异于杯水车薪。湖北省政府请求"中中交农四联总处"，再加拨紧急农贷 10 亿元。[②]

1946 年 1 月，中国农民银行汉口分行与湖北省政府订定《办理收复区紧急农贷暂行办法》，贷款对象以合作社、农会及其他合法农民团体为限，贷款期限，耕牛与农具为 2 年，其余种籽、肥料等为 1 年，贷款利率定为月息 2 分，贷款书由银行供给，发给各借款社团应用。借款社团申请借款时，应填写借款申请书，并附带借款社团印鉴纸、借款明细表与业务计划，县政府在 2 个月内加注意见，转寄汉口分行或附属机构，银行接到申请书后，于 3 个月内书面通知借款社团，是否准予贷放。如通过核定，银行将贷款汇拨借款社团，必要时，由当地县（市）政府划拨，借款社团如不能如期归还贷款，应于借款到期前 1 个月，以正式公函述明理由，申请展期，贷款的收回，县政府负有协助与催还的责任。[③]

政府规定基层行政人员不得与合作社职员相互兼任，事实上难以实行。[④]实施紧急农贷的目的是救济收复区贫困农民，恢复农业生产，安定民众生活[⑤]，

---

① 《本省复员期间农贷业务计划纲要》(湖北省政府第 5 类第 4 项第 1 目第 1136 号，1945 年 8 月)，湖北省档案馆藏，档案号：LS31-16-1082。

② 《电请增加本省紧急农贷由》(鄂社特字第 110 号，1946 年 5 月 22 日)，湖北省档案馆藏，档案号：LS31-16-1039。

③ 《湖北省政府、中国农民银行汉口分行办理收复区紧急农贷暂行办法》(省社四特字第 94 号，1946 年 1 月 26 日)，湖北省档案馆藏，档案号：LS31-16-1039。

④ 《武昌法泗乡第四保合作社职员一览表》(省农推字第 470 号，1947 年 3 月 9 日)，湖北省档案馆藏，档案号：LS32-2-320；《保长座谈会》，《申报》1946 年 7 月 9 日，第 2 张第 6 版。

⑤ 《为遵令整理本县受灾轻重之乡保合作社及农会恳乞转知农行派员莅县贷放由》(卅五合字第 035 号，1946 年 9 月 5 日)，江西省档案馆藏，档案号：J045-1-00875-0066。

然而乡保人员利用职权,进行贷款舞弊事件一再发生。1946 年,孝感县民享乡乡长兼乡合作社理事涂秀甫私造名册,申请贷款 70 万元,3 月 14 日(农历),中国农民银行贷款员李溶在乡公所监督, 按名点发, 乡长暗中令人冒名顶替,冒领人或社员走出乡公所时,所领贷款即被强行"一一收回",移作修建碉堡费用和垫付乡中心国民学校支出,用意之巧,令李溶"如坠五里雾中",后被社员饶恕等人密告,事情败露,涂秀甫被押解司法机关,经审讯以及现任各保长和士绅具结证明,法院认为,涂秀甫挪用贷款,并无贪污,并且已归还本金和息金,给予不起诉处分,县政府饬令各乡镇保甲长,嗣后,不得擅自挪用贷款。①

与涂秀甫舞弊手法如出一辙。1946 年 7 月,汉阳县巨泉乡第 4 保合作社理事主席童春保捏造社员名册及各种书表,送至县府,将登记手续办妥,转请农行放款,冒名顶借紧急农贷 957000 元,又抽收其他社员股金,每名 2000 元,以及私自加收贷款利息 1 分,进行短期高利放贷,中国农民银行办事员余铎监放贷款时,东窗事发,童春保被依法严办,合作社被解散,"另行组织"。②

如前所述,治安环境与合作社的发展亦有紧密联系,战后,一些县份受中共武装人员的"窜扰",合作事业"日渐萎缩"。③ 1945 年 9 月 15 日,蕲春县株达乡合作社被中共人员抢去 18 万元,为避免遭受普通商店的仇视以及被抢,该社"变换牌名为集泰",不料,1946 月 10 月 5 日傍晚时分,再遭"匪"洗

---

　　① 《孝感民享乡乡长挪用紧急农贷案》(湖北省政府社会处第 5 类第 4 项第 8 目第 1473 号,1946 年 8 月),湖北省档案馆藏,档案号:LS31-16-918。

　　② 《汉阳巨泉乡第四保合作社理事主席童春保冒名顶借紧急农贷》(湖北省政府社会处第 4 类第 1 项第 12 目第 1363 号,1946 年 7 月),湖北省档案馆藏,档案号:LS31-16-904。

　　③ 《为本县因上年遭受奸匪窜扰以致合作事业日渐萎缩,恳请钧府转洽中央合作金库湖北省分库贷款贰亿元,以利合作事业祈鉴核示遵由》(根社字第 309 号,1947 年 10 月 16 日),湖北省档案馆藏,档案号:LS31-16-1102。

劫,股本、货物全部被没收,社内损失惨重。[①]合作社所借各种贷款无法按期偿还,政府规定,对于"匪扰区",各种放款准予一律延期,迨秩序恢复一年后偿还[②],但随着"局势紧迫",势难全部如期收回贷款的县份[③],政府开始催促合作社归还贷款。

随着时局变化,物价日益高涨,纸币迅速贬值。1946 年 10 月,一头"中等之牛"需法币 27 至 28 万元,1947 年,同样的牛,短短几个月,飙升至 80 至 90 万元。一方面,贫农濒临破产,无力购买耕牛、种子以及肥料等,急需贷款。另一方面,各合作社又不愿借款,以致农民未见"牛毛一根,种子半颗",不少田地荒置。[④]

值得一提的是,银行的利率很高,亦是合作社不愿借款的重要原因之一。以麻城为例,1946 年 6 月 12 日, 麻城县樊里乡第 8 保合作社借款 600 000 元,利率 2 分 5 厘,1947 年 6 月 30 日还款,利息 193 000 元,合计 801 000 元。白杲乡第 6 保合作社 1947 年 8 月 4 日借款 8 640 000 元,月息更高,逾期还款,还罚息 8 厘,1948 年 6 月 25 日,利息 6 976 640 元,利息几乎翻了一倍,本息金合计 15 616 640 元。[⑤]

1948 年 8 月,行政院决定整理财政,加强经济管制,限制银行、钱庄存放利率,钱庄、商业银行及其他银行自 9 月 1 日起,放款利率不得超过月息 1 角,9 月 16 日起,不得超过月息 5 分,换言之,存放款利率被抑制在法定最高利率以下——"约定利率超过周年百分之二十者,债权人于超过部分之利息

---

① 《据本县青云乡合作社呈报被匪劫掠情形一案请鉴赐核转农行及省合作金库予以救济由》(民仁字第 890 号,1947 年 11 月 20 日),湖北省档案馆藏,档案号:LS31-16-1102。

② 《准省社四字第 12417 号代电复请查照》(省财字第 12712 号,1947 年 6 月 16 日),湖北省档案馆藏,档案号:LS31-16-1102。

③ 《准中农行汉口分行再请转饬各县严催棉贷一案电仰切实遵照办理具报由》(省社四字 11118 号,1948 年 1 月),麻城市档案馆藏,档案号:110-1-25。

④ 《为复未转放战区农贷尾数情形由》(材社字第 23392 号,1947 年 5 月 16 日),湖北省档案馆藏,档案号:LS31-16-1206。

⑤ 《麻城县政府解缴各合作社缴还贷款清册》(1948 年 5 月),麻城市档案馆藏,档案号:110-1-36。

无请求权",违反者,依照《妨害国家总动员惩罚暂行条例》惩处。①逾期,加重罚息。虽然国民政府一再训令各县加强合作事业,颁布各种法令,但是无论在组织方面,还是业务经营方面,各合作社"均欠健全",各县长大多忽视合作指导工作②,乡保人员违法舞弊情况亦时有发生。

合作社是经济组织,却是官办事业,为配合地方自治,政府依托保甲组织,由上而下强制性普遍推行乡保合作社,合作社组织便与行政力量结下不解之缘。合作社虽带有政府行为,但其运作必须符合市场规律,银行、合作金库等作为金融机构,在向借贷方提供货币资本的同时,既要考虑借出货币资本所获得的报酬率——利率,又要顾及投资风险,故银行、合作金库等只向合作社等团体组织放款,不直接与普通民众联系,且贷款期限大多不超过一年。同理,乡保人员作为合作社的法人代表,有权力寻租的可能,要么向地主、富农放款,要么挪用贷款。经过层层转贷,到达贫民手中,利率自然很高,贫民急需贷款,支付高额利息,购买生产资料,否则,生活会更加窘迫,如遇灾荒、战乱等不测事件,往往导致逾期还款,另外支付罚息。合作贷款在给民众带来有限救济的同时,也增加了贫民的负担。

第三节　参与土地陈报

土地陈报作为民国时期一项重要的农村土地政策,学界已对其进行了较为深入的研究,主要围绕推行的原因、过程及其成效。就推行的成效而言,一些研究者作出了不同的评价,大致包括三种观点:郑起东认为,在抗战前

---

① 《为抄发奉颁制定银行钱庄存放款利率限制办法仰知照由》(峰财6889号,1948年10月30日),麻城市档案馆藏,档案号:110-1-58。

② 《奉交下湖北省三十八年度各县合作事业实施纲要草案签请核示由》(鄂社特四2759号,1949年2月24日),湖北省档案馆藏,档案号:LS31-16-114。

与抗战中,国民政府推行土地陈报的目的在于汲取农村的资源,由于"目的不纯正",引起了乡村社会的动荡,破坏了农村的稳定,加深了国家与农民的矛盾,成为国民政府崩溃的一大潜因。[1]王科认为,20世纪30年代,国民政府在江宁实验县推行土地陈报,取得了明显的效果,既提高了县政府的财政收入,又为江宁的各种建设工作打下了良好的基础。[2]徐在斌等人认为,国民政府的土地陈报工作取得了一定的成效,田赋征实有据可依,土地及赋额也明显增加,而且对于合理征税、减轻农民负担等也起了一定的积极作用,但由于经费不足、敌伪窜扰及工作草率等原因,致使土地陈报存在着失实的情况,其成效大打折扣。[3]

作为土地陈报的具体实施者,保甲人员的作为直接关系到政令执行的成效,本节拟从保甲长的职能入手,对南京国民政府时期的土地陈报问题作一初步的探讨。

一、土地陈报的背景与程序

中国田赋制度自明代实行一条鞭法、清初摊丁入亩、改征地丁以后,数百年沿袭旧制,可谓税制以田赋为最久,积弊也最深。民国以还,各省税率参差不一,鱼鳞图册大半无存,粮户黄册亦欠完备。政府征收田赋,仅凭胥吏私藏书册,以致田粮不符,映射、隐瞒、飞洒、诡寄、假串、漏征、中饱、包办等种种弊端相因而生,国家财政收入日趋减少,地籍愈紊乱,土地纠纷愈多,整理

---

① 郑起东:《国民政府土地陈报研究》,《古今农业》,2008年第1期。
② 王科:《土地陈报与赋税征收——试论民国时期江宁实验县的土地陈报》,《华南农业大学学报》(社会科学版),2010年第4期。
③ 陈丹丹:《抗战时期国民政府的土地陈报》,《郑州航空工业管理学院学报》(社会科学版)2008年第5期;徐在斌:《抗战时期国民政府土地陈报述评》,湘潭大学硕士论文,2010年;苗洁:《论1935—1937年湖北省土地陈报》,华中师范大学硕士论文,2011年。

田赋的关键在于清丈土地,限于人才、经济等方面原因,非短时所能奏效,迨至南京国民政府成立,又以"国内多故,无暇顾此"①。

国家兴办地方事业,需要稳定的经费来源,政府既不能漠视民生,擅增税捐,又不能因噎废食,以无款可筹而贻误要政。国民政府认为,田赋为税收大宗,欲整理田赋,必先整理地籍,地籍弄清以后,"就地问户,按户问粮",从而剔除中饱,在不增加民众负担的原则下,使国库宽裕,达到"实地实户实粮"的效果。②

从整理地籍问题的途径看,航空测量有其一定的优势,理论上,其经费低廉,时间迅速,可免去人事管理与控制的困难,但具体实施时,效果却不尽如人意。乡村社会田地碎小,皆以小沟及其他暗记为界,加之田埂为稻秧等作物掩蔽,测量人员从飞机上不易看清③,不仅土地亩数不能详悉,田坵亦因地形隐蔽,无从辨识,以此办理地籍,已不清晰,对军事、国防、交通、建设等项工程,更不能适用。④清丈土地虽为治本方法,但需时较长,费用较高,田赋整理又属刻不容缓,国民政府"舍清丈而取陈报"⑤。

1934年1月,国民党中央执行委员会召开第四届第四次全体会议,提出整理田赋"惟有急则治标,治标之法莫先于举行土地陈报"⑥,颁布《整理田赋举行土地陈报办法大纲》《内财两部拟定土地陈报补充办法》以及《修正整理田赋先行举办土地陈报办法大纲草案说明书》⑦,规定各省政府办理土地陈

①　《土地陈报案经过 财政会议参考资料之二》,1934年,第1页。
②　河南省土地陈报处编印:《河南省第一期土地陈报陕县试办报告》,1936年,第1页。
③　贾晶一:《湖北实习调查日记》,萧铮主编:《中国地政研究所丛刊 157 民国二十年代中国大陆土地问题资料》,成文出版社有限公司,1977年,第80199页。
④　《湖北省民政厅关于财政厅拟将土地陈报编查坵地工作采用航空测量并请中央办理的呈文》(1934年3月14日),湖北省档案馆藏,档案号:LS1-5-127。
⑤　李昌咸:《江苏省之土地陈报》,南京图书馆编:《二十世纪三十年代国情调查报告》(第28册),凤凰出版社,2012年,第559-560页。
⑥　《土地陈报案经过 财政会议参考资料之二》,1934年,第1页。
⑦　《内政部、财政部关于抄送整理田赋举行土地陈报办法大纲及附发修正办法草案说明书的咨文》(土字第248号,1934年5月16日),湖北省档案馆藏,档案号:LS1-5-125。

报,应指定财政厅或民政厅为主管官署,详订土地陈报章则,督率各县政府设立办事处,由县府遴选公正士绅、法团代表,组织清赋委员会,按乡镇划定区域,协助政府,分区劝导民众从事土地陈报,土地业主将户名、田地坐落、四至、面积以及粮额等自行陈报,以便政府编造征册、发给管业执照以及更订科则等事宜,借此使粮户负担平允,纠正田粮不符弊端,为将来实施清丈土地或查报等治本方法提供参考。与此同时,原有册书交出征册,委为有给职,省政府仿照建筑师、会计师等登记办法,考选有测绘学识或经验人员,给以执照,准许在各县执行测丈业务,以便民众随时委托测丈田亩。各省境内一切田地山荡等项土地,除道路、桥梁、河流、城墙外(公共使用,并无收益),一律举行陈报,各县办理土地陈报以一年为限,遇有产权争执时,由保甲人员或县(区)调解委员会调解,已提起诉讼者,由司法机关处理①,凡隐匿不报,经人举发,一经查明,将从严处罚或没收隐匿田亩,所有罚款及没收田亩,准许县府及乡(镇)公所提成,充作公益开支,并奖励举发人。土地陈报公告后,按坵发给民众土地陈报证书,嗣后,所有移转、抵押与继承土地事项,均以陈报证书为凭。②

依据国民政府规定,各县办理土地陈报,限期为一年,逾期予以处罚。然而,各县土地面积广袤,土地种类繁多(耕地、宅地、牧场、草场、池荡、湖沼、林地、荒地、矿地、祠庙地、官署地、善堂地、教堂地、军用地、码头地等),实行时不免"窒碍难行"。③如遇"匪扰"与自然灾害,"田荒于野,妇啼于室,财殚力竭,救死不遑",土地陈报更难着手,只能呈请展期。④

---

① 《内财两部拟定土地陈报补充办法》,《地政月刊》第2卷第4期,1934年4月,第655~656页。
② 《内政部、财政部整理田赋举行土地陈报办法大纲及修正整理田赋先行举办土地陈报办法大纲草案说明书》(1934年)湖北省档案馆藏,档案号:LS1-5-125。
③ 《湖北省财政厅关于秘书处签呈准函送审查整理樊口地亩局土地陈报规则的提案》(1934年5月),湖北省档案馆藏,档案号:LS1-5-306。
④ 《通城县政府关于报送整顿赋税事项举办土地陈报困难情形的呈文及湖北省政府的指令、训令》(财字第7422号,1934年8月13日),湖北省档案馆藏,档案号:LS1-5-135。

为改善赋制及增加税源,以少数经费与短促时期,"收迅捷之效",政府开始利用保甲组织,参与土地陈报。1935 年,湖北省政府拟订《湖北省办理土地陈报规则》,在县政府内设立县土地陈报办事处,县长兼任办事处主任,总揽全县土地陈报事务,省政府遴派指导员一人,指导督促并协助县长办理一切事宜。县长酌设抽查员、办事员、助理员各若干人,负责抽查土地、统计田亩、审核及编制表册等事项。区署或区公所亦设立土地陈报办事处,区长兼任主任,县长遴派编审员一人,秉承县办事处命令,办理全区事务,此外,区长遴选办事员若干人,担任收发陈报单、查验产权证明文件、审核单册及汇造土地陈报清册等事项。联保区域设调查员若干人,由联保主任兼任,秉承区办事处命令,引导划分区段,督同保甲长调查地亩及业户姓名与住址,编查地号,抽丈田亩,收发陈报单并审核单内填载事项,挨户指导与督促业户陈报等。各县所需土地陈报经费,除省政府补助一部分外,其余由各县就岁出概算书内列清赋委员旅费项下支给。以蒲圻、黄陂等 6 县为例,省库划拨68000 元,后因省财政收入匮乏,按照八五折支付,实际支出 57800 元①,具体支配情形列表如下页表 5-8:

按照国民政府设计,土地陈报的步骤是:县政府依照山川、河流及道路等自然形势,将各乡镇划分若干段。各该管地段内保甲长责成所属各业户或佃户,用木椿、木板、竹片或竹竿(上挂一小木牌)插立田地中央,留下的一端,写明业户姓名、四界及其面积等项②,并酌量余隙,填写地号③,以便保甲长会同办事处人员,实地挨垙调查与绘图。之后,保甲长挨户发给业户陈报单。业户接到陈报单后,在五日以内,将单内空白各栏(业主住址、现时地价、

---

① 《湖北省土地陈报规则》(1935 年至 1937 年),湖北省档案馆藏,档案号:LS19-2-2640。

② 席徵庸:《土地陈报问题解答》,(无具体出版时间地址),教育部民众读物编审委员会印行,第 9~10 页。

③ 《湖北建始县清查田亩实施办法》(县二字第 1092 号,1939 年 5 月 13 日),湖北省档案馆藏,档案号:LS19-2-2654。

表5-8

县别	指导员薪旅费				县办事处薪公等费				全期业务费		全期合计数	
	原定全期概数	现定全期概数	原定每月概数	现定每月概数	原定全期概数	现定全期概数	原定每月概数	现定每月概数	原定概数	现定实数	原定概数	现定实数
蒲圻	1 560元	1 326元	130元	110.5元	4 440元	3 774元	370元	314.5元	5 000元	4 250元	11 000元	9 350元
黄陂	1 560元	1 326元	130元	110.5元	4 440元	3 774元	370元	314.5元	5 000元	4 250元	11 000元	9 350元
孝感	1 560元	1 326元	130元	110.5元	4 440元	3 774元	370元	314.5元	5 000元	4 250元	11 000元	9 350元
鄂城	1 560元	1 326元	130元	110.5元	4 440元	3 774元	370元	314.5元	5 000元	4 250元	11 000元	9 350元
恩施	1 560元	1 326元	130元	110.5元	4 440元	3 774元	370元	314.5元	5 000元	4 250元	11 000元	9 350元
建始	1 560元	1 326元	130元	110.5元	4 440元	3 774元	370元	314.5元	5 000元	4 250元	11 000元	9 350元
											68 000元	57 800元
备注	指导员一人原定月支薪银一百元，旅费银三十元，以十二个月计，合为原定全期概数，今按八五折计算各为实数				县办事处职员薪水勤务工饷等均在内，原定每月三百七十元，以十二个月计，合为原定全期概数，今按八五折计算各为实数				印刷造册费区办事处等各经费抽查复查费等各项业务费均在内，原定如上列概数，今按八五折计算应如实数			

资料来源：《湖北省土地陈报规则》（1935年至1937年），湖北省档案馆藏，档案号：LS19-2-2640。

每年收获数量、佃户姓名及住址、每年纳租数目等)用毛笔填写清楚①,并携带各项产权证明文件(田契、粮票、佃约等),赴联保办公处呈验。一经核查清楚,即发给陈报单收据,以备将来换领管业执照。②随后,进行分段抽查与集中普查,鼓励人民告密,责成联保主任、保甲长按级具结连坐,联保办事处与县办事处相继审核后,政府填单公告与造册,并改订科率。③

当局认为,土地陈报"事属创举",各地民众未能明了土地陈报意义及利益,欲解除民众"误会",办事处人员应会同区长,定期召集所属联保主任、保甲长,亲赴乡间,随时张贴布告,百般劝导民众。④譬如,土地陈报以后,政府发给执照,民众的产权有所保障,国家弄清土地数目,有了征粮的地亩册子,可以去除粮差浮收与勒索等弊端,减轻民众完粮的负担。以蒲圻为例,1935年12月至1936年2月,该县土地陈报办事处迭次派员深入民间,散发各种刊物,到处演讲陈报意义,以期民众完全明了,并责成联保主任、保甲长尽力协助外勤工作——担负器物、分插界桩等,实行以后,各地保甲人员"能明了大体,忠实尽力者,故不乏人,然而狡黠者,玩忽怠惰,亦所常见"⑤。

为彻底清查田亩起见,1939年,湖北第七区各县设立田亩调查处,设主任1人,由县长兼任,副主任2人,1人专任,一人由县府第二科科长兼任,调查处下设总务股与调查股,内设抽丈员2至4人,办事员及雇员2人。县长督率本处职员及区保甲长,全体动员,办理调查事务,田亩标准以联保为单位,每一联保内,指定水田、旱田、山田及菜园地各数起,分起抽丈60市方

① 不识字民众可由保甲长或办事员代写。徐慎岭等:《江苏萧县土地问题与土地陈报》,南京图书馆编:《二十世纪三十年代国情调查报告》(第149册),凤凰出版社,2012年,第106~108页。

② 贾品一:《湖北省办理土地陈报之经过》(1937年12月),萧铮主编:《中国地政研究所丛刊40 民国二十年代中国大陆土地问题资料》,成文出版社有限公司,1977年,第20013~20059页。

③ 《黄冈县土地陈报推进办法及经费预算》(湖北省政府第2类第3项第1目第12472号,1936年6月),湖北省档案馆藏,档案号:LS19-3-3975。

④ 《黄陂县土地陈报处呈报成立日期及工作表》(湖北省财政厅案卷第3类第1项第14卷第45号,1935年11月),湖北省档案馆藏,档案号:LS19-2-2656。

⑤ 《蒲圻土地陈报处请在原预算内变通节目并不增加开支的呈文及指令》(湖北省政府第4类第3项第2目第916号,1936年5月),湖北省档案馆藏,档案号:LS19-3-3978。

丈,厘定水谷或包谷(或杂粮)生产量若干,得出一平均数,作为该联保折合市亩之标准,对于山场、果园等调查,其收益比照附近山田折亩,折亩标准丈量后,应由抽丈员及联保主任填具土地折亩标准表,一并署名盖章,迳呈县府查核。调查开始时,田亩调查处职员以及区保甲长均须亲赴所辖区域,指导与宣传,并处理纠纷,甲长接到田亩调查表后,即开始于所管区内挨户查填业户姓名、田地坐落、土地种类、生产量以及自耕或出佃等,填齐后,招集本甲内业户,当众宣布,如有不实,重新填报,认为确实后,即共同出具切结,其切结式样如下:

    隐匿田亩连带处分切结

    县　区　联保　保　甲各业户名下所有填送田亩调查表所载各项均属实在,嗣后如经人举发隐匿属实,本甲业户及区长、联保主任、保甲长甘愿受连带处分,此结。

    ○○○(署名盖章)○○○(署名盖章)

    出具连带连带处分切结人○○○

    联保主任(署名盖章)保长○○○甲长○○○

    业主(署名盖章或画押)填报

    佃户(×)填报

    中华民国　年　月　日　　　　保长(×)证明　　甲长(×)证明
代写人(×)[1]

    保长收到各甲调查表后,由各调查员复查,联保办公处收到各保所送调查表及切结后,县府派员亲赴该地,召集全体保长会议,当众审核,并由调查

---

① 《湖北省第七区各县业户隐匿田亩处分办法》(省财二特施字第 421 号,1939 年 6 月 10 日),湖北省档案馆藏,档案号:LS19-2-2654。

员会同联保主任实行抽查,汇编田亩清册一份,连同调查表与切结,呈送县府。县田亩调查处随即抽查,如与调查表所填不符,随时予以更正,并通知该业户,业户如自认有错误时,在公告期前,亦可据实申请更正。抽查完竣后,即按各联保折亩标准折成亩数,并按联保单位分别公告,改订科则,汇编全县田亩总册。[①]

土地陈报手续繁复,进行颇为不易,陈报的各个环节,从宣传、通知、传催、缮写、调解到覆查、抽查、检举等[②],政府均须利用保甲组织,责成乡镇保甲长协助。到1940年5月,全国13省已有158县完成陈报工作,120县正在办理,拟办理者110县,共计388县。截至12月底,已完成者234县,短短7个月,增加完成县份76县,进展速度之快,可见一斑,至于陈报后,各省赋额溢增数,据已报9省78县统计,陈报前赋额为10 439 182元,陈报后赋额为14 251 904元,增加3 812 722元。[③]

鉴于土地陈报为抗战时期的一项要政,土地陈报机关虽系临时性质,但陈报工作办理完竣后,各级地政机关对于“此项人员或仍须录用”。故而,1940年10月,行政院颁布《各省县土地陈报办事处组织通则》,规定省政府设立省土地陈报办事处(简称省陈报处),财政厅长兼任处长,民政厅长或地政局长兼任副处长,并设会计主任1人、课长2人、技正1人以及课员、指导员、会计员、视察员(或复查队员)、技士、技佐、雇员若干人。县政府设立县土地陈报办事处(简称县陈报处),县长兼任处长,副处长1人由省政府遴选,县陈报处设二股,每股设股长1人,股员、雇员若干人,同时,县陈报处还设编

---

① 《湖北省第七区各县调查田亩暂行规则》(省财二特施字第421号,1939年6月10日),湖北省档案馆藏,档案号:LS19-2-2654。

② 《江西省专员公署以下各级人员办理土地陈报工作纲要》(1942年6月26日),江西省档案馆藏,档案号:J016-3-3960。

③ 《各省土地陈报概况》,《中央银行经济汇报》第3卷第1—2期,1941年1月16日,第58~83页。

查队,内设编绘员、助理员若干人。必要时,各县得于各区设区土地陈报办事处。[①]

政府成立各级办事处容易,土地陈报事务却颇为繁重,各级人员非加以相当的训练,不能胜任这项工作。故而,县陈报处召集各处人员,加以训练,并实地练习,保甲长训练时,亦不例外,土地陈报内容被编入正式课程中,以备指导业户,明了陈报手续。[②]以湖北为例,1941年,该省政府举办鄂西各县土地陈报训练班,公开招考甲、乙两级业务人员55人,训练内容分精神训练、军事训练与业务训练三大类,业务训练课程大体包括地政概要、田赋概要、土陈法令、勘界划段、坵地编查、地类辨验、测丈技术、绘图术、土地经济调查纲要、宣传纲要、业户陈报要项、覆查要项、审核统计、珠算、造册程序、公告程序、图籍程序、厘定地等程序、服务规则共19个科目,授课147小时（含实习时间21小时）。[③]

未办理土地陈报以前,各县有田无粮,有粮无田,比比皆是,办理以后,国家赋额增多,土地坐落均有图册、单表可查。但是,由于办理期间短促,业务人员俱是外籍人士,基本学识多有欠缺,间或办理草率,不分平川、山坡等土质差别,至于崇山峻岭,更"以目"估计田亩面积,填完实物,注入册籍[④]。"有财招待"之绅富,其田地以多报少,以肥填硗,"无力应酬"之贫农,其田地以少报多,以硗报肥[⑤],又有保长代为盖章陈报以及县界划分纠纷等情形[⑥],

---

① 《行政院关于抄发各省县土地陈报办事处组织通则的训令》（阳伍21084号,1940年10月12日）,湖北省档案馆藏,档案号:LS1-5-433。

② 李昌咸:《江苏省之土地陈报》,南京图书馆编:《二十世纪三十年代国情调查报告》（第28册）,凤凰出版社,2012年,572—579。

③ 《咸丰县土地陈报人员训练概况》（厅建字第21015号,1940年12月18日）,湖北省档案馆藏,档案号:LS19-7-447。

④ 《准秘书处通知以湖北房县民众代表程经三等呈诉土陈弊端案抄原呈仰查明核办由》（1945年7月3日）,湖北省档案馆藏,档案号:LS24-3-2464。

⑤ 《为土豪指办土地陈报敲诈民财,报请回避县府,直捷派员查办,以免弊端由》（1942年11月）,湖北省档案馆藏,档案号:LS74-1-121(3)。

⑥ 《为请愿将本乡改隶通道谨抄同原请愿书一份赍呈鉴核俯予采纳由》（1944年11月22日）,湖南省档案馆藏,档案号:33-2-36。

以致颠倒错乱,弊端甚多。乡公所转饬警士、保甲长催科,"见大户有势者,不敢多言",贫民小户,"只得卖工砍柴,措缴实物,方能得安"。①各县多借口陈报错误,仍按旧赋额征收或按新赋折扣征收,国民政府认为,此举"殊属不合",应严予制止,仍应按陈报成果征收。②

为纠正土地陈报错误,力谋民众负担平均起见,1946 年,湖北省政府颁布《湖北省土地陈报成果彻底调整复查改进办法》,规定土地陈报完成县份,准许业户申请复查,更正土地陈报错误或遗漏,复查、更正工作由田赋粮食管理处或县政府主办,组织复查队,设队长 1 人,由省府考选,复查员由县政府招考,同时函请党团民意机关与公正士绅协助,主办机关应督饬乡镇保甲长及所属公教人员,召集民众或利用各种集会,将申请复查更正意义、方法及限期普遍宣传,并于保办公处张贴布告,供业户公开查看与询问。业户申请复查更正,应填申请书,记明申请人姓名、住址、地号、面积等,迳送县田赋粮食管理处(县政府),或由乡镇公所转送,不识字者,准业户口头报请,乡镇公所代填,仍由本人盖章或捺指印,代填人亦应签名、盖章。业户申请复查更正,应同时缴纳保证金,每地号 10 元。县府(县田粮处)接到申请书后,即派员实地勘查,业户将土地四周插界椿,上写姓名、住址、原编丈面积及实际面积等,复查人员将有关勘查土地图册查阅、抄录,并携带户口册,以备查考,复查后,必要时,将结果揭示公告,填具报告表暨附具图说,呈报县府(县田粮处),转报省田粮处复核,递呈中央核备。凡有匿报、漏报土地,应认真查挤,如地亩误差在 10%以内或不实,保证金即予没收,汇缴国库。③ 1947 年,国民政府修改土地陈报复查更正办法,各县复查更正期限为 6 个月④,业户

---

① 《陈情表》(1945 年 5 月 8 日),湖北省档案馆藏,档案号:LS24-3-2464。
② 《粮食部训令》(余田〈卅四〉11057 号,1945 年 5 月 31 日),湖北省档案馆藏,档案号:LS24-3-2448。
③ 《湖北省土地陈报成果彻底调整复查改进办法》(1946 年),湖北省档案馆藏,档案号:LS1-6-240。
④ 《湖北省土地陈报成果复查办法——修正办法》(1947 年),湖北省档案馆藏,档案号:LS24-3-2453(1)。

缴纳保证金由 10 元提高到 100 元,以至 500 元。[1]

二、保甲长与土地陈报

从土地陈报的整个过程与程序可以看出,办事员、抽查员及编审员等工作偏重"内业",保甲长工作偏重"外业",保甲长本身事务繁重,土地陈报这种技术工作又非其所能胜任,此种办法试行以后,引发了许多问题。[2]各县陈报办法,虽有按坵插标规定,实际却未能切实贯彻,插标数目少,插标地点凌乱,标形大小参差,多数仅列姓名与面积,所填收获量往往任意短失,甚至土地坐落、四至及业户住址一概从略。各县大多抛弃插标办法,改由政府人员实地编审时,业户、佃户及保甲长"履坵面报"。此外,各户长忙于田间工作,加之居户星散,工作人员"跋涉维艰",又"饥肠辘辘",有时只好改变办法,嘱咐保长入夜前召集各家长,个别询问。[3]

土地陈报的成败与否,人事条件至为重要,联保主任及保甲长既是土地陈报协助人员,又是当地居民,所遭困难几不可免。1935 年,安徽和县试办土地陈报,该县第二、三区民众在周家集地方鸣锣聚集,与陈报人员发生纠纷,联保主任段新三、保长朱廷栋被辱,事后,段、朱二人向县府呈报乡民"顽强抗报",县府与区公所分别派遣保安队与壮丁队,前往周家集捉拿顽抗之人,因民间藏有自卫枪枝,声势亦不弱,双方发生交火,致使数名乡民受伤,乡民恨段、朱二人入骨,随即将段、朱二人村屋烧毁,借此泄愤。县长刘广沛为防止事态扩大,向上级政府请兵,前往镇慑,后经乡绅吴蜀侯(前商会会长)、范

① 《土地陈报复查更正办法第十二条修正条文》,《法令周刊》第 10 卷第 30 期,1947 年 7 月 23 日,第 4 页。
② 周世彦:《湖北咸宁实习调查日记》(1937 年 10 月),萧铮主编:《中国地政研究所丛刊 160 民国二十年代中国大陆土地问题资料》,成文出版社有限公司,1977 年,第 81737~81740 页。
③ 周世彦:《湖北咸宁实习调查日记》(1937 年 10 月),萧铮主编:《中国地政研究所丛刊 160 民国二十年代中国大陆土地问题资料》,成文出版社有限公司,1977 年,第 81752~81753 页。

培栋(前人民自卫团长)等赶往该集晓劝,暴动风潮暂告平息。①

陈报单内容过于详尽,民众不胜其烦;过于简陋,政府又恐难达目的。一般人民为图将来减轻负担,多愿少报土地面积,偷窃木标(竹标)及延不插标者,屡禁不止,按坵安置水泥桩,又过于浪费。②政府虽有抽查制度,"不过恐吓人民而已",乡间识字人数太少,辗转请人代写标牌,容易出错,粮额科则久经书吏作弊,早已失实,结果只有任凭陈报人员臆测。③

其实,不独保甲人员表现消极抵制行为,各县业户延不陈报几乎成为一种普遍现象,政府虽责成保甲长督促,但一般民众依然"疲玩成性"。当局认为,症结是逾限不报者并不受任何处罚,政府对滞延不报者,一方面加收罚金,仍准补报,以示宽容。④另一方面,拟具取缔人民匿报短报办法暨公务员匿报地亩检举办法,规定办理业户陈报以2个月为限,凡逾期未报或隐匿不报之土地,一经查出或被告发,应于陈报结束后,给予制裁,交由县财务委员会暂行管理,如经过3年,仍无人过问,即视为无主土地,连同管理期内之孳息,悉数充作地方公产,拨抵减轻田赋附加及拨充地方事业经费之用。⑤

陈报人员代表国民政府,开展土地陈报工作,定然触动地方人士利益,普通民众尚且观望,豪绅巨族为维护既得利益,更易指使民众暗中破坏,或公然反对。1942年,五峰县县长王维时与副主任、土地陈报班学员发生"私意",王借故外巡,不仅不向学员拨付粮食,还面嘱各乡保甲人员不必理会,以致循礼乡首户裴星垣(县参事)抗不插标,反而殴打编丈人员,该乡第5保

① 《皖和县办理土地陈报,农民误会,发生风潮,与保安队已冲突两次,经乡绅调解,暂告平息》,《中央日报》1935年5月13日,第2张第2版。

② 徐慎岭等:《江苏萧县土地问题与土地陈报》,南京图书馆编:《二十世纪三十年代国情调查报告》(第149册),凤凰出版社,2012年,第374~377页。

③ 李昌咸:《江苏省之土地陈报》,南京图书馆编:《二十世纪三十年代国情调查报告》(第28册),凤凰出版社,2012年,第600~602页。

④ 李昌咸:《江苏省之土地陈报》,南京图书馆编:《二十世纪三十年代国情调查报告》(第28册),凤凰出版社,2012年,第572~579页。

⑤ 《令大冶等二十一县发土地陈报奖惩规则》(湖北省政府第2类第3项第1目第15228号,1937年5月),湖北省档案馆藏,档案号:LS19-2-2640。

保长胡重才亦不具结,土地陈报工作无形中断,不能按期完成,双方由此互相攻讦,酿成纠纷。11月,湖北省政府以"县长对于所属保教无方",竟因粮食问题激起事端,给予王维时记大过一次,副处长对于所属人员,平日约束无方,作出移请田赋管理处议处,干训团学员由省政府人事处给予书面诰戒处分。①

调查田亩,系以田地收益额为标准,不计田亩额,各县习惯与标准不尽相同,有以石斗计算,又有不以石斗计算②,而以"担""窠"等收益之产业计算,甚至各区保互有歧异,有20斤为1斗,有24斤为1斗,有30余斤为1斗,甚至有640斤为1斗,折成市亩以后,各地负担极其不平,轻重悬殊。③人民普遍产生疑虑与反感,乡间田赋积弊太深,豪绅大户田多粮少,小民田少粮多,以致小民无力纳税,"愿以田归公者比比皆是"④。

囿于环境关系与人才缺乏,政府令各县赶办土地陈报,虽能取得一定的成效,但陈报工作不免受到影响。⑤以利川为例,该县文斗乡"地属山陬,田无整块",1941年,陈报人员不分水田、山岗、菜园等土地种类,丈量时全凭估计,导致种种错讹,有一亩登载为八九亩,乃至二三十亩,甚至有无业者,被陈报数十亩之巨,民众收获不敷征实、征借。该乡第3保保长郭芝臣及民众屡次申请复查,惟田粮处"理而不查",选举代表余清泉到省府上诉。⑥

丈量的结果是,有土地的不交粮,有粮的却没地。土地面积扩大,纳税义

① 《湖北省政府、湖北省政府人事处关于五峰县土地陈报人员与县长发生纠纷的训令、函、呈文》(1942年8月25日至1942年11月),湖北省档案馆藏,档案号:LS1-4-435。
② 《兴山县整理田亩委员会下乡调查委员服务简则》(兴二字第652号,1939年5月26日),湖北省档案馆藏,档案号:LS19-2-2654。
③ 《湖北建始县清查田亩实施办法》(县二字第1092号,1939年5月13日),湖北省档案馆藏,档案号:LS19-2-2654。
④ 《湖北省政府快邮代电》(民字第338号,1939年5月),湖北省档案馆藏,档案号:LS19-2-2654。
⑤ 《为办理土地陈报应列为本年度县行政人员工作考绩之一令仰遵照由》(顺伍字第2131号,1941年2月7日),湖北省档案馆藏,档案号:LS1-2-40。
⑥ 《为前利田粮处长黄继书违法殃民倒悬莫解恩准派员澈查更正以维民生由》(文和字第22号,1944年10月10日),湖北省档案馆藏,档案号:LS24-3-2448。

务激增,胆小的民众,惶恐之余,迫不得已,惟有吁请上级政府"鉴核作主";①
胆大的民众,任意毁坏土地陈报垩标。政府大量印刷布告,转发各保长,按保
张贴,严令禁止,并随时派员查禁。②

　　复查更正为土地陈报不公平的一种补救方式,立意虽善,可一县之内,
地域辽阔,复查更正竟于半年之内全部完成,时间之仓猝,实施之草率,可想
而知。人民知识浅薄,申请手续繁难,复查人员"既全非圣贤",保甲人员又从
中渔利,各县限于人士与经费缺乏,一再展延期限,虽不至功亏一篑,但未能
达到预期效果,致使错误未能彻底更正。③土地一次次清丈、测量、调查、登
记,民众也一次次遭受欺诈与剥削,不少业户亦有所借口,"玩延"缴纳赋税。④
测量数字错讹迭出,地目及土质混乱不堪,负担失平,一方面,民众"叫苦连
天",⑤申请复查业户络绎不绝,另一方面,因土地陈报错误,政府推行田赋征
实业务亦大受影响。⑥

　　国家推行土地陈报政策,意在增加赋税。所谓"羊毛出在羊身上",无论
是保甲长,还是一般民众,或是大户,作为土地所有者,难免因此遭受一定程
度的利益损失。故而,土地陈报遭到乡村社会多数人的反对。保甲长是土地
陈报的参与者,负责具体事务,与民众直接打交道,作用极其重要。保甲作为
最基层政权,如忠实地履行国家赋予的职能,便很容易发生乡村民众"抗争"

　　① 《为陈明初步丈量所受影响及复查经过请予令饬田粮处更正三十一年度应纳征实谷石以救
虚浮而轻负担》(1943 年 7 月 30 日),湖北省档案馆藏,档案号:LS24-3-2463。
　　② 《为奉发省政府禁止毁坏土地陈报垩标布告饬张贴各保请鉴核由》(田字第 135 号,1942 年
2 月 18 日),湖北省档案馆藏,档案号:LS24-3-2459。
　　③ 《为接管卷内接巴东县参会代电转请陈该县参议员曾敝章等公恳转请庚续拨款延期办理土陈
复查一案函达核办见复由》(省参议临字第 3659 号,1946 年 6 月 26 日),湖北省档案馆藏,档案号:
LS24-3-2449。
　　④ 《为电呈本府三十五年第一次县政会议田粮第一案祈鉴核示遵由》(省田字第 7889 号,1946
年 12 月 25 日),湖北省档案馆藏,档案号:LS24-3-2451。
　　⑤ 《准参议会第三次大会决议案参议员提议部分第六案请求转呈复丈田亩改正地目一案转请
鉴核示遵由》(咸法财字第 1213 号,1947 年 1 月 18 日),湖北省档案馆藏,档案号:LS24-3-2453(2)。
　　⑥ 《为再请准予派遣测量工作队莅县普查更正土陈错误以平民负而利赋政祈鉴核示遵由》(国
民字第 2280 号,1947 年 4 月 28 日),湖北省档案馆藏,档案号:LS24-3-2453(1)。

事件,激化国家与社会、民众与官方之间的冲突。事实上,大多保甲长既不愿开罪地方,也不愿自己为缴纳田赋作出"贡献",从而限制了国家权力进入乡村社会。虽不能认为土地陈报政策全失功效,至少政府的土地及赋额存在严重失实的情况。对此,国民政府亦承认,乡镇保甲人员"编查时不予协助,编查后藉词刁难,延不陈报,以致查报错误,难免失实"。土地陈报效果不理想,并非"办法不良,实乃人谋不臧"①。

第四节　农业减租中的保甲角色

有关"二五减租"的研究,许多研究者认同失败的观点,对失败的原因也作了多角度的分析。有研究者从国民党政权的阶级性质出发,认为国民政府在减租问题上采取的改革措施收效甚微。②也有研究者从土地产权角度分析,认为减租过程中,不同性质的永佃权影响政府政令的推行,欠租即被撤佃的"相对的田面田"主积极推动"二五减租",而欠租也不可撤佃的"公认的田面田"主反对"二五减租",后者成为政府推行"二五减租"的最大障碍。③还有研究者认为,20世纪30年代,佃农、雇农在农会组织中并非占据主导地位,国民政府也始终对农会推动减租存有戒心,顾虑农会的过激行为冲击社会秩序,因此农会在"二五减租"过程中的作用只限于减租宣传以及调解纠纷方面。④李德英认为,土地是农民维系生存的重要资源,国民政府通过行政手段解决农村财富分配不均问题,结果激化了租佃关系,使农村社会陷入不

　　①　秦孝仪主编:《革命文献 第116辑 抗战建国史料——田赋征实(三)》,"中央"文物供应社,1989年,第21~22页。

　　②　薛暮桥、冯和法:《〈中国农村〉论文选》,人民出版社,1983年,第20~21页。

　　③　曹树基:《两种"田面田"与浙江的"二五减租"》,《历史研究》,2007年第2期。

　　④　魏文享:《农会与"二五减租"的政治困境——1934年浙江平阳县农会解散案解析》,《华中师范大学学报》(人文社会科学版),2009年第6期。

稳定状态。①更多研究者强调土豪劣绅是导致减租失败的重要原因。②本节拟从保甲长在推行政令中扮演的角色切入，对"二五减租"问题作一初步的探讨。

一、抗日战争时期的"二五减租"

所谓"二五减租"，即国民政府减轻佃农佃租 25% 的一种减租政策。③1926 年，国民党在广州召集中央与各省联席会议，规定"减轻佃农田租百分之 25%"，后统称"二五减租"政策。1929 年，浙江省依据"二五减租"原则，颁布《佃农缴租实施条例》，规定以正产量的 50% 为最高额，再从最高额减去 25%。④"二五减租"的计算方法有两种，一种是按租额二成五计算，即佃农与业主先平分正产量，再从佃户缴纳业主的租额中减去 25%，业主实得正产量总额的 37.5%（50%-50%×25%），佃户则得正产量总额的 62.5%。另一种是按生产总额的二成五计算，即先从生产总额中减去 25%，余下的 75% 由佃业双方平分，业主仍只得正产量总额的 37.5%。⑤

"二五减租"办法实行以后，业佃双方频繁发生纠葛，业主因收入减少，纷纷撤佃，将田亩收回自种，佃农中强悍者又群起反对撤佃，"霸佃不让"，而懦弱者就此"失业"。如果地痞、流氓把持农会，从中进行唆使、煽动，社会治安难免不受影响，政府税收也"逐年短少"，国民政府认为，与其徒增"纷扰"，

①　李德英：《生存与公正："二五减租"运动中四川农村租佃关系探讨》，《史林》2009 年第 1 期。
②　蒲坚主编：《中国历代土地资源法制研究》，北京大学出版社，2006 年，第 577 页。
③　对于谁是"二五减租"的最先倡导者，学界存在争议，有研究者认为，共产党最先提出"二五减租"的口号，后被国民党所接受，如梁尚贤：《"二五减租"口号的由来》，《历史教学》1984 年第 12 期。也有研究者认为，"二五减租"是孙中山在 1924 年 11 月北上前夕提出来的，如金德群：《"二五减租"发轫初探》，《教学与研究》，1991 年第 6 期。
④　《二五减租》，《中国农村》第 2 卷第 5 期，1936 年，第 56 页。
⑤　《文摘——二五减租问题》，《中农月刊》第 7 卷第 1 期，1946 年 1 月 30 日，第 84~86 页。

不如取消"二五减租"办法①,仍以业佃双方自行协定租约。②

抗日战争时期,为改善农民生活,动员广大农民参加抗战,"二五减租"成为迫切的现实需要。鉴于各县佃农地租负担过重,以致终年勤劳,"难得一饱,影响社会安宁",1941年4月18日,湖北省政府参照土地法有关各条,拟订《湖北省减租实施办法》,减租事务按年分区次第推行,省党部、省政府会同派督导员前往各县督促与指导,推行减租区域,行政督察专员亦派员轮赴各县指挥与监督,县政府会同县党部,召集各机关法团、各区区长及较大地主与公正士绅开会,说明减租意义,商讨进行事宜,并张贴布告。会后,县政府、县党部派员分赴各区,召集各乡镇长(联保主任)、乡农会干事长、教职员及较大地主与公正士绅开会。会后,区长派员分赴各乡镇公所(联保办公处),召集各保甲长、地主及附近佃农开会,详细说明减租意义及其办法,并责成各乡镇长(联保主任)办理一切事宜。各乡镇长(联保主任)以保为单位,限令各地主(或其代理人)、佃农于一定期间内,同时前往乡镇公所(联保办公处)据实陈报农地面积、坐落地点、正产物种类及常年收获量、原纳租额、押金数目。如在规定期限内,地主不陈报,佃农单独陈报,亦有同等效力。乡镇公所(联保办公处)将陈报登记单分编成册,每保二份,以一份存乡镇公所(联保办公处),一份送县政府,以作为确定佃租的根据,同时发给地主、佃农应纳租额证(省府制发)③,督促主佃双方依照实行,地主不得以任何理由解除租约。

佃农于每年秋收后缴纳佃租,地主不得预收押租金或类似名目,农地税

① 《浙省决定取销二五减租》,《银行周报》第13卷第16号,1929年4月30日,第10~12页。
② 《鄂省废止二五减租条例》,《银行周报》第12卷第8号,1928年3月6日,第5~6页。
③ 佃农应纳租额证,简称租额证,视为主佃关系的一种契约行为。填写时,地主、佃农与填发员均于证内分别签名盖章,汇订成册,编定字号,各联骑缝处加盖县印,第一联存根,送县政府备查,第二、三联分别交地主、佃农收执,作为收缴地租的凭证,但地主收到佃农缴纳的地租后,应出具正式收据,交佃农保管。租额证内地租栏,应纳租额根据正产物种类,分别按照正产物常年收获量乘以37.5%计算,记载量之数字一律以大字(如壹贰叁肆伍等)填写。《各乡镇(联保)办理土地陈报登记须知》(1941年6月20日),湖北省档案馆藏,档案号:LS31-1-30。

捐由佃农代付者,佃农得将税票缴送地主,于应纳佃租内扣除,农地范围如兼有水田及山地、湖荡,其山地、湖荡产物,"如约定或习惯向不纳租者,仍从其约定或习惯"。无论是佃农改良农地,还是地主改良农地,导致正产物总收获量增加,佃租都定为正产物总收获量37.5%,即佃农先从总收获量中提成25%,余下总收获量的75%由主佃对分,倘因不可抗力原因,致使正产物歉收时,仍因当地习惯,主佃双方协议减少佃租,但正产物总收获量不足三成时,"概免纳租"。地主、佃农间发生佃租争议时,由乡镇长(联保主任)负责调解,如不成立,即签具意见,呈报县调解委员会。①各区乡镇长(联保主任)、保甲长办理减租事宜,应由县长切实考核,分别奖惩,"如有借端需索,勾通舞弊者,即送司法机关讯办"。各地主如有用压迫或欺骗手段,诱使佃农私下妥协,一经查觉或被人告发,由县政府将原租土地免租三年,仍由原佃农耕种,情节重大者,依照《惩治土豪劣绅条例》办理,各佃农如甘愿与地主妥协,得由县政府依行政执行法处罚。②

　　土地陈报登记与租额证办竣以后,各县乡保人员能否认真执行,以及主佃双方能否依照规定租额实行减租,直接关系到减租的成效。1941年9月,湖北省政府训令,民政厅派遣3人,秘书处、财政厅、建设厅、保安处各派2人,共11人,并调派减租区域高中生下乡协助工作,于秋收开始时,分赴恩施、巴东、建始、咸丰、宣恩、利川、来凤、鹤峰8县,以口头或文字等方式,宣传减租政策,督促、考核各县主佃双方于收缴租稞时,是否依照核定租额办理。考核方法有:详查各乡镇自耕农、佃农、地主数量;检阅县政府与乡镇公

---

①　以湖北省鄂西各县为例,县调解委员会附设于县政府,调解委员会设委员5人,分别由县长、县党部书记长、地方法院院长(或司法处审判官)、县农会干事长、合作事业办事处主任兼任,县长为主任委员。调解委员会遇有农地面积及常年收获量争执或地租及押金争议时,经乡长(或联保主任)呈报,县调解委员会进行调解或公断,调解成立或经公断后,由县政府强制执行,当事人如有不服,得列举理由、证据、诉愿,向省政府主管地政机关(民政厅)呈诉。《湖北省鄂西各县减租调解委员会组织规则》(1940年9月24日至1942年2月13日),湖北省档案馆藏,档案号:LS1-2-325。

②　《湖北省减租实施办法》(省民地施特字第2153号,1941年6月20日),湖北省档案馆藏,档案号:LS31-1-30。

所办理"二五减租"文件；分别查询主佃双方收缴租稞情形；召集部分保甲长及农民分别谈话等。①考核事项包括县区乡保甲长对减租工作是否努力、陈报登记及租额核算有无遗漏与错误、地主对佃农有无欺骗或佃农对地主有无妥协情事等。一旦发觉有办理不力或因循敷衍情况，应予指导或纠正，情节重大者，由县政府拘案法办或紧急处置。佃户转佃，务使原佃户从中无利可图，如有老弱残废以及出征军人家属所属耕地减租后，不足以维持最低生活时，准其收回自耕，无力自耕之出征军人家属，由该管保甲长拟定代耕办法。②

通过各县减租督导员反馈报告，可以得出，乡保人员对减租工作的态度大体可以分为两种，其一是办事努力，服务热心，对减租工作能不辞劳苦，切实负责。譬如恩施黄泥乡第1保保长李书元系佃农之一，对减租工作"特别热心"，第4保保长唐仕耀家徒四壁，作事负责；建始县中正乡第6保保长潘心赵、第14保保长王正成家计贫寒，"不分日夜雨晴，仍努力协助工作"。其二是忽视政令，遇事敷衍，对于减租工作毫无协助，阳奉阴违。如恩施县见天乡乡长杨林章对减租"一切事物均不负责，深居家中，绝少到所办公，有事时非请不到"；宣恩县贡珍乡联保主任吴瑞霖不参加工作，也不出席减租会议，"专嗜打牌"；恩施县天桥乡第6保保长高生彦"历传不到，开会亦不出席，兼嗜打牌"；巴东县石桥乡保长吴凤阶对减租工作"毫不负责"，当督导员前往该保调查时，即前往他处，"吃酒一周才返回"。大多数地主、士绅不会公开阻扰减租工作的开展③，大地主、权绅越少的地方，减租工作推行越容易。但亦有少数大地主填发租额证时，"屡传不到"，有时威胁佃户多报常年收获量，如恩施县天桥乡地主李仲常身为县财务委员会委员，压迫佃农，致使"佃农

① 《考核巴东县三十年度二五减租报告》（1942年2月），湖北省档案馆藏，档案号：LS31-3-3。
② 《考核第七区本年减租情形临时办法》（省民地施特字第2394号，1941年9月），湖北省档案馆藏，档案号：LS31-1-30。
③ 《恩施三十年办理减租工作情形，督导员清册》（文地字第31号，1941年11月22日），湖北省档案馆藏，档案号：LS5-1-210。

恐惧,不敢决定填收获数量",并将副产物列入应纳租稞内,"影响减租工作甚大";来凤县崇礼乡地主朱楚凡为现任旅长,"其家属扬言不登记",保甲长也"畏之如虎"。一般小地主(租稞在三五石左右)多希望将耕地收回自种,特别是孤老与寡妇等小地主,以收租为生,减租后不能维持生活。佃户受地主压迫,"心里不无畏怯",陈报时难免有所隐瞒。①保甲长负责办理减租的地方,一般都能遵照法令执行,但"不能自动",间有少数保甲长与地方士绅互相利用,名义上减租,而实际上未减,未减也无法查出。②

　　无论是减租政策的宣传,还是减租事宜的具体执行,作为基层行政人员,保甲长负有指导责任,起着重要作用。以恩施为例,该县花被乡第7保民众谭廖氏(孀妇)与保长向凤轩素有仇嫌,向凤轩平日并未向谭廖氏宣传减租政策,谭廖氏母子不懂减租法令,且"唯利是图",受向凤轩"误导",照旧与佃户平分租稞,致使误触法令,向凤轩借机派保丁数人捉拿谭廖氏之子谭述古,谭述古畏罪潜逃,谭廖氏被罚酒席二桌以及归还佃户包谷了事。之后,国民政府派员前往该保办理减租事宜时,向凤轩将谭廖氏解送县府,县府羁押谭廖氏。限期交人,并派员将谭廖氏财产查封,谭廖氏不服,向省政府控诉,省政府指令恩施县,查封财产饬令乡公所保管,房产暂准亲属居住,田地仍由原佃户耕种,谭述古在限期内投案后,再开释谭廖氏,否则,通缉并没收财产。谭述古"久不赴案",1941年8月27日,恩施县政府通缉谭述古,准予谭廖氏保释,派指导员安绍斌前往查封谭廖氏财产,将谭廖氏出租土地免租3年,其所免租稞拨充花被乡教育经费,至于溢收租稞部分,发还原佃户,仍查封不动产。③

---

　　①　《减租工作人员业务检讨会议记录》(字第26744号,1941年9月22日),湖北省档案馆藏,档案号:LS31-1-30。

　　②　《考核巴东县三十年度二五减租报告》(1942年2月),湖北省档案馆藏,档案号:LS31-3-3。

　　③　《恩施谭述古违抗减租案》(湖北省政府第7类第18243号,1941年),湖北省档案馆藏,档案号:LS5-1-208。

又如恩施县茆山乡第 5 保第 3 甲高承伦服务行政机关，后身染重病，请假回家，原将祖遗高家湾山田交与胞弟高承山（1936 年因入赘，改名张天元）管理，并托胞侄万金培（原属高姓，依母姓万）代种，1941 年 7 月，保长周孔来将高承伦之地地主改为张天元，自种改为佃种，万金培改为佃农，因此情形，廖承伦与保长发生仇隙，周孔来以违反减租法为由，将廖承伦捉拿到乡公所，廖承伦向民政厅呈诉，民政厅认为高家湾山田既系万金培耕种，陈报登记时，以万金培为佃户，"自无不合"，至于山田所有权归谁，令饬恩施县查核。①

减租为国民政府解决农民生活问题的一项要政，各县乡保人员办理减租工作，努力负责者固然很多，忽视政令，办理不力者亦为数不少，为切实贯彻减租政策，湖北省政府采取了严厉措施，对一些不能以身作则、因循敷衍的行政人员，予以撤职或更换，对于有意违抗法令者，予以惩办②，情节重大者，如四川万县人李绍先在利川县向民众宣传减租政策"是假的，不是实行的"，当局认为，此举破坏政府法令，"殊堪痛恨"，予以枪决。③

减租宣传工作如果不能深入民间，地主不明减租意义，误犯法令的案件一再发生。1941 年，建始县遭受天旱，11 月，视察员舒啸身着军服，又有乡保甲长随行，到佃户秦德厚等人家里询问收谷情形，以致该民等怀疑政府购买军谷，便答称，除缴纳地主租稞外，所剩无几，以避免出售谷物，视察员由此认为地主刘汉雏为富不仁，将其拘押，事实上，因天旱原因，佃户于显荣等雇工"车水"，刘汉雏支付所需全部伙食和部分工价，并按照佃户实际收成收纳 40%，间有收 60% 情形，与减租规定有所出入。经讯明后，建始县奉令暂准刘

---

① 《恩施县民高承伦请更正撤消（销）减租证案》（湖北省政府民政厅第 7 类第 1 项第 1 目第 1814 号，1941 年 11 月），湖北省档案馆藏，档案号：LS5-1-209。

② 《恩施县办理减租人员奖惩》（湖北省政府民政厅第 7 类第 1 项第 18153 号，1941 年 10 月），湖北省档案馆藏，档案号：LS5-1-205。

③ 《湖北省政府关于湖北省解决农民生活之要政，实施减租政策的布告》（施字第 58 号，1941 年 9 月），湖北省档案馆藏，档案号：LS1-4-639。

汉雏"铺保出外侯案外",将其多收佃租部分退还原佃户。[①]

其实,视察员与县政府明知刘汉雏等地主并非"阳奉阴违者可比",但县政府仍然拘押,一方面宣扬政府对佃农的"一番德意,藉以维系人心",另一方准予地主被保释,"出以宽猛相济",起到惩一儆百的效果。按照建始县习惯,地主对佃农取租标准是,纯种水田或纯种山田者,租率大都为50%左右,如佃户山田、水田参种,而山田较多时,地主取秭以山田为主,水田免租,反之,取秭以水田为主,山田免租,若将一人所种山田、水田平均摊秭,亦在50%左右。地主与佃户同族时,或者"田没有河水,田质坏些",佃户租秭还低于法令规定。"二五减租"后,佃户的心态也有差异,有些佃户认为地主吃了亏,感觉过意不去,一些"比较狡猾"的佃户认为有政府"撑腰",故意少报田亩收成,将租额定低,地主自然不快。[②]

减租对于佃户有利,地主却要遭受一定程度的损失,当地主身为保甲长时,为减少损失,往往会利用职务之便,暗中违反减租法令,或利用同族关系以及亲戚关系,与佃户"通同作弊"。譬如1942年,巴东县同乐乡第11保保长谭显耀伙同业主黄学云隐匿十余户佃农,不登记陈报,并将自己佃农正产物常年收获量加多,以图规避减租损失,经减租督导员查觉后,畏罪潜逃。同乐乡第12保第3甲甲长邓家林"勾通"佃农邓传发,谎报正产物常年收获量,古楼乡第五保保长田启荣受业主田大樑"唆使",谎称未曾遵办调查登记工作,古楼乡第4保业主杨香林与佃农王清山"私相妥协",杨将原租秭由4石减少8斗,只缴纳3石2斗,作为交换,诱使王清山将正产物常年收获量多报2石,并将押金隐匿未报,邓家林、田启荣、杨香林等人被查出时,皆被

---

① 《建始县地主违犯减租案》(湖北省政府民政厅第7类第18251号,1941年),湖北省档案馆藏,档案号:LS5-1-213。

② 《建始县地主违犯减租案》(湖北省政府民政厅第7类第18251号,1941年),湖北省档案馆藏,档案号:LS5-1-213。

"拘案惩办"。①

国民政府认为,中国以农立国,农民占国家人口绝大多数,佃农在农业人口中,又居于最重要地位。抗战时期,欲完成农村建设,增进农民利益,改善农民生活,增加生产效率,"尤为当务之急",而有效方法,须厉行保障佃农政策以及扶助农民团体发展,禁止收取预租与非法撤佃等。②

田赋征实后,针对业主收租不敷完粮情形,1942 年,国民政府颁布《各省田赋改征实物后业主收租不敷完粮补救办法》,耕地租赁契约如原系订定以金钱缴纳地租,其缴纳实物数额以 1936 年所缴金额折算,正产物以当年价额为准,1937 年以后立约者,以约定金额折算,并以立约时耕地正产物价额为准,改缴实物后,仍不敷完粮者,可请求增加地租,但不得超过耕地正产物收获总额 37.5%,业佃双方如有争议或佃户抗不缴租,得向司法机关起诉。各地租佃习惯各不相同,租益的分配也并不尽以正产为根据,超过规定者应减租,不及规定者亦可要求加租,业佃之间纠纷难免。③倘如业主毫不减让,仍依照旧例,与佃户平分正产物,保长等又解释法令无效,便很容易被佃户控诉。④

正所谓"上有政策,下有对策",乡保人员努力工作,固然不少,主佃双方如有讲稞习惯,互相包庇,暗中指使佃农少报常年收获量也屡见不鲜,限于人力、财力以及时期短促,国民政府只能选择部分乡镇作为示范,不可能详细考核每一户佃农与地主。⑤截至 1943 年,湖北省实际推行减租区域 23 县,

---

① 《为仰祈依法惩办违反减租法令保甲长、业主以利工作而维政令由》(省民字第 4800 号,1942 年 9 月 23 日),湖北省档案馆藏,档案号:LS5-1-214。

② 《抄发厉行保障佃农政策扶助农民团体发展,以期造福农民,完成农村建设案原提案令仰查照办理》(顺三 10895 号,1942 年 6 月 5 日),湖北省档案馆藏,档案号:LS31-3-3。

③ 《修正本省减租实施办法条文》(湖北省政府第 7 类第 1 项第 3 目第 282 号,1942 年 6 月),湖北省档案馆藏,档案号:LS19-2-2428。

④ 《利川张安金等控张远香、张安贤抗不减租案》(湖北省政府第 9 类第 7 项第 2 目第 70 号,1943 年),湖北省档案馆藏,档案号:LS5-1-217。

⑤ 《据恩施农业推广实验处呈送考核减租报告前来转祈核转示遵由》(改字第 0114 号,1942 年 4 月 24 日),湖北省档案馆藏,档案号:LS31-3-3。

共计 470 乡镇,7441 保[1],其中包括公产及学产减租。

抗战时期,农产品价格飞涨,法币贬值,许多人购置田地,规避风险,地权日益集中,农民普遍失去土地,大批加入佃农队伍,常有地主乘机加租,增加佃农负担。[2]"二五减租"的目的是减轻农民负担,但改善农民生活并不是一道命令就能解决的,佃农缴租以正产物总收获量的 37.5% 为标准,有两个前提,第一,地主对土地拥有完全所有权;第二,地主除了供给土地之外,不供应房屋、农具、种籽等任何东西。事实上,各省乃至各县的租佃习惯彼此不同,有些地方,田地有田底、田面之分,作物一年有二熟、三熟。此外,土地因为转佃的关系,有大租、小租之分等。[3]

事实还远不止于此,"二五减租"的办法,是根据水稻区域的情形产生,在许多地方,农作物种类比较多,玉米、红薯、棉花、甘蔗、烟草,都是主要的农作物,何种农作物为正产? 这是一个不好解答的问题。"二五减租"实施起来,困难更多,政府用一种硬性的办法管制地租,规定官价,又不能"一一派人去监督"。乡村社会大都是中小地主,"居住乡间,守着土地,看着佃户,要减少他们的地租,岂能不感痛痒",地主出身农家,收回自耕亦是轻而易举,大地主又有一定背景,佃户更无可奈何[4],若国家强制规定,不许地主收回自耕[5],不但地主不愿答应,佃户也认为不合理。况且,耕地有限,农民众多,人口密度较大区域,欲成为自耕农,已经很不容易,即使想成为一名佃农,也很困难。故而,一般佃农不肯与地主为敌,只求有地可耕,不致沦为雇农,已经心满意足,"租额的高低,也不过问了,何况佃农全无组织"[6]。

---

① 《地政科减租工作纪卷》(1941 年 8 月 20 日至 1943 年),湖北省档案馆藏,档案号:LS5-1-204。

② 《令饬将该省实施土地法耕地租用条款单行法规办理情形及成效具报以凭考核由》(章经字 3298 号,1942 年 4 月 13 日),湖北省档案馆藏,档案号:LS31-3-3。

③ 洪瑞坚:《二五减租问题》,《大公报》,1945 年 10 月 17 日,第 3 版。

④ 董时进:《论二五减租》,《现代农民》第 9 卷第 10 期,1946 年 10 月 10 日,第 17~18 页。

⑤ 《主席蒋对于二五减租指示两项转饬遵照办》,《北平市政府公报》第 1 卷第 13 期,1946 年,第 14 页。

⑥ 杨及玄:《二五减租问题的检讨》,《四川经济》第 3 卷第 4 期,1946 年 12 月 31 日,第 16~25 页。

二、抗战胜利后的"二五减租"

为使农民"喘息苏生",国民政府规定,豁免 1946 年度田赋一年,为使佃户同沾"一点儿光","二五减租"被国民政府"旧事重提",①凡已免田赋省份,佃农应缴地租,一律照租约或约定租额减四分之一,地主与佃农间如遇佃租纠纷,由当地乡镇长为之调解,不成立时,呈请县政府处理,县政府于必要时,会同有关团体组织佃租委员会,进行裁决②,实施减租县份,拟订县减租实施办法,呈准省府后,布告施行,省政府应认真督察各县办理减租,严密考核,并随时呈报行政院。③如不遵守办理,各省主席以玩忽职责议处。

1946 年,湖北省社会处地政局拟定《湖北省三十五年度减租实施办法》,各县(市)办理减租,应由县(市)政府会同县(市)党部召集各机关法团、乡(镇)长及公正士绅开会,阐明减租意义,商讨进行事宜,并张贴布告。县(市)政府就各机关法团及学校高级人员中遴派减租指导员,分赴各乡镇,实地指导,指导员到达指定区域,召集该管乡(镇)保长、校长、乡(镇)民代表及乡农会负责人开会,说明减租意义,商讨进行事宜,再由各保保长分别召集保民大会,乡(镇)派员出席,讲解减租意义与方法,乡(镇)长除责成各保保长限期将辖境内地主与佃农户数查报外,并于本乡(镇)减租工作办理完竣后,将已经减租之地主与佃农户数及办理情形呈报县(市)政府,转报专署,汇报省政府。各县(市)办理减租时,省政府、省党部、各区专署将派员督导并抽查,遇有办理不力或不切实遵办者,由县(市)政府严予惩处,地主若用压迫或欺骗行为,与佃农"私相妥协",一经查觉或被人告发,其原租土地免租 3 年,仍

---

① 蒋汇策:《论二五减租》,《粮政季刊》第 2-3 期,1945 年 12 月,第 17~23 页。
② 《二五减租办法卷》(通字第 19 号,1947 年 4 月 8 日至 1947 年 5 月 7 日),江西省档案馆藏,档案号:J018-3-1425。
③ 《实施二五减租办法》,《大公报》,1945 年 10 月 31 日,第 2 版。

由原佃农耕种,情节重大者严惩,地主与佃农如因减租发生争议,由乡镇长负责调解,不成立时,由县(市)佃租委员会审议。①

各县(市)办理减租,可根据当地实际情形,订定补充办法,呈准施行。如均县县政府规定,凡在"匪区"内土地,其收益确已遭受损失,拥有土地所有权者可据实申报,以当地乡保长为保证人,检同证明文件,呈请县政府,转呈上级政府,核准后,减免应缴田赋。②又如江西彭泽县,按照习惯,每年收获新谷时,不少业主会亲临田亩现场,勘察稻谷收成,再与佃户议租,有时即使丰收,租约亦多少有所折扣,受灾轻,折扣少,受灾重,折扣多。但是,根据《江西省各省(市)二五减租实施办法》第四条规定,"耕地因不可抗力,致歉收者,除依照当地习惯,议减外,将议减后之租额,再减纳四分之一"。该条明显有利于佃农,致使业佃双方纠纷不断,推行"二五减租",地方政府颇感困难。③

"二五减租"意在改善佃农生活,但不少地方实行"二五减租"后,反而增加了佃农的负担。土地有广狭、肥瘠差别,土地收益因而有不同的等级。按照习惯,中、上等土地,佃户缴纳租粿,是"东多佃少",下等土地,产量较低,是"东少佃多",丰收之年,地主不得额外增加地租,歉收之年,地主又须"按额定之数分成递减",甚至免租。在产权方面,业主拥有主权,佃户拥有永佃权,因为收益关系,以致有时佃权胜过主权,佃户如转佃,"价值特高",业主"不能过问,习尚所趋,积重难返"。减租办法是以土地收益为准,如地主按照"二五减租"办法收取下等地地租,一到歉收之年,佃户往往"赔本"。④譬如广济县,该县地瘠民贫,自耕农或半自耕农占大多数,对于所租田地,均取得永佃

---

① 《湖北省社会处地政局等关于拟定湖北省一九四六年度减租实施办法的提案》(1946年),湖北省档案馆藏,档案号:LS1-6-240。

② 《湖北省均县免赋减租实施办法》(1946年11月),湖北省档案馆藏,档案号:LS6-2-485。

③ 《奉电复本县三十四年度二五减租未经办理完竣情形请准予从缓表报由》(举社字第3572号,1946年6月21日),江西省档案馆藏,档案号:J045-01-00995。

④ 《据罗田县茶场乡乡民代表会主席张达侯等呈为该县情形特殊二五减租不便施行一案函请伤县查明实情妥善办理见复由》(省参议字第4971号,1947年5月20日),湖北省档案馆藏,档案号:LS6-2-484。

权,每亩租额"不过十分之三",比"二五减租"还要"实惠",如实行减租,农民"毫无收益",因此似乎没有实行"二五减租"的必要。[①]又如京山县,实施"二五减租"后,地主借故更换租约,增加租额或押金,以及其他方式增加佃农负担。[②]

不可否认,各地情形不同,有些地方不适合实行"二五减租",减租直接牵涉到业主的利益,对"二五减租"持异议的人中,乡保人员是一支不应忽视的群体,其既是政策的宣传者,又是政策的具体实施者。如果乡保人员本身身为地主,又往往敷衍政令,与佃户、业主"暗中通融""串通一气",甚至阻扰政令的推行。[③]地主除运用撤佃手段外,也往往采用停止高利贷款的方式来威胁佃农,使其"就范",这多半是会"成功的"。[④]

为改进农民生活,加强"剿匪"自卫力量。1948年,湖北省政府颁布《湖北省三十七年度农地减租实施方案》,各县(市)政府得到减租命令后,应会同民意机关,召集各机关法团、学校校长及地方公正士绅开会,说明减租意义及方法,并发动全县中小学教员,利用暑假期间,组织宣传队,赴乡镇宣传,乡镇公所召集境内学校职员、各保长及地方公正士绅,开减租讲习会,保办公处召开保民大会,切实宣传与讲解法令。

与此同时,湖北省政府颁布《湖北省三十七年度农地减租实施办法》,各县(市)农地地租不得超过正产物收获量的三分之一,其中,农产正产物只须用秋收主要的一种和一次产物计算。例如,某一佃农佃耕的田,每年春季收麦子1石,秋季稻子有两熟,第一次收3石,第二次收2石,那么,第一次所

---

① 《为申叙二五减租不适合于本县情形祈鉴核备查由》(县嘉社总字第4047号,1947年5月21日),湖北省档案馆藏,档案号:L6-2-484。

② 《为对于二五减租办理情形电请鉴核由》(丹社字第01032号,1947年5月27日),湖北省档案馆藏,档案号:LS6-2-484。

③ 《为本省巴东县南潭乡县参议员卢雅卿第十五保长卢祖述副保长卢先富甲长卢守违反减租法令假公获私情形恳祈鉴核依法究办以彰法纪而保乡民由》(省社字第7144号,1947年3月14日),湖北省档案馆藏,档案号:LS6-2-485-2。

④ 潘万程:《二五减租的检讨和改进》,《财政评论》第17卷第6期,1947年12月,第41~45页。

收的 3 石稻子就是主要的一种和一次产物,照三分之一计算,佃农应纳的地租最多只是稻谷 1 石,其余麦子 1 石和稻子 4 石都归佃农。此外,约定以钱币交租,不得超过交租时农产物三分之一的折价。佃耕地如兼有田地、湖山及其他,依约定或习惯,一向以来不交租者,依照约定或习惯。山地有特殊产物(如烟叶、桐油、茶、木耳及油漆等),如约定或习惯,需要交租,同样不得超过农产物收获量的三分之一。佃耕地不得预收地租,地方一切捐献及临时收费,如以土地为对象,应由地主负担,不得向佃农征募。无论减租期间,还是减租办竣后,业主不得退佃,如遇天灾,致使田地歉收,佃农可依照规定减租后,"再照当年歉收成数核算减纳地租"。县长对各乡镇保甲长及其他办理减租人员进行考核,分别给予奖惩。凡不遵照规定减租或阻扰减租工作,除将多收地租退还佃农外,对触犯刑事者,送法院"究办"。① 可见,1948 年的减租办法更加偏向佃农,国民政府虽责成乡保长督导,但地主"租秫有同虎皮",表面遵令减租,实则阳奉阴违,反使佃农"得不偿失"。②

保甲人员在减租过程中所扮演的角色是影响减租成效的一个重要原因。"二五减租"办法的强制推行,使得业佃双方自行协调租约的方式被打破,保甲人员既是体制内的国家公务人员,政府政令的宣传者与执行者,又是体制外业佃双方中的一方,农业减租利益的相关者。土地的收益是一定的,佃农得到的实惠越多,地主所得的利益越少,由于保甲人员的贫富差异,不同阶层的保甲长在减租过程中的态度与作用截然不同,当保甲长身为佃农时,其积极推行"二五减租"政策;反之,当保甲长身为地主时,则成为"二五减租"政策的一大障碍。

---

① 《湖北省民国卅七年度农地减租实施方针》(1948 年),湖北省档案馆藏,档案号:LS19-2-2270。

② 《姚世武等请饬加紧实行二五减租》(湖北省政府地政局第 3 类第 3 项第 1 目第 1262 号,1948 年),湖北省档案馆藏,档案号:LS5-1-218。

第六章
保甲组织与地方自治

迄今为止,有关保甲组织与地方自治的关系,虽然争论仍多,基本上这些研究都同意一个观点——保甲制度与地方自治并未有效结合,地方自治只停留在纸面上。国民政府提出的"纳保甲于自治"的基层治理模式,其实质"是以保甲制为内核、以自治为表皮的管理方式"①,结果导致保甲制度与地方自治的双重失败。保甲与自治性质完全不同,如何将两者相辅相成,这是国民政府必须面对的问题。

---

① 沈成飞:《抗战时期的广东保甲制度研究》,中山大学博士学位论文,2007年,第33页。

第一节　保民大会

保民大会①作为民国时期的基层民意机关，是地方政治制度的一部分，其运行体现了国民党"还政于民"的政治构想。对保民大会开展研究，能够深化我们对中国由传统社会向现代民主政治社会转型的认识，同时，国民政府在保一级设立办公处，使国家权力向乡村延伸，而保民大会的召开，又使保级的行政权受到保民的监督，国家权力与地方自治合二为一的内在矛盾也折射了保甲制度的缺陷和困境，有深入研究的必要。

一、保民大会的发端

1939 年，国民政府颁布《县各级组织纲要》，在全国推广新县制，筹设各级地方民意机关，训练民众行使四权。各县民意机关成立程序均系由下而上，即先成立保民大会，而后成立乡镇民代表会、县参议会。②在这些议事机关，民众可以逐一参与政事，为将来参与县政、省政，乃至国政，奠立民权的

---

① 相关研究有：杨焕鹏：《战后乡镇自治运动中的保甲制度——以嘉兴县为例》，《中国农史》，2004 年第 3 期；杨焕鹏：《控制阴影下的自治：战后杭州地区的保甲制度》，《中国农史》，2008 年第 3 期；杨着重分析了保民大会在战后的具体运作，认为国民政府在浙江推行的保甲制度不仅没有同地方自治有效结合，反而摧残了地方自治，地方自治只停留在制度层面，徒具形式，其象征性意义远大于实际意义。沈成飞：《广东抗战时期的保民大会与基层民众动员》，《中山大学学报》（社会科学版），2007 年第 6 期，沈从基层民众动员的角度，分析了抗战时期，国民政府在广东设立与推广保民大会的目的，是希望借此集中民智，发挥民力，为抗战服务，然而，由于广东当局在推行过程中没有改变一贯的强制性做法，结果效果不彰，对广东的抗日斗争产生了一些消极影响。曹树基：《乡镇自治中的国家意识形态——以 1946 年嘉兴县乡镇职员"甄别"试卷为中心》，《社会学研究》，2002 年第 5 期，曹认为，抗战胜利后，虽然基层行政人员对于民主政治缺乏必要的心理准备，但有关现代民主政治理论已被一部分成员所接受，也许为一批民众所接受，国民政府的乡村民主自治实践和现代民主政治意识传播比较成功等。

② 《新县制的推行》，《大公报》，1941 年 3 月 2 日，第 1 张第 3 版。

基础①，改变政府过去"民可使由之，不可使知之"的政治原则，尤其是抗战时期，使民众明了抗日的意义，动员民众参战，确保最后的胜利。②国民党认为，动员民众的方式可以灵活多样，民众自发组织，固然"上乘"，政府利用行政力量，同样能够发挥作用。保民大会依据保甲设立，不仅组织严密，且与民众接近，以保民大会来动员民众，自然便利和有效。③

同时，由于国家权力下沉，各省法令条文包罗甚广，"步骤凌乱，手续纷繁"，举凡民政、财政、教育、建设等一切要政，无不责望保甲长来执行，保甲职务事繁责重，又无薪俸、津贴，办公费亦太少。乡村社会，稍有知识、地位的人不愿担任保甲长，以致保甲长的人选凋零，造成保甲方面的"人才荒"，土豪劣绅乘虚而入，把持保甲职位，滥用职权，贪污舞弊，鱼肉乡民，县府未能尽到监察的职责，民间又无制裁的机关。为解决这一弊端，国民政府在保甲中设立保民大会，实行直接民权，除农忙时间外，保民大会每月召集一次，保甲长由保民大会民主改选，国民党意图通过普选的办法，将土豪劣绅从保甲组织中清除掉④，同时吸收操行和能力优秀的人才担任保甲长，保甲事务由保民自行兴革，打破各级政府与民众的隔膜，必要时，县政府派员前往指导，使保甲长无作恶的机会，亦无作恶的可能。⑤

根据 1941 年的《湖北省保民大会组织暂行章程》，保民大会与国民月会合并举行，每月开会一次，遇有特别事故，由本保保长或本保 10 户以上代表请求，即可随时开会，会议地点设在保办公处，每户推出代表一人参加，保长负责召集，出席代表超过本保总户数的半数即可开会，开会时以保长为主席，保长因故缺席时，以副保长为主席，如副保长也缺席，由大会推举一人为

① 李宗黄：《新县制之理论与实际》，中华书局，1943 年，第 205 页。
② 陈虞孙：《召开保民大会之原则与技术问题》，《浙江潮》第 66 期，1939 年 6 月 18 日，第 296~297 页。
③ 百炼：《普遍召开保民大会保卫浙东！》，《浙江潮》第 98 期，1940 年 2 月 29 日，第 113~115 页。
④ 金惠：《新中国之县政建设》，改进出版社，1942 年，第 386~388 页。
⑤ 李宗黄：《现行保甲制度》，中华书局，1943 年，第 36~37 页。

主席。大会议决的事项以保为范围,且不得与国民政府现行法令相抵触,包括自治规约、水利、森林、交通、警卫、治安、卫生、救济、仓储、合作社、选举及弹劾保长(副保长)、听取保长施政报告及询问等。所议事项必须经过出席代表一半以上同意,始能发生效力,但选举或弹劾保长(副保长)及乡镇民代表会代表时,要有三分之二以上代表出席保民大会,且出席代表三分之二以上同意。无论是保长,还是保民,如认为决议不当时,可述明理由,或呈报乡镇(公)所,转呈县政府核办。①

比较各省颁布的保民大会暂行章程,大体相同,只是在一些具体条款方面有些差异。如《广东省各县保民大会暂行章程》规定,保民大会每2个月开会一次,遇有特别事故时,保内公民20人以上请求,即可召集临时会议。保民大会会场设在保办公处或保国民学校或保内公共房舍,出席代表达保民总户数的三分之一以上即可开会,但选举、弹劾保长(副保长)时,出席代表须过半数,凡保民大会开会前5日,保长须召集保务会议,讨论议案各事项及议事程序。②再如《四川省各县保民大会组织规程》,保民大会开会前,保长用书面通知各甲长,转知各户,遇有特别事故时,由保长或本保2户以上请求,即可召集临时会议。③

针对各省颁布的保民大会组织暂行规程第二条,时人提出批评,认为保民大会没有体现现代民主政治的特点。理由是,依据"保民"的解释,保民大会应当由全保民众组成,而不仅限于保内住户户长或代表参加,如以平均每户5人计算,参加保民大会的比例只占全保总人数的20%,其余80%的保民被一律排除在会场之外,保民大会成了保甲人员操纵、包办的会议。④对此,

---

① 《准咨复修正本省保民大会组织暂行章程嘱查照等因转令函复遵照(查照)由》(省民二施字19232号,1941年8月4日),湖北省档案馆藏,档案号:L3-1-439。

② 《广东省各县保民大会暂行章程》,《广东省政府公报》第753期,1941年,第6~7页。

③ 《四川省各县保民大会组织规程》,《成都市政府公报》第9期,1942年,第20~21页。

④ 西北研究社编:《保甲制度研究》,西北研究社,1941年,第93~95页。

行政院重新规定,保民大会出席人员不以户主为限,凡保内公民,不论男女,年满 20 岁,均可自由出席。①

但施行以后,出席人员剧增,人员庞杂,为杜绝流弊,各省市相继规定,区(乡)(镇)公所依据户籍登记簿审查出席人员,按保缮造公民名单,分发各保长,于保民大会开会前 5 日,在保办公处公布,倘若保内公民有增减时,区(乡)(镇)公所随时改正,督饬保长随时公告,凡列入名单之公民,均应参加保民大会,从而将"褫夺公权者""亏欠公款者""禁治产者""吸食鸦片或其代用品者"等非公民排斥于保民大会之外。②

根据《湖北省保民大会议事规则》,保民大会开会前 3 日,保长将开会日期和讨论事项通知各甲长,甲长再通知各户,并在保办公处门前张贴通告,各户代表如有特殊原因不能参加,需经保长许可,否则不得缺席。各户代表出席大会,应先报到,并于出席簿内签名,非代表不得入场,保民大会开会、休会及散会由主席宣告,书记由保国民学校教职员或干事担任。开会前 30 分钟,发预备音号一次,开会时再发一次,各户代表不得迟到与自由退席,不得吸烟、大声喧哗、酗酒滋事,不得携带枪刀(木棍)及其他武器,开会仪式及程序依次是摇铃开会、全体肃立、"向党国旗及国父遗像行三鞠躬礼"、"主席恭读国父遗嘱"、主席宣布开会、报告出席人数、讨论议案、宣读决议案、宣告散会等。出席代表在会场内可依次自由发言,发言时间一般不超过 5 分钟,且言论仍受一般法律限制,如有违反规定,主席有权纠正、罚款或令其离席。保民大会每次开会时间以 4 小时为限,如有延长必要,表决时采用举手起立或投票等方式,会议记录由主席及书记签名或盖章后,妥为装订保存,以备查考。③

---

① 《市府接内政部解释如何取得公民身份》,《大公报》,1947 年 7 月 9 日,第 5 版。
② 《准内政部函为出席保民大会之公民应由区乡镇公所事先按照户籍登记簿所列缮造公民名单分交保长公布周知等由令仰知照》,《江西省政府公报》第 1531 号,1947 年 7 月 28 日,第 32 页。
③ 《主席交议据民政厅签呈重行拟订本省保民大会议事规则请讨论案》(民字第 22768 号,1941 年 5 月 22 日),湖北省档案馆藏,档案号:LS3-1-439。

其会议记录式样如下：

县　乡(镇)第　保第　次保民大会议事录

时间　　年　　月　　日　　时

地点(保办公处或某村某屋)

出席代表(照签到簿开列)

列席人(如保办公处干事及甲长等)

主席

记录

开会如仪

甲、报告事项

一、例如(同议事日程)

二、……

三、……

乙、讨论事项

一、例(同议事日程)

决议

二、……

三、……

丙、临时动议

一、例(本会下次开会期间应否规定请讨论案)

提议人〇〇〇

附议人〇〇〇①

---

① 《湖北省政府关于制定本省保办公处及保民大会各项章则的训令及湖北省保办公处组织暂行章程,湖北省保民大会议事规则》(省民二施特字第 2064 号,1941 年 6 月 1 日),湖北省档案馆藏,档案号:LS1-4-318。

同样,在保民大会议事规则方面,各省亦大同小异。如云南省,鸣号的方式是打铃、鼓竹木梆或吹喇叭均可。[①]又如江西吉安县,出席人年龄须在18岁以上,保民大会会议时间最多不得超过一个半小时,为了调动保民的兴趣,报告须尽可能简单明了,富有艺术性。[②]再如湖北巴东县,为节省时间、人力,保民大会与国民月会原先合并举办,后该县将二者分开举行,原因在于保民大会为基层民意机构,侧重训练民权,推行地方自治,而国民月会是实施国民精神总动员的民众运动,注重"培植正气,挽回颓风",两者性质不同。[③]

二、成立概况

1941年,湖北省规定,各县保甲整编完成后,保民大会于保办公处成立一个月内举行。[④]但由于受时局、经费等影响,保办公处成立存在诸多困难,保民大会亦不例外。1942年4月,内政部训令各省,凡实施新县制县份,迨乡(镇)公所、保办公处成立以后,保办公处作为训练民众行使四权的基本场所,务须于是年内完成保民大会设置,从而为设立乡(镇)民代表会及县参议会作准备,以完成地方自治事业,奠立宪政基础,并将已经成立保民大会的县份查明、呈报。为考核各县召开保民大会情形,8月24日,湖北省政府制订了保民大会月报表式样一份,通饬各县知照。除郧县、恩施于1941年先后成立保民大会外,其他完整县份,规定在1942年9月底以前,一律召开保民大会,沦陷县份,应就政权所及地区,将保甲编整完竣,组设保办公处一个月

①　《保民大会开会秩序》,《云南省政府公报》第13卷第66期,1941年8月30日,第8页。
②　《吉安县保民大会实施办法》(民字第438号,1942年5月30日),江西省档案馆藏,档案号:J044–1–1436–0023。
③　《为规定各县保民大会与国民月会应分开举行一案令仰遵照》,《湖北省政府公报》第497期,1944年2月29日,第16页。
④　《为制定本省保办公处及保民大会各项章则令仰知(遵)照、函请备案由》(省民二施特字第2064号,1941年5月24日),湖北省档案馆藏,档案号:LS3–1–439。

后,成立保民大会。①其表式如下:

表 6-1　湖北省县保民大会月报表

乡(镇)别	所辖保数	全乡(镇)户数	本月全乡(镇)保民大会出席人数	全乡(镇)保民大会共提议案件数	已否派员指导	有何优点	有何缺点	备注
								关于规约数起关于公德数起关于选举数起关于纠劾数起

填表说明:一、表内数字,应以本国字直书,千之单位记点(如一,二四五,即为一千二百四十五)。二、优点与劣点,应将开会时之其精神、秩序与方法分别记出。三、如已派员指导,应将指导者之姓名、职衔填载。四、本表以十行纸制填纸,临大小同此式,如直行不敷用时,可以横左展填写。五、本表每月填报二份,上月份应报之表,应于下月份十日以前填呈。六、恩施、郧县,自卅一年七月份起,逐月造填报。其余各县,自保民大会成立之月份逐月填报。

资料来源:《通令保民大会月报表》(湖北省政府第 4 类第 1 项第 1 目第 128 号,1942 年 8 月),湖北省档案馆藏,档案号:LS3-2-2462。

分析湖北各县呈报的保民大会月报表,可以得知,各县各级民意机关大都仓促成立,未列经费预算,湖北省政府认为,保民大会系依法组设,所需经费,县政府应列入县概算收支计划书内,编列临时预算,交财委会签注,在乡预备金内动支,准许每人每次日支茶水费 2 元。②

1944 年,国民政府训令各省,县各级民意机关应于是年内一律成立,并将设置民意机构情形专案按月呈报行政院。其中,不能依法成立的县份,应于限期截止前,详述理由,呈请展缓期限。③截至 2 月上旬,湖北省全部成立

---

①　《通令保民大会月报表》(湖北省政府第 4 类第 1 项第 1 目第 128 号,1942 年 8 月),湖北省档案馆藏,档案号:LS3-2-2462。

②　《各县呈报保民大会月报表案》(湖北省政府第 4 类第 1 项第 1 目第 128 号,1942 年 6 月),湖北省档案馆藏,档案号:LS3-2-2463(1)。

③　《湖北省政府关于依法举行保民大会及乡镇民代表会的电》(1944 年 5 月 19 日),湖北省档案馆藏,档案号:LS4-1-331。

保民大会的县份,计有通城、罗田、英山、宜城、枣阳、襄阳、光化、谷城、保康、南漳、兴山、秭归、长阳、宣恩、来凤、咸丰、利川、恩施、建始、巴东、房县、均县、郧县、郧西、竹山、竹谿 26 县;沦陷县份仅部分成立的有崇阳、通山、阳新、黄冈、浠水、蕲春、广济、麻城、黄安、随县、钟祥、远安、当阳、宜都、宜昌等 25 县。[①] 6 月,湖北省呈报时,县区完整、全部成立保民大会的县份变动为通城、罗田、英山等 29 县,仅部分成立者有崇阳、通山等 13 县。[②] 7 月,湖北省 44 县合计成立保民大会 14 116 所。[③]

除因接近前线,"敌匪不时窜扰",或沦陷县份,未能开保民大会外,从保民大会召开的情况来看,县政府基本都派员(包括县指导员、科长、区长、乡长、副乡长等)分赴各乡,实地督导各保切实办理保民大会,开会的议题极其广泛,涉及教育、水利、环境卫生、治安、户政、禁政、役政、畜牧、改良风俗、造林、新生活运动、建筑公厕、建筑乡道、造产、推行公墓制度、义务劳动、提出正当娱乐等各方面。[④]各保开会情形非常复杂,优点有很多,缺点也不少。譬如有些保民大会精神振作,但声音喧哗;有些保民大会秩序不紊,但出席人少;有些保民大会不抗众议,却发言人少;还有些保民大会议案合法,然而少数人抗议,等等,不一而足。此外,从保民大会出席人数占全乡镇户数百分比看,还是比较高的,以湖北竹谿县为例,该县共有 19 个乡镇,1943 年 5 月,百分比分别是 79.5%、66.6%、72%、98.7%、68.5%、59.8%、89.9%、67.9%、63.1%、77.4%、67.5%、89%、59.2%、92.9%、80.5%、80.1%、69.4%、63.9%、55.6%。到 1944 年 2 月,个别乡镇保民大会出席率更高,分别是 83.9%、45%、52.4%、72.1%、

① 《湖北省政府关于准函嘱将设置民意机构情形查复一案的函》(省吏字第 11782 号,1944 年 2 月 21 日),湖北省档案馆藏,档案号:LS4-1-331。
② 《湖北省政府关于报送湖北省建立县各级民意机关情形的呈》(省吏字第 12041 号,1944 年 6 月 3 日)湖北省档案馆藏,档案号:LS4-1-331。
③ 《湖北省政府关于报送 1944 年 8 月份湖北省各县民意机关设置情形月报表的呈》(省吏特字第 2378 号,1944 年 9 月 7 日),湖北省档案馆藏,档案号:LS4-1-331。
④ 《保民大会月报表》(湖北省政府第 4 类第 1 项第 1 目第 128 号,1945 年 3 月),湖北省档案馆藏,档案号:LS3-2-2465。

77.1%、78.2%、61.3%、101.6%、97.5%、52.5%、105.4%、86.4%、76.7%、61.3%、74.6%、68.2%、87.4%、98.1%、217.5%。[①]

由上述数据可以看出，各县保民大会虽然未能达到国民政府规定的要求，即每次每户均能派出代表一人，但是大多数保民大会出席人员都能符合法定人数，即出席代表超过总户数的一半，有时甚至一户还不止出席一人。笔者认为，仅从出席率来看，这些成绩的取得与国民政府实施的督导办法不无关系。

现以江西省为例，根据《余江县保民会议层级督导办法》，保民大会会议日期定为每月15日上午，保长担任主席，保国民学校校长（或乡镇中心小学校长）担任记录，保队附担任司仪。开会时，各乡（镇）公所派员直接指导乡镇公所附近数保，其他各保则派员轮流视导，视导侧重于考询保民是否明了民权，并实地指导运用。县府每月派员分赴各区，抽查保民签到簿及会议记录。保民无故缺席，处以2角以上5元以下罚金，保长呈请，县府核准后，充作保民会议茶水费用，保民无力缴纳时，改罚苦工，以2角折合1日计算。如全乡镇三分之一以上保民大会流会，区（乡）（镇）长将被议处，保长、校长、保队附予以申诫、罚薪、免职处分。[②]

由于上述处分、处罚条文在法律上没有依据，不符合公权，故而湖北省订立时，将这些内容全部删除。根据《湖北省各县市乡镇（区）民代表会保民大会督导办法》，县市政府督饬乡镇（区）公所，编定所辖保数、开会日期、指导人员等信息，一面公布知照，一面呈报省府备查。同时，县市政府筹印《湖北省保民大会议事规则》等条文，分发各乡镇（区）公所，转发各保，张贴保办公处。各县保民大会每月开会一次，市保民大会每两个月开会一次，凡有身

---

① 《各县呈报保民大会月报表案》（湖北省政府第4类第1项第1目第128号，1942年6月），湖北省档案馆藏，档案号：LS3-2-2463（1）。

② 《余江县保民会议层级督导办法》（民字第54号，1940年1月19日），江西省档案馆藏，档案号：J044-1-1441-0031。

份户长(如县市长、参议员等)应亲自出席保民大会,以作出表率。开会时,乡镇(区)公所派股主任以上人员参与指导,对偏远保份,县政府负责派员轮流指导,各级指导人员应积极督导保办公处,引导保民讨论各种决议案,并执行保民大会各种决议。在会场,指导员应力求用浅白通俗的语言,或利用民间俗语、小说故事等方式,详细讲解宪法条文,以启发民众的政治兴趣,使会场气氛和谐,发挥民主精神。保甲长平时应宣传与劝导民众参加保民大会,如民众不按时参加,一次时劝告,二次时予以警告,并将姓名在会场门首公布,三次时,保长得依照乡镇组织条例规定,提请保民大会议决处理。此外,保民大会议案,应与保民有切身利害关系,使保民感觉重要而乐于到会。保民大会到会人数未超过半数时,应予申斥保甲长,并令其重新召集。保民大会开会表现特别优秀的,县市政府传令嘉奖指导人员,并给予奖励。会后,各级督导人员都应填具督导情形报告表,呈送县市政府,按月呈报省府备查。督导人员如临时因事未能参加督导,填具督导情形由保民大会主席负责。保民大会会议记录交由保办公处妥为保存,省府或专署派员抽查时,保办公处呈阅备查。其督导情形报告表表式如下。

表6-2　湖北省　　市　　县　　乡镇区保民大会督导情形报告表　　年　月　日　　督导员

保别		开会日期		全保保甲数	
保长姓名		开会地点		全保公民数	
本保之乡镇(区)民代表姓名		大会主席姓名		应到会人数	
				实到会人数	
提案述要,报告述要					
有何优点			有何缺点		
应否奖惩					
备注					

资料来源:《湖北省政府通令乡镇(区)民代表,保民大会督导办法,乡镇区民代表会开会概况报告表,保民大会月报表》(湖北省政府第3类第2项第3目第684号,1947年6月),湖北省档案馆藏,档案号:LS4-1-249。

　　的确,督导办法能够对各地保民大会出席人数产生一定影响,但随着时局变迁,这种效用在湖北许多县份不断的大范围退化。以湖北竹山县为例,1947 年 7 月,该县每一乡镇的保民大会出席总人数占该乡镇公民总人数百分比分别是 19.6%、18%、18.6%、18.4%、19%、29%、20%、28%、18%、20%、20%、17%、15%,平均百分比为 20%。8 月平均百分比为 20%,9 月平均百分比为 21%。①其他县份,如应山、远安、房县、利川、天门、当阳等县,莫不如此,甚至更糟糕。虽然湖北省一再训令各县,保民大会出席人数太少,不符合规定,应严饬各乡(镇)督导各保,按期召开各乡保民意机关,依法行使职权,并督饬乡保长,广为宣传与劝导,鼓励人民踊跃参加,然而效果不尽如人意。

造成如此局面,原因很多。战后中共武装势力逐渐壮大,有时"聚零为整",有时又"化整为零",不断进攻国民党统治区域,不少县份乡保机构遭到摧毁,即使安全乡份,"亦忙于应变",②邻近"匪区"民众"一夕数惊",人心惶惶。③一些县城沦陷,县府尚且"外避邻县办公"④,基层行政人员及知识人士不是逃避县城,就是大都"离县他往"⑤,以致乡镇民代表会及保民大会未能按期召开,有些保民大会即使勉强召开,也不再是 1 个月开会一次,而是 3 个月一次,甚至更长。⑥

那么,何以后方安全县份,各保出席人数亦过少呢?撇开各县女性很少参加保民大会外,另一个重要原因跟保民大会的内容与制度有关。1941 年 8 月 9 日,国民政府颁布《乡镇组织暂行条例》,其中第五、第六两章规定,保

---

① 《湖北省政府关于竹山县政府呈报乡民代表会开会概况调查表及保民大会月报表的代电》(省信字第 27466 号,1947 年 12 月 19 日),湖北省档案馆藏,档案号:LS4-1-250。
② 《湖北南漳县政府关于本县奸匪窜扰,乡(镇)民代表会开会及保民大会报表无法填报的代电》(仲府(37)一字第 236 号,1948 年 5 月 26 日),湖北省档案馆藏,档案号:LS4-1-250。
③ 《为填具本县乡镇民代表会及保民大会开会概况月报等表祈监核由》(远森一民字第 25 号,1948 年 5 月 25 日),湖北省档案馆藏,档案号:LS4-1-250。
④ 《湖北省第三区行政督察专员公署关于催办乡镇民代表会概况表及保民大会月报表的代电》(勉民字第 368 号,1948 年 6 月 12 日),湖北省档案馆藏,档案号:LS4-1-250。
⑤ 《湖北省政府关于催报乡镇代表会概况表及保民大会月报表的代电及普通公文核示通知单存根》(省信字第 32288 号,1948 年 7 月 15 日),湖北省档案馆藏,档案号:LS4-1-250。
⑥ 《湖北省政府关于咸宁县报送乡镇民代表会开会概况调查表、保民大会月报表的代电》(省信字第 31205 号,1948 年 6 月 17 日),湖北省档案馆藏,档案号:LS4-1-250。

长、副保长应由保民大会选举产生,被选举人资格也作出了要求,在学历方面,须具有师范学校或初级中学毕业文凭,或有同等学力,如无学历,在经历方面,须担任过公职,或曾经参加过干部训练,或曾办公益事业亦可,但是未明文规定选举的详细办法及实施日期。①各省在制定实施办法时,规定得更加详细。以江西为例,1943 年,保长、副保长选举实施日期由县政府确定,呈报省政府备案,出席人数必须达到该保户数总额三分之二以上方能举行,选举时,乡(镇)长、副乡(镇)长或其代表莅场监督,候选人资格与《乡镇组织暂行条例》规定相同,名单于选举前 5 日由保办公处公告。选票由乡(镇)公所制定,加盖钤记,监选员保民大会出席人签名簿,点名发放选票,如出席人不识字,监选员指定职员代为填写选票。选举时,为防止舞弊,监选员指定记录员、唱票员、书写员若干人办理当场开票事宜,得票数较多者当选,如票数相同,以抽签决定,加倍选出保长、副保长各 2 人,乡镇公所将名单呈请县政府,县政府圈定人员后,加以委任。保民大会欲行罢免尚在任期内的保长,应呈述理由,报请乡(镇)公所,转呈县政府核定后,才能改选。乡(镇)公所如果认为保长、副保长不称职,同样须报请县政府,再通知保民大会,方能改选。②1947 年,江西省将实施办法进行了若干修改,选举日期改为乡(镇)公所确定,呈报县政府备案。出席人员须达到该保户数总额的 50%以上,候选人名单由乡(镇)公所于选举前 10 日公布,选举完毕后,乡(镇)公所发给当选人证书。③与江西省不同的是,汉口市的保长当选证书由市政府颁发,甲长当选证书由各区公所制发。④

---

① 《乡镇组织暂行条例》,《外交部公报》第 13 卷第 4 号至第 14 卷第 9 号合刊,1942 年,第383~386 页。

② 《江西省各县保民大会选举保长副保长实施办法》,《江西省政府公报》第 1294 号,1943 年12月 1 日,第 12~13 页。

③ 《江西省各县保民大会选举保长副保长实施办法》,《江西省政府公报》第 1498 号,1947 年 4月 3 日,第 31~32 页。

④ 《湖北汉口市政府关于报送汉口市区保甲长选举情形的呈》(市秘民字第 3336 号,1947 年 5月 21 日),湖北省档案馆藏,档案号:LS4-1-248。

不可否认,国民政府意图通过保民大会来清理不合格保甲长,也确实取得了一定的成效。在地方社会,保甲长在摊派问题上的舞弊行为,百姓"怨声载道",国民党亦想借助地方民意机关来严密稽核,奖励民众公开检举,减除民众非法负担,严惩不法人员,整饬基层政治问题,力求不断除弊。①

如果说保甲长被罢免,是由于操守太差、引起公愤的话,那么,对于保甲长的选举,选民为何不甚踊跃?当局认为,国民教育未普及,人民知识落后,政治观念薄弱,"不肖"乡保人员易于通过请酒、宴客或勾结权绅,把持、操纵选举,强奸民意。结果大多数保甲长"贤而不能",或"能而不贤"。②甚至少数保甲长出于个人利益考量,将保民大会当作"绊脚石",不但不按期召开保民大会,反而对民众进行反宣传,将保民大会视同国家征兵、征粮、派款、派工等,迫使民众对保民大会产生恐惧。另外,一些地方"鱼肉乡民的恶势力"也企图包围、操纵保甲长,阻扰保民大会的开展,县乡政府由于人手不够,又不能广泛地严格督导与深入检查。③有时大会竟成了指导人员的"独脚戏",保民参加会议,宛如看戏,会议一结束,民众"便作鸟兽散",保民大会徒有其表,而无实际,或者成为劫夺民意的地方,与政府初衷相去甚远。④

其实,选民之所以对保民大会选举保甲长毫无兴趣,还与政府的制度有关。保甲长候选人有一定的资格限制,这就使得一大批民众被排斥在备选名单之外,不仅如此,县政府还有圈定的权力,乡镇公所有"紧急处分权",民选保甲长维护地方利益,抵制政府过多汲取地方资源,这使得民选保甲长并不是政府的合适代理人。地方政府为推行政令,会以各种理由将其撤职,助推

　　① 《王东原谈鄂省政将变更保甲制度,由人民选举乡镇保甲长,购粮舞弊事盼尽量检举》,《大公报》,1946 年 4 月 3 日,第 3 版。
　　② 《京山县实(施)乡镇保甲长民选情形报告表》(勉民字第 0049 号,1947 年 8 月),湖北省档案馆藏,档案号:LS4-1-142。
　　③ 陈达:《对保民大会工作的意见》,《浙江潮》第 100 期,1940 年 3 月 20 日,第 30~31 页。
　　④ 百炼:《普遍召开保民大会保卫浙东!》,《浙江潮》第 98 期,1940 年 2 月 29 日,第 113~115页。

了"贤者不为，为者不贤"的风气，"民选"蜕变成官治的另一种形式。①政府委任区(乡)(镇)长，区(乡)(镇)长委任保长，保长委任甲长，保甲长大都还是"原班人马"，②导致民众"普遍消极的敷衍与许多愤激的反抗"，即使参加，也只是拿图章盖印而已。③

国民政府设置保民大会，不仅是将其作为地方民意机构，也是作为动员机构。随着国家权力下沉，保民大会会议内容主要是保甲长宣布与执行国家政令。换言之，几乎每次开会都是全保民众如何应付政府差事，差事议案一通过，保民大会也就结束了，于是民众对保民大会产生了厌恶的心理，保民大会毫无生气，出席人员不断递减。④

保民大会固然有许多不尽如人意之处，作为民意机关，它毕竟体现了民众一定程度的民主理念和政治参与意识，兴办了一些地方公益事业。就摊派而言，也能按甲或人分摊，相对比较公允，保甲长的职权受到民众的监督，各项经费不能随意浮收滥支。1946 年 12 月 19 日，汉口市三民区第 10 保在黄陂街关帝庙召开保民大会，会议议案要点有三：一是为维持冬防治安，是否需要增设更伕 2 人；二是夜巡队是否需要灯火、夜餐、茶水、取暖等；三是增设更伕与夜巡队，各项费用，该保殷实商店已缴纳现款 50 万元，欠缴 7 元，共计 57 万元，离预算 60 万元还差 3 万元，是否由甲长"乐捐"（俗称"添香油""还愿"）提供，甲长保管。当民众讨论时，议论纷纷，莫衷一是，指导员提议，以保民举手表决。结果，大多数举手赞成，一致通过增设更伕 1 名，夜巡队有需用灯火、茶水等必要，冬防费依照保甲冬防会议预算决定开支。⑤

抗战以后，保甲的职能扩张，政府一方面必须凭借保甲组织推行国家政

① 《论乡镇保甲与地方自治》，《新华日报》1944 年 12 月 25 日，第 3 版。
② 洪荒：《记一个"保民大会"的流会》，《人人周刊》，1946 年第 14 期，第 20~21 页。
③ 乃强：《保民大会流产了》，《消息半周刊》第 2 期，1946 年 4 月 11 日，第 4~5 页。
④ 百炼：《普遍召开保民大会保卫浙东！》，《浙江潮》1940 年第 98 期，第 113~115 页。
⑤ 《汉口市三民区第十保保民大会记录》(1946 年 12 月 19 日)，武汉市档案馆藏，档案号：LS1-1-32。

令,另一方面又产生各种流弊,广大乡村,地主豪绅仍占极大的优势,如果立即实行地方自治,是无异"开门揖盗"。故为肃清基层中的恶势力,建设良好的地方自治环境,必须还需要一桥梁。保民大会可谓是官民合作的机构。国民政府通过设置各级民意机关,冀图将其纳入整个行政机构的一部分,如此上下沟通,民意自可通达。换言之,新县制时期,保甲既非自卫组织,亦非地方自治团体,而是一种暂时的官治机构,起着桥梁的作用。政府以官治力量,使民众纳于保甲组织之内,利用各级民意机关,训练民众能有高度的政治认识与强有力的自治能力。以保甲作为乡镇保自治的桥梁,以官治作为达到民治的过渡。

第二节　保国民学校

广义而言,教育是指增进人们的知识和技能,影响人们思想品德的活动。国民教育即南京国民政府规定的所有国民应接受的一种基础教育[①],其在民国政治史、教育史上占据比较特殊的地位,并产生了一定的影响。相较晚清乃至整个古代中国,教育制度与形式出现了不少新变化,尤其是背后的支撑制度与所具内涵。对国民教育作一考察,不仅有助于我们对国民教育的沿革有一大致的了解,而且有助于对其历史地位与影响作出比较客观的评价。

---

①　郭有守、刘百川:《国民教育》,商务印书馆,1944 年,第 1 页。

一、国民教育沿革

中国近代学校教育滥觞于晚清同治时期①,兴起于光绪年间。甲午战争一役,清政府惨败,科举制度的弊病受到新知识份子康有为、梁启超等人的猛烈抨击,攻击焦点便是八股取士。庚子事变以后,科举制度再次受到舆论批判。光绪二十九年(1903 年),由两湖总督张之洞等人会同学部拟拟《奏定学堂章程》②,该章程包括《学务纲要》和各级各类学堂章程、教员章程、奖励章程以及管理通则等,其《学务纲要》中规定,各省府、厅、州、县遍设学堂,为便于行政管辖,于各省设学务处一所,由督抚选派通晓教育人员,办理全省教育,同时亦邀请公正士绅参议学务。③这是中国历史上第一个具有全国性的学制,它的颁布奠定了中国现代教育的基础,并为科举制度的最终废除创造了条件。

光绪三十二年(1906 年),清政府废科举,专办学堂,裁撤提督学政,各省一律改设提学使司,位在学务处之上,统辖全省学务,是一省最高教育行政机关,设提学使一员,归督抚节制,其官位品级与按察使相当。④辛亥革命爆发,清朝覆灭,民国建立,提学使司被撤废,更为教育司。1914 年,教育司又被裁撤,改设巡按使公署政务厅,内设一教育科。1917 年,各省教育司才独立成教育厅。⑤

以上是省级教育行政机构几经变革的梗概,至于县级教育行政,在光绪末年,学堂虽然大量涌现,初等小学却未能普遍设立,许多县份亦无高等小

---

① 舒新城:《近代中国教育史料》,中华书局,1928 年,第 1 页。
② 陈青之:《中国教育史一册》,商务印书馆,1936 年,第 575 页。
③ 舒新城:《中国近代史教育史资料 上》,人民出版社,1981 年,第 216 页。
④ 陈学恂:《中国近代教育史教学参考资料 上》,人民教育出版社,1986 年,第 583~585 页。
⑤ 教育部编审会:《教育史 全一册》,(无具体出版时间地址),第 233~234 页。

学。随着地方学务事宜的增加，光绪三十二年（1906年），清政府颁布了《奏定劝学所章程》，在各县设立劝学所，作为总揽一县教育的最高行政机关。①宣统元年（1909年），清政府颁布《地方自治章程》，各县设立地方自治事务所，因其在学务方面与劝学所发生职权上的冲突，于是修正劝学所章程，改总董为劝学所长，其所办事务须由该管官长核定，从此，劝学所成为县级教育的辅助机关，而非独立行政机关。1913年，北洋政府取消劝学所，改由县公署设立一教育科。1923年，又公布《县教育局规程》，要求各县设立教育局，从此，各县的教育行政机关才算独立起来。②但不久，又裁撤教育局，恢复了民国初年的旧制。南京国民政府建立以后，虽曾一度重新设立教育局，但20世纪30年代，内部频现中共和地方实力派的挑战，外受日本逼迫，为加强对地方的管理与控制，国民政府裁局并科，各县教育局又渐变更为县政府第三科监管。

当局认为，中国虽号称人口大国，但教育废弛，人民知识水平低落，文盲占绝大多数。国家的强弱盛衰与民众的文化程度紧密相关，为复兴民族，亟应设法普及教育，且力求实效。1935年5月，国民政府颁布《实施义务教育暂行办法大纲》，力谋推行教育普及，灌输民众知识，扫除文盲。③根据该大纲，全国各省市县应划分为若干小学区，中央与地方主管教育行政机关均应设立义务教育委员会。受教对象为全国6至12岁学龄儿童，凡身体健全之学龄儿童均应入学，违者政府会采取强制措施。受教学制逐渐由一年制到四年制。义务教育分三期进行，第一期自1935年8月至1940年7月，在此期间，一切失学儿童及未入学之学龄儿童至少应受一年义务教育。第二期从1940年8月至1944年7月，学龄儿童须受两年义务教育。1944年8月为第三期开始时间，学制定为四年。地方政府施行义务教育时除办理短期小学外，还

---

① 舒新城：《近代中国教育史料》，中国人民大学出版社，2012年，第264页。
② 中国第二历史档案馆编：《中华民国史档案资料汇编 第3辑 教育》，江苏古籍出版社，1991年，第12页。
③ 《问题讨论》，《湖北地方政务研究半月刊》第31、32期合刊，1935年9月30日，第5~6页。

负责推广初级小学、改良私塾与试行巡回教育等,义务教育经费以地方负担为原则,对于边远贫瘠省份,中央酌量补助。^①1935年6月,国民政府又颁布了《实施义务教育暂行办法大纲施行细则》,规定各小学校舍应充分利用当地原有公所祠庙等房屋,并可借用或租用民房,如无时,得建极简单之棚舍。^②

义务教育为国民基本教育,儿童入学年龄自6岁至12岁,学制仅为四年,民众不愿接受教育,政府还要强制执行。但现实是年长失学的民众与儿童比比皆是,为普及教育,政府不得不采取补救办法,设立短期小学与简易小学。短期小学分特设与附设两种,特设短期小学,每校分上午、下午与夜间三班,每班不超过40人,每班每日授课2小时。附设短期小学的地点在各机关团体或学校内。课程皆为国语,均以识字为目的,修业期限为一年,每年至少授课时数为540小时(以270日计算)。简易小学采用二部制,分上、下午轮流授课,每日每班授课3小时,学制四年至少2800小时。主要课程为国语、算术、常识、体育、音乐与美术,但内容较普通初级小学简单,推行区域侧重乡村,注重于教育贫困儿童。^③

湖北省为遵照中央法令,实施义务教育,拟定湖北省义务教育委员会组织规程,成立湖北省义务教育委员会,协助教育厅普及义务教育,各县亦普遍组织义务教育委员会,所开设义务小学学校名目繁多,除初级小学外,尚有一年制及二年制短期小学、实验短期小学、简易小学、巡回教学班等。^④但湖北各县因历年灾荒战乱等原因,财政收入减少,学校不能普遍设立。因而

① 《实施义务教育暂行办法大纲》(1935年5月28日),蔡鸿源主编:《民国法规集成》(第59册),黄山书社,1999年,第384页。
② 《实施义务教育暂行办法大纲施行细则》(1935年6月14日),蔡鸿源主编:《民国法规集成》(第59册),黄山书社,1999年,第385~387页。
③ 《第二次讨论题》,《湖北地方政务研究周刊》第1卷第12期,1933年9月19日,第23~28页。
④ 腾芗:《本省国民教育行政的过去与现在》,《湖北教育指导月刊》第1卷第2期,1941年8月31日,第52~56页。

湖北省政府一面利用保甲组织推行义务教育，一面利用学校教育传播自卫自治常识，培养学生服务乡村社会的能力，发挥保甲力量。规定各县以联保为单位，于 1935 年度内，每联保至少成立初级小学一所（简称联保小学），其辖境辽阔，经费充裕者得扩充二所至三所，联保小学名称冠以各该县联保名称，定名为某县某联保初级小学校，不止一所时以数字区别，联保小学设校长一人，教员若干，校长由联保主任兼充①，负学校主要责任，区长负督率与指导责任。凡联保所辖范围内，失学成人，6 岁以上 15 岁以下儿童均须一律入学，儿童受学期限为 4 年，成人为 4 个月。各校设立校董会，由联保主任、保长、地方教育人士、驻各联保之警察等组成。学校每年开学之前，保甲长根据调查统计，通知失学学龄儿童及成年文盲入学。如若失学学龄儿童监护人在一定期限内未能将儿童送入学校，校董会将通知该联保警察长官，对监护人予以处罚。学校校舍设在各联保区内寺庙祠堂等公共场所，教学设备归各联保自行制办，不能制办时，则由学生自带桌椅，遇必要时，举行"捐树出工"，树木向当地人民或庙宇劝募，工资油漆等费由学校筹措。②学校经费来源以自筹为原则，包括区公产公款学田之补助金、寺院庙产、教育亩捐（本区）、教育户捐（本区）、荒学罚金、无人继承之遗产，以及呈经县政府核准教育捐税等。所有经费收支由校董会负责，呈报县政府备案，其他如学生人数、毕业成绩及办理经过等亦然。③截至 1936 年，湖北省各县陆续列表呈报设立联保小学共计 524 所。④ 1937 年，则多达 3 000 所。⑤

---

① 《湖北各县联保小学办法大纲草案》，《湖北地方政务研究半月刊》第 17 期，1935 年，第 31~33 页。

② 《湖北省各县联保设立小学办法大纲草案》，《湖北地方政务研究半月刊》第 17 期，1935 年，第 33~35 页。

③ 《湖北各县联保设立初级小学办法大纲草案》，《湖北地方政务研究半月刊》第 17 期，1935 年，第 29~31 页。

④ 《鄂省各县联保小学之核办》，《革新与建设》第 1 号，1937 年 3 月，第 48 页。

⑤ 《准咨嘱查报办理保甲情形并列举推进保甲应注意各点一案兹将办理情形并查填保甲调查表咨请鉴核由》（省民二字第 33968 号，1937 年 1 月 30 日），湖北省档案馆藏，档案号：LS3-2-2450。

相较全国其他省份,江西各县地方教育亦"向称落后",据该省教育厅1933年统计,失学儿童与成人比率甚高,加之受国共战争影响,多数县份经济凋敝,学校设备、课程教材等"更幼稚简陋"①,离普及义务教育目标相去甚远。该省为谋求改变教育状况,1935年6月,制定了《江西省设立保学暂行办法》②,运用保甲组织,创立保学制度,按保设学,并以全保的民众为施教对象,借以推行国民义务教育与失学成人补习教育。③各县推行保学,县政府为最高行政机关,一切有关保学政令,统由县政府令饬各区署"直接对保行文",不经过联保办公处转发,联保办公处受区长指挥,负责督促各保执行保学政令。此外,省教育厅还在萍乡、武宁、上饶、吉安、鄱阳等行政区派有保学特派员,就近督促与指导各县办理保学。同时,县政府在每区派一名保学督办员,秉承县政府意旨,与区长商办保学事宜。④保学设保学委员会,委员人数5至7人,该保保长为主席委员,保学校长为当然委员。此外,尚有该保内热心教育且有声誉者。所有委员均由县政府委任,为无给职,负责编造、征收与保管保学经费,以及筹划校舍,督促学生入学等。⑤

除湖北、江西两省外,全国其他一些省份仿照湖北、江西办法,以联保或保为单位,每联保(保)设学校一所,联保(保)长兼任校长,保甲行政人员先赴乡村劝导,继则选派学生,务使学生家长或监护人不得规避推诿⑥,学龄儿童与失学成人,都入短期小学接受一年义务教育,如若因疾病或其他特殊原因,家长或监护人须具结,请求缓学或免学。凡无故不入学者,给予劝告,不

---

① 高焕陞等:《江西省教育经费现状及推行普及简易教育公民教育实施之概况与批评》(1935年7月),南京图书馆编:《二十世纪三十年代国情调查报告》(第219册),凤凰出版社,2012年,第441~442页。

② 《江西省设立保学暂行办法》,《江西省政府公报》第236期,1935年7月9日,第1~3页。

③ 程时煃:《十年来之江西教育》;赣政十年编辑委员会:《赣政十年》,1941年,第3页。

④ 高焕陞等:《江西省教育经费现状及推行普及简易教育公民教育实施之概况与批评》(1935年7月),南京图书馆编:《二十世纪三十年代国情调查报告》(第219册),凤凰出版社,2012年,第450~452页。

⑤ 《江西省设立保学暂行办法》,《江西省政府公报》第236期,1935年7月9日,第1~3页。

⑥ 程方:《中国县政概论》,商务印书馆,1939年,第335页。

听劝告,由县政府给予处罚,但仍须强迫入学。短期小学采用二部制,即每天只上半日课,或隔日上一日课。学生课本及学习用品概由学校供给,且一律免收学费。①

七七事变以后,许多地方原有教育设施遭受破坏,民众深处"水火涂炭之中",根本无暇顾及教育,况且日本还运用"奴化教育",与国民政府争民众。②抗战时期,国民党认为,要争取抗战的最后胜利,必须使广大民众具有国家观念与民族意识,培养其国民道德,训练其身心健康,并应切合实际需要,使其养成自治自卫能力,具备一定的知识与技能,以参加抗战工作。③为力图全国迅速普及教育,1940 年 3 月,国民政府召开国民教育会议,4 月颁布《国民教育实施纲领》,决定普及国民教育,将义务教育、民众教育以及特种教育合而为一,以五年为期,分三期完成。④依据该纲领,国民教育分为两个部分,乡(镇)设中心学校,保设国民学校。无论哪种学校,义务教育与民众教育都同时实施,但注重充实义务教育。乡(镇)中心学校办六年制小学的同时,还设高级成人班及妇女班,保国民学校办四年制或二年或一年制小学,同时设初级成人班和妇女班。施教的对象,学龄儿童是 6 岁至 12 岁,失学民众为 12 岁至 35 岁。乡(镇)公所及保办公处实行强迫学龄儿童及失学民众入学,凡应入学而不入学者发给书面劝告,对不受劝告者给予处罚。中心学校设教导主任一人,除主持本校事务外,还应协助校长辅导各保国民学校。⑤国民学校设校长一人,保长或副保长具有小学校长资格者可兼任。乡(镇)中心学校经费与校长教员薪给由县(市)经费项下开支,但办公费及设备扩充等费须自筹,保国民学校则以完全自筹为原则,不足时方由县(市)经费项下

---

① 《布告全省人民劝导受义务教育》(1935 年 9 月),《贵州省教育厅公报》,1935 年 9 月,第 3 期,第 59~60 页。殷梦霞、李强:《民国教育公报汇编》(第 193 册),国家图书馆出版社,2009 年,第 87~88页。

② 《国民教育之临时补救》,《大公报》,1939 年 2 月 17 日,第 1 张第 2 版。

③ 唐守谦:《从战时的民众教育到战时国民教育》,《干教指导》第 16 期,1939 年,第 2~4 页。

④ 程时煃:《十年来之江西教育》;赣政十年编辑委员会:《赣政十年》,1941 年,第 5 页。

⑤ 《国民教育实施纲领》(1940 年 4 月 7 日),湖北省档案馆藏,档案号:LS10-4-10。

支给。中心学校及国民学校校舍，应充分利用当地公所祠庙及其他公共房屋，或借用民房，未有合适者，须择定地址规划与建筑新校舍，其建筑费由乡（镇）保自筹，不能自筹时由县（市）政府统筹。中心学校与国民学校一律不收学费，其必需学习用品由学校联合当地合作机构负责，其课本由学校呈请县（市）政府拨发。①

《国民教育实施纲领》颁布之后，各省市即遵照办理。1941年已办理者，有四川、云南、贵州、江西、广东、广西、福建、浙江、河南、湖南、湖北、陕西、甘肃、重庆14省市，共设置中心学校18383校，国民学校136251校，合计154634校，以14省市共有371654保计算，平均每5保设有2校。其他战区省市维持原有义务教育设施。自1942年起，安徽、宁夏、西康、青海、新疆5省亦开始实施国民教育。②

在普及教育方面，各省市取得了一定的成效，但与《国民教育实施纲领》规定的一保一校目标尚有差距。许多县份因战事阻塞关系，未能顺利推行。以湖北省为例，通城县系游击战区，原有县立联保小学15所，因日军压境停办，后遵照《游击战区及准战区教育实施办法》，将各级小学混合办理，改称国民学校。至于教育经费，"几无收入可言，实属困难万分"，只能呈请国民政府予以补助。③至于其他许多县份，亦因"军需孔急，民力维艰"，国民教育只能缓办④，或暂就后方安全县份局部实施，或将原有学校分别改设中心学校及国民学校。⑤湖北省具体情形如下页表6-3：

---

① 《保国民学校设施要则》（1940年4月7日），湖北省档案馆藏，档案号：LS10-4-10。

② 《国民教育去年工作之总检讨》，《大公报》，1942年2月2日，第1张第3版。

③ 《为奉令饬呈报县立联小一案业经奉令筹改国民学校办理情形呈乞鉴核拨补经费由》（秘三字第325号，1940年5月19日），湖北省档案馆藏，档案号：LS10-4-10。

④ 《为奉部令国民教育缓办小学名称毋庸变更，及本省设立乡（镇）中心学校保国民学校暂行规则第七条开始日须另俟饬遵各等因签请鉴核由》（1940年12月17日），湖北省档案馆藏，档案号：LS10-4-10。

⑤ 《湖北省实施国民教育第一期工作概况》（师谦字第67946号，1943年1月13日），湖北省档案馆藏，档案号：LS10-2-1310（1）。

表6-3　1944年度本省各县乡保学校简明表

县别	校数		班级数				学生数				教员数			备注
	中心国民学校	国民学校	中心国民学校		国民学校		中心国民学校		国民学校		中心国民学校	国民学校	小计	
			小学部	民教部	小学部	民教部	小学部	民教部	小学部	民教部				
武昌等23县	487	3 447	2 922	974	6 894	3 447	87 660	24 350	137 880	68 940	4 383	10 341	14 724	
竹山等47县	856	7 456	4 896	1 597	11 810	5 447	192 559	51 690	318 064	121 342	7 687	16 619	24 306	
合计	1 343	10 903	7 818	2 571	18 704	8 894	280 219	76 040	455 944	190 282	12 070	26 960	39 030	

说明:武昌等23县各项数字系填列标准如下:一、校数中心国民学校及国民学校数系依据各县预算内所列数字填列。二、班数中心国民学校小学部每校平均以六班计,民教部每校平均以一班计。国民学校小学部每校平均以二班计,民教部每校平均以一班计。三、学生数中心国民学校小学部学生,每班平均以三十人计,民教部每班平均以二十五人计,国民学校小学部及民教部学生数依据二十八人计。四、教员数中心国民学校及国民学校教员系按二班三人计,民教部教员由小学部教员兼任。竹山等47县校数学生数系依据各县实报数字填列,班数教员数未据具报呈明者均按现有学生数估计。

资料来源:《三十三年度本省各县乡保学校简明表》(师饬字第94989号,1945年4月17日),湖北省省档案馆藏,档案号:LS10-2-1310(3)。

抗战胜利以后，各县国民教育虽有起色，但因国共战事再起，形势依旧不容乐观。如应城县，因中共势力存在，办理国民教育"颇有困难"。①天门县为力谋一保一校目标，以期适合法令规定，决定限期将私塾一律改为保校，私塾不愿改者，将其"停闭"。保甲行政人员奉行不力者，以玩忽教育论罪，并予以撤职。②截至 1947 年，湖北省乡镇数为 1 366，保数为 17 771。学龄儿童数 3 985 946 人，已入学儿童数 1 528 376 人。中心国民学校 1 695 校，国民学校 12 141 校，省立小学 18 校。省立师范学校 14 校，简易师范学校 29 校，两类学校学生人数共 15 051 名。小学教员数为 40 274 人。国民学校每一学级全年经常费平均约计 50 449 元。失学民众总数为 4 616 421 人，已受补习教育人数 1 666 308 人。③

二、政教合一或教育独立

20 世纪 30 年代，中国基层社会教育文化普遍低落。当局认为，各县小学"寥若晨星"，学生"稀如麟角"。边远县份，穷乡僻壤地域，民众知识更是浅陋，政府政令难以宣达。关于兴办教育事业，必定牵动政费，各县行政人员往往采取不作为态度。长此以往，国家前途必受影响。国民政府决定采取政教合一策略。以湖北为例，该省制定《湖北省实行政教合一及普及教育办法大纲》二十条、《湖北省各县联保设立小学暂行办法》二十五条，公布施行。令饬各县长分赴各区，召集保甲行政人员及当地热心教育人士，按照法令规定，督促各地兴办义务教育。同时分派督学，时常视察，实行考成，分别给予

---

① 《奉令抄发本省国民教育应行改进要点仰遵办具报等因，谨将逐项遵办情形报请鉴核备查由》（教字第 5538 号，1946 年 6 月 24 日），湖北省档案馆藏，档案号：LS10-3-226。
② 《天门县三十六年度全县国民教育行政会议记录》（教字第 19355 号，1947 年 8 月 26 日），湖北省档案馆藏，档案号：LS10-4-117。
③ 《为奉令呈报本省乡保数学龄儿童数乞鉴核由》（宣字第 15782 号，1947 年 5 月 17 日），湖北省档案馆藏，档案号：LS10-4-120。

奖惩。[①]

依据该大纲与暂行办法,各县以联保为教育单位。各县长对于一县内教育状况,应调查明晰,通盘筹划并督饬各区长、各联保主任遵照规定,详拟分期推行计划,切实举办义务教育,县长及督察专员有权对地方各级行政人员及士绅参与教育事业予以奖惩。各区公所派员实地考查,负责该管区内联保教育,奉令督促各联保成立联保教育委员会。联保主任、各保保长及联保小学校长、教员为当然委员,同时区长聘请联保内热心教育人士3至5人为聘任委员,任期1年,均为无给职。联保主任与各保长职责是,调查该管区内每保学龄儿童与失学成人数目,督饬学龄儿童与失学儿童就学;并计划设学事宜,联保小学校舍得充分利用或借用寺庙、善堂、公所、宗祠与私人住宅等;筹集联保小学教育经费,制定并审核各校经费预决算,于每学期结束时将收支情形呈报区公所转呈县政府。联保小学经费筹措范围为联保内公产公款、各族祠庙会产(如已设有族立小学者,得按经费情形酌量减少捐额)以及由私人或私人团体之特别捐等。[②]其中,祠庙资产以60%作为义务教育经费,各县县政捐如有盈余,应拨一部分补助。各联保如财力不足时,可先行设立一所民众学校,以后逐渐扩充为简易小学或短期小学。自1935年起,5年之内,使全省200万学龄儿童接受义务教育。[③]

值得补充的是,为灌输学生自治自卫常识,湖北省政府出台了《湖北省各县中小学实行保甲编组服务办法大纲》。在学校内实行保甲编组,各县中小学学生编制,以每个学生为一户,十个为一甲,一班为一保,三班为一联保,全校为一区。每区、联保、保、甲分别选举区长、联保主任、保长、甲长各一

---

① 《为制定湖北省实行政教合一及普及教育办法大纲暨各县联保设立小学暂行办法通令施行》,《湖北省政府公报》第99期,1935年5月20日,第3~4页。
② 《湖北省各县联保设立小学暂行办法》(1935年7月9日),湖北省档案馆藏,档案号:LS10-4-10。
③ 《湖北省实行政教合一及普及教育办法大纲》(1935年7月9日),湖北省档案馆藏,档案号:LS10-4-10。

人。每位学生课桌上须粘贴门牌,学生入学、休学、退学、毕业均应填制户口异动表,逐级汇呈学校备查。各校保甲编组就绪后,为使学生遵守校规及实行新生活,还订定保甲规约和按照保甲办法召开保甲会议。在可能范围内,各校得组织区民消费合作社及区民银行,以及办理修筑道路、开沟渠、植树等事宜。①学校教师兼任联保书记,负责各保文书责任,办理户口异动登记等事宜。

　　1939 年 9 月,国民政府实施新县制,于县政府设置教育科,各区署设置教育指导员,各乡镇公所设置文化股,各保办公处设置文化干事。②《县各级组织纲要》明文规定,乡镇为法人,是县以下的层级,保甲为乡镇内编制。故而,所有乡镇中心学校、保国民学校隶属于乡(镇)公所,中心学校及国民学校校长分别由乡(镇)长、保长兼任。③此外,保长尚兼任保壮丁队队长,国民党意图通过"三位一体制",将管教养卫融为一炉,以期实现"政教合一""文武合一"的政策。一方面运用政治的力量推动教育,另一方面以教育的力量改进政治,使政治和教育相互配合,以此充分发挥各自的功能,一扫过去政治、教育不相为谋的状况。提高行政效率,节约行政成本。在地方缺乏人力财力的境况下,不失为一种补救办法。④

　　然而,国民政府这种一元化的组织原则在实际操作时不够合理。新县制推行伊始,又值征兵、征伕、征购、征实,乡镇保甲事务繁杂,非一人之力所能兼顾。如注重乡镇公所,则耽误学生学业,两者并办,实难兼顾。倘若县境遭战事影响,公共场所及祠堂庙宇受到毁坏,乡公所与中心学校,保办公处与

————————

　　①　《湖北省各县中小学实行保甲编组服务办法大纲》(1937 年),湖北省档案馆藏,档案号:LS3-2-2450。

　　②　《函送全国内政会议本省关于教部份报告请查照汇编由》(补字第 291 号,1941 年 10 月 13 日),湖北省档案馆藏,档案号:LS10-2-1310(1)。

　　③　《乡镇中心学校保国民学校之隶属及校长任用》(湖北省政府第 4 类第 2 项第 1 目第 103 号,1942 年 4 月),湖北省档案馆藏,档案号:LS3-2-2538。

　　④　朱博能:《论乡镇政治制度(续)》,《诚报》,1942 年 12 月 20 日,第 4 版。

国民学校未能合署办公,政教合一更难实行。①况且,乡镇保甲人员多偏重行政事务,养成漠视教育心理,关于强迫教育,政府虽三令五申,而彼等视同具文,保校学生既不足额,中心学校亦少有学生到校,政府派人督催,该等便一时应付,审查人员一走,国民教育又恢复原状。②

学校设立之初,各项计划、行政措施等亦颇殷繁,乡镇保长大都未受中等教育,甚或目不识丁,短期训练成效亦有限,令其兼负学校行政责任,不免力有不逮。管理乡镇保长权属民政范围,致使教育行政机关管理学校,考核校长办学成绩,常感颇多顾忌。自实行新县制后,小学教师与乡镇保长同列为基层公务人员,管理学校隶属于乡镇公所及保办公处职权,而许多乡镇保长教育程度低下,具有师范毕业学历教师不屑与之为伍,受其节制,这或许是青年学生无论报考中等学校或大学,师范教育常遭轻视,应试者寥寥的一个重要原因。③

各省市裁并乡保,每每将乡镇保组织扩大,例如湘陕等省乡镇保数较原来减少三分之一。扩大以后,每乡镇保各设一所学校,势必不能收容全部学龄儿童与失学民众。按照规定,国民学校与中心学校应设置成人班和妇女班,除豫、川、桂、赣、闽、湘、甘、陕各省较有成绩外,其余各省较少设施民教部。原因在于办学者对民众教育缺乏兴趣,地方教育行政当局亦未能认真督促所致。④大多县份,保甲行政人员既非教育人才,又不重视教育结果。对于筹设学校经费缺乏热心,即令筹得经费,亦不按月发给,甚至任意挪用,导致教员不能安心工作。对于重要教育公文,有时亦不转发,学校有所陈诉,也不

　　① 《乡镇公所及保办公处实行三位一体制情形》(民字第 7735 号,1943 年 11 月 13 日),湖北省档案馆藏,档案号:LS3-2-2543。
　　② 《房县乡(镇)保甲人员推行教育奖惩规程》(县教字第 111 号,1946 年 3 月 21 日),湖北省档案馆藏,档案号:LS10-1-49。
　　③ 《湖北省实施国民教育第一期工作概况》(师谦字第 67946 号,1943 年 1 月 13 日),湖北省档案馆藏,档案号:LS10-2-1310(1)。
　　④ 《国民教育去年工作之总检讨》,《大公报》,1942 年 2 月 2 日,第 1 张第 3 版。

转呈,致使"上下隔膜,遗误殊大"①。

有些主张教育独立的人士,便反对乡镇保长兼任校长。依据《县各级组织纲要》第四十九条规定,乡镇保长兼任中心学校与国民学校校长,须具备相应的资格。可此种合格人选并非各保都有。事实上,具有师范或初中学历的乡镇保长极少,大多仅粗识文字,如兼任校长,必难以胜任。反之,乡(镇)公所民政、警卫、经济、文化四股均有其固定职责,又属于专门业务,小学教员每日教学繁忙,夜间又须批改作业,不仅精力不够,时间亦不允许,若勉强为之,顾此失彼,于事无补。②据1941年视察报告,川、滇、黔、陕、湘各省约有半数学校为兼任,鄂、粤、浙、豫、甘、渝等省市,兼任校长情形略少。③广西是最先试行三位一体制省份,但渐觉此制不适合实际,后督饬各专署,将各乡中心小学一律改设专任。④

国民政府发布训令,要求各县,除乡镇长具有小学校长资格外,不能一律以乡镇长兼任中心学校校长,校长应以专任为原则,或以校长暂兼任乡镇长。中心学校教员兼任乡镇公所各股主任,但各股主任不能兼任教员。⑤换言之,国民政府认为,学校教员文化程度相对比乡政人员高,教员可以履行乡政事务,乡镇干部却未必能胜任教学任务。但是,这种换汤不换药方案在基层社会实施时又困难重重。以湖北通城县为例,该县既缺乏教育人才,又少经济支撑。除北港乡中心学校系专任校长外,其余各乡均以乡长兼任校长,全县保国民学校108校,教员均由各乡长负责选任,随时考核督导。⑥

---

① 《据光化通讯报告关于教育部份抄请查照参考由》(1943年10月31日),湖北省档案馆藏,档案号:LS10-1-1310(2)。

② 程方:《新县制基层机构平议(续)》,《大公报》,1940年10月4日,第1张第3版。

③ 《国民教育去年工作之总检讨》,《大公报》,1942年2月2日,第1张第3版。

④ 《广西中心学校校长改设专任》,《国民教育指导月刊(湖北恩施)》第1卷第5期,1941年11月30日,第56页。

⑤ 《奉行政院令核示本府三月至八月份工作报告内财政及教育部份令仰遵照办理等因令仰遵照具报》(省秘编施字第21672号,1941年12月9日),湖北省档案馆藏,档案号:LS10-2-1310(2)。

⑥ 《奉令呈报本县中心学校辅导国民学校实施情形由》(县教字第9286号,1943年7月15日),湖北省档案馆藏,档案号:LS10-4-29。

针对各县市大都以不符合校长资格之乡保长兼任校长，用行政人员办理教育情形。教育部认为，校长负学校行政全责，为师生言行表率，应有相当的学识与道德素养，学历经历须合乎法定要求，方能胜任。小学为基础教育，乡镇保长素质不齐，且多忙于本身职务。不符合校长资格而兼任校长，非但无暇兼顾校务，影响国民教育前途，亦失去以教育力量透过行政机构推进地方事业的精神。导致无论是推行地方自治，还是兴办教育事业，都归于失败。[1]国民党第五届中央执行委员会第九次全体会议决定，中心学校及国民学校校长应在尽可能范围尽量改为专任，经济教育不发达区域，应以校长兼任乡镇保长为第一原则，而以具有小学校长资格之乡镇保长兼任校长为第二原则。[2]其理由是，经济教育发达区域人才较多，校长以专任为原则。而不发达区域人才较少，只得暂行三位一体制度，校长兼任乡镇保长较为适宜，即使合乎校长资格，乡镇保长兼任校长亦无不可[3]，以符合政教合一，解决地方人才与经济困难。

三、庙产兴学与庙产纠纷

客观来说，自南京国民政府成立以后，在普及教育时，始终面临着两个棘手的问题，一是师资，二是经费。就后者而言，1933年，国民政府颁布的《小学规程》已经明确规定，除义务教育实验区外，小学不得向学生征收任何费用（包括学费与杂费等），而且学校或教育行政机关须负责组织消费合作社，

① 《据电陈教育部长在国防最高委员会报告各地小学校长不得由保长兼任，校产不得由财部统收统支两点，合将本省实际情形电仰知照》（1942年6月7日），湖北省档案馆藏，档案号：LS10-2-1200。
② 《五届九中全会决定乡镇中心学校保国民学校校长应尽量改为专任令仰遵行由》（顺壹字第10710号，1942年6月4日），湖北省档案馆藏，档案号：LS10-2-1200。
③ 《奉交参政会建议中心学校国民学校校长亟应尽量改为专任案咨请查照由》（国字第00780号，1942年3月17日），湖北省档案馆藏，档案号：LS10-2-1200。

以极低廉价格售给学生必需学习用品。①这样一来，学校不仅少了一项重要收入，还增加了支出。事实上，大多数县份财政收入困窘，地方教育不振。一些县份教育经费不仅历年没有结存，即使各校伙食亦不能按月发放，甚至有地方政府任意挪移教育经费，垫作他用，学产收益及各项捐税附加又为少数人把持，加上民穷财尽，以致教育"百孔千疮，不可收拾"②。

兴办教育的关键之一是筹措经费。当局认为，要使国家走上良好的政治轨道，民众必须接受良好的教育，欲求教育良好，经费必须充实。《实施义务教育暂行办法大纲施行细则》第二十三条规定，国民政府除对边远贫瘠省份及特殊省份，予以酌量补助教育经费外，其他省份以地方负担为原则，各县（市）按照实际情形，或指定学款学产与特捐收入充当教育经费，或劝导民众尽力捐助。③然而，一旦要求地方就地筹款，又有诸多困难。如湖北潜江县，该县1935年遭受水灾，各项收入锐减，维持原有学校，已感财力不足，所有学产学款仅能弥补教育积欠，无余款设立联保小学。各商民、农民亦因迭遭灾患，自顾不暇，无力捐资兴学。④又如江西，全省25964保，以乙种保全年经费228元计算，全年共需5919792元，如此巨款，政府很难负担，只能由地方筹措，地方即以县为单位，各保贫富不均，学款、公产、公款并非每保都有，令民众摊派，势所难能。其实，所谓公款公产多系宗族祠产，对同族言之，是公款，对保来说，又系私款（因保中尚有他族），这种"半公半私"性质的资产，解决起来十分困难。⑤

① 《小学规程》(1933年3月18日教育部公布)，《湖北教育公报》1933年5月15日，第4卷第7期，第5页。殷梦霞、李强：《民国教育公报汇编》(第160册)，国家图书馆出版社，2009年，第293页。
② 《第二次演说题》，《湖北地方政务研究周刊》第1卷第10期，1933年9月5日，第24~37页。
③ 《实施义务教育暂行办法大纲施行细则》(1935年6月14日)，蔡鸿源主编：《民国法规集成》(第59册)，黄山书社，1999年，第385~387页。
④ 《潜江县拟将联保小学改设民众学校》(湖北省政府第887号，1935年10月19日)，湖北省档案馆藏，档案号：LS10-2-227。
⑤ 高焕陞等：《江西省教育经费现状及推行普及简易教育公民教育实施之概况与批评》(1935年7月)，南京图书馆编：《二十世纪三十年代国情调查报告》(第219册)，凤凰出版社，2012年，第456~460页。

在地方教育经费来源排列组合中，剩下的寺院庙产被提成充当教育经费的几率便自然升高。国民政府认为，中国积贫积弱，百废俱兴，各项事业"需款浩繁"，政府投入教育经费有限，非另辟财源不可。[①]各地寺庙众多，庙堂附属产业，每年都有较多的息金，此项经费，大多用于烧香及僧侣生活消费，不无可惜，不如用于国民教育，扫除文盲，训练民众，巩固保甲组织，更有意义。甚至有些知识份子视寺院僧众为异端，斥拜神佛为迷信。[②]

其实，早在 1929 年，国民政府就已经盯上了寺庙财产，《监督寺庙条例》规定，除西藏、西康、蒙古、青海四省外，其他各省寺庙须向政府呈请登记、申报各项财产及法物，不经该管官署许可，寺庙不得处分或变更寺庙财产，财产收入限于宣扬教义、修持戒律及其他正当开支，并按其财产情形兴办公益或慈善事业。违者，该管官署有权革除住持职务，驱逐僧众，或将其送法院究办。[③]

有关公益或慈善事业，在地方，主要包括救济与兴办学校等，其中，兴办学校费用又占相当大比重。[④]《监督寺庙条例》的出台，直接促使了许多庙产纠纷的发生。如湖北随县，县与乡村教育人员薪金都极其微薄，欲求教育改进，学校发展，教员安心供职，"无见异思迁之心"，非提高师资待遇不可。此项开支每年共需约 21650 元，县财政入不敷出达 5770 元，尚不包括学校扩充班次等逐年增加预算费用 4800 余元。该县决议，除增加丁漕券票、屠宰捐、棉花捐等各项附捐外，还划拨庙稞三分之一充作教育经费。后又改为，除酌留僧侣生活费外，其余均提作教育基金。[⑤]

---

　　①　《全国庙产应由国家立法清理充作全国教育基金案》，《现代僧伽》第 17 期，第 12~16 页。《民国佛教期刊文献集成 第 139 卷》，全国图书馆文献缩微复制中心，2006 年，第 516~520 页。

　　②　太虚：《由第二次庙产兴学说到第三届全国佛教徒代表大会》，《海潮因》，1931 年 5 月 15 日，第 12 卷第 4 号，第 4~6 页。《民国佛教期刊文献集成 第 177 卷》，全国图书馆文献缩微复制中心，2006 年，第 404~406 页。

　　③　《监督寺庙条例》（1929 年 12 月 7 日），蔡鸿源主编：《民国法规集成》（第 40 册），黄山书社，1999 年，第 404 页。

　　④　《寺庙管理条例》（1929 年 1 月 25 日），《司法公报》第 4 期，1929 年 2 月 2 日，第 1~2 页。

　　⑤　《随县拟提庙产花捐作教育经费》（1929 年），湖北省档案馆藏，档案号：LS19-4-5470。

又如宜都县写经寺,该寺原有寺僧3人,水旱稞租约160石,因住持登绪与寺僧登寅内讧,一个被杀,一个坐牢,只留下年老寺僧祖参一人继承全寺庙产。该县教育会常务干事李芳藻等23人士一致认为,祖参生活过于优裕,主张留20石维持其生活,其余全部提作兴学基金,祖参去世后所有庙产充公。同时,为维护既得利益,对李惠伯、杨开千等人教唆外来游僧继承庙产、盗卖租稞进行严惩。①祖参不服,援引《监督寺庙条例》第四、第十两条,认为写经寺并非荒废寺庙,不应由地方政府管理,同时寺庙兴办公益,应按其财产情形办理,更无全部没收道理。遂派徒弟绪善来武汉,向湖北省佛教会求助,并呈奉湖北省政府。但结果是,绪善寄居汉口堤街千佛寺两个月时间,静候省政府核夺,未获答复。②不仅如此,在此期间,宜都县县长亲率学生数十人,武装护兵数名下乡,将该寺田契法务全部没收,并强令更换佃户,抽收租稞,并"要拆毁写经寺,以作废庙",对此,祖参无可奈何,只能泣恳湖北省政府体恤下情,严令宜都县政府停止执行,并恢复原状。③

上述事件并非湖北个案,许多省份都有,可以说,国民政府的庙产兴学运动使得各地佛教徒噤若寒蝉,佛教界人士也对政府的《监督寺庙条例》多有不满。认为蒙古、西藏等佛教及甘肃、新疆伊斯兰教涉及民族关系,天主教、基督教更牵涉国际关系,政府均不易操弄,惟有汉族佛教、道教寺院可以迫其就范。④寺僧打柴汲水,躬耕自食,绝非不劳而获,政府迫令还俗,更是侵犯人身自由。各省地方政府借口管理寺庙财产,实际是任意没收或侵占,寺

---

① 《为公恳饬令县府严惩祸首李惠伯、杨开千等,以保学产而维教育由》(财字第2330号,1933年11月28日),湖北省档案馆藏,档案号:LS1-3-123。

② 《为请制止勒提寺庙稞石令县静候钧府核夺由》(民字第2180号,1933年11月7日),湖北省档案馆藏,档案号:LS1-3-123。

③ 《为宜都县财委会以武力强夺庙产抄抢法物恳请先行电令宜都县府转令停止执行并恢复原状遵侯民财两厅依法解决由》(民字第1959号,1933年11月8日),湖北省档案馆藏,档案号:LS1-3-123。

④ 《评监督寺庙条例》,《中国佛教会月刊》1929年12月,第5、6期合刊,第2~3页。《民国佛教期刊文献集成 第20卷》,全国图书馆文献缩微复制中心,2006年,第84~85页。

产前途不堪设想。①以至于"二十年来,全国寺庙,差不多无日不在恐怖时代,广西听说连和尚也没了,广东寺庙听说也快完了,河南寺庙,被毁的也实在不少"②。各省寺庙及佛教团体向国民政府请愿,呈请维护宗教,保护人权,维持寺僧生活,收回《监督寺庙条例》成命。③

从各省寺庙及佛教团体的角度来看,若无庙产,僧众将无以为生,法物藏经无人保护,庙像毁坏无人维修。面对各省地方政府将各地庙产拨充学校经费,或将庙宇用作校舍,各地寺院要么依据《监督寺庙条例》或各省单行管理寺庙条例条文,诉诸司法,希图翻案,要么只能向国民政府、行政院、内政部、教育部等处请愿,但无多大效果。④站在各地方政府的立场来看,国民政府虽筹集资金,酌量补助,地方人士多少也有些捐助,但社会经济凋敝,民力不堪负担,只有各地寺庙财产可以挹注。⑤若使已经划拨庙产移交司法,将原案推翻,归还寺庙,不仅引起纠纷,而且地方义务教育事业必将因断绝经费,校舍无着落而陷于停顿,民众负担亦不能减轻。⑥

经过各方权衡以后,国民政府议定,在《监督寺庙条例》公布实施以前,所有业经拨充教育经费的庙产,各省市政府均应照旧维持,不允许推翻原案。凡在条例公布后,因兴办教育事业而被占用的庙产,于登记后,应一律由地方政府租用,以使寺庙产权与地方教育可以兼顾。同时,讯饬佛教会切实

---

①　《呈国民政府立法院请解释监督寺庙条例第三条载由政府及地方团体管理之寺庙是否以向系管理者为限文》,《中国佛教会月刊》1929 年 12 月,第 5、6 期合刊,第 4~5 页。《民国佛教期刊文献集成 第 20 卷》,全国图书馆文献缩微复制中心,2006 年,第 98~99 页。

②　《对于寺庙兴办公益善举的管见》,《佛化随刊》,1933 年 5 月 1 日,第 19 期,第 4~7 页。《民国佛教期刊文献集成 第 28 卷》,全国图书馆文献缩微复制中心,2006 年,第 342~345 页。

③　《呈请政府收回监督寺庙条例成命》,《法海波澜》,1930 年 4 月,第 5 期,第 3 页。《民国佛教期刊文献集成 第 46 卷》,全国图书馆文献缩微复制中心,2006 年,第 101 页。

④　《庙产兴学积极推行》,《潮海音》,1936 年 1 月 15 日,第 17 卷第 1 号,第 98~101 页。《民国佛教期刊文献集成 第 192 卷》,全国图书馆文献缩微复制中心,2006 年,第 358~361页。

⑤　《庙产兴学纠纷告一段落》,《申报》,1936 年 1 月 9 日,第 4 张第 13 版。

⑥　《保护庙产与庙产兴学》,《潮海音》,1935 年 12 月 15 日,第 16 卷第 12 号,第 91~92 页。《民国佛教期刊文献集成 第 192 卷》,全国图书馆文献缩微复制中心,2006 年,第 233~234 页。

举办公益事业。①

很明显，内政部更多的是偏向地方政府，而不是佛教会或各地寺院。1935 年，国民政府颁布《佛教寺庙兴办慈善公益事业规则》，其中规定，慈善公益事业，由当地佛教协会设立委员会，负责督促该地全体寺庙共同举办，其出资标准，按照各该寺每年总收入，分为五个等次：未满 100 元抽 1%；100 元以上 300 元以下抽 2%；300 元以上 500 元以下抽 3%；500 元以上 1 000 元以下抽 4%；1 000 元以上抽 5%。如各地寺庙住持违抗，不愿出资，得照《监督寺庙条例》第十一条规定办理——该管官署有权革除住持职务、逐出寺庙或送法院究办。②

如果说，自晚清以来，历年庙产兴学只是使佛教界受点惊慌，还不曾受到致命之伤的话，那么，《佛教寺庙兴办慈善公益事业规则》的颁布，使得全国僧伽面临着一场狂风暴雨。国民政府铁定普及乡村教育，厉行政教合一，中央与省政府三令五申，刻不容缓，县级政府底气更足。为推广义务教育，纷纷出台设立联保小学或保学暂行办法。许多县份以各种理由，早已将庙产提成溢出了国家规定的范围。譬如湖北黄陂县，县府拟具办法，呈请核示后，令各区公所转饬各联保主任，每年抽收当地庙产收入的 40% 作为联保小学经费。③《湖北省实行政教合一及普及教育办法大纲》施行后，各县区长即纷纷调查寺产，将庙产提成比例上升至 60%。这使得各寺僧众④群起恐慌，纷纷向中国佛教会求援，佛教会则向国民政府请愿，表达不满，抵制这种不平等待遇，要求湖北省政府将普及教育办法大纲修改，给予佛教僧尼享有与中华民

---

① 《内政部议定庙产兴学办法》，《海潮音》，1936 年 7 月 15 日，第 17 卷第 7 号，第 77~78 页。《民国佛教期刊文献集成 第 194 卷》，全国图书馆文献缩微复制中心，2006 年，第 234 页。

② 《佛教寺庙兴办慈善公益事业规则》（1935 年 1 月 14 日），蔡鸿源主编：《民国法规集成》（第 40 册），黄山书社，1999 年，第 12 页。

③ 《黄陂县推广联保小学暂行办法》（1935 年 4 月 30 日），湖北省档案馆藏，档案号：LS10-1-1024。

④ 据湖北省政府统计，1936 年，全省和尚 30392 人，尼姑 12128 人，总计 42520 人，分布各县。《鄂省僧尼人数统计》，《海潮音》，1936 年 7 月 15 日，第 17 卷第 7 号，第 77~78 页。《民国佛教期刊文献集成 第 194 卷》，全国图书馆文献缩微复制中心，2006 年，第 233~234 页。

国人民同等的一切权利。①结果行政院指令维持原判,祠庙资产收益以40%作奉祀费,60%作扩充义教经费为原则。②江西赣南宁都等八县,因提拨庙产80%作教育经费,导致许多僧众转徙流离,无以为生,"逃亡饿毙,时有所闻",经佛教会积极活动,被国民政府予以制止,自1937年起,赣南寺产停止提拨。③

祠庙资产收益的60%提作教育经费,国民政府的这一明确表态,政教合一的举措以及相关的一些条例法规,无疑给了地方政府以极佳的口实,庙产兴学直接引爆了许多庙产纠纷。如湖北枣阳县白水寺,作为千年古刹,该寺田产有370余亩,每年可收稞谷300余石。1935年11月26日,第三区联保主任刘曙东、士绅张伯高等以开办学校为名,带领20余人赶赴白水寺,声称该寺住持圣凡浪费庙产,将其逮捕,羁押于吴家店3日后,解送县府,扣押近1年,不予释放。湖北省佛教会以圣凡身染疾病名义,请求县府交保就医。1936年11月6日,县府以圣凡未交出契约为由,不准取保就医。湖北省佛教会向省府控诉枣阳县府侵犯人权,"恃势逞强,拘僧夺产",要求刘曙东等人将被占寺庙与田产分别发还。湖北省政府指令枣阳县县长,关于庙产提作教育经费,应征得该县佛教分会意见,并遴选住持管理,不应将白水寺当作废庙处理,全部没收庙产。结果是,该县府不仅不遵省令,采取拖延策略,甚至勒令圣凡还俗,交出契约。④

与白水寺相比,礼山县丰乐乡永宗寺虽不是名寺,但也称得上历史悠久。自明末置产以来,到20世纪30年代,该寺庙产收入有135石。1934年,

---

① 大醒:《鄂省提用寺产》,《海潮音》,第17卷第5号,1936年5月15日,第3~4页。《民国佛教期刊文献集成 第193卷》,全国图书馆文献缩微复制中心,2006年,第339~340页。

② 《奉令据湖北省政府呈为遵令修改该省实行政教合一及普及教育办法大纲第十一条丙款一案请鉴核备案等情通知知照——通知中国佛教会》,《内政公报》,第9卷第6期,1936年7月15日,第149页。

③ 《赣南寺产停止提拨》,《佛学半月刊》,1937年3月1日,第7卷第5号第146期,第17~18页。《民国佛教期刊文献集成 第53卷》,全国图书馆文献缩微复制中心,2006年,第359~360页。

④ 《枣阳县白水寺庙产纠纷》(湖北省政府第6类第4项第2目第8899号,1936年12月26日),湖北省档案馆藏,档案号:LS3-1-1038。

该寺服从国家法令,照《监督寺庙条例》第十条规定,捐出寺田 63 石,专作第三区教育经费,兴办四处小学。湖北省政府已备案,并传令嘉奖。1937 年 4 月,丰乐乡保甲长傅樑臣、傅家遂、傅以谟、董家华等借傅姓谱牒所载,该族祖先傅其惠曾出家为僧,入庙置产,认定部分庙产系私人捐赠,要求永宗寺全部归还田产 30 石,兴办联保小学。礼山县府表示支持,而永宗寺住持慧圆、副住持圆明不服,指出傅樑臣之父及傅有胜等人,于 1917 年讼争中,早已立下字据,声明永远不再借谱牒要求寺庙归还田产。对于礼山县府处分寺产命令,向省府提出诉愿,恳请裁定取消处分,维持寺庙产业。结果未获答复,慧圆等不敢住在寺庙,而是住在礼山县前街殷水盛饭店。[①]

永宗寺庙产纠纷的焦点在于,私人捐资购置的庙产,地方政府能否抽提联保小学经费? 1937 年 5 月,国民政府作出解释,指令各县,除庙产应照《佛教寺庙兴办慈善公益事业规则》第五条规定标准出资兴办教育外,各地方无论是公有,还是宗族私有以及私人集资购置的祠庙会产,均应采取劝导的方式与各该主管人协商,提取收益的一部分作为教育经费。如祠庙确有困难,不能出资,也应酌量予以减免。[②]

那么,实际情形又如何呢? 枝江县金龙寺建于清朝嘉庆年间,为胡秉文、胡秉彝所捐助。1938 年,联保主任胡益三以普及教育为由,将住持妙云逐出寺庙,没收全部寺租,将全寺改作联保小学及联保办公处,施主胡秉文后裔胡月华并无收回任何寺产。中国佛教会为此函请湖北省政府,令枝江县政府,饬联保主任将金龙寺财产全部发还,联保办公处迁出寺庙,并将被逐住持妙云召集回庙。湖北省政府认为,自推广义教以来,各县调查祠庙资产,佛教会一再阻扰,致使兴办义教"深感棘手",对私人集资购置的庙产,解读为

---

① 《礼山县永宗寺庙产纠纷》(湖北省政府第 6 类第 4 项第 2 目第 11455 号,1937 年 7 月 21 日),湖北省档案馆藏,档案号:LS3-1-1011。
② 《湖北省政府指令》,《湖北省政府公报》第 300 期,1937 年 5 月 10 日,第 15 页。

系指非一族一姓而言。如为一族一姓所捐赠,寺庙性质等同于家庙。故而,对中国佛教会来函,不予函复。①古寺名刹尚且如此,在基层社会,乡村小庙处境就更艰难了。政教合一举措与庙产兴学运动所引发的庙产纠纷在宜都②、宜城③、江陵④等各地也一再上演。

承前所言,推行国民教育的最大问题是师资与经费。待遇又为师资问题的症结所在,各省虽一再设法改善小学教员待遇,惟因生活指数日益上升与区域差异,很难趋于合理。据教育部 1942 年调查,小学教师薪给最高的是广西,月薪 200 元,最低的是河北、山东两省的国民学校,为 10 元,各省市平均数约在 65 至 70 元之间。米谷津贴最高的是湖南省,每月稻谷 1 石至 3 石,最低的是广东省的国民学校,每月有在 10 市斤以下的,各省市的平均数在 3 至 4 市斗之间。各省市普遍没有实行生活补助费,最高的重庆市,月发 100 元,最低的广西省,月发 10 元。由此可见,各省市没有统一的小学教员薪给标准,最高额与最低额相差过远。战前,小学教员的待遇就已经是一个严重问题,抗战时期,各地物价普遍上涨⑤,小学教员薪给难以维持生活,“多呈不安现象,甚至改就他业”。连国民党也承认,如果不合理的解决这一问题,提高小学教员待遇,整个国民教育前途,实在不容乐观。⑥

《国民教育实施纲领》规定,中心学校经费,由县教育经费统筹支给,不足时由中央及省补助,保国民学校经费由保自行筹集。以湖北为例,该省国

---

① 《枝江联保主任胡益三强占金龙寺财产》(湖北省政府第 6 类第 4 项第 2 目第 5721 号,1938 年至 1939 年),湖北省档案馆藏,档案号:LS3-1-1023。

② 《中国佛教会函宜都联保主任陈金粟藉办小学提取清圣庵、普光寺庙产》(湖北省政府第 6 类第 4 项第 2 目第 7632 号,1936 年 10 月 1 日),湖北省档案馆藏,档案号:LS3-1-1026。

③ 《宜城县庙产纠纷》(湖北省政府第 6 类第 4 项第 2 目第 10258 号,1937 年 4 月 10 日),湖北省档案馆藏,档案号:LS3-1-1040。

④ 《江陵永镇观住持三昧呈了泗乡联保主任拆毁庙产》(湖北省政府民政厅第 6 类第 4 项第 2 目第 15075 号,1938 年),湖北省档案馆藏,档案号:LS3-1-1016。

⑤ 沈宝钰:《三十一年度各省市小学教员待遇的统计和检讨》,《国民教育指导月刊(湖北)》第 2 卷第 4 期,1942 年 10 月 30 日,第 13~22 页。

⑥ 《政院令各省市政府提高小学教员待遇》,《国民教育指导月刊(湖北恩施)》第 1 卷第 2 期,1941 年 8 月 31 日,第 57 页。

民教育经费筹措来源有四：1 中央补助、2 省筹、3 县筹、4 乡镇保筹。如下表

表 6-4

年度科目数额	三十年度	三十一年度	三十二年度	三十三年度	备注
中央补助	400 000	1 050 000	750 000	743 512	
省筹	400 000	648 933	1 300 000	1 000 000	
上年度结余	824 329	806 658.79			
县筹	1 697 723	3 304 817	2 599 298	27 036 467	
乡镇保筹	6 798 893	11 500 338	15 086 008	50 975 548	

资料来源：《湖北省实施国民教育第二期工作概况》（谦铣字第 97268 号，1945 年 9 月 20 日），湖北省档案馆藏，档案号：LS10-2-1310（4）。

四者之中，乡镇保自筹经费为大宗，中央补助与省筹不仅少，而且分配到县一级时更少。据调查，1941 年，湖北省补助各县数额在 5 万元以上者，有恩施、巴东 2 县，5 万以下 4 万以上者，有秭归、建始 2 县，4 万以下 3 万以上者，有保康、南漳、宜都、兴山、长阳、五峰、鹤峰、宣恩、来凤、咸丰、利川、房县、均县、郧县 14 县，3 万以下 2 万以上者有沔阳、松滋、谷城、竹山、竹谿、郧西 6 县，2 万以下 1 万元以上者有咸宁、通城、黄冈、麻城、远安、宜昌 6 县，不及 1 万元者有武昌 36 县。[①] 如果再分配到乡保，则微乎其微。以钟祥县为例，1942 年，该县获补助国民教育经费 11832 元，中心学校 16 所，补助经费 4928 元，每校每学期仅可分配 154 元，国民学校 136 所，补助经费 4908 元，每校每学期仅可分配 18 余元，短期训练班约 2000 元。每校配额如此之少，物价又高昂，无异于杯水车薪，以至于该县决定将此款当作各校奖学金。[②]

保国民学校经费以地方自筹为原则。事实上，各保大都不能负担。除教员薪俸外，设备费、办公费等项亦是一笔不菲的开销。1942 年，湖北各县乡镇

①　祥升：《本省地方教育经费概述》，《国民教育指导月刊（湖北恩施）》第 2 卷第 2 期，1942 年 8 月 31 日，第 18~19 页。

②　《为拟将本县国民教育补助费改作奖励各该校优秀学生奖金并恳酌加是项补助费，俾裕补助祈鉴核示遵由》（钟教字第 399 号，1944 年 3 月 21 日），湖北省档案馆藏，档案号：LS10-3-219（3）。

中心学校及保国民学校办公费月支标准中,乡校每班月支 15 元,保校每班月支 10 元。区区之数,单以购买粉笔都不够,更不用说文具等开支。[①]

面对如此困局,国民政府认为,各保自筹方法,"不免零散琐屑",不如各县市尽力鼓励地方人士筹集学校基金,以其生息作为教育经费,从而一劳永逸的解决问题。[②] 1940 年,教育部颁布《保国民学校及乡(镇)中心国民学校基金筹集办法》,筹集经费包括:整理原有教育款产;劝勉当地寺庙祠会捐拨财产;分工生产;采售天然物品;征集卖买双方共同认捐之手续费;由居民依其富力自认捐款;劝募及其他。[③]

依据上项办法,以湖北省为例,计动产及不动产,估价共约 360 余万元,如下表。

表 6-5　湖北省 1942 度各县国民教育基金筹集概况表

县别	动产	不动产	共计	主要筹集办法
秭归	323 376	322 000	645 376	1 乡有公学产祠庙提成　2 公营事业收入　3 售出天然物品　4 募捐
宣恩	214 000		214 000	依照部颁办法办理
当阳	7 000	9 000	16 000	1 整理祠庙产　2 亩捐
长阳	75 200	203 720	287 920	1 祠庙及绝产之乐捐及提成　2 公养鸡羊　3 清理公学产　4 公营事业提成　5 募捐
松滋	147 645		147 645	1 劝寺庙祠会捐助财产　2 募捐
兴山	6 600	47 200	53 800	1 清理公学款产　2 募捐　3 劝寺庙祠会捐助租粮
远安	13 135	17 630	30 765	依照部颁法令第六条第一三六项之规定办理
竹山	42 000	44 000	86 000	1 公营事业之收入　2 公耕田地收入　3 富绅捐

---

① 《为拟修正本省乡保学校经费支给标准敬请核示由》(1943 年 12 月 25 日),湖北省档案馆藏,档案号:LS10-3-219(3)。

② 顾树森:《各省市推行国民教育注意要点》,《国民教育指导月刊(湖北恩施)》第 1 卷第 2 期,1941 年 8 月 31 日,第 3~4 页。

③ 《保国民学校及乡(镇)中心国民学校基金筹集办法》(1940 年 6 月 18 日),《中国近代教育史料汇编 民国卷 13》,全国图书馆文献缩微复制中心,2006 年,第 323~336 页。

县别	动产	不动产	共计	主要筹集办法
均县	18 250	31 000	49 250	1 劝寺庙会拨捐财产　2 公营事业　3 绅富捐
郧县	13 200	稞租 2 216 石4 斗 1 升	13 200 稞租 2 216 石4斗1升	1 公耕　2 养猪羊　3 烧窑造林
房县	36 004	25 348	61 352	1 乐捐　2 祠庙绝逆产提成
枣阳	10 723	866 880	877 593	1 祠庙会产提成　2 绅富捐
罗田	19 972	35 950	55 922	1 公学产提成　2 佣金
枝江	375 000	375 000	650 000	依照部颁办法第一八两项规定办理
竹谿	17 000	26 880	43 880	1 寺庙祠会财产　2 养鸡　3 募捐
黄冈	75 000	205 000	280 000	公学产提成十分之四
宜城	56 480	56 480	102 960	1 公产　2 公耕　3 公营事业
鄂城	154 900		154 900	寺庙祠会产提成
共计	1 215 375	2 420 408 又租稞 2 216 石4 斗 1 升		

资料来源:祥升:《本省地方教育经费概述》,《国民教育指导月刊(湖北恩施)》第 2 卷第 2 期,1942 年 8 月 31 日,第 19~21 页。

由上表可知,庙产依旧在各项经费中占有相当大的比重。《保国民学校及乡(镇)中心国民学校基金筹集办法》的颁布,再次使寺庙产业"躺着中枪"。其中第八条规定,文昌会、城隍庙等财产,至少应捐资半数充作当地学校基金,寺庙祠会田产与房屋拨给学校后,即确定为学校产业,租佃生息,应确实保障,不得更改。如为现金,应设法购置不动产,以便生息。[①]

该法规无疑使佛教界的处境更加"雪上加霜"。1942 年,利川县南坪乡寺僧续静向湖北省民政厅呈诉,1 月 18 日,保长雷富祥及张于登、雷富禹、姚绍伯、高德政等人到庙,声称奉政令估提庙产,将该寺僧一律赶出寺庙,续静徒弟本铺与觉目二人躲在本地朱泰盛家,续静不服,到省府呈控,未获批示。2

---

① 《保国民学校及乡(镇)中心国民学校基金筹集办法》(1940 年 6 月 18 日),《中国近代教育史料汇编 民国卷 13》,全国图书馆文献缩微复制中心,2006 年,第 323~336 页。

月 3 日,雷富祥进行报复,率张于登、刘洪炳、周洪申、萧列成、牟来登、高德政等人赶到朱泰盛家,将本铺、觉目二人捆捉,进行吊拷,造成重伤,并声称必将该寺僧等驱逐出境。当地民众亲眼目睹,但无人劝解,任凭雷富祥等人处办。续静请求政府派员验伤,民政厅亦要求利川县府查明具报。[①]

无独有偶。1946 年,监利县柳集乡长彭秉彝同保长杨后珍到三圣庵提拨庙产,开价 600 万元,经地方士绅陈杏圃、陈诗俊等从中调解,改为 100 万元。但三圣庵住持李文静等人随后反悔。12 月 12 日(古历),彭秉彝派武装士兵多名,由保长杨后珍带路,并调动民伕 150 名将庙宇前后包围,该寺僧众见势不妙,纷纷逃避他村。杨后珍遂将庙宇拆毁,佛像捣乱,田产一并没收。1947 年正月初二日夜晚,彭秉彝又派人到寺庙附近搜索寺僧。寺僧只得进城,一面呈报中国佛教会监利分会,请求代为作主,一面向监利县司法处呈诉,但司法处未给任何答复,县政府亦未处理。李文静等人向高等法院呈诉,请求勒令彭秉彝等人赔偿庙宇,退还田产。之后,高等法院令监利县司法处依法处理。3 月 28 日,李文静往司法处探听消息时,在同学会门口被彭秉彝率众阻挡,用绳捆绑,吊悬一夜,逼迫写不起诉字据。李文静不服,再次向湖北省政府呈控,省政府令监利县政府对寺庙僧众应予保护。结果,监利县府提出异议,指出三圣庵系本地柳彭周李四姓捐赠所建,与李文静等无任何关系,拆毁庙宇是为了补充修建中心国民学校材料,且经过乡长、各保长、士绅、乡民代表开乡务扩大会议,一致通过,合理合法。[②]

清末以降,庙产纠纷一直跌宕起伏,究其原因,与庙产兴学有莫大的关联。历届政府虽一直主导兴办现代教育,但经费来源主要是地方自筹,在地方有限的经费中,寺庙常常因产业相对较多,受到地方政府机构与各方人士

---

① 《利川僧静一诉保长雷富祥等估提庙产》(湖北省政府第 8 类第 4 项第 3 目第 76 号,1942 年),湖北省档案馆藏,档案号:LS3-1-1048。

② 《监利县柳集乡保长彭秉彝捣毁三圣庵》(湖北省政府第 8 类第 4 项第 3 目第 367 号,1947 年),湖北省档案馆藏,档案号:LS3-1-1014。

的觊觎,成为各方势力的角逐场。寺庙本身从事的是宗教活动,与政治联系不紧密,与宗族、士绅相较,明显处于下风,更不用说与国家相提并论。寺院较富,但寺僧本身又没能力保护自己,唯一引为奥援的是佛教会,但即便是中国佛教会,亦是弱势群体机构。正如民国时期佛教界人士所言,庙产如同"唐僧肉",①因而庙产纷争一直不断。国民政府时期尤其多,原因在于国家权力深入社会基层,基层官僚机构膨胀,政教合一使得保甲行政人员代替县级人员,充当了与寺僧争夺庙产的急先锋。保甲行政人员素质低下,国民政府一时又很难得到众多的理想人选,结果往往偏离原先预定的轨道。国家本意是允许地方政府提拨部分庙产,兴办教育事业,从而使国民教育与寺僧生活得以兼顾。省政府与县政府在推行国民教育过程中,由于财政拮据,难为无米之炊,遂将寺庙产业提成层层加码,保甲行政人员则以各种理由,侵占或干脆完全没收庙产,以至各地寺僧无以为生,庙产纷争不断,寺僧屡屡请愿,以及诉诸司法,但由于双方实力悬殊,又屡屡受挫。

第三节　保甲与民事调解

中国传统社会,礼治与法治长期并存,调解作为化解基层纠纷的重要途经,可谓源远流长。南京国民政府时期,基于无讼思想以及地方自治理念,大量的民事纠纷依旧交由民间自行解决,同时,现代的司法制度已经逐渐向乡村推行,旧有的伦理观念与现代司法观念相差很大,如何将二者进行调适,是摆在国民党面前的一个全新的课题。

---

① 　度璟:《庙产兴学运动之复兴》,《海潮因》,1931 年 2 月 15 日,第 12 卷第 1 号,第 4 页。《民国佛教期刊文献集成 第 177 卷》,全国图书馆文献缩微复制中心,2006 年,第 28 页。

一、"剿匪"时期的民事调解

古代中国，家族可谓最初级的司法机构，族内纠纷及冲突先由族长处断，不能调解或仲裁时，才由国家司法机构处理。[1]民国年间，宗族势力在民间调解中依旧扮演重要角色。

> 通城县畈路屋农民李绪年之妻张林喜，与其婆母吴氏口角，在争夺扫帚中致吴氏跌倒中风而殒命。吴氏家族大申家法，如李家不及时抓回归案，便株连该族。李家无奈，只得将人寻回，先大摆筵席，向吴姓赔礼求饶。而吴氏族长不允，终将李夫妇捆起来，淋上油脂，活活烧死示众，时称"点天灯"。[2]

国民党认为，民事诉讼用意在于保护私权，但一经起诉之后，涉讼程序繁复，经年累月才能结案，不仅耗费时间、金钱，而且容易"结仇遭根"，如果有人从中挑拨，致使官司长年不能结案，涉案双方更是因小失大。[3]近代以来，许多国家为平息争端，减少法院诉讼，都推行仲裁制度，国民政府加以参考，并借鉴中国古代"乡里耆老"在民间纠纷调解中的作用，在 1929 年 12 月中央政治会议第 208 次会议中，拟具《民事调解条例原则》六项，规定第一审法院(基层法院)附设民事调解处，以推事(旧时法院的审判员)为调解主任，必要时，经当事人请求，可推举一人为助理(司法官及律师不得充当)，调解不征收任何费用，但不经过调解，当事人双方不得起诉，调解期限为 7 日，调解结果由书记官记载，具有与法院判决同等的效力。[4]

---

[1]　瞿同祖：《中国法律与中国社会》，中华书局，1981 年，第 23~25 页。
[2]　湖北省地方志编纂委员会：《湖北省志·司法》，湖北人民出版社，1998 年，第 108~109 页。
[3]　郑必仁：《地方自治理论与实施》，文明书局印刷所，1934 年，第 149 页。
[4]　《民事调解条例原则》，立法院秘书处编：《立法专刊 第 3 辑》，民智书局，1930 年，第 3~4 页。

在乡村社会，无论是知识还是金钱，一般民众都够不上打官司的条件，若彼此"各闹意气"，诉诸政府司法机关，常常"两败俱伤"，当事人双方只得到结仇、结怨结果。①请乡人调解，又须备有丰富酒肉招待，往往"所争仅值数十元，而所耗竟达百余元"②。为调解无谓纠纷，本着息事宁人的宗旨，1930年7月7日，国民政府同时颁布《区自治施行法》③和《乡镇自治施行法》④，区公所、乡（镇）公所均附设调解委员会，调解委员分别由区、乡（镇）民大会选举产生，调解委员违法失职时，先由区、乡（镇）监察委员会呈请区、乡（镇）公所停止其职务，再提交区、乡（镇）民大会罢免。区、乡（镇）长或副乡（镇）长均不得当选委员，凡乡（镇）调解委员会不能调解事项，得由区调解委员会办理，区调解委员会不能办理时，呈报县政府，并函报该管司法机关。

1931年4月，国民政府又颁布《区乡镇坊调解委员会权限规程》，区、乡镇坊调解委员会分别受区公所和乡（镇）（坊）公所监督，处理调解事务，凡民事案件，不能在法院民事调解处和调解委员会同时受理。至于刑事调解事项，调解委员会的权限范围局限于刑法规定的妨害风化罪、妨害婚姻及家庭罪、妨害自由罪、妨害名誉及信用罪、妨害秘密罪、窃盗罪、侵占罪、诈欺及背信罪、毁弃损坏罪等。无论民事，还是刑事，均得当事人同意，调解委员会始能调解，调解委员会不得有阻止及强迫行为，也不得对当事人进行财产（除评定赔偿外）或身体处罚。调解事项有涉及调解委员本身或亲属时，调解委员应回避。调解日期，民事不得超过10日，刑事不得超过5日，如民事纠纷当事人请求延期，可再延长10日，刑事调解须验伤及查勘时，得由被害人或其法定代理人（亲属、配偶等）报请当地区、乡（镇）（坊）长，验勘后，开单存

① 高亨庸：《保甲长之任务》，正中书局，1942年，第30页。
② 湖北省政府民政厅：《湖北县政概况》（第4册），汉口国华印务公司，1934年，第911页。
③ 《区自治施行法》（1930年7月7日），蔡鸿源：《民国法规集成》（第39册），黄山书社，1999年，第237页。
④ 《乡镇自治施行法》（1930年7月7日），蔡鸿源：《民国法规集成》（第39册），黄山书社，1999年，第241~242页。

查,除查勘实际花费外,并不得征收当事人费用或收受报酬。调解成立后,调解委员会应将当事人姓名、年龄、籍贯、事由、概要及时间报告区、乡(镇)(坊)公所,分报县政府及该管法院。①

根据上述法规条例,乡镇调解委员由民众直接选举和罢免,在于选出公平正直、老成笃实、乡望素孚人士,淘汰品行卑劣之辈,乡(镇)长或副乡(镇)长虽有监督权,但无委员资格,即不参与实际调解事务,对调解委员会权限的规定等,立法用意都在于避免违法滥权、包揽词讼事情发生。

20世纪30年代初,国民政府在"剿匪"省份逐渐暂停自治,改编保甲,所有区、乡镇调解委员会亦随之停顿。当局认为,乡村社会发生纠纷时,当事人双方的亲朋好友或左邻右舍,出于良心驱使或本着息事宁人之意,可能会出来劝解,以期大事化小,小事化无,但如不举办调解委员会,乡民有时又以细微小事对簿公堂,徒增讼累,为此,有必要恢复调解委员会,纠集公正人士,出面调停,使"土劣讼棍"无从拨弄是非。

保甲制度推行以后,一些省份将原来的乡镇辖境改为联保区域,乡镇调解委员会就附设于联保办公处。由于保的范围相对狭小,户口有限,人选也未必都贤明,如果各保一律附设,机关也确实太多,难免发生流弊,所以保一级未设调解委员会。同时,为了减少人民讼累,提高行政效率,考虑族长、村长在地方有一定的声望和才德,有时片言只语亦能息事,故而采取一些变通办法,在聚族而居地方,恢复族长制,在零星杂处村落,恢复村长制,满足现代司法制度向乡村社会逐渐推行的过渡时期的需要。②

1934年2月,国民政府颁布了《区乡镇坊调解委员会规程》,再次规定区、乡

---

① 《区乡镇坊调解委员会权限规程》(1931年4月3日),蔡鸿源:《民国法规集成》(第39册),黄山书社,1999年,第266页。
② 《第一次议题:前区乡镇公所均附设调解委员会处理民事调解及依法得撤回之刑事调解事项,奉令改编保甲,该项委员会因之停顿,现拟继续举办,诚恐区保长不得其人,适予以擅理民刑诉讼之机会,若不举办,以鼠牙雀角之争,动辄对簿公庭,又增人民讼累,应如何办理方臻妥善请各抒所见》,《湖北地方政务研究周刊》第1卷第13期,1933年9月26日,第11~17页。

(镇)(坊)调解委员会受区、乡(镇)(坊)公所监督,处理调解事务,区长、乡(镇)(坊)长或副区、乡(镇)(坊)长不得被选为调解委员,区调解委员会由5至9人组成,乡(镇)(坊)调解委员会由3至5人组成,调解委员分别由区、乡(镇)(坊)民代表大会选举产生或罢免。①如此一来,权能分开,区、乡(镇)(保)长和调解委员互相牵制,皆不能滥用职权,擅自处理民事与刑事诉讼,"土劣讼棍"亦无机会施展教唆、争讼的伎俩,民众自然可以避免被敲诈、剥削了。②

虽说联保主任、保长只有监督权,《保甲条例》也无调解组织的规定,但事实上,地方民众发生争执事件,联保主任、保长也要参加调处。福建省即规定,遇有民众纠纷事件,保甲长可利用保甲会议,在不抵触国家法令的范围内,共同议决处理,以期杜息争端。③在一县范围内,"保甲调解之事,任何法律裁判,当以原判为依据"④。当时的读本便是这方面的显例。

第二十四课　调解纠纷

万事莫要争,大家问良心。你既有错误,我也过不轻。平心来一谈,那里有纠纷。你既闹意气,我也故意争。你我心搬家,从此生纠纷。乡保去调解,切勿就对呈。实在断不公,然后进衙门。非亲即故旧,你我一家人。那有不了事,何必费钱文。⑤

---

① 《区乡镇坊调解委员会规程》(1934年2月10日),蔡鸿源主编:《民国法规集成》(第39册),黄山书社,1999年,第200~201页。

② 《第一次议засе:前区乡镇公所均附设调解委员会处理民事调解及依法得撤回之刑事调解事项,奉令改编保甲,该项委员会因之停顿,现拟继续举办,诚恐区保长不得其人,适予以擅理民刑诉讼之机会,若不举办,以鼠牙雀角之争,动辄对簿公庭,又增人民讼累,应如何办理方臻妥善请各抒所见》,《湖北地方政务研究周刊》第1卷第13期,1933年9月26日,第11~17页。

③ 《据霞浦县长呈请示保甲机关行文程式可否沿用自治机关行文办法及遇有人民纠纷事件并无调解组织,如何补救等情,兹核示各节仰分别转饬遵办》,《福建省政府公报》第457号,1935年1月9日,第7~8页。

④ 黄强:《中国保甲实验新编》,正中书局,1935年,第211页。

⑤ 《保甲读本编辑大意》,(无具体出版地址与时间),第24页。

又如《保甲韵语教材》中的第 16、17 课,也是如此。

十六 保甲戒谕(一)

细故口角 常起争执 忿气涉讼 双方受累 破产构怨 其害无比 保
甲长老 组调解会 主持公道 事先平息

十七 保甲戒讼(二)

人民涉讼 讼则终凶 结仇构怨 损财费神 累人累己 为害匪
轻 保甲户长 管教并行 谦恭忍耐 相让成风①

1932 年 6 月 7 日,湖北黄陂县第三区第三分团长王安民率领团队壮丁千
余人在洪家河、珍珠岭一带"剿匪"时,发现一青年穿着打扮比较整洁,认为形
迹可疑,命士兵将青年蔡么捕获,并以武器相向,蔡么惊慌失措,不敢出声,
士兵又用武器击打,蔡么感到疼痛,用手遮挡,被士兵认为抵抗,结果士兵用
枪将其当场击毙。事后,蔡么父亲蔡发臣将王安民告到湖北省民政厅,后经
当地士绅徐慕曾、熊演轩以及保董方领生、陈汉卿、吴竹芳等人调解,由王安
民出抚恤洋 350 元,双方甘愿和解,并呈请湖北省政府撤销原案。②湖北省政
府认为,虽然当事人私下和解,但王安民"指挥不善,处置失当",因业务过失
致人死亡,不能免除刑事责任,依照法律判处有期徒刑一年,褫夺公权一年。③
上述例子乃是个案,倘如国家推行政令,因与民众发生直接关系,其间
的纠纷必多,调解也更显重要。现以 20 世纪 30 年代江苏萧县的土地陈报为
例,该县土地多年未经清理,"又积年匪患,盗多如毛",民众"丧乱之余",土

---

① 范金镕:《保甲韵语教材》,浙江正楷印书局,1936 年,第 35 页。
② 《为该民前控区长王安民一案甘愿和解请准予撤销由》(1933 年 7 月 11 日),湖北省档案馆
藏,档案号:LS1-3-453。
③ 《据复办理黄陂县易幼卿控王安民与易福海两案情形仰转饬该县长分别报请北路军总司令
部核示由》(字第 2786 号,1933 年 11 月 11 日),湖北省档案馆藏,档案号:LS1-3-453。

地契约、文据,或丧失,或焚毁,导致很多土地产权争执、疆界纠纷,甚至发生流血暴力冲突。为化解纠纷,减少民众讼累,该县成立了各级土地纠纷调解委员会。县调解委员会由县党部委员等9人组成,区调解委员由区主任、区指导员以及当地士绅组成,至于乡镇调解委员,由乡(镇)保长及办事员担任。统计结果显示,经过县区调解的纠纷有1600余起,而经乡(镇)长与保长随时调解的不下4000起。[①]

诚然,保甲长在调解地方纠纷中扮演着重要角色,但我们不应忽略,有时士绅的作用更加重要,尤其是当保甲长本人成为当事人一方时。1934年,沔阳县政府征收田亩捐,充作保安队薪饷,因亩册尚未造齐,所以发行亩捐预借券总额1万元,每张券1元,俟征收亩捐时,民众可以抵缴。该县第六区地势较低,面积辽阔,一到雨季,低洼田地即被渍淹,产鱼虽多,但无粮食收成。沔阳县财务委员会决定征收该区鱼捐1000元,抵作亩捐,并在亩捐预借券上加盖"准抵鱼捐"字样,区长张翼翔受财委会委托,经手派捐,向保甲长劝募,已收49元。但保长黄晓岚、甲长彭景银表示反对,要求"免派",县保安队第六中队长张鸣皋认为,该区举办团防,完全倚赖鱼捐供给,坚持征收,并严加申斥,勒令保甲人员限期缴款,双方争论不休。结果,张鸣皋将二人拘押4小时,激成讼案,彭景银等人不服,赴省政府控告,恳请严令制止,省府派人调查,督令县长用现洋将"准抵鱼捐"预借券一律收回,并不得再滥发亩捐预借券,又传集当地士绅曾香圃、余邦彦、曾经泽、黄泽清、邱中玉、李文彪等人,从中调解,彭景银等人见目的已达到,愿意和解。[②]

调解一旦达成,可谓皆大欢喜,倘若调处不成,当事人一方一经控告法庭,联保主任、保长等便感苦恼。本来依据调解细则第15条所载,调解笔录

---

① 徐慎岭等:《江苏萧县土地问题与土地陈报》,南京图书馆编:《二十世纪三十年代国情调查报告》(第149册),凤凰出版社,2012年,第87~92页。

② 《奉令将查办沔阳县第六区甲长彭景银等控区中队长等勒收鱼捐一案经过情形会呈鉴核由》(1934年4月11日),湖北省档案馆藏,档案号:LS1-7-164。

为正式文件,法院可作为凭据,但按照国民政府的民事诉讼法规定,每次讯问须传唤证人,联保主任、保长作为调解委员必须出庭作证①,而且纯属义务,无正当理由不到场,法院还给予罚锾。②联保主任、保长、士绅苦于每一案件发生诉讼便须出庭质讯,往返奔波,烦不胜烦,这也是士绅及民众不愿担任保甲职务的原因之一。③

调解委员为无给职,没有正式公费,被法院票传,出庭质讯,不能因他人之事凭空折耗、受累,为免损失,来往日费和旅费从何而出?政府规定民事当事人预缴此项费用,讯问完毕后,法院发给证人,至于刑事诉讼证人,应于讯问完毕后十日内,向法院请求,由法院办公费内刑事出差费项下开支,无须向原诉讼当事人征收,以避免滋生流弊。④广东省的标准是证人到庭费每次5角,超过一日以上,另给滞留费每日5角,至于旅费,按实数计算。⑤然而地方法院亦有难处,本身办公费就较拮据,一旦支付证人日费及旅费,证人纷纷请领,该项费用也不在少数,势将无法赔累,若置之不理,遇有依法声请者,又无言以对。⑥

鉴于联保主任、保长在民间调解中的作用,一些省份在制定具体的调解委员会规程时,作了一些修改。以福建为例,区调解委员会由5至7人组成,除区长指派一名区员兼充外,其余成员均由该区联保主任担任,区民代表大会加倍遴选,区长圈定,报请县政府核准、备案。调解委员须具备一定的资格才能被选,学历要求是具有小学毕业以上文凭,或候选公务员考试、普通考试、高等考试及格,或曾在县政人员训练班毕业;没有学历,经历上必须曾在

---

① 《内政部关于解释区乡镇调解委员会执行调解,法院有无再传原调解委员之必要的咨文及湖北省政府的训令》(秘一第1461号,1934年11月1日),湖北省档案馆藏,档案号:LS1-3-249。

② 《准内政部咨转奉司法院解释关于区乡镇调解委员会执行调解,法院有无再传原调解委员之必要一案请查照饬知等由仰饬属知照》,《福建省政府公报》第441号,1934年11月14日,第9~11页。

③ 湖北省政府民政厅:《湖北县政概况》(第2册),汉口国华印务公司,1934年,第302页。

④ 《准内政部咨告解释区调解委员会委员被法院票传出庭质讯,可否向原诉讼当事人征收旅费一案情形转饬知照》,《江西省政府公报》第115号,1935年2月16日,第8~9页。

⑤ 《区乡镇调解委员被法院票传作证依证人到庭支费》,《广东省政府公报》第290期,1935年3月30日,第23~24页。

⑥ 《证人旅费日费仍照向章办理》,《法令周报》第29期,1935年7月17日,第113页。

党政军各机关、法定团体服务满一年以上，或办地方公益事业著有成绩，或现任族长、房长亦可。关于刑事调解事项，需要检验及查勘时，由被害人或其法定代理人报请该区区长或联保主任、保甲长，验勘后，开单存查。[①]又如四川省，保长年龄须在 20 岁以上 50 岁以下，且识字明理、思想纯正，有相当家产和声望，方能担任调解委员。调解民事、刑事案件前，保长受调解委员会委托，接受当事人请求，会同甲长 3 人以上查勘，并通知双方当事人前往调解委员会，听候调解，查勘费用由当事人核实后支付。[②]再如湖北省，调解案件并非诉讼性质，区民有事向调解委员会请求调解时，如双方同时到会，可用言词陈述，不必一定采用书面形式，如只是一方出面请求，则用声请书，无论任何纸张均可，"除署名外，亦无须规定一定称谓"[③]，内容包括当事人双方姓名、年龄、住址、职业、声请理由、时间，加盖铺保印章，如无，由该管保甲长盖章证明，保甲长不能索取任何费用。[④]

二、新县制时期的民事调解

设置乡镇调解委员会，原是根据《乡镇自治施行法》第 32 条规定，1939 年 9 月，国民政府开始实施新县制后，于 1941 年 8 月公布了《乡镇组织暂行条例》，乡镇调解委员会便失去存在的理由，政府如果仅将调解权侧重于司法机关，人民一有争端，便对簿公堂，千方百计"奔走"，以求最后胜诉，不仅当事人倍感痛苦，且"有伤国家元气"，尤其是抗战时期，纠纷更多，虽然起诉

---

① 《福建省各县区民调解委员会规程》，《福建省政府公报》第 581 号，1936 年 3 月 18 日，第 19~22 页。

② 《修正四川省各县区署附设区民调解委员会办法大纲》，《四川省政府公报》第 81 期，1937 年 5 月 21 日，第 63~65 页。

③ 《准咨转司法行政部核定县区调解委员会调解案件声请书式及称谓一案令仰遵照》，《湖北省政府公报》第 234 期，1936 年 9 月 14 日，第 1~2 页。

④ 《湘鄂赣边区黄金洞特别区政治局保长训练班教材》（文字第 1862 号，1938 年 3 月 18 日），湖北省档案馆藏，档案号：LS63-1-19。

前,法院亦可进行调解,但民众囿于积习,"入公门,每多忌讳"。法官即使"不惮烦劳,恳切晓谕"①,进行强制调解,亦未必能达到预期的效果,不如调解委员会与当地民众较为密切,调解委员大多有一定声望,与民众朝夕相处,遇有民众发生纠葛事件,洞悉症结所在,很多轻微民事、刑事案件,可就地实行调解,必定能达到息事宁人的效果,对民众有益无损。实际上,国民政府也任其继续存在。②

1943 年 10 月,国民政府内政部颁布《乡镇调解委员会组织规程》,大体上承袭《区乡镇坊调解委员会权限规程》的条款内容,只是略有修改。调解委员会设调解委员 5 至 9 人,委员由乡镇民代表会选举产生,须具有法律知识,乡镇长及副乡镇长亦有被选资格。调解委员会设置主席一人,由调解委员推举,调解委员会成立之日,应由乡镇公所将组织情形、调解委员姓名及其学历与家庭状况(财产)分别报请县政府及该管法院备案。超过半数调解委员出席,当事人经乡镇公所通知,亲自到场后,调解委员会才能开会调解。③抗战时期,乡镇长职责异常繁重,没有余力担任排难解纷工作,湖北省的办法是民政股主任为当然委员,其余委员由乡长聘请乡望素孚人士充任,因此有研究者认为,"这套调解组织形式,实际是保甲制度变种"④。

现以巴东县为例,1944 年,该县有 11 个乡镇,共有调解委员 69 位,平均年龄大约 44.2 岁,年龄最小的 23 岁,最大的 68 岁,20 至 30 岁的有 6 位,约占总人数 8.7%,31 至 40 岁的有 23 位, 约占总人数 33.3%,41 至 50 岁的有 22 位,约占总人数 31.9%,51 至 60 岁的有 14 位,约占总人数 20.3%,61 岁以

① 《为拟具区乡镇坊公所实行调解与宣传公证说明并抄同公证暂行规则等件,咨请贵政府即予印发各县市政府转发各区乡镇坊公所、各民众教育馆,并令饬嗣后切实办理及作为演讲资料,并希见复由》(咨(民)字第 1678 号,1942 年 8 月 28 日),湖北省档案馆藏,档案号:L3-1-456。
② 《乡镇调解委员会处务规程草案》(湖北高等法院检察处文牍科法令类文字第 9 号,1943 年 6 月 11 日),湖北省档案馆藏,档案号:LS7-5-27。
③ 《函送乡镇调解委员会组织规程请查照并饬属知照由》(渝民字第 5788 号,1943 年 10 月 8 日),湖北省档案馆藏,档案号:LS1-4-319。
④ 湖北省地方志编纂委员会:《湖北省志·司法》,湖北人民出版社,1998 年,第 108~109 页。

上有 4 位,约占总人数 5.8%。31 至 50 岁占据大多数,其中曾担任过联保主任、保长、保董职位的有 42 位,占总人数的 60.9%,如果加上曾任保学教员的人数,比例还会更高。具有小学毕业文凭人数 27 位,初中以上学历 12 位,县级干部训练班毕业 3 位,曾读私塾 27 位,由此可知,调解委员的学历不是很高,小学毕业与曾读私塾者占绝大多数。①又如宣恩县,调解委员的家庭状况大多数能够自给,但富裕者与贫穷者都很少。②再如随县,该县调解委员的学历程度比较高,1946 年全县总共 230 位调解委员,其中 132 位具有初中以上文凭(包括初中、高中、师范、大学等),占总人数的 57.4%,曾读私塾 60 位,小学毕业 29 位,其余干训班毕业 9 位,分别占总人数的 26.1%、12.6%和 3.9%。大多数人员家庭生活能够自给或有一定的田地。③

与乡村相比,无论是学历、经历,还是财产状况,城市的调解委员会成员的条件要优越得多。其中,许多委员不乏曾任过律师、商人、医生等职业,或担任过科长、局长等职务④,家庭都颇有一定的资产。

为了防止调解委员滥用职权,影响政令及司法,依据《乡镇调解委员会组织规程》,民事案件,乡镇调解委员会可以全部受理,刑事案件除妨害风化等 10 种罪名外,其他一律不得进行调解。前面提到,国民政府曾规定乡镇调解委员须具有法律知识,可此项规定在乡村社会很难应用,乡(镇)长对法律常识尚且欠缺,联保主任、保长就更差了。1944 年 2 月,建始县拟具乡镇调解委员会调解事项范围,对刑事案件作了一些具体的规定,譬如不能调解的案件包括杀人、贪污、土匪、汉奸、特奸、烟毒、贩卖枪弹、运送违禁货物资敌、违

---

① 《巴东县各乡镇调解委员会职员简历册》(民字第 92 号,1944 年 9 月 6 日),湖北省档案馆藏,档案号:LS1-4-319。
② 《为呈报本县各乡调解委员会委员名册祈核查由》(中民字第 1356 号,1944 年 12 月 26 日),湖北省档案馆藏,档案号:LS1-4-319。
③ 《为呈报本县乡镇成立调解委员会情形,附具委员名册乞鉴核》(财民字第 19132 号,1946 年),湖北省档案馆藏,档案号:LS1-4-736。
④ 《汉口市三民区调解委员会委员简历表》(民字第 1066 号,1946 年 9 月 20 日),武汉市档案馆藏,档案号:LS9-1-281。

禁煮酒、违禁赌博、违禁嗽糖、违禁宰杀耕牛、破坏交通等。①

国民政府认为,自《乡镇调解委员会组织规程》公布以来已有数载,各省(市)(县)政府依照规定督促各区(乡)(镇)公所成立调解委员会的固然很多,但迄未成立或徒具虚名的也不少,抗战胜利以后,国家着手"复员",各种民事、刑事纠纷必然很多,为减少诉讼案件,节省人力、物力,亟应督促各市(县),训令各区(乡)(镇)公所依法成立调解委员会,切实办理调解事项,并鼓励地方具有法律知识的人士,应选调解委员。②

关于调解笔录格式,《乡镇调解委员会组织规程》也没有明文规定,各县大都自定格式,以巴东县为例。

巴东县乡(镇)调解委员会调解书

当事人

一、1、甲方:(原告人姓名、年龄、籍贯、住址、职业)

2、乙方:(被告人姓名、年龄、籍贯、住址、职业)

二、(应将甲方诉讼事由撮要叙入)

三、(应将乙方诉讼事由摘要叙明)

理由

四、应叙明甲方理由

五、应叙明乙方理由

调解意见

六、应叙明为纳双方当事人意见,进行调解原则,如事实□□□用

阿拉伯数字分项行之

---

① 《据拟订乡镇调解委员会调解事项之范围及注意事项祈核备等情令仰遵照由》(省吏字第12188号,1943年4月1日),湖北省档案馆藏,档案号:LS1-4-319。

② 《为请督饬普遍成立区乡镇调解委员会一案函请查照办理见复由》(渝民字第3533号,1946年6月14日),湖北省档案馆藏,档案号:LS1-4-736。

调解结果

七、应将双方当事人已未同意上项调解意见愿否成立调解情形叙述明白

八、本意见□经证明与原本□□，除分呈县府及巴东地院备案外，并给予双方当事人各执一纸为照。

当事人甲方〇〇〇（签名或盖章）　乙方〇〇〇（同右）　调解委员〇〇〇（同右）

中华民国　　年　　月　　　　主席〇〇〇（签名或盖章）　记录人〇〇〇（同右）　抄录人〇〇〇（同右）①

1947年4月，国民政府内政部为求统一起见，制定了民事调解笔录格式，调解成立后，由全体调解委员签名盖章，加盖乡（镇）公所钤记。其格式如下。

湖北省〇〇县〇〇乡镇调解委员会"某某法院"民事调解笔录　三十　年度调字第　号

当事人〇〇〇　　住址〇〇〇

　　　　　　　　住址〇〇〇

右两造为〇〇事件，经本"院""会"调解成立，兹记明调解内容如左（一）调解内容。（二）调解到场人。（三）调解成立年月日。中华民国年月日。

调解委员〇〇〇　　　　中华民国　　年　　月　　日②

6月，内政部又规定，乡镇调解委员会可以刊发图记③，湖北省各县乡（镇）

---

① 《据巴东县政府拟定乡镇调解委员会调解书式一种令仰遵照由》（省民二字第11958号，1946年11月23日），湖北省档案馆藏，档案号：LS1-4-736。

② 《为印发乡镇调解委员会民事调解笔录格式一份仰转饬遵照由》（省民二字第19268号，1947年5月7日），湖北省档案馆藏，档案号：LS3-1-507。

③ 《为乡镇调解委员会可予刊发图记令仰知照由》（省民二字第22383号，1947年7月21日），湖北省档案馆藏，档案号：LS3-1-507。

调解委员会图记是比照乡(镇)财产保管委员会及乡(镇)造产委员会规定，县政府刊发，刊刻费用由县预备金项下开支。①

迨警察所成立以后，由于其职能与调解会有所重复，如果警察所"一意揽受民刑事案件"，调委会将等同虚设。县司法机关受理普通民事、刑事诉讼必然增多，许多事件结案时间延迟，因此有些县份拟成立县调解委员会②，湖北省政府对此加以否决，理由是乡(镇)调解委员会的设立旨在便利乡村人民，减少讼累，况且县城所在地有地方法院或司法处，乡镇调解委员会如有不能调解的事项，当事人可以诉诸法庭，寻取合法解决，无须成立县调解委员会，"以免另生枝节"，并明令，"除犯违警法外"，一切民事、刑事诉讼，仍依法交调解委员会调解。③

不过在乡村社会，很多轻微民事、刑事案件发生后，保甲长能够就地调解，并没有经过乡镇调解委员会这一环节。1937 年 9 月(古历)，徽州满堂村，俞、王两姓为该村几棵大树发生争执，各自声称拥有业权，经保长俞逸园、甲长王林发"稽查"，认为自明清时期，大树就已种植，树龄有数百年之久，"原为满堂村庇阴"，很难指定何人具有该树业权，经调解，无论哪一方，非两姓共同决定，不准私自砍伐，如违反，以损害公产究办，恐口说无凭，立"合禁约两张，俞王两姓各执一张，永远存照"。④

又如 1947 年 8 月，麻城闵集乡第 4 保张裕炳曾代张才义作担保，向第 3 保林和东借棉花 100 斤，购买演唱花鼓用具，有大彩衣 4 件、口条 5 量、布裙 2 条、大小帽子 12 顶、包单 2 个、小锣 1 鸣、钹 1 副、帐篷 1 副，共计 28 件。当

---

① 《据呈刊发乡镇调解委员会图记式样及刊刻经费等情电仰遵照由》(省信字第 24767 号，1947 年 10 月 3 日)，湖北省档案馆藏，档案号：LS3-1-507。

② 《据呈请设立县调解委员会一案电仰查照由》(省民二字第 22692 号，1947 年 8 月 2 日)，湖北省档案馆藏，档案号：LS3-1-507。

③ 《据呈请成立县调解委员会请核示等情仰知照由》(省信字第 35317 号，1948 年 12 月)，湖北省档案馆藏，档案号：LS3-1-507。

④ 《合墨》(1937 年 9 月〈古历〉)，黄山市档案馆藏，档案号：5-20-173。

时讲定月息1分,归还期限半年,并立下借据。1948年春季,林和东向张才义索取棉花,张才义无力偿还,便将用具交与张裕炳,以结清借款手续,张裕炳见用具"即生羡慕之心",想据为己有,林和东催讨数次,张裕炳便想用"汝阴河不毛之沙地抵塞",林和东不同意。6月13日下午,林和东乘张裕炳出门耕作,以为婶母办寿诞为名,从张裕炳妻子手中借出所有用具,次日,张裕炳向林和东索取用具,双方发生纠纷,经保长范理成、冯莫制以及证人范汉卿等人调解,双方愿意息讼。①

再如,麻城徐家巷农民徐光金,一向以务农为业,1948年2月,被同族徐明意、徐明亮嗾使赌博,徐明意等二人向徐光金放款银洋50元,徐光金输光之后,无力还款,双方发生争执,族长徐蔚亭、副族长徐征及徐明辉等从中调解,徐明意等同意免除徐光金所有欠款。不料,12月,徐明意因赌博输了很多钱,突然又向徐光金要钱,双方再起纠纷,结果徐光金被毒打一顿,其母亦不能幸免,头部受伤,耕牛被牵走,徐光金不服,告到乡公所,请求验伤,徐明意等被抓,甲长徐远发、徐远实从中和解,由徐明意、徐明亮二人出具切结,不再借口找徐光金麻烦,若不遵从,愿受户房及法律惩罚,至于打伤徐光金母亲,愿意购买3斤猪肉谢罪。②

如果当事人双方矛盾很深,或牵涉的利益过大,保甲长调解时往往非常棘手,只能由上级司法机构处理。1943年4月24日,恩施向家乡后坪第10保第9甲民众雷福寿利用国家扶助自耕农政策,向恩施中国农民银行贷款16000元,凭中证人刘顺卿、潘荣耀、彭世泽等,购买该乡地主雷子耀水田20余亩,双方议价国币25000元整,雷福寿先付16000元,取得雷子耀亲笔卖契一张,交银行担保,余款9000元,等交庄后一次付清。不料,雷子耀收款以

---

① 《张裕炳呈控林河东一案,为案已调明,公恳撤销原案以息颂端事》(1948年6月21日),麻城市档案馆藏,档案号:110-1-135。

② 《为恃势凶伤请求准予验明伤痕并拘究法办事》(1948年12月28日),麻城市档案馆藏,档案号:110-1-122。

后,立即前往四川经商,利用卖田之名,行假借国家公款之实,拒不勘界、交庄,直到1944年正月,方才返回。雷福寿请乡长、保甲长、原中证人理论,从中"往返调解",达成协议,但雷子耀事后反悔,迳向恩施地方法院起诉,声称水田产权系与弟弟共有,出售时并未取得他们同意,法院判定交易无效,由雷子耀归还钱款了事。雷福寿心有不甘,田价虽清,契据虽得,而未获土地,分别向恩施县政府、地方法院、中国农民银行提出反诉,声言交易既已成交,田契又呈缴验税,手续具备,并且契约上有雷子耀弟弟雷光荣亲自画押,为此,法院从中国农民银行贷款处调阅双方买卖红契,令饬雷子耀迅速勘界、交庄,以清手续。①

又如1948年5月7日,麻城闵集乡第5保第9甲民众舒教道挑粪,经过同甲居民舒乃志家门前时,大粪泼洒门前,因两家素有积怨,且乡间迷信——"春怕泼粪",舒乃志母亲比时见状,要舒教道赔礼道歉,双方发生口角,互相对骂,以致发生肢体冲突,女方头部被打破,血流不止。舒乃志于是报告保甲长,要求验伤,保长罗光福验勘以后,也认为伤势确实严重,虽经再三调解,不能成立,舒乃志将伤者抬至乡公所,乡长派警察会同罗光福等人,将舒教道"提传到所,以凭讯办"②。

再如1949年1月23日上午,武汉市张公区周福堂、周柏松等与刘盛才因租湖地养鱼发生争执,甲长刘水生、罗其中等人受当事人邀请,前往调解,不料周福堂等人招集社会人士及水警十余人,预先埋伏余华岭附近,俟刘水生等人靠岸时,即开枪射击,刘水生不幸当场被击毙,其余人见情势严重,纷纷逃避,此一惨案发生后,罹难甲长父亲刘朝元呈报治安机关,请求缉捕凶手,依法惩办,随后,治安机关派员查办周福堂以及水警等人。③

---

① 《据雷福寿呈称请转知秉公解决购地悬案等情转请查照讯办,并希将办理转知地方法院由》,湖北省档案馆藏,档案号:LS45-2-1058。

② 《呈为舒乃志所控舒教道打伤一案业经调明恩祈撤销由》(1948年5月8日),麻城市档案馆藏,档案号:110-1-122。

③ 《甲长调解渔利纠纷,水警开枪击毙一人》,《武汉日报》,1949年1月26日,第4版。

其实,最难调解的案件莫过于宗族之间的纠纷,有时连县政府也未必能"摆平"。譬如天门县横南乡第 10 保有张、郭两大宗族,早在光绪年间,便为湖田所有权打过官司,到 1942 年,湖田"淤积成阜",郭姓乘机购买湖田 1000余亩,张、郭两姓再起争执,当时日伪天门县长刘又仙将湖田 1000 余亩判给郭姓,抗战胜利以后,张姓援引司法院法令,凡沦陷期内,凭借敌伪势力,胁迫购买田产,应予撤销,向天门地方法院起诉,法院以郭姓所持光绪二十年堂谕及日伪天门县政府行政处分书为依据,驳回张姓起诉,张姓败诉后,一面上诉高级法院,一面聚众开会,意欲抢割郭姓秋粮,预备土枪土炮,准备械斗,日夜向郭姓住地轰击。1946 年 8 月,郭姓呈报县政府,县政府派队弹压,并请张姓族长竭力制止,暂时无事。但随后数月时间,张姓又聚众四五百人,以土炮轰击郭姓住地,并割去秋粮数十亩,乡公所制止无效,县政府派警保第四中队长方万宁前往制止,并取具双方不械斗切结。1947 年 6 月,张姓继续用土炮围攻郭姓住地,郭姓全族逃离,除请求乡公所派队保护房屋外,又率男女数十人前往天门县参议会请愿。7 月 1 日上午 8 时,天门县长帅云屏亲率县参议员萧恢如等 16 人,带领武装卫士,赴横南乡武圣宫,招集张姓代表 6 人、郭姓代表 4 人,进行调解,建议湖田归郭、张两姓分别管理,郭姓 1000 亩,郭姓所种稻谷、高粱、黄豆等物仍划归郭姓所有,以日伪刘县长所划之沟为界,由调解人前往勘定,郭姓负责开挖沟界,钉椿作为记号,其余 1559亩归张姓所有,并由双方代表具结,永不聚众械斗及杀人放火等事,如有违反,由政府以盗匪论处。①

讽刺的是,8 月初,张姓又聚众械斗,甚至枪击郭宏生,酿成命案。张姓以该案系属民事,况且所有刑事案件系由地方法院受理,县长无权越权干涉司法,同时调解系县政府采取高压手段,胁迫服从,援引法律,调解须经双方接

---

① 《张大振关于不服天门县政府对民事案件违法处分,请撤销原处分并先行停止执行原处分的呈文及湖北省政府的训令》(省秘字第 12691 号,1947 年 8 月 7 日),湖北省档案馆藏,档案号:LS1-4-820。

受,始能生效,如一方反悔,并无法令可以拘束,张姓又向省政府控诉。县长认为,张姓反悔,且并未向高等法院撤销原案,调解结果难以执行,也未催促双方履行协议。张姓族大人多,法院办理命案,函请县政府派队拘拿嫌疑人,县政府也无可奈何,一方面不能任其械斗,扰乱地方秩序,扩大变乱,另一方面又要维持治安,不敢强制执行,激成事端,于是呈请省政府,派遣"为人公正、族望所归"之农业改进所所长张天翼、民政厅秘书张伯荣下县调解,在收割新谷、大规模械斗一触即发之前,"消灭大患"。[①]湖北省政府令饬该县严令制止械斗,关于新谷收割,"各种各收",在高等法院判决湖田产权后,再行清理。[②]

为稳定社会秩序,平息乡村矛盾与冲突,国民政府在构建多元化解决纠纷机制的过程中,不仅保留了传统的解决纠纷方式的合理成份,而且借鉴了西方民事调解制度,利用保甲组织,力图将中国传统的非制度化的调处纳入法制的轨道。在基层治理实践中,保甲长承担了乡村社会大多数纠纷的调处职能,而非县级司法机关。然而,现代司法制度在乡间的推行却产生了一定的副作用。一方面,它破坏了传统的礼治秩序,另一方面,又未能建立起有效的法治秩序。乡民中的一些"败类"凭借法律的"漏洞",往往不服乡间的调解,而告到司法机关。结果,国家在一定程度上既失去了礼治秩序的好处,又带来了法治秩序的弊端。[③]作为调解主持者的保甲人员,由于个人威望与地位的局限,处理民间纠纷事务时存在先天的缺陷,只能在一些轻微民(刑)事案件中发挥作用。

---

①　《方毅关于请派张天翼、张伯荣下县调解械斗一案的电文》(1947 年 8 月 25 日),湖北省档案馆藏,档案号:LS1-4-820。

②　《湖北省政府关于高等法院未判决确定产权前,新谷收割应各种各收一事的电文》(1947 年 8 月 28 日),湖北省档案馆藏,档案号:LS1-4-820。

③　费孝通:《乡土中国》,凤凰出版传媒集团,2007 年,第 62~63 页。

第七章
保甲长与地方社会的紧张关系

目前，学界对保甲人员与地方社会的关系，已作了许多颇具价值的研究。冉绵惠认为，保甲人员强拉壮丁、勒派捐款、贪污中饱、违法舞弊、横行乡里是保甲制度的主要弊端。[①]杨吉安认为，在控诉保长的案件中，几乎都有综合性的特征，换言之，一个控案包括兵役舞弊、贪污索贿、滥刑赌博等多个方面内容。[②]汪巧红认为，新县制时期，国家权力下沉，使得保甲长的生存环境极为恶劣，民众反抗和抵制的案件"少之又少"，保甲长更多的是受上级的压制，为求自保，同时也为了获得利益，与上级勾结，共同作弊，汲取地方资源，民众成为最大的受害者，问题的症结在于新县制的制度缺失，即缺乏奖惩机制。[③]龚汝富认为，保甲长在履行职能的同时，往往利用合法外衣，进行权力寻租，经济纠纷不断涌现，但由于国民政府裁判与制约机制的缺陷，大量的

①　冉绵惠：《民国时期四川保甲制度与基层政治》，社会科学文献出版社，2010年，第169~187页。
②　杨吉安：《权力、话语与社会控制——以江西万载为个案(1934—1945)》，南京大学博士论文，2011年，第74页。
③　汪巧红：《民国时期湖北的新县制研究(1939—1949)》，华中师范大学博士论文，2007年，第204~205页。

控诉案件不了了之,保甲制度彻底瓦解也就成了必然结局。[1]程郁华以乡保人员的暴力纠纷案件为主要分析对象,结合口述史料,认为国家制度是导致乡村社会失控的主要原因,即乡保长在税费征收过程中,国家赋予其可以借助警察、军队力量强制执行公务的权力,乡保长为免受处罚,不得不动用暴力手段,国民政府在乡村社会的合法性进一步丧失。[2]

基于以上分析,本章尽可能地利用湖北省档案馆资料,将控诉保甲长案件进行分类,以求对隐藏在基层社会的各种矛盾和症结有更深入的了解。

第一节　民众控告保甲长案的发生

乡镇保甲长身为基层干部,奉公守法、克尽厥职者固然很多,违法滥权、为害地方者亦复不少,综合乡保人员被控案情,从内容上看,大体可分为三大类,分别是非法摊派、役政舞弊与妨害人身自由。[3]现分述如下。

一、非法摊派

湖北钟祥县第一区外郢镇邻近城关,1933年,商民陈玉芝等六十余名联名向县政府控告联保主任郑克逊,郑任职以来,利用职务之便,滥权渎职,非法摊派,每月经手各款数目既多,所有收支又未公布,譬如,黄登炳夫妇发生口角,郑克逊加以干涉,罚黄登炳夫妇洋钱8元;乡民来县城,因找不到厕

---

① 龚汝富:《民国时期江西保甲制度引发的经济纠纷及其解决——以宜丰、万载两县保甲诉讼档案为中心》,《中国经济史研究》,2007年第3期。

② 程郁华:《1945年前后乡保人员暴力现象分析:制度的视角——以浙江省新昌县为个案》,《兰州学刊》,2007年第12期。

③ 《健全乡镇保甲揭举整饬事项》(湖北省政府第4类第1项第1目第1216号,1948年7月),湖北省档案馆藏,档案号:LS3-2-2552。

所,往往觅僻静处小便,徐国安因此被罚洋钱 3 元,其他还有浮收飞机捐、修补城垣费、电话线费、修枪费、县仓捐、枪丁补助费以及建设民权巷费等。①该商民向县政府呈文,要求成立外郢镇联保收支清算委员会,委员由联保居民推举,有权随时调阅联保主任各种账簿,如发现浮收滥支情弊,据实呈请主管各级官署惩处。县政府收到呈文以后,认为保甲费用应由保甲会议负责,故而驳斥未准。该商民等又向豫鄂皖三省"剿匪"总司令部控诉郑克逊,该司令部指令湖北省政府,转饬民政厅彻查核办。②

如果说联保主任在推行国家政令过程中,明目张胆非法摊派容易招惹众怒的话,有时"搭便车"也不行。1938 年,秭归县居隐乡有 17 保,每保召壮丁 10 名受训。联保主任乔德良借口社训,每人月需伙食费 4.5 元,小队长等共做服装 22 套,每套 5.6 元,这与县城常备队伙食费与服装费均为 3 元标准相差甚大,况且乡村比县城的开销更低。结果,民众余德三等呈控乔德良擅自筹集经费与鲸吞救国公债,当县政府派警前往该乡时,乔德良畏罪,携款潜逃,乔本人不仅遭到通缉,其私有财产亦被查封、赔偿。③

国家需要通过保甲制度动员大量的财力与人力,就动员财力而言,民众除缴纳正税外,还担负各种摊派款项以及捐款,自县以下,经过层层加码,到保甲时,摊派的标准,不仅已增加了许多,而且还很不公平,出于保甲人员的意志以及各种政治、经济势力的考量之后,"有钱有势的不派,地主和殷商不派或少派,亲友不派或逃派",全部负担落在了广大的贫苦民众身上,因不堪"负担之苦而自杀者亦大有人在"。④保甲长摊派时往往不给收据,即使给,普

---

① 《奉令以据钟祥商民陈玉芝等控前联保主任郑克逊贪横恣肆等情一案已遵令转饬民政厅彻查核办具复转报由》(民字第 1635 号,1933 年 10 月 17 日),湖北省档案馆藏,档案号:LS1-3-500。

② 《奉令以奉总司令部令据钟祥县民陈玉芝等呈控联保主任郑克逊贪横恣肆一案,饬查办等因,先行呈复鉴核由》(秘鄂普字第 1422 号,1933 年 10 月 28 日),湖北省档案馆藏,档案号:LS1-3-500。

③ 《通缉秭归联保主任乔德良》(湖北省政府民政厅第 3 类第 8 项第 3 目第 14931 号,1938 年 7 月 5 日),湖北省档案馆藏,档案号:LS3-3-4452。

④ 《秭归保甲长榨取人民物资案》(1944 年 8 月 25 日),湖北省档案馆藏,档案号:LS3-3-4543。

通民众也不要,理由是,有了收据反倒成了今后继续摊派的依据,不如不要,甚至愿意多出钱,把收据取消。[①]

"摊派猛于虎"[②],苦了民众,却中饱了一部分基层人员,摊派越浩繁,越能带来实实在在的"油水",保甲人员又不公布账目,民众自然疑惑,议论纷纷,控告保甲人员贪污案件也就屡见不鲜。1943年4月,谷城县庙滩乡第15保杜贵清、李大富、张道忠等人控诉保长胡名信"奉令征收抢购粮",摊派不公,其胞兄弟与族兄"颗粒未派",对于不满一亩田之张光德等住户,勒令输纳,换用大秤(十六两秤,十二斤作十斤)。同时,"擅用"妹夫萧国玺充任教师,每月领俸粮4斗,后加为8斗,直至1石2斗。[③]

以上所举事例只是冰山一角,各种摊派多如牛毛,乡保人员的重要工作便是每日派人向民众循环催索摊款,有时,当地驻军及地方团队也向乡保索要各种军需物品,以至百姓"力尽筋疲"。[④]

二、役政舞弊

"剿匪"时期,国共连年战争,人员难免伤亡。为统筹各部队补充新兵,1933年6月,国民政府军事委员会颁布《各县协助招募规则》,南昌行营设立招募总处,总揽各招募区一切事务,各招募区与各招募分区应募人数,由招募总处函知各省县,募兵前,各行政官吏须召集基层行政人员,要求其担任招募人员,遵守招募条例,并晓谕民众,如期募足限定兵额,招募费用由招募人员自行领发,行政官吏不负责供给,各行政官吏及招募人员若能如数募

---

① 薛暮桥:《抗战与乡村工作》,生活书店,1938年,第60~61页。

② 《摊派猛于虎》,《大公报》,1948年1月8日,第4版。

③ 《谷城保长胡名信等贪污案》(字第6480号,1943年5月6日),湖北省档案馆藏,档案号:LS74-1-121(2)。

④ 《镇公所和保公所,人民出粮供养办公人员,办公人员再向人民摊派》,《大公报》,1947年8月2日,第4版。

足,将"从优叙奖",反之,协助不力或从中阻滞者,分别轻重,严加惩处。①

乡村社会奉令募兵,"无一应者"。原因在于,筑碉堡、修路等征工,动辄需要大量民伕,国民党驻军及过往各部队补充兵员更多,人民应征以后,往往不能如期返回故里,甚至被军队带往他县或别省,杳无音信。民众务农,自耕自给,"言及当兵,则谈虎色变"。国民政府向各县催兵,各县不得不将任务分摊各区,各区再摊派各保,各保无计可施,只得挨户凑钱雇员顶替,普通价格大约三四百串,即所谓挨户捐,但是雇员送至省城以后,每每因体格不合格被退回,无法,又得出钱重新购买,"不肖者遂缘以为奸,而骚扰不堪"②。

抗战需要兵力,长期抗战,中国军队必受很大牺牲,更需要补充大量后备军,募兵制改成征兵制,便成为国民政府急切的需要。1936 年 7 月,内政部、军政部公布《兵役及龄男子调查规则》,每年 4 月 1 日至 4 月 10 日,各家长应将家属中年满 20 岁之男子填具现役及龄呈报书,于 4 月 15 日前,甲长、保长根据户籍详查,发现遗漏,责令家长补报,如无,保甲长署名及登记后,呈报乡(镇)(坊)公所,转报区公所,区公所收到汇报后,编成该区常备现役及龄壮丁名簿,于 5 月 10 日前呈报县(市)政府,县(市)政府接到呈报后,根据户籍簿,详加核对,并派员调查免役、禁役、缓役者是否属实,然后将各区壮丁名簿汇订为县现役及龄壮丁统计表,于 6 月 10 日前交该管团管区司令部,转报师管区司令部与省(市)政府,直至军政部与内政部。③征兵手续完全由保甲长实行,征兵制能否办理完善,与保甲制度关系密切。

役政能否得到民众拥护,除政府事前宣传与教育外,执行征兵过程中,能否秉公办理也非常重要。就后者言,与派捐一样,保甲人员调查户口与造

---

① 《各县协助招募规则》(1933 年 6 月),蔡鸿源:《民国法规集成》(第 45 册),黄山书社,1999 年,第 291 页。

② 湖北省政府民政厅:《湖北县政概况》(第 1 册),汉口国华印务公司,1934 年,第 250 页。

③ 《兵役及龄男子调查规则》(1936 年 7 月 14 日),蔡鸿源:《民国法规集成》(第 45 册),黄山书社,1999 年,第 202 页。

壮丁名册时,"猫腻"很多,大有"文章"可做,有钱有势的,名册中无名,亲友自然无名,对保甲长有所求的以及保甲长有所"顾忌"的也不能有名。此外的"领域",保甲长的"笔锋便可自由驰骋",倘若土劣充任乡保职务,名册便成为贫苦民众的"生死簿",于是乡保人员的门庭也就"热闹起来",说情、请客、送礼、贿买之声不绝于耳。依据兵役法规定,壮丁应征,采取抽签法,但事实上用的是"抽钱法",即有钱的不应征。随着战火南移,国民政府不时需要壮丁补充伤亡军队,县府如果事前既无准备,事来又得立即应付,壮丁名册和抽签法也就废弃不用,采取强制性拉夫,即所谓"抓壮丁",抓的方法五花八门,有诱捕、夜劫、围击等①,抓的对象有不少是家庭的"顶梁柱"或独子,乡保人员此举,旨在可以获得赎金,为了能捞到更多的"油水",抓的数量既多,而且也很频繁,抓了放,放了再抓,路人及行旅②亦不能免。每次征兵都给乡保人员一个榨取并勒索民众的大好机会,有钱的可以不出力、不出钱,贫苦百姓既须出力,还得出钱,控诉乡保人员,乃至公然反抗征集壮丁也就应运而生了。③

役政案件,不仅来源复杂,而且特别繁多,就控案性质论,有舞弊、卖放、犯纪、包庇、拉顶、虐待壮丁等。其中,役政舞弊案件占据相当比例,又大致可分为三种,一是保甲人员受贿而免除应征者役务。1947年2月,广济县梅腾乡第9保张鸣翼与广济县卫生院共同舞弊,收受张水泉大量现洋,将其弟张碧成"验放"。④

二是保甲人员勒索金钱。来凤县悌恭乡第15保赵仁本(50岁)弟兄三

①　《汉川黄龙乡保长龚鹤仿办理兵役不法情形》(湖北省政府第1类第1项第1目第1036号,1947年9月),湖北省档案馆藏,档案号:LS3-3-4114。

②　《利川张德中呈恩施屯堡乡保长李茂轩等强迫伊子仁安抵补兵役》(湖北省政府第4类第4项第1目第393号,1944年2月),湖北省档案馆藏,档案号:LS3-1-1298。

③　薛暮桥:《抗战与乡村工作》,生活书店,1938年,第62~65页。

④　《广济梅腾乡九保张鸣翼妨害兵役为害地方》(湖北省政府第4类第4项第1目第943号,1947年3月),湖北省档案馆藏,档案号:LS3-3-2932。

人,1941年4月,三人出外贸易,前任保长赵仁厚、现任保长李习之等伙同联保主任田义甫将在田野耕耘的赵仁本父亲(年近70岁)捆绑至办公处,扭扯之中,有人手被割伤,勒令赵仁本赔偿医药费20元、子弹及伙食费63元8角、脚步钱20元,赵仁本不服,控告彼等包庇兵役,借公诈财。[①]又如,谷城县煤矿乡第7保第8甲曹开生(31岁)有一妻三女,虽有长兄一人,但早就各立门户,1942年,保长吴仲轩等将曹开生裹胁到该保办公处,断其自由,胁迫勒款500元,曹无钱可出,彼等代写条据,限期(冬月十五日)付款,曹认为,按照法规,应当在缓役之列,无故遭禁闭,且被索款,心中不甘,遂于12月19日控告吴仲轩等非法征兵。[②]

三是乡保人员雇人顶替,从中渔利。1948年,广济县铁石乡第13保民众李老三,年16岁,在汉口以挑担、理发为业,住同县人吴云峰(年46岁)家里,因生意不景气,李老三被吴云峰教唆,顶替他人兵役。5月,经人介绍,二人一同赶往鄂城县葛洪乡第7保,当时与保长商定,顶替何秋波的名字,价格为银币42元,先付12元,余下30元打兑条,等鄂城县团管区接兵部队验收合格再兑现,李老三谎称21岁,应征以后,将兑条以及理发用具一同委托吴云峰,代为兑收和出售。9月,李老三生病掉队,随后开溜,20日,到汉口,向吴云峰要钱,二人因钱分摊不均,发生口角,闹至警察第十分局,被解送警察总局,转解警备司令部,移送法院办理。[③]

许多民众为躲避兵役,逃亡他乡,文化落后省份更是常见,逃避的方法不外数种:举家逃往邻省、邻县或出洋,或自残躯体[④];伪造证件,钻营、谋求

---

① 《来凤保长赵仁厚、李习之,联保主任田义甫包庇兵役》(湖北省政府民政厅第17376号,1941年4月),湖北省档案馆藏,档案号:LS3-3-3919。

② 《为豪劣螯虐良懦遭殃谨状催呈俯赐迅予拘案严厉法办以除民蠹而安民生由》(总收文字第1594号,1943年1月17日),湖北省档案馆藏,档案号:LS74-1-121(3)。

③ 《湖北军管区司令部关于李老三等妨害兵役案犯查收办法的具体情形及其审判过程笔录》(1948年10月12日),湖北省档案馆藏,档案号:LS1-2-1087。

④ 林振镛:《兵役制概论》,正中书局,1940年,第240页。

公职,意欲规避兵役,譬如防空哨哨兵、警察、保长、邮差、小学教师、学生之类①;有钱有势的可以通过捏报年龄、请托或贿赂方法豁免②;有时由于强宗大族操纵,出现集团舞弊现象。③

常州北乡抽丁演全武行

【本报武进十二日讯】本邑北乡三河口与新安镇,前为合并乡镇竞选参议员,两乡人士,争执激烈,迄今意气未除,此次实行并乡,三河口镇坚欲将原属新安之东姚西姚两保并入河口, 新安镇坚拒,曾闹至民厅,尚未获妥善解决。此次紧急征兵,三河口镇配额四名,至限而该乡一兵未征,县府为克奏事功计,特派军事指导员许某 赴该镇催征,该乡镇长朱兴庭,当称三河口壮丁三名,即可送城,惟东西姚一名,须指导员亲往提领云云,许指导员闻悉情形,当于七日清晨亲率河口自卫队四名,携带匣枪,破晓达东西姚村,将老保长姚某押绑,带回河口押缴壮丁,全村释然,赶报新安乡,当地人士,一呼百余人,直奔三河口,当将乡长朱兴庭所开设之南货铺打毁一空,朱兴庭后门逸走,未遭殴辱,当认将许指导员及四自卫队为绑匪行动,加以拘捕,二自卫队员见势不佳,先后弃枪逃逸,另二自卫队不及避走,被缴枪扭住,大吃生活,连同许指导员一并解往新安,设案逐一审讯,当新安大队人士抵三河口时,河口东街乡自卫队,西街县保安队,闻讯全体出动警戒,架设机枪,形势如临大敌,幸未肇祸,仅目送新安人士蜂拥而去。事后三河口方面乃飞报县府,指新安为暴动,双方正积极调兵遣将,准备大打官司,迄发稿时止,许指

---

① 《为本保国民学校校长江畔伪造证件,文理不通,不能称职且久未开学,经迭请县府查明撤究迄未法办,合将该校长之罪状汇陈鉴察恳乞讯饬辖县法办由》(1948 年 4 月),江西省档案馆藏,档案号:J046-3-03609-0227。

② 《保甲长操大权,富家子可免役》,《大公报》1948 年 3 月 26 日,第 5 版。

③ 《为据情转请备查由》(方民字第 255 号,1948 年 10 月 18 日),麻城市档案馆藏,档案号:110-1-1。

导员已被释来城,八日适逢星期,又值阴历年关,县府尚未作何紧急措施。①

民国肇造,百废待兴。旧政权瓦解之后,未能建立起有权威的统治架构,乡村基层社会治理失范。为维护对基层社会的政治控制,就国民党而言,常用的就有保甲制度。抗战胜利以后,国共两党对战后中国的发展有着不同的理解与追求,但两党为坚持自己的理念,都不会轻易削弱军事力量,所谓枪杆子里面出政权,征兵自然成为决定国民党政治命运的关键因素。但对于许多普通百姓而言,因战争的残酷等许多未知的原因,总是尽可能规避。

一般认为,由具有相同利益的个人所形成的集团,均有进一步扩大这种集团利益的倾向。即所谓"一损俱损、一荣俱荣"。用博弈论的术语来说,这时利益主体之间是种正和博弈。美国学者曼瑟尔·奥尔森将这种集体利益作了两种区分,一种是相容性的,一种是排他性的。②从上面的材料可以看出,当国家合并乡镇、节约行政资源、提高行政效率时,因乡镇人口总数的大小决定参议员人员的多少,三河口与新安两镇这时碰到的,就是我们通常所说的"分蛋糕"问题。两镇都想把"蛋糕做大",自然为东西两姚村的归属问题争执激烈,甚至闹到民政厅,可谓"宿怨"已久。

保甲长作为国民政府的基层干部,其职责是组织民众,训练民众,唤起民众,而在实际运行中,当国家过多地汲取地方资源,政令不畅时,往往是伴随着暴力去推行的。此时,利益主体在追求利益时,有时又是互相排斥的,如上述材料所示,当国家征兵名额一定时,三河口镇兵源征多了,就意味着新安镇或许可以少征。利益主体一方三河镇为了转嫁风险,维护自身利益,自然会极力争取减少征兵名额,两镇矛盾激化因而在所难免,这是由于当时的特定环境使然。

---

① 《常州北乡抽丁演全武行》,《申报》,1948 年 2 月 14 日,第 2 张第 5 版。
② [美]曼瑟尔·奥尔森:《集体行动的逻辑》,陈郁等译,格致出版社,2011 年,第 31 页。

三、妨害人身自由

依据《修正剿匪区内各县编查保甲户口条例》第 35 条规定,凡保甲内住民,有勾结、窝藏、故纵中共人员者,除依法从重惩罚外,甲长及各户户长处以 4 日以上 30 日以下拘留。又同条例第 36 条规定,保甲内住民,凡拒绝加盟保甲规约、无故拒绝缴纳或滞纳保甲经费、明知有户口异动而隐匿不报、填报户口不实或任意销毁门牌、拒绝编入壮丁队、对分配工作不遵办者,科以 4 元以上 40 元以下罚金,如不依限缴纳时,应由区长转呈县长,加以拘留,拘留期限以 1 日折合 1 元计算。[①]

区署为县政府辅助机关,代表县府,督导乡镇办理行政以及自治事务,乡(镇)公所与保办公处除受上级机关监督外,还须受上级政府指挥,执行各项政令。民众违反兵役、工役时,《县各级组织纲要》与《乡镇组织暂行条例》均无明文规定区乡保长职权。根据《国民工役法》,人民无故不应征工役者,区(乡)(镇)长呈报县政府,强制执行,或处以每日 1 元以下罚锾。[②]抗战时期,罚锾与实际生活已不相符,1941 年 1 月,行政院通令各省市政府,将抗征罚锾数额提高为每日 1 元至 3 元。1942 年 3 月 29 日,秭归县三闾乡第 4 保第 6 甲住户谭维钧反抗伕役,殴打哨丁,事后,保长向先芝向乡公所呈报,乡长冀雷安饬令,将谭维钧抓获,罚谭为建设乡中心学校工作 30 日,以儆效尤,并将限条交"建设学校筹备委员会"。对于乡长擅自处理一事,县政府除认为"殊属不合""姑准备查"外,再次强调,嗣后,如有类似事件,应呈报县政府办理。[③]

---

① 《修正剿匪区内各县编查保甲户口条例》,《湖北省政府公报》第 521 号,1935 年 8 月 21 日,第 17~18 页。

② 《国民工役法》,《福建省政府公报》第 741 号,1937 年 8 月 28 日,第 2 页。

③ 《解释区乡保长职权》(湖北省政府第 4 类第 2 项第 1 目第 71 号,1942 年 5 月),湖北省档案馆藏,档案号:LS3-2-2493。

由于各联保主任以及保甲长对于所属花户负有催缴赋粮责任，国民政府也赋予乡镇保甲长权力，对逾限缴纳或不服劝导粮户送交县府，进行羁押追缴。①因此，民众与保甲人员的关系比较紧张。1942年6月，宜城县雷家河乡刘之美、胡培礼抗缴军粮，被该管乡保长解送、押交，该民等遂向宜城地方法院控诉乡保长妨害自由。法院认为，刘之美等确实抗缴军粮，乡保长自不能以妨害自由论罪，故予以不起诉处分。②

其实，在乡保长追缴军粮、滥权拘押民众案件中，被押者大多是家无余粮之贫民，少数是殷实富户。司法行政部认为，各乡公所供应军粮，系代购性质，拘押无粮供应民众，并不合法，自应构成妨害自由罪，如乡保人员藉端勒索或其他营私舞弊情事，更应依照《惩治贪污治罪暂行条例》处理。如粮户或农户未依法向征购粮谷机关缴纳粮谷，只能依据《非常时期违反粮食管理治罪暂行条例》办理。③

除征收赋粮外，在征兵过程中，亦很容易发生妨害人身自由案件。1948年3月，江西临川嵩湖乡第15保保长陈润洪被人控告妨害兵役，非法逮捕"独负家庭生计责任之人"（依法缓役），送交乡公所，转解县政府，送入南城团管区服役。④又如宜都县青平乡第8保已于1949年1月13日完成"配兵"名额任务，但该乡差额甚多，15日晚，乡长程鑫亲率乡队附刘汉臣与保长白泉臣，深夜将该保民众邹德森逮捕，拘押乡公所6日，邹出棉花100斤以及受武刑（30扁担）后，方被释回了案。此外，行人或商人陈首先、周贵全（鹤峰

---

① 《修正湖北省各县乡镇保甲长催征赋粮暂行办法草案》（1945年5月11日），湖北省档案馆藏，档案号：LS1-6-420。

② 《为人民告诉乡保长因追缴军粮拘押案件，应如何办理，请鉴核示遵由》（循字第668号，1942年8月24日），湖北省档案馆藏，档案号：LS7-5-249。

③ 《司法行政部指令》（指〈参〉字第10176号，1942年10月12日），湖北省档案馆藏，档案号：LS7-5-249。

④ 《对于非法逮捕不服裁定抗告》（抗字第58号，1948年6月1日），江西省档案馆藏，档案号：J018-2-13405-004。

籍）、何青山（五峰籍）、雷子成（秭归籍）等亦被抓，抵补该乡兵额。①

第二节　从控告到越级上访

控诉案极其复杂，有些保甲人员的罪名还不止一项，往往是数罪一并被控。譬如 1941 年 10 月，南漳县联保主任黄秋农被控鲸吞赈谷、拦劫军枪、擅放汉奸、没收军鞋军袜等。②又如 1943 年 3 月，襄阳县北屏乡第 11 保保长邓玉璋被控侵吞军粮、舞弊兵役、聚赌抽头、玩忽教育、派粮不公、唱戏庇烟等。③再如 1945 年 1 月，光化县民族镇第 5 保保长黄廉泉被控贿买保长、奸淫妇女、私售烟土、包庇兵役、恃势敛财等。④

王奇生认为，保长与甲长同为基层行政人员，但二者的职权不能相提并论，甲长大多"由各户轮流坐庄，其职责不过是为保长跑腿"，故而在保甲人员被控案件中，没有发现一例甲长被控。⑤经笔者查阅湖北省档案馆资料，虽然较少，但也不是没有。⑥ 1942 年，利川县李智乡第 5 保第 3 甲甲长黎子元被赵世福控告，罪名是受贿包庇、私卖壮丁。⑦ 1943 年，建始县石马乡第 9 保第 4 甲（距离县城 120 里）甲长邓锡荣办理土地陈报时，与该甲住民邓世燕

---

① 《为宜都县青平乡乡长程鑫贪污舞弊乱征壮丁侮辱人权请查办由》（1949 年 1 月 26 日），湖北省档案馆藏，档案号：LS3-3-2873。
② 《南漳联保主任黄秋农被控》（湖北省政府第 4 类第 4 项第 1 目第 43 号，1941 年 10 月），湖北省档案馆藏，档案号：LS3-3-3345。
③ 《襄阳保长邓玉璋聚赌抽头包庇鸦片》（赏字第 5012 年，1943 年 4 月 1 日），湖北省档案馆藏，档案号：LS74-1-121（1）。
④ 《为保长不识一字，只知敛财殃民公恳撤职查办以儆效尤由》（政新字第 8547 号，1945 年 1 月 19 日），湖北省档案馆藏，档案号：LS74-1-169。
⑤ 王奇生：《革命与反革命：社会文化视野下的民国政治》，社会科学文献出版社，2010 年，第 438 页。
⑥ 《京山孙桥乡甲长萧祥元被控》（湖北省政府第 4 类第 4 项第 1 目第 1021 号，1946 年 12 月），湖北省档案馆藏，档案号：LS3-3-3866。
⑦ 《湖北高等法院、湖北高等法院检察处关于利川民众赵世福等秘报黎子元卖壮丁受贿包庇案的训令公函》（1942 年 7 月 13 日），湖北省档案馆藏，档案号：LS7-6-3837。

发生纠纷。邓世燕认为自己的田亩被多陈报,是因为邓锡荣串通保长与丈量员所致,随后,邓世燕向县府呈控甲长邓锡荣包庇兵役、违禁酿酒、贪污勒诈、贿通土地陈报员,因乡保长"袒庇,累呈未究",遭到甲长打压,邓世燕在外躲避,不敢归家,田地荒废,遂向湖北省政府呈控。①不可否认,甲长职务在保长之下,凡办理兵役、赋税等事,概由保长直接对各住户分配,甲长不过负责经手而已,当局认为,甲长没有包庇与中饱的机会和可能,被控系因公招怨,因此国民政府对此类案件,有时采取置之不理,有时一经查实,警告原告不得无故生事。

当然,如果乡保甲长是"蛇鼠一窝"的话,那就另当别论。1941 年 6 月,襄阳县第二区埠口乡第 1 保保长乔学才以及甲长乔学藩、乔学恭、乔小憨、乔光盛等被控借摊派该保应代购军麦之机,浮收 130 余石;9 月,双沟镇镇长陈伯达与保长彭守林、王心田等被控开设烟馆,贪污屠宰税;10 月,第二区区长孙典五与钟伯允、刘高仁等被控藉征购余粮机会违法贪污。② 1943 年,谷城县煤矿乡乡长温育如、保长汤海浴等被控狼狈为奸、卖放壮丁、勒索民户。③

各省保甲人员被控案件相当多,我们分析时,亦应注意一个现象——保甲人员推行各项政令过程中,很容易与民众结怨,如果地痞流氓挑拨离间与土豪劣绅包揽诉讼,社会上许多民众就容易听信谗言,因此原告并不一定是"好人",被告也不见得个个是"坏人",诬告案件,在所难免。1939 年,建始县周塘乡民众黄正治等人控诉联保主任顾盛卿 8 项罪名,分别是挟仇捏诈、栽害烟苗、贿卖征兵、包揽屠税、贿选违规、刑讯武断、奸淫妇女、隐匿逃兵。经县政府调查,认为所控事件子虚乌有,顾盛卿"办公认真致受源源诬控","乡

---

① 《建始县九保甲长邓锡荣被控案》(1943 年 5 月),湖北省档案馆藏,档案号:LS3-1-133。

② 《襄阳区乡保甲人员孙典五等贪污不法案》(俭字第 178 号,1943 年 1 月 15 日),湖北省档案馆藏,档案号:LS3-3-3288。

③ 《据报该县煤矿乡乡长温育儒等狼狈贪污等情仰查办具报由》(总收文字第 3388 号,1943 年 3 月 1 日),湖北省档案馆藏,档案号:LS74-1-121(3)。

间刁痞勾结横行，希图泄忿，反是为非，循环无穷而不可解"。①

　　鉴于各县民众素质低下，不谙诉讼手续，为宣达民隐起见，国民政府对受理控诉保甲人员案件未作严格的程式规定，但随着控案的增加，"多有造作蜚语，匿名攻讦"，尤其是一些控案既无真实姓名，又无具体住址，甚至不用呈纸，任意涂鸦。国民政府认为，"滥诉之风，殊不可长"，规定1940年以后，人民呈控该管区乡保甲长，必须具备正式呈文，否则，概不受理。②

　　事实还不止于此，诬告案件同样是花样百出。1943年，秭归县仁爱乡联保主任邓毓秀被人控告，5月，当县府派员实地调查时，原告胡振升、宋宏金竟然坚决不承认有控告行为，并出具切结，如有诬告情形，"愿受枪决"，邓毓秀也无借征兵勒诈事实，显然，胡振升等人姓名被人冒用。③

　　更有甚者，原告姓名为假名。1944年，恩施县城区镇东正街一甲长被控包庇兵役、纠众赌博，经县府密查户口册，以及密询该甲左邻右舍，原告赵励、杨新生、张会之、黄维系有人捏造假名，意图陷害甲长④，类似事件也一再发生。诬控案件之所以为数甚多，是因为捏名者"淆乱是非，颠倒黑白"，既可以不负诬告之责，又可以使保甲人员受累——扣留或拘押。⑤

　　无论是控告还是诬告，原告的意图在于引起政府的重视，解决面临的问题或将保甲人员"扳倒"。有时为达目的，不管民事或刑事案件，民众经常不先向县府依法呈诉，而直接向上级机关控诉，"以图擎准"，此举不仅浪费行政资源，也会引起县府不快。早在20世纪30年代初，湖北省政府即规定，除

---

　　① 《建始县民人黄正治等控联保主任顾盛卿》(湖北省政府民政厅第3类第8项第3目第15473号，1939年7月)，湖北省档案馆藏，档案号：LS3-3-4487。

　　② 《为令仰调整联保甲人员人选由通告不录由》(省民二施特字第822号，1940年2月21日)，湖北省档案馆藏，档案号：LS3-2-2414。

　　③ 《秭归前联保主任邓毓秀被控》(湖北省政府第4类第4项第1目第281号，1943年5月)，湖北省档案馆藏，档案号：LS3-3-3786。

　　④ 《恩施城区东正街林甲长被控》(湖北省政府第4类第4项第1目第503号，1944年12月)，湖北省档案馆藏，档案号：LS3-3-4044。

　　⑤ 李宗黄：《现行保甲制度》，中华书局，1943年，第114~116页。

控告县长,可先呈诉民政厅外,其余一切案件,均应先向县府起诉,不服,再抄录裁定或判词,向上级机关呈控,若无下级政府判决,上级政府可以不予受理。[1]

然而,民众控告区乡保甲人员或土劣的案件实在太多,也有许多不依照法定程序,任意采用邮寄方式越级呈控,为达到健讼目的,向省政府以及各厅(处)(局)(行署)(专署)分别寄送诉状。国民政府认为,"其情不无可悯",但这种方式亟待纠正。1942 年 12 月 5 日,规定诉讼程序,民众控告区乡保甲人员或土劣,必须先向该管县政府控诉,如县府裁决不公或拖延不办理,可向该管专署控诉,若再越级向各级政府或机关同时控诉,一经发觉,如无充分理由,将以好讼论处。凡省政府或其他上级政府令饬查办乡保甲长案件,该县府必须选派廉正人员秉公办理,不得转饬区(乡)公所一查了事。[2]必要时,应咨询当地行政机关,"传拘"乡保甲人员时,更应谨慎,"务使役政畅行",行政与司法皆能兼顾。[3]

从上述规定可以得知,国民政府虽规定民众不准越级呈控,但并未堵塞民情上达的通道。1943 年,湖北均县金葫乡民众控告保长陈德祥一案,同样的诉状,居然先后邮寄多达 5 次。[4]有时,为达到撤惩保甲人员的目的,民众还不按常规"出牌",同年,谷城县荣誉乡第 8 保卢士杰等人连续 5 次向县府呈控保长吴吉轩贪污殃民、强拉壮丁,县府"未批未理",法院也以吴吉轩触犯《惩治贪污暂行条例》,应由军法职权机构审判为由,判决不起诉处分。卢士杰等人"匍匐奔至行署哭诉",守候听讯,行署令饬谷城县严办,结果以吴

① 湖北省政府民政厅:《湖北县政概况》(第 1 册),汉口国华印务公司,1934 年,第 250 页。
② 《规定人民控告区乡保甲人员或土劣诉讼程序,仰饬属遵照由》(总收文二处字第 009 号,1942 年 12 月 5 日),湖北省档案馆藏,档案号:LS74-1-121(3)。
③ 《关于部令推检对于兵役法规应详加研究并于办理涉及兵役纠纷案件传拘区联保甲人员时加以审慎事项》(簿档字第 5 号,1939 年 1 月),江西省档案馆藏,档案号:J018-8-00216。
④ 《关于王耀儒等控诉均县保长陈德祥贪污勒索的批示及第五战区司令长官司令部政治部的代电等相关材料》(1943 年),湖北省档案馆藏,档案号:LS74-1-121(3)。

吉轩被撤职结案。[①] 1949 年 3 月，巴东县鼓楼乡第 3 保民众庞一美、谭贤善等向湖北省政府控诉保长谭传忠包庇伕役、浮收粮款，经地方士绅吴梅青以及调解委员会主任委员田栋卿等邀集当事人，进行调解，双方甘愿和解，县府亦准予撤销原案。[②]

第三节　政府应对举措及其效果

摊派带有强制性，非法摊派更是如此，不仅增加人民负担，也不利于社会的稳定，加剧民众与政府的疏离。早在 1934 年，三省"剿匪"总司令部就通令各区专员，严禁保甲借筹措经费为名，任意苛扰民间，各县保甲经费由财务委员会统收统支，"以恤民艰，而杜浮滥"[③]。1936 年，国民政府重申，各县政府不得向民众摊派任何捐款，各机关团体尤其不得在地方自由筹款，未经呈准，擅自摊筹任何款项，按情节轻重，依法惩办。[④]

田赋向来为地方税收大宗，为适应战时需要，1941 年 4 月，国民党中央举行五届八中全会，将财政分为国家财政与自治财政两大系统，田赋收入划为中央政府以后[⑤]，县级财政收入骤减，而战时支出反而巨额增加，致使各县非法摊派之风难以遏止，县有县摊派，乡有乡摊派，保有保摊派，甲有甲摊派，"办乙事丙事复有乙事丙事摊派"，各种"名目不下百种"，保甲人员在摊

①　《呈控保长吴吉轩不法事实恳予撤惩由》(1942 年 12 月 2 日)，湖北省档案馆藏，档案号：LS74-1-121(3)。

②　《为电复奉办谭传忠渎职一案情形祈鉴核由》(1949 年 3 月 30 日)，湖北省档案馆藏，档案号：LS3-3-2873。

③　《三省剿匪总部通令各区专员办理保甲严禁苛索，如无限制，行见卫民之政转以病民，应就地方情形妥拟最低收支办法》，《大公报》，1934 年 1 月 11 日，第 3 张第 9 版。

④　《嘉鱼县三区乡民卢青臣等诉东梧乡联保办公处违法摊征饬县查报训令》(省财字第 143347 号，1937 年 5 月 15 日)，湖北省档案馆藏，档案号：LS19-3-4457。

⑤　秦孝仪主编：《革命文献 第 114 辑 抗战建国史料——田赋征实(一)》，"中央"文物供应社，1988 年，第 3 页。

派过程中往往超额收费,以图"肥己",有时还变相摊派,通常不给收据,即使给收据,也不过是便条而已,无账可查,流弊百出。为革除摊派恶习,减轻民众不必要负担,杜绝乡保浮收滥派、侵蚀中饱,湖南省政府颁布《革除各县市非法摊派实施办法》,主要内容有三项,一是开辟正当财源,增加收入,包括清理公产公款、整顿税收、提高屠宰税税率等;二是裁减区乡镇保甲单位,紧缩机构人员,减少支出;三是根绝摊派因素,防止摊派,除军事紧急需要外,明令布告各县(市)政府,非有财政部、财政厅、田粮处或县(市)政府印信,不得向民众收取任何赋税等。①

"戡乱"时期,国共两党为争夺民心,双方都高度重视地方勒索、摊派现象。一方面,中共人员在各县捕杀为民众痛恨的乡镇保甲人员,另一方面,国民政府为了与中共争取民众的支持,一再电饬各级政府,严禁地方摊派,"以澄清政治而收拾民心"②。对政府而言,多一名士兵,即多一份力量。兵役法颁行后,各军、师、团管区承办兵员征集,各级地方政府协办,军管区接到上级政府下达的征兵数额后,向各师管区下达任务,师管区再将任务分到各团管区,各团管区又向各县政府索兵,县政府责令各区(乡)(镇)长,再将名额分摊各保甲长,各保甲长乃至区乡镇长、县长、各管区为了能完成任务,对于所征士兵"素质如何,能否堪任战斗,能否奋勇作战,均非彼等所置念"③,以至役政日趋腐败,既有以买卖壮丁为业的兵贩子,也有从事顶替他人当兵的"兵油子",士兵入营以后,贪生畏死,逃亡甚多,种种弊端,不一而足。④

为此,国民政府采取诸多措施。其一,健全保甲组织,切实调查户口,各

---

① 《颁发革除各县市非法摊派实施办法七项通饬遵照由》(财民字四字第5838号,1946年12月),湖南省档案馆藏,档案号:22-1-68。
② 《代电八区所属各县严密查惩乡镇保甲人员违法贪污,以收民心》(湖北省政府第4类第1项第1目第1192号,1948年5月),湖北省档案馆藏,档案号:LS3-2-2508。
③ 《何部长电令各省尽除征兵积弊,应依法令实行抽签,不得求贿登门拘捕》,《大公报》1938年3月14日,第1张第4版。
④ 湖北省地方志编纂委员会:《湖北省志·军事》,湖北人民出版社,1996年,第176页。

级地方行政机关如因人事变动,应妥为移交兵役案卷,征兵次序以抽签方法决定,并加大宣传力度,鼓励民众踊跃应征,搜捕造谣份子,各区(乡)(保)分配兵额,由县(区)出示布告,凡服兵役者姓名,分别披露于各区署及联保办公处公告栏,以使民众知晓,同时在人烟稠密乡(镇)(保)等处设置密告箱,准许民众书面检举。①新兵逃亡,乡镇保长应协助缉捕,窝藏逃兵者依照窝藏盗匪条例论罪,隐匿不报者,予以联坐处分,以使前线士兵不敢逃回,纵使逃归,无处栖身。②

其二,颁布兵役法与兵役法各项补充法令,严禁各种兵役舞弊情形,并派员明察暗访,一经证实,即予严惩。如保甲人员仍以身试法、估拉、卖放、虐待壮丁或使人顶替以及介绍顶替,处以有期徒刑或无期徒刑,甚至死刑。③

其三,农民为征兵的主要对象,国民政府认为,农民国家观念薄弱,一闻征兵命令,势必纷纷逃避,以致"耕种失时,田园荒芜",恐引起社会"普遍之骚动"。④抗战胜利后,为"苏民困",国民政府决定1946年停止征兵一年,同时,为维护社会治安,体现"政府宽大之意",对逃亡或规避兵役之壮丁,也予以大赦,不再追诉。⑤在停征期间,仍然招志愿兵以及募兵,补充兵额,并给予新兵一定数额安家费。⑥

但是募兵效果欠佳,又回到按甲抽签征兵,原因在于国民党军队在战场上不断失利,各县兵员配额相当庞大⑦,以湖北为例,见下表:

---

①　《兵役推行改进办法》(1937年),黄山市档案馆藏,档案号:5-34-250。

②　《逃匿武汉壮丁,鄂军管区决严取缔》,《武汉日报》,1947年6月28日,第5版。

③　《强拉壮丁者死》,《大公报》,1945年4月6日,第3版。

④　《鄂参议会临时动议,请求政府缓征壮丁,希望采用志愿兵方式以充兵额》,《武汉日报》,1947年6月13日,第5版。

⑤　《国防部电战时户籍年龄错误及逃避兵役壮丁均按大赦令予以赦免,仍照普通壮丁征兵处理》(湖北省政府第1类第1项第1目第802号,1947年4月),湖北省档案馆藏,档案号:LS3-1-1318。

⑥　《二期新兵安家费规定每名一百元,十月十五日以前先征志愿兵》,《中央日报》,1948年9月18日,第5版。

⑦　《卅八年度征集逃役及流离壮丁暂行办法》(湖北省政府民政厅1字第1357号,1949年3月),湖北省档案馆藏,档案号:LS3-1-1286。

表 7-1　1936-1948 年湖北省历年征兵数额表

时间	配赋兵额(人)	实征兵额(人)	备注
1936 年	1 800	1 766	
1937 年	14 295	13 680	
1938 年	175 704	158 226	
1939 年	31 782	85 353	
1940 年	63 711	68 917	1938—1942 年额外征兵配额为 13 503名,
1941 年	107 646	67 188	实征 14 509 名。非法抓丁在外。
1942 年	132 498	87 502	
1943 年	130 198	64 197	
1946 年	31 500	28 365	
1948 年	23 200		

资料来源:湖北省地方志编纂委员会:《湖北省志·军事》,湖北人民出版社,1996 年,第 178 页。

　　各县不仅征兵配额多,国民政府征兵令又急如星火,区乡保甲人员如有办理征兵不力,还受到严处,各种役政弊端难免比比皆是。国民政府虽一再推出各种举措,但兵役办理困难的症结实在太多,譬如基层组织不健全、户籍表册不周密、兵役经费不够、物质设备缺乏、社会教育不普及、兵政配合不圆满,等等。①

　　根据 1931 年《中华民国训政时期约法》,非依法律,不得侵入、搜索或封锢人民住所,不得逮捕、拘禁、审问、处罚人民,人民如有犯罪嫌疑,执行逮捕机关或拘禁机关至迟应于 24 小时内,移送审判机关,本人或他人有权依法请求 24 小时内提审。②但 1935 年颁布的《修正剿匪区内各县编查保甲户口条例》规定,检查甲内奸宄及稽查出入境人民以及辅助军警搜捕人犯是保甲长的职务之一,保甲长遇有形迹可疑之人潜入各户时,有搜索、逮捕之紧急处分权。由此,地方社会发生不少保甲长搜捕居民事件,一经被害人呈控,保

---

① 李宗黄:《新县制之理论与实际》,中华书局,1943 年,第 208~210 页。
② 《中华民国训政时期约法》,《时事月报》第 4 卷合订本,1931 年,第 31 页。

甲人员便有所借口。其实,保甲长的权限在于辅助军警以及遇有形迹可疑之人潜入各户时,且"检查""稽查"不完全包括"搜索"意义,充其量只能搜索身体,而不能搜索住宅。所以,1937 年,国民政府颁布《保甲条例》时,已将"检查甲内奸宄及稽查出境入境人民事项"改为"盘查甲内奸宄事项"。①

鉴于乡村社会警察及保甲长非法逮捕人民,1944 年 7 月,国民政府颁布《保障人民身体自由法》,规定自是年 8 月 1 日起②,凡有检查、审判职权机关,包括最高法院检察署、高等法院及分院、地方法院及分院、县司法处、军法执行总监部、战区司令长官部、卫戍总司令部、省保安司令部、戒严司令部、县(市)长、警察官长及警察)、宪兵官长及宪兵等③,非依据普通或特别法令,不得逮捕、拘禁、处罚或审问人民,如受私人嘱托,擅自逮捕,更属违法。各机关依法逮捕人民,须出示拘票及逮捕原因,其本人或亲属亦有权要求出示被逮原因。经讯问后,如认为证据不足,应立即释放,不须经过取保手续。④

虽然国民政府作出了种种规定,严禁非法摊派、扫除役政积弊以及切实保障人民身体自由,但总体而言,各县乡镇保甲人员奉公守法者"固多",违法滥权、为害地方者"亦复不少"。国民政府认为,各县自治人员"凭恃枪丁擅作威福,勾结土劣,欺压乡愚,征调失平,摊派浮滥,甚或私擅拘押,蹂躏人权,是何异助匪骚乱,为渊驱鱼,痛恨"⑤。

通观整个国民政府时期,国家治理严重依赖基层政权。伴随着国家权力不断深入社会基层,为使政府对乡村社会的控制得以延续,一方面,政府赋予基层行政人员越来越多的职能,保甲人员也日益"官僚化",另一方面,政

①　《保甲条例全文,立法院修正通过》,《益世报》,1937 年 7 月 5 日,第 2 版。
②　《保障人民身体自由,新办法今日起施行》,《大公报》,1944 年 8 月 1 日,第 2 版。
③　《保障人民身体自由,确定有权捕人机关,以后无权逮捕机关捕人者惩处》,《大公报》,1944 年 8 月 30 日,第 2 版。
④　《保障人民身体自由》,《大公报》,1944 年 7 月 18 日,第 2 版。
⑤　《健全乡镇保甲揭举整饬事项》(湖北省政府第 4 类第 1 项第 1 目第 1216 号,1948 年 7 月),湖北省档案馆藏,档案号:LS3-2-2552。

府却缺乏有效的机制制止基层人员贪污中饱、欺压民众等非法行为。与普通民众相比，作为国家机器的保甲人员处于强势地位，在执行国家政令的过程中，有时会"暴力"执法，否则难以完成上层政权分配的任务。各项政令皆与民众息息相关，民众为维护自身利益，往往会反抗，至少会选择控诉，或选择走"上层路线"。以致保甲人员与民众的关系势同"水火"，难以调和。即便如此，为使国家机器能够运转，国民政府仍将权力分配给基层政权。随着"赢利型经纪人"纷纷窃取乡村政权，又不断地再造紧张的社会关系。摊派、征兵等各项政令，不仅未给人民带来任何好处，反而使民众遭受损失，极大地损害了政府在民众心中的合法地位。

结　语

　　民国肇建,国体变易,虽由君主而移民主,地方行政组织与区划仍依前清旧制,鲜有更张。各届政府迭次颁布各种自治法规,地方官民奉行已久,视为具文,未能切实贯彻,自治有名无实,自卫更属"纸上谈兵"。九一八事变后,鉴于内忧外患,国民政府乃重拾保甲制,缓办地方自治,1932年,通饬"剿匪"省份先行办理,数年之间,保甲制度便风行一时,密及全国。地方自治为宪政基础,保甲制却是封建专制政权形式,以致引起朝野纷争。最终,国民党各方达成共识,保甲为自治基本组织,将自治与保甲融为一体,纳保甲于自治组织之中。[①]

　　保甲制度最本质特征是以"户"(家庭)为单位,运用家庭组织的自然方式,利用宗法伦理观念和家族制度,把人民纳入保甲组织,以户口为基础,将民众中坚份子(壮丁)抽出,编练成队,巩固保甲组织的武力,使民众有纵的部勒,又以联保连坐和保甲规约的办法,使民众有横的联锁。其目的就在于使保甲制度建筑于家长制度基础之上,使之层层节制,逐级监督,以便执简

[①]　曾迺敦:《论地方自治与保甲制度的关联》,《南潮》第1卷第4期,1945年1月1日,第29页。

驭繁,从而维护社会治安,协进地方事业,而为庶政措施的下层基点。

传统社会,政府有为,政令必然与一般民众发生极密切关系。南京国民政府时期,特别是1931年以后,内战时起,外患日迫。国民政府为了动员一切人力与物力,达到社会整合与政治统一,国家权力日益往下伸张,政府的职能大为增加。如果政令仍旧只能到达县衙门,则政府行政必受莫大影响,许多事务根本无法推行。以政府职能之多,政令之烦,即使县长马不停蹄,夜以继日,也不可能对方圆百里内的事务做的面面俱到,更谈不上完美。

自有保甲制度以来,民众自卫武力即寓于保甲之中,国民政府创制保甲的最初目的,显然是用于自卫。以保甲为编组骨干,将有形的民众自卫武力编为保安团队,先统一于县,再统一于区,然后统一于省。同时,将无形的民众自卫武力采用团而不练的办法,编为壮丁队或"铲共义勇队",中共退出苏区以后,政府削减各省保安团队人数。随着情势转移,中共武装势力再度壮大,迫使国民政府积极从事各省保安团队扩充,保安团队早已脱离了地方基层组织,常备自卫队处于半独立的状态,自卫队即成为地方基层组织的骨干。

但此制推行未久,其初始目的逐渐改变,保甲递演为行政上的一级,而以推行政令自居了。国家权力下沉,由于自治组织已不适用而废止,保甲的职能遂日渐扩张。保甲长为政府佐治人员,手握职权,差使虽微,责任却大,非具有一定政治学识与行政经验,且深明大义,实不能胜任。政府办理保甲长训练,多因期间短促,课程繁赜,能心领神会者极少,训练完毕,依然故我。保甲长任用不当,不仅民众蒙受其害,政府亦遭损失,反之,贤明的保甲长,确能佐助政府推行政令,解除民间疾苦。不可否认,乡镇保甲长在抗战期间发挥了积极作用,并作出了一定的贡献。

乡里之间,士绅大都具有一定的声望、学识、财力与地位,精神生活或物质生活远优于普通民众,士绅又常与官府声气相通,作为官民间的沟通枢纽,在地方社会享有特殊的地位,足以号召民众。国民政府欲构建现代国家,既不能专责成于县官,亦不能属望乡镇保甲,各项政令推行,大都有赖士绅协助,委诸地方士绅之手。当然,士绅之良莠不齐由来已久,正绅翘楚于民众之中,保持独立地位,土豪劣绅又多横行乡里。

国民政府对于保甲制度的最初设想是,以官治为起点,以民治为归宿。但是保甲长群体"鱼龙混杂",保甲一职非但很难有升迁渠道,更被视为"贱役"。当国家权力伸入乡村社会时,洁身自好之士大多不愿担任,纷纷选择隐退。保甲职务落入老实无能之手,惟有唯唯诺诺,百事废弛;落于土豪劣绅之手,其作风自然不同,正惟恐"天下无事"。政令之繁,用人未善,县政府既未尽到监督的职责,而民间又无合理的裁判,一般民众文化水平低落,保甲长乘机浑水捉鱼,滥用职权、贪污舞弊、借势凌虐。

保甲组织本身很脆弱,等到运用超过其极限时,遂表现出种种流弊,这种矛盾现象的解除,便成了问题的焦点。县以上机关太多,各县又设许多委员会,县级政府无所适从,省级政府声言政治风气必须改善,基层尚多不实,地方希望中央法令不宜太繁,中央却患地方太穷,干部人员亦有不足,各项法令多难在边远县份推行。新县制时期,保甲机构日趋膨胀,内部分工日趋"精密",区仅成为虚级,徒存其名,保甲为乡镇内编制,乡镇组织与县政府的关系更为直接,避免因层级过多,公文承转与迟滞,不但提高了乡镇的地位,三位一体制的实施也使国家政令更易推行到基层,提高行政效率。

与自治相比,保甲组织简单,只须粗具规模,国家征兵派款,政令易行,大有裨益于行政。地方自治头绪纷繁,推行又极普遍,常与行政对立,既分行政之职权,又予行政以束缚,导致国家权力下沉不畅。何况国民教育程度低下,就政府而言,民选未必得理想人选,国家轻授权柄,适得其反,实属可虑。国民政府开始筹备地方自治伊始,法令屡更,各省政府对于此项政令,或虚应故事,或束之高阁,一再蹉跎,迄无成就。县乡政府从局部利益出发,亦会采取各种措施,对保民大会运作加以行政控制,结果,自治机构蜕变成准政权组织。

可以认为,在不同时期,保甲职能运用的力度有别,有些职能在实施过程中得到强化,譬如"剿匪"时期的自卫职能、抗战时期的征兵职能、新县制时期的自治职能等;有些职能加以弱化,譬如保甲长的卫生职能等。

何以政府滥用保甲,而乡镇保甲户长以及一般民众,皆不胜其烦扰?自1932年,国民政府决定推行保甲制度于剿匪区内各省以后,初时因成效显著,各省相继仿效。然而,中央政府与各省迭颁条例,规程包含太广,步骤凌乱,手续纷繁。政府对保甲运用,仅视为行政工具。一省应兴应革事宜,都是责令县府办理,县府又多转饬保甲机关办理,国家政令繁多,县区乡镇依次推诿。举凡民政、财政、教育、建设、卫生等诸要政,几乎无不是责望保甲长来执行,以一保甲组织,而为无限制、无范围之使用。保甲职责过于繁重,一般保甲人员文化低落,不明公事手续,又要顾及自身的生产,保甲一职纵有报酬,亦极微薄,实难公私兼顾,当然难有成就。因此,对这"无限责任"的担子,只好阳奉阴违,敷衍塞责。同时,各省基层政治,县级多感经费困难,当局对保甲长的期许既如此之大,而保甲经费又未有确立的方案,保甲长不惟没有生活费,且连办公费亦未有确定的来源与支拨,既要保甲长办公,又不给其各项必须的费用,于是保甲长只得用非法手段应付了。

以无权无给之保甲长负担各项工作,家计充裕与能力较优者,已应接不暇,而生计维艰,信仰薄弱之保甲长,既因公务繁琐,备受乡民指责,又因法令严密,动辄遭受政府申斥与责罚。况且政府以保甲为征发、摊派之单位,与福利行政无关,政府督责于上,民众怨恨于下。保甲人员既感烦扰之苦,又有顾此失彼之嫌,进退维谷,处境极为尴尬。影响所及,势必虚文掩饰,或借端规避。即使真想有所作为,亦是力与愿违,所以各地保甲干部人员,每有因此而请辞。联保连坐系处理纷乱社会的一种权变办法,其应用范围应有适当的限制,否则检举项目愈繁,失察之事件愈多,科罪之人愈广,民众时有连坐之忧,政府与人民均不胜其烦扰。此外,乡约系一种教化主义,民众休戚相关,有共同遵守的道德标准,且有劝导与扶持的义务,保甲规约(公约)名为规约,实则政府订定之法律,强迫民众加盟,处以罚金,与乡约精神背道而驰。

费孝通认为,中国乡土社会人与人的关系是一个差序格局,社会关系是从个人逐渐向外推出去的,社会范围是私人联系所构成的网络,在差序格局里,公与私是相对的,个人为了自身或团体的利益,可以不惜牺牲国家的利益。①

毫无疑问,保甲制的创制是基于政府推行政令的需要,国家权力向基层社会伸张,目的只是要增强政府行政的效率,国家权力的扩张就意味着民权的式微。保甲制度有着反民主的传统,国民政府重建保甲制度的同时,虽注入了一些新的内容,可依旧继承了这一历史传统。尽管这套控制体系设计得非常精巧,然运行成本太高,最终所有的费用都由民众来承担,而且是愈到下层愈不合理。可以说,保甲在形式上能有所成就,实质上它只是政府的骈枝机构,保甲体系运作伊始便附着了民众的抵制。

国家推行政令,面对的是全体民众。无论是有给职,还是无给职,保甲人员始终是民众中的一份子,他的人际网络还包括亲朋好友。因人品、学识、经济条件等各方面差异,保甲长群体可分为不同的阶层,考虑农民的"实用理性"特征②,牵涉到自身利益时,保甲人员有时会抵制或阻止国家权力的下延,起了疏离国家权力与乡村社会的作用,给国家整合乡村社会造成困难。正如张静所言,基层政权并非仅仅代表国家,距离科层组织也相去甚远,是一个兼顾官方身份与自身利益的混合体,由于二者在体制上的相互依赖,以及意识形态和文化上的一致性,基层政权这种充分组织化的网络,并不能对

---

① 费孝通:《乡土中国》,凤凰出版传媒集团,2007 年,第 25~32 页。
② 李泽厚:《中国现代思想史论》,东方出版社,1987 年,第 320 页。

国家权威构成根本性挑战。①要言之,国家权力借助保甲制,介入乡村社会内部的过程并不十分顺利,政府无法达到对地方保甲的绝对控制。

政府不能直接与民众发生关系,必须通过基层政权这个中介体现国家权力。与民众打交道的是保甲,从"四位二人一体制"到"三位一体制",再到"四位一体制",国家一直在加强保甲制的功能,保甲人员的基层行政权力也越来越集中。事实表明,保甲组织代替士绅阶层,成为国家与社会的中间层以后,国家政权与民众之间缺乏缓冲,防止国家权力在基层滥用的"双轨政治"②不复存在。

赢利型经纪人在推行国家政令时,可能会更加有效,但也存在风险。当赢利型经纪人纷纷占据基层政权,其官方身份容易激化社会与国家、民众与政府的冲突,导致乡村社会无尽的纷扰,意味着国家政权的"内卷化"达到极点,国家权力不断的延伸,只能造成乡村社会进一步被压榨,乃至破产③,乡村宗教所受的冲击便是一个很好的说明。

通过分析保甲制度在湖北实施的整个过程,我们可以得出,推行政令的两个必要条件,一为人力,二为财力,国民政府皆感缺乏。加以中共革命、日军进攻,地方秩序时常处于不宁之中。原有保甲编制一旦摧毁,从事建设,更难短期奏效,建立在保甲制基础上的社会控制职能便面临着严峻的挑战。保甲的施行情况并非如统治者所期望的那样严密无懈,国民政府对乡村社会的控制带有明显的地区上的不平衡性和时间上的周期性。

正如萧公权指出,保甲体系只是在承平时期才被证明是部分有效运作的威慑工具,一旦历史进入矛盾激化、社会动荡时期,保甲制度就不再是"灵丹妙药",无法应对已经改变且动荡不安的情况,社会的发展变迁使保甲体

---

① 张静:《基层政权 乡村制度诸问题》,上海人民出版社,2007年,第308~311页。
② 费孝通:《乡土重建》,观察社,1948年,第50页。
③ [美]杜赞奇:《文化、权力与国家——1900—1942年的华北农村》,王福明译,江苏人民出版社,1996年,第68页。

系显得过时了。①民国时期的保甲制度更是如此，以封建时代所行保甲运行于反封建时代，不仅不合时宜，而且违反三民主义，无异于削足适履。

相形之下，国家权力日益下沉，特别是新增许多捐税，削弱了保甲制度这一传统的保护型经纪人，政府在不断地失去民心，其统治的合法性亦不断地被削弱。国民党要员曾坦言，"政权之维持，不能靠军队，如施政有违民心，终必失败"②。事实证明，保甲制度并未成为国民政府控制乡村社会的有力工具，其中不仅有制度本身的问题，同时也折射了中国乡村社会治理的复杂性和艰巨性。

---

① ［美］萧公权：《中国乡村——论 19 世纪的帝国控制》，张浩、张升译，联经出版事业股份有限公司，2014 年，第 69~92 页。
② 陈立夫：《成败之鉴——陈立夫回忆录》，正中书局，1994 年，第 456 页。

参考文献

一、档案

1.民国时期湖北省政府档案,湖北省档案馆藏

(1)省政府秘书处档案　　全宗号 LS1

(2)省政府统计处档案　　全宗号 LS2

(3)省政府民政厅档案　　全宗号 LS3

(4)国民大会代表立法院立法委员湖北省选举事务所档案　　全宗号 LS4

(5)湖北省地政局档案　　全宗号 LS5

(6)湖北省社会处档案　　全宗号 LS6

(7)湖北省高等法院档案　　全宗号 LS7

(8)省训练团档案　　全宗号 LS9

(9)省教育厅档案　　全宗号 LS10

(10)省卫生处档案　　全宗号 LS18

(11)湖北省财政厅档　　全宗号 LS19

（12）湖北田赋粮食管理处档案　全宗号 LS24

（13）湖北省银行档案　全宗号 LS27

（14）省建设厅档案　全宗号 LS31

（15）省农业改进所档案　全宗号 LS32

（16）湖北省航业局档案　全宗号 LS39

（17）湖北民生实业股份有限公司档案　全宗号 LS45

（18）省政府人事处档案　全宗号 LS67

（19）湖北省政府鄂北行署档案　全宗号 LS74

（20）湖北应城石膏股份有限公司档案　全宗号 LS81

2.民国时期武汉市政府档案,武汉市档案馆藏

（1）汉口市三民区公所档案　全宗号 LS1

（2）汉口市新安区公所档案　全宗号 LS2

（3）汉口市云樵区公所档案　全宗号 LS3

（4）汉口市武圣区公所档案　全宗号 LS4

（5）汉口市政府档案　全宗号 LS9

（6）武昌市政府档案　全宗号 LS18

3.民国时期麻城县政府档案,麻城市档案馆藏

（1）旧政权档案　全宗号 110

4.民国时期江西省政府档案,江西省档案馆藏

（1）江西省政府档案　全宗号 J016

（2）江西省高等法院及检察处联合档案　全宗号 J018

（3）江西省水利局档案　全宗号 J023

（4）江西省保安司令部档案　全宗号 J032

（5）江西省民政厅档案　全宗号 J044

（6）江西省建设厅档案　全宗号 J045

（7）江西省教育厅档案　全宗号 J046

（8）江西省农业院档案　全宗号 J061

5.民国时期湖南省政府档案,湖南省档案馆藏

（1）湖南省政府档案　全宗号 22

（2）湖南省民政厅档案　全宗号 33

（3）湖南省财政厅档案　全宗号 42

6.民国时期浙江省政府档案,浙江省档案馆藏

（1）浙江省政府档案　全宗号 L029

（2）浙江省建设厅档案　全宗号 L033

（3）浙江省第八区行政督察专员兼保安司令公署档案　全宗号 L042

（4）浙江省第九区行政督察专员公署兼保安司令部档案　全宗号 L043

7.民国时期徽州地区档案,黄山市档案馆藏旧政权档案　全宗号 5

8.中国第二历史档案馆:《中华民国史档案资料汇编 第 3 辑 教育》,江苏古籍出版社,1991 年。

9.中国第二历史档案馆:《中华民国史档案资料汇编 第 5 辑 第 1 编 政治（2）》,江苏古籍出版社,1994 年。

10.中国第二历史档案馆:《国民党政府政治制度档案史料选编（上）》,安徽教育出版社,1994 年。

二、报刊

1.《安徽教育周刊》

2.《安徽省政府公报》

3.《安徽政务月刊》

4.《北平市政府公报》

5.《财政评论》

6.《成都市政府公报》

7.《诚报》

8.《大公报》

9.《地方行政》

10.《地方自治》

11.《地政月刊》

12.《东方杂志》

13.《法令周报》

14.《法令周刊》

15.《服务月刊》

16.《福建省政府公报》

17.《甘肃省政府公报》

18.《革新与建设》

19.《广东省政府公报》

20.《广西兵役通讯》

21.《广西省政府公报》

22.《广州市政府公报》

23.《贵州省教育厅公报》

24.《国民教育指导月刊 湖北》

25.《国是公论》

26.《合作评论》

27.《合作月刊》

28.《河北省政府公报》

29.《河北省政府公报》

30.《河南省政府年刊》

31.《湖北地方政务研究半月刊》

32.《湖北地方政务研究周刊》

33.《湖北教育公报》

34.《湖北教育指导月刊》

35.《湖北省政府公报》

36.《湖北训练》

37.《黄埔》

38.《建设评论》

39.《江苏保甲》

40.《江苏省政府公报》

41.《江西丰城县政府公报》

42.《江西省政府公报》

43.《交通公报》

44.《禁政月刊》

45.《经济建设》

46.《警高月刊》

47.《军政旬刊》

48.《军政月刊》

49.《立法专刊》

50.《粮政季刊》

51.《民国日报》

52.《民教指导》

53.《明耻月刊》

54.《南潮》

55.《南京市政府公报》

56.《内政公报》

57.《农村合作》

58.《农贷消息》

59.《农业推广通讯》

60.《群众》

61.《人人周刊》

62.《三台县县政月刊》

63.《上海警察》

64.《上海市政府公报》

65.《申报》

66.《时事月报》

67.《司法公报》

68.《四川经济》

69.《四川省政府公报》

70.《台湾省政府公报》

71.《外交部公报》

72.《文化建设月刊》

73.《武汉日报》

74.《县训》

75.《县训周刊》

76.《现代农民》

77.《现代僧伽》

78.《新华日报》

79.《新中华》

80.《行政研究》

81.《益世报》

82.《银行周报》

83.《云南省政府公报》

84.《浙江潮》

85.《浙江省政府公报》

86.《浙江省政府公报》

87.《浙江政治》

88.《政教旬刊》

89.《政治前线》

90.《中国合作》

91.《中国农村》

92.《中华法学杂志》

93.《中农月刊》

94.《中央党务公报》

95.《中央日报》

96.《中央银行经济汇报》

三、文献资料

1.《保甲读本编辑大意》,（无具体出版地址与时间）。

2.蔡鸿源:《民国法规集成》,黄山书社,1999 年。

3.蔡天石:《办理保甲须知》,霞光印刷社,1939 年。

4.《陈诚先生回忆录——国共战争》,国史馆,2005 年。

5.陈赓雅:《赣皖湘鄂视察记》,申报月刊社,1934 年。

6.陈立夫:《成败之鉴——陈立夫回忆录》,正中书局,1994年。

7.陈青之:《中国教育史一册》,商务印书馆,1936年。

8.陈学恂:《中国近代教育史教学参考资料 上》,人民教育出版社,1986年。

9.东北大学编辑部:《东北大学豫鄂皖赣收复匪区经济考察团报告书》,东北大学图书馆,1934年。

10.范金镕:《保甲韵语教材》,浙江正楷印书局,1936年。

11.冯玉祥、张治中等编:《民众动员问题》,独立出版社,1938年。

12.赣政十年编辑委员会:《赣政十年》,1941年。

13.高军等编:《中国现代政治思想史资料选辑 上册》,四川人民出版社,1983年。

14.各省实干政治研究会编:《游客话江西》,汗血书店,1937年。

15.公安部户政管理局编:《清朝末期至中华民国户籍管理法规》,北京地质印刷厂,1996年。

16.广东民政厅:《保甲运动之理论与实际》,(无具体出版地址),广东省民政厅编辑处,1929年。

17.贵州省民政厅:《贵州省保甲概况》,(无具体出版地址),1937年。

18.湖北地方志编纂委员会:《湖北省志·司法》,湖北人民出版社,1998年。

19.湖北省地方志编纂委员会:《湖北省志·大事记》,湖北人民出版社,1990年。

20.湖北省地方志编纂委员会:《湖北省志·军事》,湖北人民出版社,1996年。

21.湖北省地方志编纂委员会:《湖北省志·民政》,湖北人民出版社,1994年。

22.湖北省秘书处编:《鄂西视察记》,汉口白鹤印刷公司,1934年。

23.《湖北省民政厅 政令辑要(第一册)》,(无具体出版地址),1934年。

24.湖北省政府:《湖北人口 三十五年冬季户口总覆查实施纪要》,湖北民生印刷公司,1947年。

25.湖北省政府秘书处统计室编印:《湖北省年鉴 第一回》,1937年。

26.湖北省政府秘书处统计室:《湖北人口统计》,1936年。

27.湖北省政府民政厅:《湖北民政法规汇编》,湖北官纸印刷局,1932年。

28.湖北省政府民政厅:《湖北县政概况》(第1册至第5册),汉口国华印务公司,1934年。

29.华中剿匪总司令部政务委员会:《总体战实施检讨会议决议案》,华中剿匪总司令部政务委员会印(无具体出版地址与时间)。

30.江苏省民政厅:《江苏省保甲总报告》,镇江江南印书馆,1936年。

31.江西省政府统计室:《江西年鉴》,应天寺十四号:江西全省印刷所,1936年。

32.蒋经国:《赣南杂记》,前锋出版社(无具体出版时间)。

33.《蒋中正总统档案 事略稿本 35 民国二十五年一月至二月》,国史馆,2009年。

34.教育部编审会:《教育史 全一册》,(无具体出版地址与时间)。

35.军事委员会委员长行营:《整理川黔两省各县保甲方案》,(无具体出版地址),1938年。

36.李宗黄:《新县制讲演集》,正中书局,1939年。

37.刘达行:《新县政研究》,汗血书店,1935年。

38.《民国佛教期刊文献集成》,全国图书馆文献缩微复制中心,2006年。

39.南京图书馆编:《二十世纪三十年代国情调查报告》,凤凰出版社,2012年。

40.内政部禁烟委员会:《蒋主席禁烟言论集》,(无具体出版地址),1948年。

41.内政部年鉴编纂委员会:《内政年鉴》(警政篇 第五章 保甲),商务印书馆,1936年。

42.内政部统计处:《保甲统计》,(无具体出版地址),1938年。

43.内政部统计处:《各省市乡镇保甲户口统计》,(无具体出版地址),1946年。

44.秦孝仪:《革命文献 第101辑 抗战建国史料——社会建设(六)》,"中央"文物供应社,1984 年。

45.秦孝仪:《革命文献 第 85 辑 抗战前国家建设史料——合作运动(二)》,"中央"文物供应社,1970 年。

46.秦孝仪主编:《革命文献 第 116 辑 抗战建国史料——田赋征实(三)》,"中央"文物供应社,1989 年。

47.秦孝仪主编:《革命文献 第 114 辑 抗战建国史料——田赋征实(一)》,"中央"文物供应社,1988 年。

48.沈云龙主编:《近代中国史料丛刊 第八辑》,文海出版社,1967 年。

49.舒新城:《近代中国教育史料》,中国人民大学出版社,2012 年。

50.舒新城:《近代中国教育史料》,中华书局,1928 年。

51.舒新城:《中国近代史教育史资料》(上),人民出版社,1981 年。

52.四川省政府民政厅:《办理保甲须知》,霞光印刷社,1939 年。

53.田子渝:《湖北通史 民国卷》,华中师范大学出版社,1999 年。

54.《土地陈报案经过 财政会议参考资料之二》,(无具体出版地址),1934 年。

55.王多年等编:《国民革命战史 第四部 反共戡乱 上篇 剿匪 第一卷》,黎明文化事业股份有限公司,1982 年。

56.闻钧天:《保甲与警察之关系(中央保甲函授训练班讲义)》,(无具体出版地址),1935 年。

57.闻钧天:《保甲制度概论 中央保甲函授训练班讲义》,(无具体出版地址与时间)。

58.西北研究社编:《保甲制度研究》,西北研究社,1941 年。

59.席徵庸:《土地陈报问题解答》(无具体出版时间地址),教育部民众读物编审委员会印行。

60.萧铮主编:《中国地政研究所丛刊 157 民国二十年代中国大陆土地问

题资料》，成文出版社有限公司，1977 年。

61.行政院编纂：《国民政府年鉴》（第二回 第六章 湖北省），中华书局，1944 年。

62.行政院编纂：《国民政府年鉴》（第三回 第六章 湖北省），文艺南纸铺印刷厂，1946 年。

63.徐西明等编辑：《保甲长须知》，铜山县保长训练所，1935 年。

64.徐秀丽：《中国近代乡村自治法规选编》，中华书局，2004 年。

65.薛暮桥、冯和法：《〈中国农村〉论文选》，人民出版社，1983 年。

66.殷梦霞、李强：《民国教育公报汇编》，国家图书馆出版社，2009 年。

67.殷梦霞、田奇：《民国人口户籍史料汇编》（第 10 册），国家图书馆出版社，2009 年。

68.张立瀛：《江苏保甲》，江南印书馆，1948 年。

69.中国国民党浙江省执行委员会宣传部：《保甲运动丛刊》，（无具体出版地址），1931 年。

70.中国国民党中央执行委员会宣传部：《保甲运动宣传纲要》，（无具体出版地址），1929 年。

71.《中国近代教育史料汇编 民国卷 13》，全国图书馆文献缩微复制中心，2006 年。

72.中国农民银行四川省农村经济调查委员会：《四川省农业金融》，1941 年。

73.《中华民国法规大全》，商务印书馆，1936 年。

74.《中华民国现行地方自治法令》，商务印书馆，1922 年。

四、论著

1.程方：《中国县政概论》，商务印书馆，1939 年。

2.程懋型：《现行保安制度》，中华书局，1936 年。

3.董浩:《现行保甲制度》,上海春明书店,1942年。

4.[美]杜赞奇:《文化、权力与国家——1900—1942年的华北农村》,王福明译,江苏人民出版社,1996年。

5.费孝通:《乡土中国》,凤凰出版传媒集团,2007年。

6.费孝通:《乡土重建》,观察社,1948年。

7.[美]费正清:《美国与中国》,张理京译,世界知识出版社,1999年。

8.高亨庸:《保甲长之任务》,正中书局,1947年。

9.郭有守、刘百川:《国民教育》,商务印书馆,1944年。

10.侯哲弇:《农村合作》,黎明书店,1937年。

11.黄强:《中国保甲实验新编》,正中书局,1935年。

12.黄永伟:《保甲运动之理论与实际》,拔提书店,1931年。

13.金惠:《新中国之县政建设》,改进出版社,1942年。

14.瞿同祖:《中国法律与中国社会》,中华书局,1981年。

15.[美]李怀印:《华北村治——晚清和民国时期的国家与乡村》,岁有生等译,中华书局,2008年。

16.李泽厚:《中国现代思想史论》,东方出版社,1987年。

17.李宗黄:《现行保甲制度》,中华书局,1943年。

18.林振镛:《兵役制概论》,正中书局,1940年。

19.陆人骥:《感化教育》,商务印书馆,1934年。

20.马小泉:《国家与社会:清末地方自治与宪政改革》,河南大学出版社,2001年。

21.[美]曼瑟尔·奥尔森:《集体行动的逻辑》,陈郁等译,格致出版社,2011年。

22.毛独时:《战时保甲的实施》,珊瑚印刷所,1938年。

23.潘嘉林:《户口异动登记》,商务印书馆,1944年。

24.蒲坚主编:《中国历代土地资源法制研究》,北京大学出版社,2006年。

25.钱端升、萨师炯:《民国政制史 下册》,商务印书馆,1946年。

26.区士麒:《国史述要 乙编(上)隋唐至明》,波文书局,1980年。

27.冉绵惠、李慧宇:《民国时期保甲制度研究》,四川大学出版社,2005年。

28.冉绵惠:《民国时期四川保甲制度与基层政治》,社会科学文献出版社,2010年。

29.阮毅成:《地方自治与保甲制度》,正中书局,1939年。

30.童润之:《乡村社会学纲要》,正中书局,1941年。

31.汪浩:《收复匪区之土地问题》,正中书局,1935年。

32.王次甫:《保甲述要》,江西省县政人员训练所,1936年。

33.王奇生:《革命与反革命 社会文化视野下的民国政治》,社会科学文献出版社,2010年。

34.王先明:《近代绅士—— 一个封建阶层的历史命运》,天津人民出版社,1997年。

35.[德]韦伯:《经济与社会》,杭聪译,北京出版社,2008年。

36.吴晗、费孝通:《皇权与绅权》,观察社,1948年。

37.吴雁南等主编:《中国近代社会思潮 1840—1949 第一卷》,湖南教育出版社,1998年。

38.夏卫东:《民国时期浙江户政与人口调查》,中国社会科学出版社,2011年。

39.[美]萧公权:《中国乡村——论19世纪的帝国控制》,张浩、张升译,联经出版事业股份有限公司,2014年。

40.许纪霖、陈达凯:《中国现代化史 1800—1949 第一卷》,学林出版社,2006年。

41.薛暮桥:《抗战与乡村工作》,生活书店,1938年。

42.杨国安:《明清两湖地区基层组织与乡村社会研究》,武汉大学出版社, 2004 年。

43.杨红运:《复而不兴:战前江苏省保甲制度研究(1927—1937)》,山西 人民出版社,2013 年。

44.叶木青:《中国保甲制度之发展与运用》,世界书局,1936 年。

45.于建嵘:《岳村政治 转型期中国乡村政治结构的变迁》,商务印书馆, 2005 年。

46.张静:《基层政权 乡村制度诸问题》,上海人民出版社,2007 年。

47.[美]张仲礼:《中国绅士——关于其在十九世纪中国社会中作用的研 究》,李荣昌译,上海社会科学出版社,1991 年。

48.郑必仁:《地方自治理论与实施》,文明书局印刷所,1934 年。

49.周中一:《保甲研究》,独立出版社,1947 年。

50.朱德新:《二十世纪三四十年代河南冀东保甲制度研究》,中国社会科 学出版社,2008 年。

51.朱元懋:《战地民众组织》,正中书局,1937 年。

五、论文

1.曹树基:《两种"田面田"与浙江的"二五减租"》,《历史研究》,2007 年 第 2 期。

2.曹树基:《乡镇自治中的国家意识形态——以 1946 年嘉兴县乡镇职员 "甄别"试卷为中心》,《社会学研究》,2002 年第 5 期。

3.陈丹丹:《抗战时期国民政府的土地陈报》,《郑州航空工业管理学院学 报》(社会科学版),2008 年第 5 期。

4.成功伟:《民国时期四川农村合作社逾期贷款问题探析》,《四川大学学报》（哲学社会科学版），2012 年第 2 期。

5.程郁华：《1945 年前后乡保人员暴力现象分析：制度的视角——以浙江省新昌县为个案》，《兰州学刊》，2007 年第 12 期。

6.崔玉敏：《二十世纪三四十年代山东保甲制度研究》，河北大学博士论文，2013 年。

7.戴启明：《伪满保甲制度研究》，哈尔滨师范大学硕士论文，2010 年。

8.窦竹君：《连坐：中国传统社会治理的制度基础——关于连坐与社会治理的思考》，《河北法学》，2010 年第 6 期。

9.龚汝富：《民国时期江西保甲制度引发的经济纠纷及其解决——以宜丰、万载两县保甲诉讼档案为中心》，《中国经济史研究》，2007 年第 3 期。

10.郭继伟、孔凡胜：《再现沧桑历史的国民身份证》，《山东档案》，2009年第 2 期。

11.金德群：《"二五减租"发轫初探》，《教学与研究》，1991 年第 6 期。

12.李德芳：《保甲与自治关系考》，《北京师范大学学报》（人文社会科学版），2002 年第 1 期。

13.李德英：《生存与公正："二五减租"运动中四川农村租佃关系探讨》，《史林》，2009 年第 1 期。

14.梁尚贤：《"二五减租"口号的由来》，《历史教学》，1984 年第 12 期。

15.刘光磊：《从义务到权利的转变——保甲制度与联户代表制度比较》，河北大学硕士论文，2010 年。

16.刘向飞：《国民政府时期重庆市保甲人员养成制度刍论》，西南政法大学硕士论文，2008 年。

17.毛传清：《论五四前后合作主义在中国的传播》，《华中师范大学学报》，1997 年第 6 期。

18.苗洁：《论 1935—1937 年湖北省土地陈报》，华中师范大学硕士论文，

2011 年。

19.尚季芳:《控制与消解:从保甲长的难局看国民政府时期的地方基层社会》,《历史教学》(下半月刊),2010 年第 6 期。

20.沈成飞:《广东抗战时期的保民大会与基层民众动员》,《中山大学学报》(社会科学版),2007 年第 6 期。

21.沈成飞:《抗战时期的广东保甲制度研究》,中山大学博士论文,2007 年。

22.唐云萍:《民国时期上海的"国民身份证"》,《档案与史学》,2004 年第 4 期。

23.汪巧红:《民国时期湖北的新县制研究》,华中师范大学博士论文,2007 年。

24.汪效驷:《民国时期安徽农村合作运动》,《安徽师范大学学报》,2005 年第 5 期。

25.王科:《土地陈报与赋税征收——试论民国时期江宁实验县的土地陈报》,《华南农业大学学报》(社会科学版),2010 年第 4 期。

26.魏本权:《20 世纪上半叶的农村合作化——以民国江西农村合作运动为中心的考察》,《中国农史》,2005 年第 4 期。

27.魏文享:《农会与"二五减租"的政治困境——1934 年浙江平阳县农会解散案解析》,《华中师范大学学报》(人文社会科学版),2009 年第 6 期。

28.(台湾)吴乃德:《本土精英的延续和断层:回应姚人多》,《台湾社会学》,2008 年第 16 期。

29.徐在斌:《抗战时期国民政府土地陈报述评》,湘潭大学硕士论文,2010 年。

30.杨焕鹏:《控制阴影下的自治:战后杭州地区的保甲制度》,《中国农史》,2008 年第 3 期。

31.杨吉安:《权力、话语与社会控制——以江西万载为个案(1934—1945)》,

南京大学博士论文，2011 年。

32.曾绍东：《南京国民政府地方自治研究》，西南政法大学博士论文，2011 年。

33.占钊平：《南京国民政府时期的江西户政》，江西师范大学硕士论文，2007 年。

34.赵丽娜：《民国时期湖北保甲制度研究（1927—1937）》，武汉大学硕士论文，2004 年。

35.赵泉民：《合作运动与国家力量的扩张——以 20 世纪三四十年代乡村合作运动中政府行为为中心》，《河北大学学报》，2003 年第 4 期。

36.赵泉民：《"主义"话语与 20 世纪中国合作经济思潮的兴起》，《东方论坛》，2005 年第 1 期。

37.郑起东：《国民政府土地陈报研究》，《古今农业》，2008 年第 1 期。

后　记

　　作为攻读博士学位的亲历者之一，回首博士学业生涯，心中有诸多感慨，深深体会到学术探索的艰辛和不易，真切地体味到求知的孤独与欢欣。

　　值此博士论文付梓之际，我要把最深的敬意献给导师刘伟教授，能有幸成为关门弟子，既心中自得，又忐忑不安，深怕难堪大任。硕士阶段，我研究的对象是国民政府时期的"特种教育"，博士阶段又另起炉灶。自2011年追随刘老师从事中国近现代政治制度史研究以来，无论是学习还是生活，导师都耳提面命，诲人不倦。在学业上，几乎每隔两周，刘老师就会腾出仅有的休息时间，组织我和同门苏明强进行学术讨论，悉心指导。我的博士论文，从选题、框架的修改到具体的行文，无不凝聚着导师大量的时间和心血。刘老师学识渊博，治学严谨，待人谦和，每次在近代史所看到刘老师一边拿放大镜看材料，一边拍照的情形，我都深受感动。三年之中，我从刘老师身上不仅学会如何做研究，而且学会如何做人，这将使我终身受益。

　　感谢华中师范大学中国近代史所罗福惠教授、孙泽学教授、何卓恩教授、许小青教授、田彤教授、刘家峰教授，在开题报告与预答辩过程中给予的建设性意见。感谢马敏教授、严昌洪教授、朱英教授、郑成林教授、魏文享教授、付海晏教授在授课过程中给了我许多启迪，开阔了我的思路。感谢我的博士后导师、复旦大学马克思主义学院杨宏雨教授的"牵线搭桥"，使得本书可以顺利在天津人民出版社出版。

我能够步入学术的门槛，要归功于我的硕士生导师张玉龙教授，如果没有他的循循善诱和谆谆教导，也许我还只能徘徊学术的门外，感谢张玉龙教授对我一如往昔地关心和帮助。感谢湖南人文科技学院的曾耀荣教授，在我求学和论文写作过程中给予的热情指导，使我受益良多。感谢同窗朱洪涛、邵彦涛、左海军、董丽霞、韩毅勇、储竞争、熬以深等诸位博士，特别是同门苏明强与师弟郭常顺，常与我切磋学术，一起骑单车、坐地铁、乘公交或步行去湖北省档案馆，不仅共同度过了难忘的修业时光，有时更激发出一些难得的学术火花和灵感，在此致以由衷的谢意。

感谢各位师门及学友在论文写作过程中提出的宝贵意见，特别要感谢王闯博士在资料搜集过程中给予的慷慨帮助。同时也要感谢湖北省档案馆、湖南省档案馆、江西省档案馆、浙江省档案馆、麻城市档案馆、黄山市档案馆为我提供了周到而体贴的资料服务。

最后，对我的家人说几句。为了拿到最高学位，连续六年的求学之路，我不得不把更多的时间花在自己的宿舍、资料室、档案馆、图书馆。感谢家人多年来给予我无私的支持与鼓励，使我顺利走过这段学旅之程。感谢所有给予我帮助的人。谨以此书与各位共享。

博士学位论文即将出版，其中难免有不少缺点和瑕疵，只能留待日后去弥补与修正。

2022 年 6 月于上海立信会计金融学院浦东校区